HISTORIA DE SAN MARTÍN
Y DE LA EMANCIPACIÓN SUDAMERICANA

Bartolomé Mitre

Historia de San Martín

y de la emancipación sudamericana

TOMO III

EDITORIAL UNIVERSITARIA DE BUENOS AIRES

© 1968
Editorial Universitaria de Buenos Aires — Rivadavia 1571/73
Sociedad de Economía Mixta
Fundada por la Universidad de Buenos Aires
Hecho el depósito de ley
IMPRESO EN LA ARGENTINA — PRINTED IN ARGENTINA

Capítulo XXXIV

EL PROTECTORADO DEL PERÚ
(SAN MARTÍN Y COCHRANE)

1821-1822

El pugilato de dos hombres ilustres. — Antecedentes sobre las desavenencias entre San Martín y Cochrane. — Cochrane reclama el pago de los sueldos y gratificaciones debidas a la escuadra. — Tempestuosa conferencia entre San Martín y Cochrane. — Notables cartas cambiadas entre ambos. — Negociaciones oficiales sobre las disidencias entre San Martín y Cochrane. — Estado de las cosas al tiempo de la invasión de Canterac. — Última entrevista en la vida entre San Martín y Cochrane. — Cochrane se apodera de los caudales del gobierno y de los particulares de Lima. — Discusiones con este motivo. — Atentado de Cochrane. — Correspondencia entre San Martín y O'Higgins sobre estos incidentes. — Cochrane condenado por O'Higgins y aplaudido por el pueblo chileno. — Último crucero de Cochrane en el Pacífico. — Rendición de los últimos buques de guerra españoles en el Pacífico. — Nuevo conflicto entre Cochrane y San Martín. — La escuadra del Perú.

I

La historia querría en vano borrar de sus páginas las invectivas con que los dos héroes de la expedición libertadora del Perú —el uno en tierra y el otro en los mares— se han vilipendiado recíprocamente, en su innoble pugilato, con escándalo de la América, con menoscabo de la causa que sostenían y depresión de su carácter moral. Pero como ellos mismos las han consignado en documentos ruidosos a que han dado la solemnidad de apelaciones a la opinión del mundo, y como sus reyertas, afuera de lo que tienen de personal, forman parte de la trama de los acontecimientos generales de una época, hay que tomarlas en cuenta al diseñar estas dos grandes figuras bajo la luz siniestra en que se presentaron a sus contemporáneos, para colocar a ambos en el verdadero punto de vista en que los contemplara la posteridad equitativa.

Cochrane ha insultado y calumniado a San Martín en vida y en

5

muerte, llamándole ambicioso vulgar, tirano sanguinario, general inepto, hipócrita, ladrón, borracho, embustero, egoísta y desertor de sus banderas, tan cobarde como fanfarrón. San Martín, Protector del Perú, apostrofó a Cochrane por medio de sus ministros, como un depredador asimilable en cierto modo a los piratas, un detentador de los intereses públicos, un traficante con la fuerza marítima de su mando, como un verdadero criminal deshonrado por sus hechos; y por el órgano autorizado de sus diplomáticos lo ha calificado ante el gobierno de Chile como el "hombre más perverso que existiera en la tierra".

El Almirante, para quien no había nada grande sino sus propias hazañas y sus pasiones rencorosas, extremado en todo, así en el heroísmo, como en el desprecio, juzgaba a la Inglaterra de su tiempo (1818), su propia patria, como una nación degradada, gobernada por un parlamento de bribones y a sus primeros hombres de estado como una plaga de insectos dañinos, dignos de perpetuo destierro y prisión, como los más grandes tiranos de la tierra (véase capítulo XX, párrafo VI). No es extraño, pues, que en más pequeño escenario, con su intemperancia de lenguaje, exaltado por la emulación de gloria, la vanidad, la codicia y a veces el despecho, juzgase la revolución sudamericana —con sinceridad quizás— como la liquidación de una campaña mercantil, y pintase a sus actores como un hato de pillos, intrigantes, rateros, ineptos, cobardes y ladrones, aunque algunas veces se inclinase con altivez ante el ascendiente del genio y la voluntad de San Martín. Implacable en sus odios, con un pie en la tumba, ha reproducido sus invectivas y calumnias para reclamar el precio de sus glorias en oro, negando la gloria de sus compañeros de armas con hechos adulterados o con documentos comprobantes truncados por él mismo, como luego se verá.

San Martín, más frío y prudente, y también más modesto, excedió la medida de las recriminaciones, y devolvió por mano ajena dirigida por él, ultraje por ultraje; pero, si cargó de sombras el retrato de su antagonista, no lo calumnió ni se ensañó con su nombre. Pasado el momento de la exaltación del pugilato provocado, en que recibía y daba golpes, no volvió a ocuparse de él en el resto de sus días, y al morir, limitóse a dejar coleccionados los documentos cambiados entre ambos durante cuatro años de amistad y compañerismo hasta su ruptura, sin comentarios ni anotación alguna.

II

Los antecedentes de las desavenencias entre San Martín y Cochrane son conocidos ya, así como las causas y los móviles, que pusieron al fin en abierta pugna a uno y otro. Cochrane, cómo en su lugar se explicó, sediento de gloria y de riqueza, aspiró a reemplazar a San Martín en la conquista de la tierra de los Incas, cuyos proverbiales tesoros le quitaban el sueño, y no pudo perdonarle jamás la defraudación de sus ambiciones, y que se sobrepusiera a él en el mando de expedición libertadora del Perú. Desde entonces le profesó un odio concentrado, que solo esperaba una ocasión para estallar. Más tarde, al ver desatendidos sus planes aventureros, juzgó que la prudencia de San Martín era timidez, y su sangre fría indolencia, llegando a menospreciarlo como general con su acostumbrada soberbia, y empeñóse por noble emulación en eclipsar su fama con hazañas portentosas como la de la *Esmeralda*. El Generalísimo, que en su ecuanimidad no se violentaba para hacer justicia al héroe y al consumado marino, empeñóse en vincularlo a su fortuna, fiel a la promesa que le había hecho en Valparaíso, de que la suerte de ambos sería la misma, cuando lo salvó del oprobio —según confesión del mismo Almirante— de una destitución por el gobierno de Chile, provocada por sus imprudencias. Empero, nególe siempre su plena confianza, y aun su estimación. Tenía pobre idea de él como cabeza militar en la guerra terrestre, y cuando, cediendo a sus instancias, le confió los elementos necesarios para una operación que requería método y atrevimiento, tuvo que arrepentirse de ello por los trastornos que le causó y por las exacciones que cometió. El Almirante, en su vanidad, creía que procedía así por mezquinos celos, y se atribuía una importancia exagerada, hasta el extremo —como ya se relató— de pretender apoderarse por sí solo de las fortalezas del Callao por una negociación, que era casi una infidencia, con el propósito codicioso de apropiarse grandes caudales públicos y privados, y la mira ulterior de dictar la ley política a San Martín respecto del Perú, según él mismo lo ha declarado; y tal vez con la de poner a contribución al Perú mismo, acaparando sus rentas bajo la protección de su escuadra, una vez dueño de su único puerto (véase capítulo XXXII, párrafo III).

Un incidente de carácter nacional, en que toda la razón estaba de parte del Almirante, contribuyó a hacer más tirantes las relaciones entre él y el Generalísimo. En la escuadra había dos partidos: uno que tenía por su Neptuno al héroe del mar Pacífico, y era el más fuerte; el otro, que acaudillaban Guise y Spry, enemigo declarado del Almirante el primero, con quien estaba en constante pugna. Con motivo del nombre dado a la *Esmeralda*, Guise promovió una protesta subscripta por varios oficiales, con alusiones ofensivas al vencedor de Valdivia y en términos contrarios a la severidad de la disciplina. Los culpables fueron sometidos a juicio. Guise y Spry, nombrados para un servicio de guerra, desobedecieron. Sometidos a su vez a juicio con arreglo a la ordenanza, San Martín, que veía en Guise un futuro almirante, trató de mediar en el asunto, y lo amparó al fin con su autoridad, dejándolo en libertad en tierra, y nombró a Spry su ayudante de campo. Arrestados nuevamente a bordo los dos oficiales por Cochrane, exigió éste se les expidieran pasaportes para Valparaíso. San Martín, sin tomar ninguna resolución, autorizó tácitamente la insubordinación con menoscabo del prestigio del jefe superior de la escuadra, quien se consideró justamente agraviado. No obstante esto, las relaciones amistosas entre ambos no se alteraron, y al emprender lady Cochrane su viaje a Inglaterra, no vaciló el Almirante en dirigirse al General, pidiéndole la cantidad necesaria para sufragar los gastos.

En la ocasión de jurarse en Lima la independencia del Perú, el Almirante, al leer la inscripción de la medalla conmemorativa, que atribuía toda la gloria de ese hecho a los esfuerzos del ejército de tierra, con olvido de la escuadra, y sobre todo de su nombre —que juzgaba, y con razón, digno de perpetuarse en metal duro—, no pudo contener su disgusto, y reclamó en nombre de la marina que había abierto y enseñado el camino de la expedición libertadora. San Martín le dio la razón, en cuanto la tenía, y le manifestó que así debiera haberse grabado, explicando la involuntaria omisión; pero, herido en lo más vivo de su amor propio, no se dio por satisfecho. Desde entonces empezaron a acentuarse sus reclamaciones por los sueldos y gratificaciones que se adeudaban a la escuadra: al principio, en términos moderados, y luego en tono más alto, asegurando sublevaciones de sus tripulaciones como presagio de tempestad.

Al tiempo de equipar en Valparaíso la escuadra y el convoy de la expedición libertadora del Perú, tocóse con la dificultad de que los marineros extranjeros no querían reengancharse, disgustados de que no se les hubiesen cumplido las promesas hechas. El tesoro de Chile estaba exhausto, y su gobierno no tenía crédito. En tal situación, se arbitró que San Martín expidiese una proclama prometiendo pagar con puntualidad después de su entrada a Lima los sueldos de los que se alistasen voluntariamente, y además la paga entera de un año por vía de recompensa. Así se hizo, y Cochrane firmó juntamente con él la proclama, allanándose de este modo la dificultad. Posteriormente, acordó cincuenta mil pesos de gratificación a los captores de la *Esmeralda*. Una vez en Lima, no atendió con la debida preferencia estos compromisos, aun cuando contase con dinero suficiente para atender a su ejército y a otros gastos extraordinarios. De esto se quejaba el Almirante, y no sin razón. En vísperas de fenecer los empeños de los marineros enganchados (junio 30), bajo la fe del General, el Almirante se lo recordó, y formuló su cuenta, incluyendo en ella, además de las gratificaciones oficiales, el valor de la *Esmeralda*, estimada en 110.000 pesos, la cantidad de 150.000 por haberes atrasados durante un año y medio y dos años, lo que la hacía montar a 420.000 pesos fuertes. Un mes después (julio 30), reiteró sus exigencias, haciendo presente que "sería imposible manejar la escuadra si no se pagaba en el Perú, o se enviaba a Chile para que allí se hiciera". A la vez se quejaba de escasez y miserias en la escuadra, pero, sin hacer mención del valor de las presas hechas ni de los artículos y caudales tomados en los puertos del Perú, que si bien no se los apropió, los empleó discrecionalmente en beneficio de la escuadra, y cuyo importe debía por lo menos figurar en el debe. San Martín se resistía al abono de los sueldos atrasados, fundándose en que era deuda que correspondía al gobierno de Chile y no al Perú, en lo que podía tener razón; pero su propia conveniencia y los deberes de la gratitud para con el país que costeara los gastos de la expedición, le aconsejaban reconocerla. De aquí una discusión agria y un sordo descontento, fomentado por el mismo Almirante, que empezó a sentirse en las tripulaciones, con síntomas de sublevación.

Tal era el estado de las relaciones entre San Martín y Cochrane al tiempo de declararse el primero Protector.

III

El 4 de agosto (1821), un día después de declararse San Martín Protector del Perú, se presentó el Almirante en el palacio de gobierno en Lima, con el objeto de renovar verbalmente sus reclamaciones, ignorando o afectando ignorar el nuevo carácter de que el General se había investido. La versión de la conferencia que entre ambos se siguió, dada por el secretario de Cochrane y que éste reproduce en sus *Memorias*, aparece confusa o contradictoria, cotejada con los documentos que él mismo transcribe, y no puede tomarse por guía, por lo que el historiador tiene que limitarse a mencionar lo que está fuera de cuestión o se deduce del propio contexto de los recíprocos testimonios no contradichos. Según el Almirante, San Martín contestó a su reclamación declarando que no reconocería los sueldos debidos a la escuadra, sino entrando como parte del precio de venta de ella al Perú. Los ministros Monteagudo y García del Río, que asistieron a la conferencia, calificaron de calumniosa esta aserción, y arguyen que, teniendo San Martín la escuadra a sus órdenes, no necesitaba comprarla. Según se deduce del tenor de la versión aceptada por Cochrane, es que los términos en que formuló su reclamación ofendieron a San Martín, quien frunciendo el entrecejo, pidió a sus ministros que se retirasen. Alarmado el Almirante, hizo presente que "no hablando bien el español, deseaba quedasen los ministros como intérpretes, por temor de que pudiese considerarse ofensiva cualquier expresión mal entendida". San Martín volvióse entonces a él y le interrogó: "—¿Sabe Vd., milord, que soy el Protector de Perú?. —No, señor, respondió. —Pues he ordenado a mis secretarios lo informen a Vd. de ello. —Es inútil ahora, pues Vd. mismo me lo comunica personalmente; pero espero que la amistad que ha reinado entre San Martín y yo, **continuará** existiendo entre San Martín y mi persona." El General, según Cochrane, limitóse a contestar que no tenía nada que decir sino que era el Protector del Perú.

Cochrane, que desde este momento empezó a afectar un chilenismo exagerado, y que como almirante de Chile creía no deber ver en el Protector sino un general alzado del país a que servía, o un gobernante extranjero no reconocido por él, repuso: "Entonces, es a mí a quien compete, como oficial de Chile, y por consiguiente el más **caracterizado** para representar la nación, pedir se cumplan todas las promesas hechas a Chile y a la escuadra; pero, ante todo, a la escuadra." A este discurso falta la intimación final, consecuente con la representación internacional que se atribuía, de acuerdo con su anterior insinuación de llevar la escuadra a Chile para pagarla y concordante con las palabras que pone en boca de San Martín, que era declararse desatado de toda obediencia y retirar al Perú el apoyo de su armamento naval.

San Martín repuso con reconcentrada irritación: "He ofrecido a la tripulación de la marina de Chile un año de sueldo de gratificación y lo cumpliré. Reconozco también por deuda la gratificación de cincuenta mil pesos ofrecida a los marineros que apresaron la fragata *Esmeralda*, y no solamente estoy dispuesto a cubrir este crédito, sino a recompensar como es debido a los que han ayudado a libertar el país. Los sueldos de la tripulación no están en igual caso, y no habiendo respondido yo jamás de pagarlos, no existe de mi parte obligación alguna. Supongo justo, en la escasez del erario de Chile, se le indemnicen de algún modo los gastos expedicionarios, lo que será para mí una agradable atención; pero de ningún modo reconoceré el derecho de reclamarme los sueldos vencidos. En cuanto a la escuadra, puede usted llevársela adonde guste y marcharse cuando quiera: con un par de bergantines tengo lo bastante."

Al observar el giro tempestuoso que tomaba la conferencia, los dos ministros se retiraron discretamente. San Martín se levantó de su asiento, y paseándose con agitación por el salón, volvióse súbitamente al Almirante, y le dijo: "Olvide, milord, lo pasado. —Lo olvidaré cuando pueda." Así terminó la conferencia. El Protector acompañó al Almirante hasta la meseta de la escalera, y ofreciéndole francamente la mano, repitió lo que le había dicho en Valparaíso: que su suerte sería igual a la suya.

IV

El Almirante, al regresar a bordo, encontró un oficio del ministro de Guerra del Protector, ordenándole "hacer reconocer el nuevo **gobierno** por las fuerzas navales de su mando, dependientes de la república de Chile". El Almirante se sometió, aunque aparentemente, en la esperanza de obtener algunas ventajas pecuniarias, pues él mismo confiesa que "su ánimo era no reconocer la autoridad usurpada del Protector". En seguida, tomó la pluma, que manejaba como espada de dos filos, y se dirigió privadamente en inglés a San Martín, aunque, esta vez, conteniendo sus ímpetus, acompañó sus golpes encubiertos con pérfidos saludos.

Llamábale por última vez "mi querido General" y recordando la antigua amistad, reconocía que "San Martín lo había salvado en otro tiempo de ser expulsado del servicio de Chile". "En manos de usted está —le decía— ser el Napoleón de la América del Sur o uno de los hombres más grandes que en el día figuran en la escena del mundo. Tiene Vd. la facultad de elegir su carrera. Si los primeros pasos que dé son falsos, la altura a que se encuentra contribuirá a hacerle caer de una manera más violenta y segura, como del borde de un precipicio. Excepto Vd., no ha surgido un hombre capaz de elevarse sobre los demás y de abrazar con mirada de águila la extensión del horizonte político. Mas, si va fiado en las alas de la fortuna, cual otro Ícaro con alas de cera, su caída pudiera aplastar la libertad naciente del Perú, y envolver a toda la América del Sur en anarquía, guerra civil y despotismo. La fuerza de los gobiernos está en la opinión pública. Nadie puede engañarse acerca de los sentimientos que abrigo en mi pecho; de los de los otros juzgo por los míos propios, y como hombre honrado, no tengo embarazo en expresarlos. Si los reyes y príncipes tuviesen en sus dominios un solo hombre que en todas las ocasiones les dijera la verdad desnuda, se habrían evitado errores frecuentes y menores habrían sido los males que experimenta la humanidad. Si yo fuera capaz de bajezas e interesado, con el paso que acabo de dar, bastaría para arruinar mi porvenir, pues al darlo, no he tenido otra seguridad que la buena opinión que tengo de su discernimiento y de su corazón."

San Martín sintió los golpes en medio de las fintas encomiásticas de su antagonista, y contestó con moderada dignidad: "Conozco, milord, que la buena fe del que preside a una nación, es el principio vital de su prosperidad. Un orden singular de sucesos me ha llamado a ocupar temporalmente la suprema magistratura de este país, y renunciaría a mis sentimientos, si una imprudente presunción o una servil deferencia a consejos ajenos me apartase de la base del nuevo edificio social del Perú, exponiéndolo a los vaivenes que con razón teme Vd. en tal caso. Conozco que no se puede volar con alas de cera; distingo la carrera que tengo que emprender; y confieso que, por muy grandes que sean las ventajas adquiridas hasta ahora, restan escollos, sin el auxilio de la justicia y de la buena fe, no podrán removerse. Nadie más que yo desea el acierto en la elección de medios para concluir la obra que he emprendido. Arrastrado por el imperio de las circunstancias a ocupar el gobierno, libre que sea el país de los enemigos, deseo volver con honor a la simple clase de ciudadano. Estoy pronto a recibir de Vd., milord, cuantos consejos quiera darme, porque acaso el resplandor que de intento se me presenta delante de los ojos, me deslumbre sin conocerlo".

Cochrane, que no quería romper del todo, no obstante estar resuelto a asestar a su rival un golpe mortal que lo desprestigiara y paralizase su carrera, replicó en tono sentimental, para reanudar con quejas la ya extinguida amistad y le llamó otra vez "mi querido General", invocando hasta los recuerdos de la esposa ausente. "Quisiera Dios que el sábado, 5 de este mes, hubiese sido borrado de los días de mi vida, porque ha dejado tan profundas impresiones en mi alma, que desearía poder desarraigarlas. ¡Oh! las penosas impresiones que todavía vibran en mí, me hacen desgraciado. ¡Cómo San Martín, el justo y honorable, ha podido, aun en un momento de exasperación, expresar sentimientos que no debían haber tenido cabida en su espíritu liberal! ¿Y no lo ha hecho así? San Martín, a quien creía mi amigo, ¿no me ha dicho con fría indiferencia que mande la escuadra donde me plazca y vaya donde se me ocurra? ¿No me ha dicho: "Puede usted irse cuando guste"? ¡Ah! ¡General! ¡Ha sido un doloroso día para mí! No podré volver a verlo jamás mientras no sienta que pueda hacerlo sin una lágrima en los ojos. Siento deseos de evitar la sociedad de los hombres, porque todos hasta ahora me han hecho sufrir desengaños. Me retiraré adonde la amistad de lady Cochrane venga a agregarse al consuelo que siento, pues no he dañado ni pretendido dañar a hombre alguno, ni cometido acto que mi conciencia me reproche. ¡Que tenga Vd. éxito en todos sus esfuerzos por el bien de la humanidad; que sea usted tan grande como pueden hacerlo la justicia, el honor, la sabiduría y todas las virtudes!"

San Martín, refiriéndose a su vez a la intimación de retirarse, que provocaron las palabras duras de que su glorioso compañero se quejaba, decíale: "Nada tengo que añadir, si no es la protesta de que no he mirado ni miraré jamás con indiferencia cuanto tenga relación con Vd. Yo le dije en Valparaíso que su suerte sería igual a la mía, y creo haber dado prueba de que mis sentimientos no han variado ni pueden variar, por lo mismo que cada día es mayor la trascendencia de mis acciones. Si a pesar de todo, deliberase tomar el partido que me intimó («retirarse con la escuadra») en la conferencia que tuvimos, éste sería para mí un conflicto a que no podría substraerme. Mas yo espero que, entrando Vd. en mis sentimientos, consumará la obra que ha empezado, y de la que depende nuestro común destino."

Este duelo cortés de juego tan cerrado con puntas embotadas, entre los dos grandes antagonistas que cambiaban con enojos concentrados, pero con decoro, sus sentimientos y sus agravios, y que debía degenerar más tarde en un sangriento pugilato en que ambos quedarían mal parados, terminó con una cordial y encomiástica carta del Almirante, quien, llamando por última vez "mi caro general" a su futuro enemigo, refuta —como en la anterior—, con su propia pluma, todas las difamaciones y calumnias estampadas contra él en sus *Memorias*: "Volveré a escribir a Vd. en español, no siendo de importancia si («no») me expreso en términos propios, pues creo me entenderá cuando le aseguro de mi gratitud personal por sus cariñosas promesas. He apreciado sus intereses más que los míos propios. De esto se convencerá cuando reflexione sobre aquella línea recta que he creído ser un deber seguir, con el riesgo de incurrir en su desagrado para siempre. Esto habría sucedido inevitablemente, si el talento de Vd. no le hubiese hecho ver las cosas con sus verdaderos colores, cuyo conocimiento ha adquirido Vd., afortunadamente, no habiendo nacido rey, pero sí para gobernar. Creeré para siempre que ha sido una de las ocurrencias más felices de mi vida, si la franqueza con que le he hablado ha impedido que se ejecutasen consejos contrarios a su nombre y opinión universal, sin esperar por la astucia aquello que se debe adquirir de un modo franco y honorable: el único digno de un gobierno que debe servir de norma a todos los de América, y aun al mundo entero."

V

Simultáneamente con esta singular correspondencia íntima, seguíase otra oficial de carácter más agrio, en que se ventilaban los asuntos de la escuadra que motivaron las disidencias. Sería tan inútil como enojoso reproducir las disputas que ambas partes han consignado en sus panfletos y documentos, en que la razón y la sin razón de una y otra parte se confunden, y el encono, la imprudencia, los términos medios o las recíprocas desconfianzas precipitan el conflicto. El Almirante, a la vez que hacía alarde de chilenismo en sus reclamaciones, atribuyéndose una representación externa ante el gobierno del Perú, al dirigirse al director de Chile, le anunciaba que su escuadra estaba a merced del beligerante que le diera de comer: "Me parece muy probable que antes que pueda recibir los víveres que solicito, la escuadra estará a la disposición de cualquier gobierno que tenga en sus manos recursos del país, ya muy agotados con el doble consumo de las dos partes contendientes."

San Martín, con justicia y prudencia, reconoció al fin, aunque tardíamente, los haberes de la marinería por cuenta del gobierno de Chile, garantiendo su pago, además de las gratificaciones a que por su palabra empeñada estaba obligado, y aun cuando estas promesas no se hubiesen hecho efectivas, los ánimos estaban más apaciguados al tiempo de la bajada de Canterac de la sierra (1º de setiembre). Así, Cochrane escribía a Monteagudo, ministro de la Guerra, al presentarse los realistas frente a Lima: "Ojalá que las circunstancias me hubiesen permitido lle-

13

varles, no solamente la tropa de marina, sino también los marineros. El movimiento del enemigo parece dictado por la desesperación. Quisiera acompañar a ustedes a cosechar los laureles que les aguardan; pero, si esto no puede ser, es debido a lo que tanto tiempo he previsto y deseado evitar, cuando estaba en su poder remediarlo. El cuidado de los castillos del Callao, si su guarnición saliese a ayudar a sus compañeros, es importante, y yo haré todo lo que pueda en este caso, así como para pagar a los marineros con lo que hay aquí."

Después de la adusta escena entre San Martín y Cochrane antes relatada (10 de setiembre), en que estos dos personajes se vieron por última vez, el Almirante retiróse airado a bordo, y su escuadra se puso en verdadero estado de motín. Dos días después escribía al Protector: "Permanezco a bordo con la mira de guiar la tempestad que está formándose contra Vd.", palabras que él explicó más tarde diciendo que era para evitar que las tripulaciones se alzasen con los buques y "cometiesen piraterías en alta mar, para aliviarse de sus necesidades y obtener un equivalente de lo que tan justamente se les debía".

El Protector, por precaución, al poner la ciudad en estado de guerra a la aproximación del enemigo, había hecho depositar los caudales de la tesorería y las pastas preciosas de la casa de moneda en un buque surto en Ancón, permitiendo se trasladasen a los transportes de guerra, y a otros con bandera neutral, dineros de los particulares. Cochrane, aprovechándose de los conflictos que rodeaban a San Martín, así que lo supo, se apoderó por la fuerza de toda la plata y oro pertenecientes al estado y a los particulares, como artículos de contrabando, limitándose por toda formalidad a dar un recibo en globo de los bultos secuestrados. Se le ordenó inmediatamente que restituyese las especies, que se hallaban en un puerto de la dependencia del gobierno del Perú, sin violar ninguna disposición aduanera, a cuyo efecto se le acompañó nota de sus procedencias y propietarios.

En la imposibilidad de sostener la ficción del comiso, escribió confidencialmente a San Martín, y le volvió a llamar "mi caro amigo", diciéndole que después lo instruiría de todo por oficio, y en tanto, le declaraba que se apropiaba las especies para la escuadra: "Me es sensible que la necesidad imperiosa me haya obligado, para impedir una sublevación y la pérdida total de la escuadra, a satisfacer a los marineros, quienes empezaban a considerarme como implicado en alucinarlos, tomando a bordo de esta fragata la plata piña y dinero que he encontrado en los transportes, de todo lo que soy responsable. El mal de la necesidad es grande, pero un motín y la pérdida de los buques hubieran sido mil veces peores. Las dudas que suscitó el envío del dinero a este puerto, añadido al prospecto de un largo bloqueo, quizá ha sido la causa de sus recelos de no ser jamás pagados. Usted ha tenido que pagar su ejército, sin duda porque conocía que las promesas no eran premio suficiente, y así, no puede Vd. esperar que la marina dejaría de esperar los sueldos que se le deben."

Al día siguiente (16 de setiembre), recargando la ironía, le escribía en la misma forma: "He tomado sobre mí una responsabilidad enorme, para cortar consecuencias fatales a Vd. y quizás a los demás gobiernos independientes de América que dependen principalmente del éxito de Vd. Si no hubiese dado este paso, el menor que podía esperarse hubiera sido levantar el bloqueo y la entrada de víveres en el Callao, que, como Vd. sabe, tiene dinero para pagarlos bien. Como he dicho antes soy responsable de hecho, ante todo el mundo y ante Vd. ¿Piensa usted que su ejército le hubiese servido con el entusiasmo que vi el otro día, si no hubiesen sido pagados sus sueldos? Esto no ha podido esperarlo, y por consiguiente, ha tomado las medidas sabias de seguir otro camino. Estoy cierto de que su deber público le hubiera hecho tomar el dinero de su mismo hermano, si hubiera visto en el ejército el espíritu de motín que existía en la escuadra, cuando los marineros veían que tenían una seguridad mayor que las promesas, que dicen ellos han sido tantas veces burladas. Dicen que Vd. y yo firmamos un papel en Valparaíso asegurándoles su paga y además una gratificación a su llegada a Lima, y que esto no se ha cumplido: que lo prometió para mes y medio después de la toma del Callao, y que ya ven al Callao socorrido por el enemigo; y dicen que luego les prometieron pagarles para cuando no haya enemigos en la América. Así raciocinan y nada puede convencerlos de lo contrario. De los dos males mencionados y otros muchos, he escogido el menor, y no dudo de que al fin pensará Vd. que este hecho es el mejor que como amigo podía hacerle."

VI

Como el Callao aún resistía y su pronta rendición dependiese de la carencia de víveres de que el bloqueo marítimo le impedía surtirse, la cooperación de la escuadra chilena era indispensable, y San Martín hubo de contemporizar, limitándose a insistir en la devolución de los caudales de los particulares, lo que se verificó según el criterio y beneplácito del Almirante. Rendido el Callao, la discusión oficial se reabrió, asumiendo por parte de Cochrane un carácter más agresivo y sarcástico. El gobierno le indicó que, para salvar el mutuo decoro, se formasen presupuestos, a fin de pagar las tripulaciones en la bahía del Callao con intervención del intendente de guerra, a cuya caja pertenecían los fondos secuestrados. La contestación fue: "El honor del gobierno está mucho más comprometido, que en la detención del dinero hallado a bordo de los buques en

15

Ancón sin ningún documento legal, en su aplicación a pagar los marineros, cuando se ve que pertenecía a un gobierno que se había abstenido de darles pan que comer. La necesidad carece de ley. Por más penoso que me haya sido recurrir a una medida que sabe Dios hubiese querido evitar, es el gobierno quien tiene la culpa y no yo. La transferencia de ese dinero al intendente en nada contribuiría al objeto que se busca, y solo serviría para renovar en la escuadra la insubordinación y la rebelión, de la que mi juramento de fidelidad al gobierno de Chile —en oposición de las opiniones y de los hechos de el del Perú—, me ha compelido a procurar salvarla."

Viendo el Protector que la resistencia del almirante de Chile a todo avenimiento, siquiera de forma —aun satisfaciendo sus exigencias—, asumía el carácter de una intimación y de una reprobación internacional de su política y de los actos de su administración, cortó la discusión, y expidió una proclama a los marineros, en que confirmaba la distribución que de los dineros del gobierno extraídos en Ancón iba a hacerse. A Cochrane le escribió, que "podía emplear la plata del modo que le pareciera". El Almirante solicitó la presencia de un comisionado que autorizara el pago, y no recibiendo contestación, procedió por sí al abono de un año de sueldo, y el resto lo reservó, según confesión propia, para necesidades de la escuadra.

Hasta aquí los procederes del Almirante, si bien irregulares y violentos, podían hasta cierto punto justificarse por la ley de la necesidad que invocaba. Al fin, los dineros del tesoro público se aplicaban, con más o menos formalidades, en beneficio de la escuadra que había prestado tan grandes servicios y merecía ser atendida, aprobando el mismo Protector la inversión. Pero, deprimida la autoridad del gobierno del Perú, alterada la paz pública, desmoralizadas las tripulaciones de la escuadra que desertaban en grupos o promovían conflictos diarios en tierra, el Protector hizo ordenar a Cochrane por medio de su ministro de Marina, en virtud de las instrucciones de Chile que lo autorizaban a disponer de parte o el todo de la escuadra, que se retirase inmediatamente con ella de las aguas del Perú, para dar cuenta de su conducta a su gobierno, agregando que deploraba tener que tomar esta resolución con quien había hecho célebre su nombre por acciones señaladas. Despechado Cochrane, cometió nuevos atentados, asumiendo una actitud abiertamente hostil. Formó su escuadra en línea como en actitud de combate frente a las baterías del Callao, intentó apoderarse bajo sus fuegos de un buque que estaba a las inmediatas órdenes del Protector, y puso el puerto en una especie de bloqueo, poniendo en consternación al pueblo. Por último, llegó hasta desconocer el derecho de San Martín como generalísimo para impartirle órdenes, fundándose en que había faltado a la fidelidad que debía a Chile, y que por lo tanto no le competía darlas a su escuadra. Reiterada que fue la orden (3 de octubre), se retiró cuando le pareció bien, pero no para dirigirse a Chile, sino para emprender de su cuenta un nuevo crucero, como más adelante se dirá.

El alzamiento del almirante Cochrane con la escuadra chilena fue un golpe para el Protector, que desprestigió considerablemente su autoridad ante propios y extraños, lo privó del concurso de un elemento poderoso de que necesitaba para terminar la guerra en el Perú, y cortó en parte su vuelo como libertador para adelantar sus planes hacia el norte en combinación con Bolívar, según después se verá. Puede, pues, considerarse como una de las causas concurrentes que determinaron más tarde el retiro de San Martín de la escena americana.

VII

La correspondencia confidencial de O'Higgins con San Martín esparce una nueva luz sobre las desavenencias del Protector con el Almirante. El director de Chile, presintiendo la ruptura, escribía en vísperas de producirse (6 de agosto de 1821) : "Yo he tenido que humillarme ante los jefes británicos con tal de conciliar las locuras de Cochrane con la marcha de nuestra revolución. Le he escrito sobre la necesidad de guardar moderación y tino en lo que a él toca. ¡Ojalá tenga en consideración mis reconvenciones y ayude a Vd. en sus trabajos!" Producido el hecho, no lo tomó de nuevo. "No me sorprende —decía— la conducta de lord Cochrane. Debe Vd. acordarse muy bien que repetidas veces conferenciamos y fundadamente recelábamos se verificasen alguna vez los desgraciados acontecimientos sucedidos con todo dolor nuestro y descrédito de la revolución, aunque esta parte no nos quepa a nosotros. ¡No nos quejemos de falta de previsión, y sí de resolución! Todos tenemos la culpa, y la Logia en la mayor parte. Lo más temible por último resultado será que ese mismo dinero que ha tomado y la escuadra no nos pongan en nuevos trabajos."

Como San Martín, irritado y mal aconsejado, indícase la medida de poner a Cochrane fuera de la ley, O'Higgins, no obstante creer a su Almirante hasta capaz de convertirse en merodeador, lo observaba con más serenidad: "De ningún modo conviene poner a Cochrane fuera de la ley, porque entonces, apoyándose en cualquiera provincia independiente, enarbolaría nueva insignia, nos bloquearía los puertos, destruiría el comercio estableciendo aduanas en las islas y situaciones más análogas, y últimamente, uniendo sus intereses a los de los comerciantes extranjeros, convendría en ideas. No debe esperarse ventaja alguna de las disposiciones de sir Thomas Hardy (el comodoro inglés en el Pacífico), que hoy corre muy bien con él, constándome hasta la evidencia que trabaja

17

por ganarlo enteramente para afianzar la utilidad del comercio británico y darnos la ley en punto a derechos. Así, nuestra declaración fuera de la ley, además de no tener efecto alguno, aparecería desairada por no tener fuerza para ejecutar nuestra resolución, y en tal caso conviene más probar otros medios que alcancen a tan grave mal."

Pero, si el director condenaba a Cochrane, el pueblo chileno, cuyo sentimiento halagaba, aunque exagerándolo, no solo lo absolvía, sino que lo aplaudía. Por otra parte, el Almirante, antes de lanzarse de su cuenta a un nuevo crucero, había regularizado su posición ante el gobierno de que dependía, de manera que ni aun la reprobación oficial de su conducta era posible: "Cochrane protesta volver a Valparaíso —escribía O'Higgins—, después de carenar la *O'Higgins* en Guayaquil, y destruir, si aún existen, las fragatas *Prueba* y *Venganza*. Estas promesas lisonjeras nos obligaban a variar nuestra política y esperar sucesos menos desagradables que los de Ancón. En Chile se ha aprobado generalmente el uso de los caudales en cuestión, para víveres y sueldos de los marineros, y las opiniones sobre esta materia se han avanzado más allá de los límites de la moderación. Hay lances en que es forzoso que el disimulo obre en el nivel de la ley y de las circunstancias. Creo, pues, que debe llamarse al orden al Almirante, tocando cuantos medios nos pueda sugerir la política. Al efecto, se le han remitido víveres y marineros, para que pueda navegar la escuadra de regreso a este estado. Su bajada a Guayaquil remueve los temores de Vd. acerca del embarazo que le oponía para la expedición a Pisco."

Cuando los enviados del Protector, García del Río y Paroissien, se presentaron a O'Higgins con el objeto de reclamar contra los procederes de Cochrane y pedir su desaprobación, encontráronse en presencia de esta situación compleja. El director de Chile les manifestó sin embozo que "convenía con ellos en que Cochrane era el hombre más perverso de la tierra, y que estaba convencido de que era un criminal y un impostor que trataba de alucinar al gobierno y a los chilenos con gruesos paquetes de correspondencia llenos de calumnias contra el Protector, quien, contra sus consejos y dictamen, se había empeñado en llevarlo en la expedición; pero que era preciso contemporizar, por no ser conveniente la reprobación pública, ni posible dar una satisfacción al gobierno del Perú sino de una manera reservada, como se había hecho oficial y confidencialmente."

Los conflictos entre San Martín y Cochrane no habían terminado. El Almirante triunfaría al fin de la influencia del Protector ante su único aliado, y su conducta sería oficialmente aprobada por él, infligiéndole nuevas humillaciones.

18

VIII

Cochrane no era capaz de traicionar la causa que había adoptado, como llegó a sospecharlo O'Higgins, ni de convertirse en un merodeador marítimo como lo suponía el director de Chile. Naturaleza desequilibrada, intemperante y arbitrario, impulsado por sus pasiones impetuosas, ensimismado y valeroso a la par que codicioso, era siempre el mismo héroe con todos sus defectos y sus grandes cualidades. Había conquistado el predominio del mar Pacífico para la independencia sudamericana, y quería terminar su obra barriendo con su escoba vencedora las últimas naves españolas que aún flotaban errantes en sus aguas. Las fragatas *Prueba* y *Venganza*, que formaron parte de la escuadra del Callao, unidas a la corbeta *Alejandro*, buque mercante de 22 cañones armado en guerra, aún mantenían alzado el pendón del rey de España, habiendo escapado hasta entonces a la persecución del Almirante. Era un trofeo que faltaba a su corona naval y una presa que prometía rico botín de guerra. Así, al dejar las playas del Perú (6 de octubre de 1821), el soplo de la gloria y del interés inflaban sus velas.

El Almirante despachó a Chile la *Lautaro* y el *Galvarino*, y con la *Valdivia*, comandante Cobbets; la *O'Higgins*, comandante Crosbie; la *Independencia*, comandante Wilkinson, y las presas *San Fernando* y *Mercedes*, puso rumbo al norte. En Guayaquil (18 de octubre), embonó y avitualló sus maltratadas naves, pagándose los gastos con los premios de presas, incluso el dinero tomado en Arica que permanecía a bordo en depósito. Al dejar Guayaquil (3 de diciembre) la capitana hacía seis pies de agua por día. Empeñado en dar caza a las fragatas, continuó su navegación, registrando todas las bahías y caletas a lo largo de las costas hasta Panamá, Tehuantepec y California (enero de 1822). Nadie le daba noticia de las misteriosas naves españolas. De regreso, supo en Atacama (costa de Esmeraldas), que desde Panamá se habían dirigido a Guayaquil, y continuando a toda vela su rumbo al sur, se dirigió a este puerto.

Las fragatas *Prueba* y *Venganza*, desprendidas de la escuadra del Callao, sirvieron para transportar las tropas españolas que del Alto Perú se embarcaron por Arica para reforzar el ejército de Lima. En diciembre de 1820 se avistaron por la última vez frente a Cerro Azul, al sur de Lima. En virtud de órdenes secretas del Virrey, dirigiéronse al norte y se refugiaron en los puertos de México. Puestas a órdenes del capitán general de Nueva Granada en 1821, acudieron a Panamá, donde se reunieron con la corbeta *Alejandro*, en circunstancias que las provincias del Istmo —Panamá y Veraguas— se declaraban independientes (28 de noviembre de 1821), como partes integrantes de la República de Colombia. Los capitanes, viéndose aislados en medio de los mares, a lo largo de una costa enemiga, sin medios de proporcionarse ni siquiera víveres, celebraron con los independientes un convenio de suspensión de hostilidades (4 de diciembre de 1821), a trueque de algunos auxilios, y en seguida se dirigieron al sur, a buscar fortuna, y bloquearon el puerto de Guayaquil.

Hallábanse a la sazón en Guayaquil los generales Francisco Salazar y La Mar, el primero en calidad de agente diplomático del Perú, y el segundo, incorporado ya a las filas independientes como comandante de armas de la provincia. Ambos, de acuerdo con el gobierno, entraron en negociaciones con los capitanes españoles, y los convencieron de que estaban perdidos, pues si no perecían de hambre, caerían irremisiblemente en poder de Cochrane, que los perseguía. En consecuencia, las dos fragatas capitularon con el representante del Perú, obligándose a entregarlas en el Callao por sus mismos oficiales, mediante el abono de sus sueldos devengados y la garantía de ser trasladados a su país los que no prefiriesen alistarse en las filas independientes con un ascenso en sus respectivas clases (15 de febrero de 1822). La *Prueba* se hizo inmediatamente a la mar bajo la fe de las capitulaciones, y cumplió su compromiso. La *Venganza* quedó reparándose en Guayaquil. Estos fueron los últimos buques de guerra que con la bandera soberana del rey de España flotaron en las aguas territoriales del Pacífico. La independencia marítima de la América meridional estaba consumada.

De regreso Cochrane a la isla Puná, en el golfo de Guayaquil (13 de marzo), supo que las codiciadas presas que con tanto tesón perseguía se habían entregado al Perú. Herido en su orgullo y defraudado en sus intereses, penetró a la ría con sus buques en son de guerra, y ordenó al capitán Crosbie que ocupara a mano armada la *Venganza*, izando en ella el pabellón chileno al lado del peruano que llevaba. Así se hizo. El gobierno de Guayaquil reclamó, invocando los respetos a la bandera peruana y al territorio en que se hallaba el buque bajo los fuegos de las baterías, y al interpelar sus sentimientos de confraternidad americana, le manifestó que cualquier procedimiento en contrario se tendría por acto hostil, de que lo hacía responsable (marzo 14). Cochrane contestó que de los asuntos navales del mar Pacífico él solo era el encargado, en los que no tenía que mezclarse el gobierno de Guayaquil; y que, habiéndose rendido las fragatas refugiadas a consecuencia de la persecución de su escuadra, las presas le correspondían legítimamente. En precaución de mayores avances, el pueblo se armó, las baterías desmanteladas se guarnecieron y alistóse la flotilla de lanchas cañoneras de la ría. Al fin, Cochrane convino en que la *Venganza* quedara como propiedad de Guayaquil, con su bandera, la que sería saludada, juntamente con la de Chile, con prohibición de enajenarla, bajo la garantía de cuarenta mil pesos, mientras los gobiernos de Chile y del Perú decidían la cuestión, y que la corbeta *Alejandro* se entregase a sus primitivos dueños. El general Salazar protestó contra el convenio; pero el gobierno de Guayaquil contestó que, después de haber intimado a Cochrane, al anuncio de romper el fuego, la resolución en que estaba de destruir las fragatas antes de dejarlas arrebatar de la bahía y obtener con esta actitud salvar los derechos del Perú, había hecho cuanto era posible para evitar mayores males y escándalos, conciliando todos los intereses.

IX

La nueva odisea del almirante del Pacífico no debía terminar sin otra tempestad, promovida por su genio turbulento. Al tocar otra vez la costa norte del Perú (abril 12), le fue negado proveerse de víveres y hasta hacer aguada, con arreglo a las órdenes anticipadas que del Protector tenían sus autoridades. Irritado por esta negativa, dirigióse al Callao. Su aparición causó grande alarma (abril 25). La *Prueba*, bautizada con el nombre de *Protector*, y mandada por el capitán Guise, se guarneció con tropas y púsose bajo el amparo de las baterías de los castillos. El Almirante dirigió un oficio al ministro de Marina, quejándose del procedimiento hostil de negar víveres y aguada a su escuadra, después de ejecutar la última hazaña naval que daba a los independientes el dominio absoluto del Pacífico, y renovó sus reclamaciones sobre los premios y haberes que se le debían por el Perú, con la misma acritud que antes. El gobierno del Perú declinó entrar con él en transacciones respecto de un punto que debía arreglarse amigablemente de gobierno a gobierno. El ministro se trasladó a bordo de la capitana chilena, con el objeto de traer a Cochrane a sentimientos de moderación y amistad, ofreciéndole una recepción honrosa en Lima, y encomendarle el mando de una expedición sobre las Filipinas, con las escuadras combinadas de Chile y el Perú. El Almirante, intransigente y altivo, contestó que: "No era su ánimo causar al Protector ningún perjuicio, porque no le temía ni odiaba, aunque desaprobase su conducta; y que no aceptaría honores ni recompensas de un gobierno constituido con menosprecio de solemnes promesas, ni pisaría un país gobernado contra toda ley."

No pararon en esto los arrogantes alardes del Almirante. Pocos días después, la goleta *Motezuma*, buque que había pertenecido antes a la escuadra chilena, pasaba por su costado sin saludarle. Este desaire, que hería su vanidad de marino, puso el colmo a su irritación. Mandó hacer fuego sobre ella, la obligó a echar el ancla a su costado y abordándola con gente armada, arrió el pabellón peruano que llevaba, substituyéndolo con el de Chile. Las hostilidades estaban a punto de romperse, cuando Cochrane se dio a la vela (mayo 10). Recibido en triunfo por el pueblo chileno, su conducta fue aprobada por el gobierno.

Poco después abandonó para siempre las aguas del Pacífico, cuyas ondas murmurarán eternamente su glorioso nombre.

Sobre la base de la *Prueba* empezó a organizarse la naciente escuadra peruana, de la que el almirante Blanco Encalada, el captor de la *María Isabel*, antecesor de Cochrane, fue nombrado almirante.

Capítulo XXXV

EL PROTECTORADO DEL PERÚ
(PLANES CONTINENTALES. – DERROTA DE ICA)

1821-1822

Estado de la guerra de la independencia en el Perú. — La insurrección peruana. — Actitud de los realistas en la sierra del Perú. — Derrota de Pasco. —
Incendio de Cangallo. — Situación de los beligerantes en el Alto y Bajo
Perú. — Planes americanos políticos y militares de San Martín. — Nuevo
plan de política peruana. — Síntesis de la situación militar del Perú. — Graves errores militares de San Martín. — Una división independiente ocupa el
valle de Ica. — Es atacada por los realistas. — Derrota de la Macacona. —
Triunfo de las armas independientes en Quito. — La conferencia entre San
Martín y Bolívar postergada. — San Martín procura reparar el error de Ica. —
Medidas que dicta al efecto. — Misiones diplomáticas a Chile y a la República Argentina. — Se prepara a abrir campaña formal sobre puertos intermedios. — Maniobras misteriosas de San Martín. — Terrorismo sistemático
de Monteagudo. — Acuerdos con Bolívar, Chile y Colombia. — San Martín
se dirige a Guayaquil a conferenciar con Bolívar. — Momento histórico de
la América Meridional.

I

En el intervalo de los deplorables acontecimientos relatados en el
capítulo anterior, que retardaban la marcha de la revolución sudamericana, habíanse desarrollado simultáneamente importantes sucesos que
la encaminaban por vías nuevas y más seguras.

Después de la desastrosa retirada de Canterac, el virrey La Serna
llegó a temer por su seguridad en Jauja al frente de un ejército debilitado, a 190 kilómetros de Lima. En consecuencia, decidió retirarse al
Cuzco, antigua capital del imperio de los Incas, para establecer allí la
sede del último gobierno colonial y dar a la administración militar y a
la guerra dirección más conveniente. Hizo que el ejército del Alto Perú
se concentrase en el Oruro y se pusiera en comunicación con el del Bajo

Perú, encomendándole la defensa de la costa del sur. Reforzó la guarnición de Puno, Arequipa y Tacna, manteniendo su dominio sobre los puertos intermedios. Pidió reclutas para formar nuevos cuerpos y llenar los claros de los existentes, y se contrajo activamente a su organización y disciplina. El grueso del ejército, a órdenes de Canterac, quedó ocupando el valle de Jauja, que como punto estratégico y centro de recursos constituía la clave de toda combinación militar, la base de su seguridad y subsistencia en la sierra. En esta actitud se mantenía en una sólida defensiva para rechazar cualquiera invasión por la cordillera o por los puertos intermedios, y se preparaba a tomar oportunamente la ofensiva con ventaja (diciembre de 1821).

Canterac, para asegurar su posición y proporcionarse recursos de que carecía —hierro, municiones y medicinas—, desprendió sucesivamente al mando del coronel Loriga dos columnas ligeras sobre Pasco, donde aún ardía el no extinguido fuego de la insurrección. El presidente de la provincia, Otero, que después de la retirada de Arenales habíase mantenido en aquel punto al frente de 200 hombres de tropa veterana, reunió en torno suyo como 5.000 indios, y armándolos de hondas y palos se resolvió a salir al encuentro de Loriga en su segunda entrada. Los realistas habíanse establecido en el pueblo del Cerro, y se ocupaban en cargar 200 mulas con pertrechos de guerra, cuando inopinadamente fueron atacados a las 3.30 de la mañana, sublevándose contra ellos los indios de la población (diciembre 7). La confusión fue grande: una parte del parque hizo explosión, el pánico cundió en sus filas al oír en la oscuridad de la noche el alarido de los asaltantes, y la dispersión iba a pronunciarse en la tropa, cuando el jefe español la contuvo con serenidad y energía. Se reconcentró sobre la iglesia, y ocupando las casas inmediatas, resolvióse a esperar el día a la defensiva. Con las primeras luces del alba, reconoció la posición de los independientes; los atacó con ímpetu, y casi sin resistencia los puso en completa derrota, matando más de 700 indios, con solo la pérdida de un muerto, nueve heridos y dos dispersos. Fue otra carnicería como las de Cangallo, Huancayo y Ataura.

En el Alto Perú, el famoso caudillo José Miguel Lanza se mantenía en armas en las inexpugnables montañas de Ayopaya —entre Cochabamba y La Paz—, rechazando triunfalmente las expediciones de los realistas dirigidas contra él. Durante la expedición de Miller a puertos intermedios, le había ofrecido su cooperación, y en la época a que hemos llegado, renovaba su decisión de concurrir activamente a la guerra de la independencia, maniobrando con su división a retaguardia del enemigo. En Potosí estalló por este mismo tiempo una sublevación (2 de enero de 1822). Sofocada prontamente por el brigadier Maroto, a la sazón presidente de Charcas, el país volvió a quedar en quietud.

La insurrección indígena, tan inconsistente como era militarmente, volvió a retoñar en la sierra en el centro del poder español. El pueblo de Cangallo, unido a los indios de Huamanga, volvió a levantarse por tercera vez (diciembre de 1821). Carratalá acudió a sofocar la sublevación, señalando su trayecto con incendios y ejecuciones bárbaras. Cangallo, según propias palabras, "quedó reducido a cenizas y borrado para siempre del catálogo de los pueblos" en castigo de su rebeldía (17 de enero de 1822). El Virrey La Serna aprobó esta sentencia, prohibiendo que nadie pudiese reedificar en el terreno que ocupaba. El gobierno del Perú decretó que se levantase un monumento en honor de la heroica villa, y la poesía vengó este ultraje contra las leyes de la humanidad, estigmatizándolo con marca de fuego.

Pero estas evoluciones dentro de los propios elementos, estas insurrecciones inconsistentes y estos triunfos sin trascendencia, en nada modificaban las condiciones de la lucha. La guerra se mantenía en balanza. La línea divisoria entre los beligerantes era insalvable para uno y otro. Ambos eran impotentes para destruirse en sus posiciones. Una victoria o una derrota parcial no decidía nada. Los independientes eran invencibles en el territorio del norte del Perú que ocupaban, sobre todo, después del rechazo de Canterac y de la rendición del Callao. Los realistas, dueños de toda la sierra y del litoral del sur del Perú, si bien no eran inexpugnables en sus montañas y eran por un punto vulnerables, nada tenían que temer por el momento de los independientes, sobre todo después de la retirada de Arenales, y del retroceso de la expedición de puertos intermedios. Aunque las fuerzas no estaban numéricamente equilibradas, la superioridad de los realistas —más de dos contra uno— estaba neutralizada por su diseminación en una vasta extensión de territorio, desde Pasco hasta Humahuaca en la frontera argentina. La de los independientes en su totalidad no era suficiente para emprender una campaña formal. Cualquiera de los dos que operase en masa sobre el territorio enemigo, no podía prometerse ventajas, y corría el peligro de tener que replegarse quebrado o ser vencido.

El problema de la guerra del Perú estaba en la sierra, pero su solución dependía del acuerdo militar de la América insurreccionada, y sobre todo del de sus libertadores del Sur y del Norte, que tenían en sus manos su espada y sus destinos y se acercaban el uno al otro con sus masas compactas para operar su conjunción.

II

El Protector, reaccionando sobre sí mismo y sobre los acontecimientos, encaró con fijeza los arduos problemas de la situación. Cuatro grandes cuestiones la dominaban: la de Guayaquil, que estaba en suspenso;

la de la lucha continental por la emancipación, que tocaba a su término; la guerra en el territorio del Perú, que se mantenía en estado crónico; y el sistema político a adoptarse, respecto del cual se había comprometido en vías extraviadas. Aquí el hombre de guerra y el político americano vuelve a reaparecer. La cuestión de Guayaquil tenía tres nudos, que había que desatar sin romper: la independencia que había proclamado, su incorporación al Perú y su agregación a Colombia. Podía dar origen a un conflicto entre el Perú y Colombia, y resolvió prudentemente aplazarla, preparando la solución por la diplomacia, a cuyo efecto acreditó como ministro cerca de su gobierno al general Francisco Salazar, con instrucciones expectantes (30 de noviembre de 1821). Las otras tres cuestiones eran irreductibles, y tenían que encararse y resolverse simultánea y armónicamente. La guerra americana tenía que terminarse en el Perú, y para terminarla, era necesario allegar todos los elementos activos de la América. Y para lo uno y lo otro, era indispensable uniformar el sistema político de todo el continente.

La guerra continental se había simplificado, y estaba circunscripta a dos focos: el Perú y Quito. Después de la batalla de Carabobo, la guerra por su independencia había terminado en Colombia, y solo en un punto reducido de su territorio resistían aún los últimos restos de los ejércitos realistas derrotados en Costa Firme. El último ejército realista del Norte estaba aislado en Quito. Bolívar, a la vez que adelantaba sus marchas hacia el sur para tomar a Quito por la espalda, desprendía un cuerpo de ejército sobre las costas del Pacífico con el objeto de atacarlo por el frente sobre la base de Guayaquil, y escribía a San Martín (29 de octubre de 1821), buscando su acuerdo para terminar rápidamente la guerra continental en combinación con la escuadra del Pacífico. El alzamiento de Cochrane con la escuadra chilena hizo abandonar este proyecto.

San Martín, al darse cuenta exacta de la situación, aprovechó la abertura de Bolívar para buscar una conferencia, con el designio de fijar la suerte de la América del Sur en el orden militar y político (enero de 1822). Así lo anunció públicamente al delegar el mando en el marqués de Torre-Tagle, determinando netamente los objetos de la entrevista. Éstos eran: el arreglo de la cuestión de Guayaquil, el acuerdo de las operaciones militares para decidir de un golpe la guerra de Quito y del Perú, y la fijación de la forma de gobierno que debían adoptar las nuevas naciones, una vez resuelta la cuestión de su emancipación. Anticipándose a los acuerdos que debían sellar la alianza ofensiva y defensiva de las repúblicas americanas, resolvió prepararlos a fin de unir de hecho sus armas con las de Colombia para terminar la guerra de Quito, y con el concurso de todas las fuerzas triunfantes rematar la guerra de la independencia en el Perú (enero de 1822). Más adelante se verá cómo se verificó este hecho preparatorio y los resultados que dio.

Sea que al proceder así meditase ya retirarse de la escena americana —como lo declaró poco después—, dejando organizado el triunfo final, sea que, mejor aconsejado, reaccionara contra sus propias ideas, y procurase retemplar las fuerzas de la revolución al entregar al pueblo sus propios destinos, cambió de rumbo político, y a pesar de su repugnancia por las asambleas populares, de sus teorías sobre la unidad del poder en tiempo de guerra y de los planes monárquicos que había iniciado diplomáticamente, decretó anticipadamente la convocatoria del congreso peruano (27 de diciembre de 1821), a fin de establecer la forma definitiva de gobierno y dar al país la constitución que mejor le conviniese. Al expedir este decreto, dijo: "El alto fin de todas mis empresas, después de dar la libertad al Perú, ha sido consolidarla. Los enemigos solo son ya temibles donde no encuentran a quién combatir, porque solo buscan pueblos indefensos que desolar. La opinión pública ha progresado rápidamente. Es tiempo de que se haga el primer ensayo de la sobriedad y madurez de los principios sobre que se funda." En seguida, al anunciar su conferencia con el libertador del Norte, decía: "Yo volveré a ponerme al frente de los negocios públicos en el tiempo señalado para la reunión del congreso: buscaré al lado de mis antiguos compañeros de armas, si es preciso que participe, los peligros y la gloria que ofrecen los combates; y en todas circunstancias seré el primero en obedecer la voluntad general y en sostenerla." Este programa constitucional, este prospecto militar y político, que despertaba nuevas esperanzas y aseguraba el triunfo, disipaba las últimas nubes que podían oscurecer el horizonte americano.

Quedaba la cuestión de la guerra peruana por resolver. Balanceadas las fuerzas, no obstante la desproporción numérica, inatacables los beligerantes en sus respectivas posiciones, mil o mil quinientos más o menos de parte de los independientes, no alteraban el equilibrio, mientras podían ser decisivos en la guerra de Quito, para traer después al Perú el concurso de las fuerzas triunfantes en el resto del continente independiente ya. De aquí la decisión de San Martín de unir sus armas con las de Colombia, aun antes de formalizar el pacto de alianza ofensivo y defensivo con Bolívar.

III

San Martín comprendió que el sistema de guerra expectante que hasta entonces había adoptado por necesidad al invadir el Perú o seguido sistemáticamente después de su entrada en Lima, no le daría resultados, y que los realistas, posesionados de la sierra, se reharían siempre en ella, y a pesar de sus derrotas, podrían tomar nuevamente la ofensiva, dada su superioridad numérica. Decidióse por lo tanto a iniciar por partes el plan de campaña que tenía estudiado y que por insuficiencia de medios no había puesto en práctica, preparando así la reapertura de las hostilidades en escala mayor. En la imposibilidad de abrir desde luego operaciones decisivas, pensó que llamar la atención de su enemigo por varios puntos distantes en su base y convergentes a uno solo, con la sierra por objetivo, era el mejor medio de debilitarlo y mantenerlo diseminado, mientras reunía mayores elementos para tomar la ofensiva y darle un golpe mortal, utilizando al efecto la ventaja de ser dueño de las costas. La insuficiencia de sus elementos no daba para más, y el genio no podía alterar las pesantez específica de las masas, que harto hacía en mantener relativamente ponderadas.

La guerra, como la lucha por la vida, es la combinación complicada y el choque simultáneo o alternativo de las fuerzas de la naturaleza, dirigidas por la voluntad humana dentro de la órbita circunscripta de sus facultades. Ningún hombre de acción ha triunfado contra las leyes inmutables del mundo físico, que así determinan la gravitación de los astros como deciden de la suerte de las batallas. Las fuerzas naturales son los polos magnéticos a que concurren todas las acciones subordinadas a ellas. Sin el concurso de las fuerzas de la naturaleza, combinadas con las fuerzas morales de las almas, jamás se alcanzó ninguna gran victoria. Lo que se llama la estrella o la buena o mala fortuna de los hombres de guerra, no es sino la combinación alternada de estos factores. El primer capitán del siglo fue vencido por la acción física de los fríos de Rusia y se estrelló contra la fuerza moral de la opinión popular de España. Una tempestad, lo mismo desgaja una selva secular que mata un insecto. Como se ha dicho, en las balanzas del destino en que se pesa una libra, se pesa un pueblo con otro pueblo, una masa con otra masa. Es cuestión de fuerza de percusión que equilibra los pesos, o de fuerza de inercia que no se deja penetrar ni por la percusión ni por el peso.

San Martín, en su expedición al Perú supo combinar las fuerzas físicas con las morales. Tocóle por base de operaciones un territorio malsano, escaso de recursos y pobre de hombre fuertes, en un país heterogéneo, dividido por el antagonismo de castas, con marcadas zonas étnicas que determinaban las de las operaciones de los beligerantes. La distribución de estos diversos elementos imprimió su carácter a la lucha. Debido al concurso de la opinión, San Martín no fue arrojado al mar con sus cuatro mil hombres cuando invadió sus costas defendidas por veintitrés mil soldados. Merced a ella, Arenales efectuó su triunfante marcha de circunvalación por el interior del país. Con ella entró a la ciudad de los Reyes y la defendió contra la invasión de los realistas; consolidó la ocupación del norte del país, y con menos hombres equilibró la fuerza respectiva de los ejércitos. Pero la peste de Huaura enflaqueció su ejército, hasta reducirlo a la impotencia para la ofensiva. Lima fue el sepulcro de la división vencedora en la segunda campaña de la sierra. Las fiebres redujeron a la mitad las tropas de la expedición de puertos intermedios. La molicie de la Capua americana y la enervación de la disciplina militar hicieron el resto. De aquí el sistema de guerra expectante de San Martín, que pudo ser una causa concurrente de la inacción, pero que era una consecuencia de la naturaleza del teatro de operaciones y de la distribución de los diversos elementos de acción del país.

El Perú no estaba militarmente revolucionado. Sus insurrecciones populares eran inconsistentes, como se ha visto. Sus alistamientos regulares, apenas formaban un embrión de ejército, sin generales nativos ni espíritu nacional. El levantamiento patriótico del norte, y la organización espontánea de las guerrillas que tan eficazmente contribuyeron a la rendición y defensa de Lima, y el concurso prestado a Arenales en la sierra en sus dos campañas, habían sido hasta entonces los únicos síntomas que revelasen la existencia de una nueva nacionalidad con fuerza propia. El nervio de la guerra lo constituían los ejércitos auxiliares de Chile y la República Argentina, como queda dicho. Mientras tanto, los realistas, vencidos en el mar, expulsados de la costa, perdidas sus fortalezas, organizaban militarmente la parte del país que ocupaban con sus armas, llenaban y aumentaban sus filas con hombres más aptos para la guerra y más avezados a las fatigas, a los que inoculaban su espíritu, en un clima más sano y en comarcas más abundantes; se rehacían por dos veces en la sierra, y por la tercera vez se preparaban en ella a tomar la ofensiva con dobles fuerzas físicas. Tal era la situación militar.

En tal situación San Martín se convenció de que el sistema de guerra expectante no daba resultados, y si los daba eran negativos. Era visto que el problema no estaba en la costa, sino en la sierra; pero, para resolverlo, era necesario mayor concurso de fuerzas combinadas. De aquí el empeño del general en dar consistencia política y militar a la nueva nacionalidad peruana, dotándola de todos los atributos de soberanía y de poder que la complementasen, y la hicieran concurrir más eficientemente a la acción conjunta de las demás secciones americanas que luchaban por su emancipación. Pero a la vez comprendía que el Perú no tenía en sí los elementos militares suficientes para robustecer más la acción de los ejércitos auxiliares, y que era necesario buscarlos fuera del país. Empero, mientras tanto era un deber y una necesidad que se imponían desenvolver su acción con las fuerzas con que contaba, y se decidió a adoptar un sistema de guerra defensivo-ofensivo, iniciando a medias el plan general de campaña que tenía meditado, y que más adelante se le verá trazar con todas sus líneas. De este modo, al consolidar su base de operaciones, se preparaban mejor para atraerse el concurso de los aliados bajo cuyas banderas había realizado la expedición, y propiciarse otros nuevos al norte del continente, prestando el concurso de sus armas a Bolívar, a condición de ser a su vez auxiliado en el Perú, para terminar de un golpe la guerra continental.

El hombre de guerra reaparecía, pero sin las previsiones del general de los Andes en la distribución y manejo de las fuerzas que tenía bajo su mano. Al poner en práctica su sistema de guerra defensivo-ofensivo para entretener las operaciones, mientras llegaba el momento de desenvolver en más vasta escala el plan de campaña ofensivo que tenía meditado, lo hizo cometiendo errores inconcebibles en un capitán tan experimentado, que había dado tan señaladas pruebas de su genio militar. Todo le aconsejaba adoptar una ofensiva sólida ligada a su reserva, que no lo comprometiese más allá de la expectativa que por necesidad y cálculo se imponía. A menos de no estar dispuesto a empeñar el todo de sus fuerzas en una operación decisiva que las circunstancias le brindasen, debió limitarse a una defensiva segura y a una ofensiva volante. Dueño de las costas y de todos los caminos al occidente de la cordillera desde Pasco hasta Huancavelica y Huancayo, y aun de Arequipa, podía elegir sus puntos de ataque para abrir hostilidades parciales, sin ensanchar demasiado el círculo de sus operaciones. Debió evitar la ocupación de posiciones avanzadas estables que no pudiera sostener, y en todo caso proveer a los medios de retirada de sus divisiones destacadas, o prever todas las eventualidades a que pudieran verse expuestas. Fue todo lo contrario lo que hizo, y lo que no previó, y agravó estos errores militares con otros no menos graves en la ordenación administrativa de las fuerzas.

San Martín decidió ocupar con una división destacada el valle de Ica, penetrando por Pisco, a 286 kilómetros de su reserva en Lima, y con un desierto intermedio en la región de la costa. Ica no era una posición militar, sino considerada como punto de recursos para el avance ofensivo sobre la sierra de una columna que se bastase a sí misma, u obrase en combinación con otra que por distinto punto amagase al enemigo posesionado de ella. Por consecuencia, la división independiente situada en Ica, desde que no concurriese directa ni indirectamente en su apoyo la reserva, estaba expuesta a ser envuelta por los españoles que ocupaban Jauja, Huancavelica, Huamanga y Arequipa, y por consiguiente su posición era tan falsa como precaria. Agréguese a esto que la opinión del vecindario de Ica era contraria a la causa de los independientes, por las repetidas exacciones cometidas en sus propiedades por Cochrane y por el mismo San Martín, y se tendrá idea de la peligrosa situación de una columna así destacada.

La división destinada a ocupar a Ica, se compuso de los batallones número 1 y 3 del Perú y número 2 de Chile, con algunas compañías sueltas de infantería, y de los escuadrones de Lanceros y Granaderos a Caballo del Perú, con 6 cañones de a 4, sumando un total de 2.111 hombres. En el empeño de San Martín de hacer surgir entidades peruanas, confió el mando de esta fuerza al ciudadano don Domingo Tristán y al coronel Gamarra, y éste fue el más craso de todos los errores. Era Tristán natural de Arequipa, perteneciente a una familia noble, circunstancia que tal vez lo hizo preferir. En los primeros años de la revolución en el Alto Perú habíase pronunciado por ella; posteriormente volvió a servir con los realistas en puestos civiles, y a la sazón estaba alistado en las filas independientes. Condecorado con el título de general, se le confió el mando superior de la expedición. Siendo evidente su incapacidad militar, pues carecía de experiencia y hasta de conocimientos teóricos, puso a su lado como jefe de estado mayor y en calidad de coadjutor de guerra al coronel Gamarra, otra nulidad reconocida en todo sentido, como lo había mostrado en la campaña de la sierra.

Las instrucciones que San Martín dio a Tristán, se reducían a triviales preceptos de guerra, a máximas morales sobre la combinación de la fuerza militar y a la opinión y al estado social del Perú, prevenciones de cabo de escuadra sobre el orden disciplinario y mecánico de la tropa y armamento, y consejos más bien que órdenes sobre el sistema de hostilidades que debía seguirse. "Siendo el sistema de guerra que más conviene a la localidad del Perú —decía en ellas— el de sorpresas y posiciones, y aun más que éste, el de recursos, se tratará siempre de no comprometer ninguna acción, si no es con conocida ventaja. Se podrá subdividir la división en dos expediciones, si se creyese conveniente." A la vez, anunciaba que daría por separado el plan de campaña que debía observarse, el cual nunca dio, porque no había plan posible sobre estas bases y con jefes reconocidamente tan ineptos. Para colmo de tantos errores, al mismo tiempo que encarecía "la unidad de acción y de mando", confiaba la dirección a la "unión fraternal entre Tristán y Gamarra", obrando en el orden político el primero según su prudencia, y en lo militar de acuerdo con el segundo, según las prevenciones verbales hechas a éste. Las instrucciones verbales que el General dio a Gamarra, se redujeron a la ocupación permanente de Ica, teniendo por objeto hostilizar a los españoles dueños de la sierra y contenerlos, en caso de que intentasen bajar a la costa, a la vez que impedir que el enemigo recibiera por los puertos auxilios de armas o de otro género, del exterior. Ninguno de estos objetivos podía llenarse. Una división, más débil que la que ocupaba la sierra, y no tenía acción eficaz sobre ella para hostilizarla, y no podía sostenerse, ni aun a la defensiva, en posición aislada. Atentar a la vigilancia de toda la costa, era debilitarse, perdiendo de vista el otro objetivo, con el riesgo de ser batida fragmentariamente, cuando, por otra parte, quedaba libre a los realistas el puerto de Arica, que era por donde recibían sus auxilios del extranjero.

Todo en esta malhadada expedición, confiada a la ineptitud, lleva el sello de la imprevisión. Los más renombrados generales han tenido eclipses de genio. Napoleón en la campaña de Rusia cometió los más groseros errores técnicos, aun en el arma en que era maestro. ¡Pero verdaderamente no se concibe dónde el gran capitán tenía la cabeza cuando resolvió tal expedición y dictó tan insubstanciales como mal calculadas instrucciones! La única explicación que tiene esta expedición, es que con elementos nacionales se proponía fomentar la insurrección popular de la sierra, a la que daba mayor importancia de la que tenía, para aumentar el ejército peruano y mantener al enemigo en alarma, en la persuasión de que con esta atención no le sería posible tomar la ofensiva sobre la costa. Así lo indica el hecho de dotar el parque de la división de Tristán de armamento para cuatro mil hombres y de una imprenta para propagar las ideas de la revolución. Pero para el caso de que el enemigo tomase la ofensiva con fuerzas superiores, nada serio había previsto.

V

Situado Tristán en Ica, permaneció en la inacción a que fatalmente estaba condenado. Limitóse a extender sus partidas hasta Nazca y a observar los caminos de la sierra, despachando espías y agentes al territorio enemigo, que le transmitían avisos equivocados, cuando no falsos, pues, como queda dicho, la opinión de la comarca le era contraria. Algunas guerrillas patriotas que por el valle de Cañete se habían acercado a Ica para cooperar en las imaginadas hostilidades de la columna de Ica, hicieron incursiones al oriente de la cordillera. Tal era su situación setenta días después de abierta esta singular campaña (principios de marzo de 1822). San Martín, mientras tanto, anunciaba desde Lima una irrupción de Arenales sobre Jauja, para mantener la alarma que se proponía; pero el tiempo se pasaba, y este vano alarde no podía engañar a los realistas, que tenían conocimientos exactos de su situación.

El Virrey, que conocía la supina ignorancia de Tristán y la incapacidad militar de Gamarra, por haber tenido a ambos a sus órdenes, supo aprovecharse de la falta cometida por San Martín. El general Canterac, situado con el grueso del ejército en Jauja, y Valdés, ascendido a general, que guarnecía a Arequipa, recibieron órdenes para converger sobre Ica y destruir la división independiente allí situada.

El 4 de abril movióse Canterac resueltamente de Jauja a la cabeza de 1.400 infantes y 600 jinetes con 3 piezas de artillería, casi al mismo tiempo que Valdés se ponía en marcha desde Arequipa con 500 hombres, para converger al objetivo de Ica. Tristán, mientras tanto, suponía a Canterac en Huancayo, y según los informes falsos de sus espías, su fuerza no pasaba de 1.000 hombres. La división de Valdés fue la primera que se hizo sentir sobre la costa. Salióle Gamarra al encuentro, cuarenta kilómetros al este de la sierra de Nazca, y habría podido batirlo con ventaja, pero en esos momentos recibió orden de Tristán de replegarse a la reserva en Ica. Reunidos ambos jefes, que sumaban dos incapacidades antagónicas, supieron que Canterac avanzaba sobre ellos, pero según sus avisos, su fuerza no pasaba de 800 hombres. Convocada una junta de guerra, decidióse que la división debía retirarse al norte del río Chincha, que hubiera sido una medida prudente tomada en tiempo. Gamarra era de opinión de retirarse a un punto conveniente, 190 kilómetros al sur de Ica, donde podía batirse al enemigo si venía con fuerzas iguales, y en todo caso, replegarse más al sur alejándolo de su base de operaciones, mientras el ejército de Lima, prevenido, amagaba por su retaguardia cortarle la retirada de la sierra. Esto era lo más acertado en tan difícil trance. No se hizo ni lo uno ni lo otro, tales eran la indecisión y el aturdimiento. Resolvióse a esperar al enemigo en Ica, y aun salirle al encuentro si su fuerza no pasaba de 1.500 hombres, a cuyo efecto atrincheróse la ciudad y se ocuparon los caminos de la sierra en un pequeño radio, para prevenir una sorpresa sobre la plaza. Tan escasos estaban los independientes de noticias, que ni aun sabían que Canterac se había establecido en el Carmen Alto, a poco más de doce kilómetros de la plaza, al frente de dos mil hombres. Un asustado trajo a Tristán la noticia de que la fuerza enemiga pasaba de cuatro mil hombres, y le hizo perder del todo la cabeza. En el acto reunió una junta de guerra y acordó la retirada a Pisco, en la noche del sábado 7 de abril. Ya era tarde, aun para esto.

Canterac, que con toda su inteligencia militar no marchaba menos a ciegas que su inepto contendiente, procedía en el concepto de que Tristán hubiese evacuado Ica, y temía que, tomándole la vuelta, invadiese a Jauja, por lo cual determinó, con arreglo a sus instrucciones, retroceder a Huancayo con el grueso de su columna, avanzando un destacamento sobre Ica, para ocuparlo. Sus jefes, más avizores que él, lo persuadieron a efectuar un reconocimiento antes de emprender este movimiento retrógrado. El resultado fue darse cuenta exacta de la situación de los patriotas y avanzar en consecuencia hasta el mencionado punto de Carmen Alto (6 de abril de 1822). Desde entonces, maniobró con seguridad y habilidad. En la persuasión de que los independientes se mantendrían en su posición atrincherada, situó sus tropas a ocho kilómetros de Ica, en un estrecho desfiladero de la hacienda denominada la Macacona, de manera de interceptar los caminos de Lima y de Pisco. Tristán y Gamarra ignoraban todos estos movimientos, y fue entonces cuando resolvieron retirarse a Pisco, cubiertos por las sombras de la noche que ocultaban su vergüenza, y que como era de luna, debía alumbrar con pálida luz su ignominiosa derrota. Llevaba la cabeza de la división independiente en retirada una vanguardia de tres compañías de cazadores. Al llegar a la altura del

33

callejón de la Macacona, la infantería española, situada tras de los cercos, emboscada y dueña de las alturas de la izquierda (sur del camino), rompió el fuego. Las tres compañías desaparecieron antes que se disipase el humo, esparciendo el pánico en la columna. El número 2 de Chile, mandado por Aldunate, quiso sostener el combate; pero, acosado por los fuegos de flanco y atacado por la caballería que cerraba el camino, hubo de ceder. Desde este momento todo fue desorden y confusión. En menos de una hora, la división de Ica, al mando de Tristán, quedó destruida. No fue una batalla: fue una dispersión vergonzosa. A las tres de la mañana (7 de abril de 1822), el campo estaba sembrado de cadáveres de los derrotados, y los realistas eran dueños de 1.000 prisioneros, entre ellos 50 jefes y oficiales, 2 banderas, 4 piezas de artillería, 2.000 fusiles, todas las cajas de guerra, y hasta de la imprenta propagadora de las ideas revolucionarias. Un escuadrón de lanceros del Perú, que venía en marcha por tierra a reforzar a Tristán, fue sorprendido y deshecho al día siguiente en Chunchonga (2 de abril), dejando en poder del enemigo 80 prisioneros y en el campo 50 muertos. Los oficiales del batallón *Numancia* que cayeron prisioneros, fueron quintados y fusilados por Canterac, con violación del compromiso celebrado por los beligerantes para la regularización de la guerra (en 25 de noviembre de 1820). A consecuencia de estas derrotas, las partidas volantes de guerrilleros que se habían comprometido en la cordillera para cooperar a las imaginarias hostilidades de la división situada en Ica, fueron destruidas casi en su totalidad, fusilándose como bandoleros a los prisioneros. Después de esto, los realistas, triunfantes y cargados de trofeos, se replegaron a sus posiciones de la sierra.

Sometidos a un consejo de guerra Tristán y Gamarra, quedó evidenciado que el desastre era exclusivamente el resultado de la ineptitud y de la cobardía, y que el responsable era el Protector del Perú, director de la guerra, que concertara tan mal sus planes y fiara a manos tan incompetentes como flojas las armas y la bandera de la revolución.

VI

La derrota de Ica, aunque severa, no decidía nada. Casi simultáneamente (mayo de 1822), las armas unidas de Colombia, Perú, Chile y República Argentina, triunfaban en Quito y terminaban la guerra del norte de la América meridional, según se relatará después. La guerra en el Perú permanecía balanceada.

San Martín, poco después de despachar la expedición de Ica, embarcóse en el Callao, a fin de celebrar la proyectada conferencia con Bolívar (8 de febrero de 1822). En Huanchaco tuvo noticia de que el libertador, ocupado en terminar la guerra de Quito, no bajaría por entonces a Guayaquil, y regresó a Lima (3 de marzo), pero no asumió el mando político, ocupándose exclusivamente de la guerra. En esta situación indecisa lo encontró el suceso de Ica, que trastornaba sus planes. Había anunciado a la América que él y Bolívar eran los responsables de la estabilidad de sus destinos, fijando la victoria, y el libertador del Sur no podía presentarse ante el del Norte con un poder amenguado, sin un plan hecho así en el orden político como en el militar y sin medios para concurrir eficientemente a su realización. Era necesario ante todo consolidar su propia base de poder, para responder a la expectativa que él mismo había creado, y de la que todos estaban pendientes. Todos sus actos indican que así lo comprendió. Sin desanimarse por el severo revés sufrido, encaró con serenidad su situación; dio nuevo temple a los resortes de su máquina guerrera, redobló su actividad administrativa, dictó medidas más acertadas, y en poco tiempo todo el mal estaba reparado hasta donde era posible.

En el fondo de todo esto había un pensamiento secreto; pensaba retirarse de la escena americana, pero no quería hacerlo sin dejar realizada su tarea. Asegurado el triunfo de la emancipación americana, quería dejar garantida la suerte del Perú, con medios propios para sostener la guerra y consolidar su orden interno, mientras le venían los auxilios que buscaba para terminarla de un solo golpe, y en seguida, eliminarse para facilitar este resultado, una vez organizados los elementos y encaminadas las cosas en ese sentido. Este pensamiento lo reveló públicamente por la primera vez al tiempo de anunciar la derrota y augurar el triunfo próximo. Al delegado le comunicó que "resolvía reasumir en su persona la suprema autoridad militar, dejándole en ejercicio del poder civil, por el tiempo que permaneciese en el territorio, con el exclusivo objeto de dar dirección a las operaciones de la guerra que debían acelerar su terminación, mientras alguna importante atención no lo llamase fuera de los límites del Perú por mar o por tierra". Al ejército le decía: "Vuestros hermanos de la división del Sur han sido dispersados. A vosotros toca vengar el ultraje. Afilad vuestras bayonetas. La campaña del Perú debe terminarse este año." Al pueblo le hablaba este lenguaje: "En una larga campaña no todo puede ser prosperidad. No intento buscar consuelo en los mismos contrastes, pero me atrevo a asegurar que el imperio de los españoles terminará en el Perú el año 22. Voy a haceros una confesión ingenua: pensaba retirarme a buscar un reposo después de tantos años de agitación, porque creía asegurada vuestra independencia. Ahora asoma algún peligro, y mientras haya la menor apariencia de él no me separaré de vosotros hasta veros libres."

Antes de cumplirse dos meses del contraste de Ica, pasaba revista en el campo de San Borja, a inmediaciones de Lima, a un ejército peruano-argentino-chileno perfectamente equipado, compuesto de 8 batallones de infantería, dos regimientos de caballería y 20 piezas de artillería, anunciándole que la campaña iba a abrirse (4 de junio de 1822). Su plan era atacar de frente a los realistas con este ejército por puertos intermedios, con la cooperación de Chile, mientras otro ejército de igual número, a órdenes de Arenales, se organizaba para invadir la sierra central y tomarlos por el flanco, contando para el efecto con las tropas que tenía en Quito y el auxilio que esperaba de Colombia. Al efecto, estaban listos en el Callao diez transportes convoyados por dos buques de guerra peruanos. Confirmando estas promesas y esperanzas, Bolívar le escribía: "Colombia desea prestar los más fuertes auxilios al gobierno del Perú, si ya las armas gloriosas del sur de América no han terminado gloriosamente la campaña que iba a abrirse en la presente estación." San Martín le escribía a su vez: "El Perú es el único campo de batalla que queda en América. En él deben reunirse los que quieran obtener el honor del último triunfo, contra los que ya han sido vencidos en todo el continente." Este acuerdo, más aparente que real, había sido precedido por un tratado firmado en Lima (6 de julio de 1822), entre el enviado del libertador don Joaquín Mosquera y el gobierno del Perú, por el cual se convino en "una liga de unión y confederación de paz y guerra, para poner prontamente término a la lucha americana con todos los recursos de fuerzas marítimas y terrestres de ambas partes, a fin de alcanzar la independencia y garantirla mutuamente". Empero, este tratado concebido en términos generales, dependía de otros acuerdos particulares, y ratificado por el gobierno del Perú, no lo fue por el de Colombia hasta el año siguiente.

El Protector, buscando puntos de apoyo en todas partes, procuró fortalecer su relajada alianza con Chile. Al efecto, acreditó cerca de su gobierno un ministro diplomático con instrucciones para proceder de acuerdo con el enviado de Colombia y obtener auxilios de tropas y víveres, para la expedición a puertos intermedios que preparaba. O'Higgins se prestó con gran decisión, aunque por el momento no se formulase ningún acuerdo.

Al mismo tiempo despachó un comisionado a las provincias argentinas, con una circular para todos sus gobernadores, solicitando su concurso para organizar una división de 500 hombres por lo menos, que amagase el Alto Perú por la frontera de Jujuy en combinación con el guerrillero Lanza y el ejército que debía invadir por puertos intermedios en el Bajo Perú. Encomendó la organización y mando de esta columna al coronel José María Pérez de Urdininea (altoperuano), a la sazón gobernador de San Juan. En las instrucciones al comisionado le prevenía: "Procurará por todos los medios hacer presente a los respectivos gobiernos el interés general que va a reportar a todas las

Provincias Unidas de una cooperación activa sobre el Alto Perú para obrar de acuerdo con el ejército que va a desembarcar en puertos intermedios, a fin de abrir su comunicación con aquéllas. Por este medio la campaña debe terminar en el presente año." A Urdininea le escribía: "La campaña es segura, si usted me ayuda con solo 300 hombres de la provincia de Cuyo. Una división de 4.500 hombres de mi ejército debe embarcarse para puertos intermedios al mando del general Rudesindo Alvarado. Espero los mejores resultados. La patria así lo exige y el honor de nuestras armas lo reclama. La cooperación de todas esas fuerzas con las de Tucumán, Salta y Santiago del Estero, a las de Alvarado, va a decidir la suerte de la América del Sur."

Era, como se ve, una coalición de las cuatro repúblicas americanas entonces existentes, con un plan combinado sobre la base de los ejércitos del Perú y de Colombia, con la cooperación de Chile por el Pacífico y de las provincias argentinas por su frontera Norte. A haberse entonces ejecutado este plan, que Bolívar juzgó admirable, con el auxilio eficiente de las fuerzas colombianas, es posible que la guerra americana hubiese terminado el año 1823, aun cuando la combinación no era tan segura como lo pensaba San Martín, y tenía algo de ilusoria. Los hechos nada prueban por sí solos cuando no se relacionan con sus causas y efectos racionales; pero ellos muestran en definitiva que el problema de la guerra estaba en la sierra central del Perú, y no en puertos intermedios. Ya llegará la ocasión de examinar el plan de San Martín puesto a prueba.

VII

San Martín tenía siempre dos cuerdas en su arco: una visible y otra oculta. Por una tendencia de su naturaleza compleja —positiva y de pasión reconcentrada— a la vez que todas sus ideas se traducían en acciones, se entregaba a lucubraciones solitarias, dando gran importancia a los manejos misteriosos. Su organización de la Logia de Lautaro, su plan de guerra de zapa antes de atravesar los Andes, sus trabajos secretos para preparar la revolución del Perú, sus tentativas de pacificación con los realistas haciendo intervenir las influencias de la masonería, y por último, sus planes secretos de monarquía, dan testimonio de esa propensión. Era, pues, natural que a sus trabajos públicos, acompañase algún trabajo subterráneo en la sombra del misterio.

Sea cálculo político, sea que en realidad esperase algo de los jefes del ejército español en el Perú vinculados al liberalismo por juramentos secretos, uno de los trabajos que persiguió con más persistencia fue un arreglo de paz con los realistas, sobre la base del reconocimiento previo de la independencia. En las conferencias confidenciales de Miraflores enunció por la primera vez esta idea, conciliándola con el establecimiento de una monarquía americana. En Punchauca la formuló netamente. Posteriormente, cuando O'Donojú reconoció el imperio mexicano y se entendió con Itúrbide, dirigióse a Canterac, confidencial y oficialmente, invitándolo a celebrar un armisticio y tratar sobre las mismas bases. La contestación fue que "los acontecimientos de Nueva España en nada podían influir para aceptar condiciones contrarias a la determinación de la nación española, en una contienda que las armas debían decidir, desde que no se había aceptado someterla a la decisión del gobierno español". Con motivo de la terminación de la guerra de Quito, que coincidió con una nueva resolución de las cortes españolas para tratar con los gobiernos de América, renovó su tentativa, dirigiéndose al virrey La Serna. "El dominio español en América está limitado a las provincias que ocupan sus armas en el Perú. La España no puede ni quiere ya hacer la guerra a los americanos." Las proposiciones fueron: que el ejército realista, en nombre de la nación española, reconociese la independencia del Perú, ofreciendo a los españoles el reconocimiento de la deuda al tiempo de la ocupación de Lima, y algunas ventajas comerciales; una amnistía general con la devolución recíproca de bienes confiscados, y pago del armamento de los realistas por su justo valor, a cuyo efecto se estipularía un armisticio por sesenta días, nombrándose comisionados por ambas partes que ajustasen un tratado sobre estas bases, bajo la garantía del congreso constituyente peruano que iba a reunirse. La contestación de La Serna fue la misma de Canterac: "Aun cuando se suponga ser un bien la independencia para el Perú, ella no puede esperarse ni establecerse según el estado del mundo político, sin que la nación la decrete y consolide."

Esto sucedía en vísperas de ir a celebrar San Martín su conferencia con Bolívar, y precisamente en estos mismos días (julio de 1822), el libertador escribía al Protector, invitándolo a ponerse de acuerdo para tratar con los enviados españoles que en consecuencia de la resolución de las cortes nombrase el rey. "No puedo dudar, le decía, de que la independencia será la base de la negociación. Creo que no tendremos dificultad en hacer reconocer nuestros gobiernos. Mucho debe importar a la existencia de la América el manejo de este negocio que será probablemente una de las bases de nuestra existencia política. Si los plenipotenciarios del Perú, Chile y Colombia se aúnan para entenderse con los enviados de España, nuestra negociación tendría un carácter más imponente. La política mía es hacer la paz con todo decoro y dignidad, y esperar del interés de las demás naciones y del curso de los acontecimientos la mejoría de nuestro primer tratado con la España." La proposición de San Martín era una mera ocurrencia sin ulterioridades. La idea de Bolívar entrañaba el plan político de un congreso de plenipotenciarios americanos, cuyo germen estaba ya en su cabeza.

Perseverando San Martín en su imaginario propósito, pensó que el mejor modo de forzar la mano a los españoles era llevarles la guerra a su territorio, y renovaba con variantes su plan de hostilidades marítimas, ideado en Mendoza en 1819: "El golpe feliz de la campaña de Quito —había escrito antes a O'Higgins— ha hecho tomar un nuevo aspecto a la guerra. Sin embargo, como las posiciones que ocupa el enemigo en la sierra del Perú, las puede disputar palmo a palmo, y por otra parte, la terquedad española es bien conocida, el modo de negociar la paz con ellos es llevarles la guerra a la misma España. Por lo tanto, estoy siempre resuelto a que las fragatas *Prueba* y *Venganza* y la goleta *Macedonia*, salgan con destino a Europa a arruinar todo el comercio español. Sería muy del caso y por el honor de Chile, como por el interés general, que si pueden unirse a estas fuerzas algunas de ese estado, la expedición tendrá el mejor resultado. De la reserva en este negocio pende su buen éxito." Si seriamente pensó San Martín en esta empresa, no tenía los elementos necesarios para llevarla a cabo, y no pasó de un tiento a la segunda cuerda oculta de su arco, ejercitando su propensión a lo misterioso.

Absorbido por estos trabajos públicos y secretos, el Protector había entregado ostensiblemente la dirección de la política interna al delegado Torre-Tagle, que no era sino un estafermo, siendo en realidad Monteagudo el árbitro del gobierno. Este ministro, sistemático por temperamento y terrorista por adaptación, pensaba que el más seguro medio de triunfar, era eliminar a los enemigos de raza, aunque no tomasen armas, por el hecho de no embanderarse contra la España. Ya se ha visto cómo San Martín, después de procurar propiciarse la opinión de los españoles europeos, inició un sistema de persecuciones contra sus personas y bienes, según el sistema adoptado por él en Mendoza y en Chile. (Véase capítulo XXII, párrafo VI.) Monteagudo exageró este sistema, hasta el punto de convertirlo en arma contra la revolución. Primeramente se dispuso que salieran del país todos los españoles que no se hubiesen naturalizado (31 de diciembre de 1821). En seguida se decretó que los expulsados dejasen a beneficio del estado la mitad de sus bienes, y los exceptuados no pudiesen ejercer el comercio ni aun por menor (20 de enero y 1º de febrero de 1822). Los que no cumplieron estas prescripciones, fueron desterrados y secuestrados sus bienes (23 de febrero de 1823). Con motivo del contraste de Ica, arreció la persecución hasta la barbarie. Quedóles prohibido salir a la calle con capa, bajo pena de destierro. Toda reunión de más de dos españoles, era castigada con destierro y confiscación total de bienes. Todo español que saliese de su casa después de oraciones, incurriría en la pena

39

de muerte, y al que se le encontrase un arma que no fuera cuchillo de mesa, en la de confiscación y muerte (20 de abril de 1822). Establecióse una comisión de vigilancia que conociese breve y sumariamente de sus causas con arreglo a este código draconiano, debiendo pronunciarse y confirmarse las sentencias en un mismo día. "¡Esto es hacer revolución!", exclamaba Montcagudo al firmar estos crueles decretos.

VIII

Compensado el revés de Ica con los triunfos de Quito, preparada la alianza continental, consolidada la base del poder protectoral, reorganizado el ejército y arreglado un plan de campaña para poner pronto término a la guerra, San Martín se ocupó en verificar su postergada conferencia con Bolívar, para fijar la victoria final de acuerdo con él, como lo había anunciado públicamente, lisonjeándose de que ambos darían estabilidad a las cuatro repúblicas sudamericanas entonces existentes. Los resultados de la entrevista no debían dar inmediatamente estos frutos; pero la suerte de la América del Sur estaba asegurada por la solidaridad de sus destinos, en cumplimiento de las leyes de atracción y determinismo que gobernaban su revolución.

El momento histórico en el orden de los siglos, había llegado para la América del Sur, después de doce años de lucha por su emancipación. Nuevas naciones democráticas surgían del caos colonial. Su independencia era un hecho consumado. Los Estados Unidos la reconocían, saludándola como una nueva aurora republicana. La Inglaterra la anunciaría a la Europa monárquica como un acontecimiento que, al restablecer el equilibrio de ambos mundos, dominaría en adelante sus relaciones. El mapa político de las futuras repúblicas estaba bosquejado, y sus líneas fundamentales se diseñaban netamente por agrupaciones de tendencias y voluntades espontáneas. Los dos focos revolucionarios, que simultáneamente se formaran en los extremos, se confunden en uno solo como las corrientes magnéticas. Las dos fuerzas emancipadoras se dilatan y condensan, siguiendo una dirección constante que revela el principio generador de que fluyen. Las dos grandes masas batalladoras de las colonias insurreccionadas, como obedeciendo a una atracción, se adunan, por opuestos caminos, para producir la mayor suma de fuerzas vivas en acción. Resueltos los problemas parciales del sur y del norte de la América meridional, sus revoluciones, sus fuerzas y sus masas militares, convergen a un centro común, para resolver el problema general de la independencia. El suelo americano ha sido barrido de enemigos de sur a norte y de norte a sur, y la lucha está circunscripta a un solo punto en que va a darse la batalla final "contra los vencidos en todo el continente", según la expresión de San Martín. Éste es el nudo de la revolución sudamericana, cuya síntesis hemos dado antes (véase capítulo I, párrafo I).

Los dos grandes libertadores, impulsados por estas fuerzas, van a operar su conjunción. Han medido la América de mar a mar, en un espacio que comprende la cuarta parte del globo, desde el Plata y el Cabo de Hornos hasta el Ecuador el uno, y desde Panamá y las bocas del Orinoco hasta Quito el otro. Cada uno de ellos ha llenado su tarea en su esfera de acción. El uno lleva en alto los pendones de la República Argentina, de Chile y del Perú, que representan la hegemonía americana de tres repúblicas independientes al sur del continente, que han concurrido a consolidar otras tantas repúblicas en el punto céntrico de la condensación de las fuerzas. El otro trae las banderas triunfantes de Venezuela y Nueva Granada, que simbolizan la hegemonía del Norte, y viene a completar la grande obra de la emancipación sudamericana. De esta conjunción vendrá un choque entre las dos hegemonías concurrentes; pero el principio superior a que obedecen los acontecimientos, prevalecerá al fin por su gravitación natural. El plan de campaña continental de San Martín está ejecutado matemáticamente, y se combina con otro plan análogo que la completa. El sueño épico de Bolívar está realizado. Los dos libertadores van a abrazarse repeliéndose, bajo el arco de triunfo del ecuador del Nuevo Mundo, en la región de los volcanes y de las palmas siempre verdes.

Cómo se produjeron estos complicados fenómenos, coherentes entre sí, en tan vasto espacio y con tan diversos elementos; cómo se operó la condensación de las masas redentoras del sur y del norte del continente y cómo coincidieron los planes militares de los dos grandes libertadores que las dirigían; cómo se desarrollaron en el norte de la América meridional los acontecimientos que respondían a los del sur y los completaban; a qué ley determinante obedecían estas evoluciones parciales y generales y estas conjunciones en líneas convergentes, tal será la materia de los capítulos siguientes, para volver a tomar el hilo de la narración, después de establecer históricamente esta síntesis. De este modo, quedará completado el cuadro del movimiento multiforme de la emancipación de la América del Sur, coherente, colectivo y compacto, que forma el nudo de la historia de la independencia sudamericana y el fondo del asunto de este libro, en sus variados puntos de vista, su armonía de conjunto, sus lontananzas continentales y sus antagonismos también.

CAPÍTULO XXXVI

RESOLUCIÓN DE QUITO Y VENEZUELA.
PRIMERA CAÍDA DE VENEZUELA

1809-1812

Nuevo teatro de operaciones. — Enlaces étnicos y geográficos. — Los grandes
valles del Magdalena, Cauca y Orinoco. — Quito, Nueva Granada y Venezuela. — Los llanos y los llaneros de Colombia. — Tipos de la caballería sudamericana. — Antecedentes revolucionarios. — Insurrección de Venezuela
en 1810. — Política de la Gran Bretaña en Sud América. — Aparición y
retrato de Bolívar. — Influencia de su maestro Simón Rodríguez en sus
ideas políticas. — Misión de Bolívar cerca del gobierno de Inglaterra. —
Reaparición de Miranda. — La regencia española declara rebeldes a los
revolucionarios de Venezuela. — Actitud que asume Venezuela. — Primeras
hostilidades entre insurgentes y realistas. — Papel de Miranda en la revolución de Venezuela. — Reunión del primer congreso venezolano. — Venezuela declara su independencia. — Contrarrevolución de los canarios en Caracas. — Reacción realista en Venezuela. — Miranda, general en jefe de la
revolución de Venezuela. — Venezuela se da una constitución federal. —
Estado de la revolución venezolana en 1811. — Derrota de los independientes de la Guayana. — Progresos de la reacción al oriente de Venezuela. —
Fenómenos revolucionarios y contrarrevolucionarios. — Aparición de Monteverde. — Terremoto de 1812 en Venezuela. — Contrastes de las armas independientes al oriente de Venezuela. — Miranda, generalísimo de la República
venezolana. — Sistema defensivo que adopta. — La guerra a muerte recru-
dece. — Nuevos triunfos de la reacción. — Bolívar reaparece en la escena. —
Los realistas se apoderan de Puerto Cabello. — Enervación de la opinión
pública. — Capitulación de Miranda. — Desorganización de la república de
Venezuela. — Miranda entregado a los españoles. — Siniestro papel de Bolívar en esta emergencia. — Los realistas ocupan Caracas. — Sistema terrorista de la reacción triunfante. — Miranda y Bolívar. — Examen de la conducta de Bolívar en la prisión de Miranda. — Caída de la república de
Venezuela.

I

El nuevo teatro de operaciones que va a abrirse en el extremo norte
de la América meridional, presenta similitudes y contrastes con la na-

42

turaleza del extremo sur, que determinan y explican los movimientos opuestos y concéntricos de las masas humanas agitadas por la revolución y atraídas por sus afinidades. Son dos sistemas geográficos y dos centros sociales diferentes, pero análogos, ligados por la continuidad territorial, en que se desenvuelven fuerzas espontáneas, tendencias uniformes y proyecciones homólogas, que mancomunadas o asimiladas, convergen a un punto por gravitaciones recíprocas. El común origen, la lengua materna, la identidad de condiciones y el gran sacudimiento que simultáneamente experimentan, ponen en conmoción los diversos elementos de la embrionaria sociabilidad sudamericana que yacían adormecidos, dan su unidad a este movimiento multiforme, que se desenvuelve en virtud de una predisposición ingénita, y se subordina en definitiva a una ley físico-moral que rige hombres y cosas. Para mayor analogía y contraste entre la naturaleza física y la naturaleza humana, son dos hombres de carácter opuesto, pero con la misma intuición, los que se ponen al frente de las dos masas y se mueven impulsados por la fuerza de las cosas, modelan sus planes sobre el terreno en que operan y adunan las voluntades según la genialidad típica de las colectividades que representan. El uno, es un calculador sin ambición personal, que al trazarse un plan de campaña liberta la mitad de la América. El otro, es un alma ardiente, una ambición absorbente, que sueña con la gloria y el poder, y liberta la otra mitad de la América. Ambos están animados de la pasión de la emancipación de un nuevo mundo, como hijos de una misma raza y campeones de una misma causa. San Martín se llama el uno. Bolívar se llama el otro. El teatro de acción de San Martín es la República Argentina, Chile y el Perú y penetra con sus armas en la zona del libertador del Norte. El otro representa la hegemonía colombiana de Venezuela, Nueva Granada y Quito, que dominará el Perú y coronará con el triunfo final las armas redentoras de la América del sur y del norte del continente, disciplinadas para la lucha. El equilibrio estable será el producto de esta conjunción. La ley del territorio y los elementos orgánicos de la sociabilidad de cada uno de los particularismos, prevalecerá al fin, y las nuevas naciones se constituirán autonómicamente según su espontaneidad, determinando en el orden físico y político sus respectivas fronteras y su identidad democrática.

Una ojeada sobre el mapa de lo que se llamó Colombia, dará una idea de la configuración del territorio en que se desarrollarán los sucesos que van a relatarse; de la distribución geográfica de sus partes y de los particularismos étnicos, que al trazar las líneas estratégicas de la insurrección determinaron la amplitud de su potencia guerrera. Esta zona, que forma el extremo norte de la América meridional, se extiende como veinte grados a uno y otro lado del Ecuador, desde el istmo de Panamá y el mar Caribe hasta la frontera septentrional del Perú. En ella se comprendían en 1810, el virreinato de Nueva Granada, la capitanía general de Venezuela y la presidencia de Quito, dependiente de Nueva Granada. Estas tres divisiones políticas respondían a tres divisiones hidrogeológicas, en que los relieves del terreno y las grandes corrientes de agua con sus hondas cuencas cavadas por los fuegos volcánicos, dibujan otras tantas zonas de constitución física análoga, pero con caracteres distintos, pobladas por razas heterogéneas que un mismo espíritu o instinto animaba. Al tiempo de estallar la revolución, estas tres secciones tenían una población de 3.900.000 almas, de las cuales 1.400.000 correspondían a la Nueva Granada, 900.000 a Venezuela y 600.000 a Quito, que se descomponían por razas, en 1.234.000 blancos (criollos y europeos), 913.000 indígenas, 615.000 pardos libres y 138.000 negros esclavos. En Santa Fe de Bogotá y Caracas, capitales de Nueva Granada y Venezuela, estaban afocadas las luces de ambas colonias. La ciudad de Quito, centro de una antigua civilización precolombiana, y satélite del Perú o Nueva Granada en la época colonial, era otro foco excéntrico.

La gran cordillera de los Andes, como una cadena de granito, con sus gigantes vestidos de nieves eternas y sus volcanes encendidos, liga las regiones de lo que fue Colombia con el resto de la América meridional. Quito, llamado el Tibet del nuevo continente, por ser su punto más culminante, está enclavado entre las dos ramificaciones montañosas que forman la continuación del valle longitudinal de Chile, se unen en las fronteras del norte argentino, sepáranse en el Alto y Bajo Perú y se prolongan hasta el Ecuador.

Su litoral se abre sobre el mar del Sur, como el de Chile y el Perú, y su territorio se extiende al oriente por las vertientes superiores del valle del Amazonas. Hacia el Norte y bajo la línea, la doble cordillera ata otro nudo en el intermedio de Quito a Popayán, dentro del cual está la provincia de Pasto, límite de lo que propiamente se llamaba el nuevo reino de Granada, la que debía ser tan famosa como la Vendée, en la guerra de la independencia, por su porfiada fidelidad al rey de España. Siguiendo el mismo rumbo, la cordillera se divide en tres ramales, uno de los cuales forma la espina dorsal del istmo de Panamá, y los otros terminan en el golfo de México. Dentro de esta triple cadena se diseñan tres valles; pero es uno el que imprime su sello a la región. La Nueva Granada está encerrada en la cuenca del gran valle del río de la Magdalena, separado del valle del Atrato por la cadena central hasta el golfo del Darién, que después de recibir el tributo del caudaloso Cauca, derrama sus aguas en el mar de las Antillas frente a las islas de Sotavento. A lo largo de este litoral marítimo, que se prolonga hacia el oriente y dobla al sur, conocido con el nombre genérico de Costa-Firme, están situados los emporios comerciales y los puertos fortificados de Portobelo, Cartagena de Indias (la primera plaza fuerte de América), Santa Marta y Río-Hacha. La cordillera oriental, que separa a una parte de la Nueva Granada de Venezuela, al este, a la altura de Mérida, antes de tocar el litoral traza con rasgos volcánicos las atormentadas costas venezolanas desde el golfo de Maracaibo hasta el de Paria y el delta del Orinoco, con las islas de Barlovento al largo del mar Caribe. Entre éstas, debe señalarse la isla Margarita, que por su posición geográfica y la índole de sus habitantes, debía influir poderosamente en el éxito de la lucha colombiana por la independencia. Entre estos extremos marítimos, están situados los puertos comerciales y plazas fuertes de la Costa-Firme venezolana, que son: Maracaibo y Coro al occidente; Puerto Cabello, La Guayra, Barcelona y Cumaná al centro; y en la parte opuesta abierta al Sudeste el Güiria en el golfo de Paria y la bahía de los Navíos en las bocas del Orinoco. Denrto del trazado de estas líneas generales y de la serranía destacada de Parima al Sur, se asienta Venezuela en el extenso valle del Orinoco, con la Guayana española al oriente, limitada por impenetrables selvas seculares tan antiguas como el mundo orgánico.

En las nacientes del Orinoco y dentro de la red que forman sus caudalosos tributarios, el Portuguesa, el Apure, el Caroní, el Meta, el Arauca, el Guaiviara y el Caquetá, se desenvuelven al pie de la cordillera oriental las inmensas sabanas o llanos de las provincias de Casanare, de Barinas, del Apure y de Caracas, limitadas al Sur por las selvas de las Guayanas y al Norte por las montañas que dibujan el litoral venezolano ya descripto. Esta llanura horizontal, que se divide en alta y baja, según sus respectivos niveles y declives, en un tiempo lecho de un mar, de confines monocromos y sin accidentes que la modifiquen, salvo sus dobles niveles, sus corrientes de agua y algunos grupos aislados de árboles —que los naturales llaman "matas"—, da su fisonomía al interior del país e imprime su sello al carácter de sus habitantes. En esta región, situada bajo el trópico de Cáncer, el invierno no se diferencia del verano, sino por las lluvias periódicas que hacen desbordar sus ríos, inundan sus praderas, dándole la apariencia de un mar sin horizontes. Cuando las aguas se retiran, el suelo se cubre de una rica alfombra de altas gramíneas, donde apacentan como en las pampas australes millones de cabezas de ganado de la raza bovina y caballar. De la combinación de esta industria primitiva introducida por la colonización española, con el suelo y el hombre aclimatado, surgió una semicivilización pastoril y un nueva raza de centauros, hija del desierto: el llanero colombiano y el gaucho argentino, que dio su tipo a la caballería revolucionaria del Sur y del Norte. El llanero era en 1810, una agrupación heterogénea de indígenas, negros, zambos, mulatos y mestizos mezclados con algunos pocos españoles que la influencia del medio y las comunes ocupaciones habían refundido en un tipo característico. Esparcidos en una vasta superficie, viviendo en chozas aisladas o pobres caseríos, que los naturales llaman "hatos", en comunicación tan solo con sus ganados bravíos y las fieras, sin más medio de comunicación que el caballo, los llaneros, endurecidos a las fatigas y familiarizados con los peligros, eran resueltos y vigorosos, diestros en el manejo de la lanza, jinetes, nadadores y sobrios. Una silla de montar de cuero crudo y una manta constituían todo su arreo; un pedazo de carne de vaca sin sal o leche cuajada era todo su alimento; un calzón corto que no cubría la rodilla, y una camisa amplia que le llegaba hasta la mitad de los muslos, con un sombrero de paja de alas anchas, todo su vestido; y su arma se reducía a una lanza, compuesta de un rejón enastado en un gajo de bosque silvestre, construida por sus manos. Poseídos del fanatismo de los pueblos semicivilizados, unido al estoicismo y la astucia del salvaje, acaudillados por héroes de su estirpe mixta, eclipsarían las hazañas de los héroes épicos de la antigüedad.

Tal es el nuevo teatro de operaciones a que va a trasladarse la historia del movimiento simultáneo y convergente de la emancipación sudamericana.

II

La revolución que llamaremos colombiana tuvo su origen en tres focos excéntricos: Quito, Venezuela y Nueva Granada, que, al fin, se refundieron política y militarmente en uno solo, comprendiendo el istmo de Panamá, que la ligaba con la de la América septentrional. Como antes se dijo, la primera revolución de Quito en el año 1809 (agosto), estalló casi simultáneamente con las primeras conmociones de México al Norte (agosto de 1809), y con las revoluciones de Chuquisaca y La Paz al Sur (mayo y julio de 1809). Este movimiento inicial, con tendencias políticas, que se diseñaba por la proclamación de una doctrina fundada en la razón de las razas y en los derechos del hombre, depuso al presidente y capitán general del reino, el conde Ruiz de Castilla, anciano de 84 años, quien fue substituido por una junta popular de gobierno que se atribuyó el título de "soberana". Sofocada esta revolución por las fuerzas combinadas de los virreinatos contiguos de Santa Fe y del Perú, sus autores fueron asesinados en la cárcel (agosto de 1810), casi al mismo tiempo que los cabezas de los de La Paz morían en un cadalso (enero de 1810) —Fueron éstos los primeros mártires de la emancipación sudamericana—. Estos estremecimientos sincrónicos en el centro y en los extremos del continente, con idénticas formas, iguales objetivos y análogos ideales, acusaban, desde entonces — a pesar de las largas distancias y del aislamiento de las colonias —, una predisposición innata y una solidaridad orgánica, como resultado de las mismas causas, que sin previo acuerdo producían los mismos efectos, y que, por lo tanto, tenían necesariamente que repetirse como un fenómeno natural.

Las revoluciones de La Paz y Quito, gemelas por la iniciativa simultánea y por el martirio, tuvieron inmediata repercusión en el norte y el sur de la América. El 25 de mayo de 1810, se insurrecciona Buenos Aires, destituye al Virrey, desconoce el consejo de regencia de España, y elige popularmente su gobierno propio, proclamando la autonomía de las Provincias del Río de la Plata, en ausencia del monarca cautivo. El 19 de abril del mismo año —día de jueves santo— la municipalidad de Caracas, asociada a los "diputados del pueblo", depuso al capitán general Vicente Emparán, desconoció la suprema autoridad que se atribuía a la regencia de Cádiz, asumió la soberanía del rey de España, y nombrando una junta suprema para regirse por sí, decretó la formación de "un plan de gobierno conforme a la voluntad general del pueblo", para las "Provincias Unidas de Venezuela". El tribuno de esta transformación política, destinado a representar un papel de agitador parlamentario, fue el canónigo José Cortés Madariaga, natural de Chile, afiliado en la logia americana de Miranda, a quien había conocido en Londres, y del que era agente activo en Venezuela. Sus publicistas fueron: el doctor Juan Germán Roscio, jurisconsulto y escritor, y Martín Tobar Ponte, hombre de pensamiento y de acción, dos nobles caracteres, de alma abnegada, dotados ambos de gran valor cívico, con sanas ideas liberales, pero políticos abstractos, más teóricos que prácticos.

Las provincias venezolanas respondieron en su mayoría al llamado de Caracas, reconocieron su supremacía, y al deponer a sus gobernadores coloniales instituyeron juntas particulares de gobierno. De este modo, empezó a formarse de hecho una especie de confederación de provincias.

La junta, dando un paso más adelante en el camino de la propaganda revolucionaria, dirigió a las colonias hispanoamericanas un manifiesto de principios, en que las invitaba a formar una liga continental en resguardo de sus libertades. "Caracas debe encontrar imitadores en todos los habitantes de la América, en quienes el largo hábito de la esclavitud no haya relajado los muelles, y su resolución debe ser aplaudida por todos los pueblos que conserven alguna estimación a la virtud y al patriotismo ilustrado para despertar su energía a fin de contribuir a la grande obra de la confederación americanaespañola. No se prostituya su voz y su carácter a los injustos designios de la arbitrariedad. Una es nuestra causa, una debe ser nuestra divisa. Fraternidad y constancia." Todas las secciones americanas proclamaban a la vez, como si se hubieran pasado la palabra de orden, la misma teoría política: la reasunción por el pueblo de la soberanía yaciente del monarca ausente, que se convertía en soberanía popular activa.

Consecuente con el principio político que daba su razón de ser al nuevo gobierno, convocó un congreso general de provincias para dar unidad al poder y legitimarlo, a la vez que para establecer una constitución sobre la base del sistema representativo. "Sin una representación común, decía dirigiéndose a los ciudadanos, la concordia es precaria y la salud peligrosa. El ejercicio más importante de los derechos personales y reales del pueblo, que existieran originariamente en la masa común y que le ha restituido el actual interregno de la monarquía, llama a los hombres libres al primero de los goces del ciudadano, que es concurrir con su voto, para transmitirlo a un corto número de individuos, haciéndolos árbitros de la suerte de todos. El suelo que habitáis no ha visto desde su descubrimiento una ocurrencia más memorable ni de más trascendencia. Ella va a fijar la suerte de la generación actual, y acaso envuelve en su seno el destino de muchas edades. Ella va a ratificar, o las esperanzas de los buenos ciudadanos o el injurioso concepto de los bárbaros que os creían nacidos para la esclavitud." Según el plan de organización, la junta suprema de Caracas debía abdicar sus facultades supremas en el congreso, y reasumir éste la representación soberana de todas las provincias venezolanas. Luego se verá el resultado que dio esta convocatoria.

Mientras la revolución seguía esta marcha expansiva, la reacción trabajaba por su lado en contener sus progresos. Las provincias de Maracaibo y Coro sobre el litoral del Norte, con sus gobernadores los generales Fernando Miyares y José Ceballos a su frente, se pronunciaron decididamente contra el movimiento, siguiendo luego su ejemplo La Guayana. Para sostener su actitud, Miyares y Ceballos reunieron tropas, pidieron auxilios a Cuba y Puerto Rico, y se prepararon para resistir a los rebeldes o someterlos por la fuerza. De este modo se diseñaron desde los primeros días los focos de la acción y de la reacción revolucionaria, que debían mantener encendida la guerra civil por el espacio de doce años.

La junta, a su vez, se apercibió a la defensa en sostén de los fueros soberanos que había proclamado. Después de proveer a la seguridad interna, y establecer los fundamentos de la constitución política, cubriéndose siempre con el nombre y la representación del monarca, decidió poner en ejercicio su soberanía externa, y abrió relaciones diplomáticas con los Estados Unidos para propiciarse su opinión, pero principalmente con la Inglaterra, a fin de estipular con el gabinete de Saint James una alianza para el caso de una invasión francesa a Venezuela, y sobre todo, buscar su mediación con el consejo de regencia, que evitase una guerra con la metrópoli. La Gran Bretaña, a la sazón aliada a la España, al saber la revolución de Venezuela, había prevenido al gobernador de Curaçao, que estaba decidida a sostener la integridad de la monarquía española y a oponerse a todo género de procedimientos que pudieran producir la menor separación de sus provincias de América; pero que, si la España fuese subyugada, la Inglaterra auxiliaría a las colonias hispanoamericanas que quisieran hacerse independientes de la España francesa, declarando que renunciaba a toda mira de apoderarse de territorio alguno. Partiendo de esta base y con las instrucciones antes indicadas, acordóse enviar una misión diplomática a Londres. Fueron nombrados para desempeñarla don Luis López Méndez y don Andrés Bello, conjuntamente con el coronel de milicias Simón Bolívar.

III

En 1810, al hacer su primera aparición en el escenario americano, que debía llenar con su gran figura histórica, Bolívar contaba veintisiete años de edad. Nada en su estructura física prometía un héroe. Era de baja estatura — cinco pies, seis pulgadas inglesas —, de pecho angosto, delgado de cuerpo y de piernas cortas y flacas. Esta armazón desequilibrada, tenía por coronamiento una cabeza enérgica y expresiva, de óvalo alongado y contornos irregulares, en que se modelaban incorrectamente facciones acentuadas, revestidas de una tez pálida, morena y áspera. Su extraña fisonomía producía impresión a primera vista, pero no despertaba la simpatía. Una cabellera renegrida, crespa y fina, con bigotes y patilla que tiraban a rubio — en su primera época—; una frente alta, pero angosta por la depresión de los parietales, y con prematuras arrugas que la surcaban horizontalmente en forma de pliegues; los pómulos salientes, y las mejillas marchitas y hundidas, una boca de corte duro, con hermosos dientes y labios gruesos y sensuales; y en el fondo de cuencas profundas, unos ojos negros, grandes y rasgados, de brillo intermitente y de mirar inquieto y gacho, que tenían caricias y amenazas cuando no se cubrían con el velo del disimulo, tales eran los rasgos que, en sus contrastes, imprimían un carácter equívoco al conjunto. La nariz, bien dibujada en líneas rectas, destacábase en atrevido ángulo saliente, y su distancia al labio superior era notable, indicante de noble raza. Las orejas eran grandes, pero bien asentadas, y la barba tenía el signo agudo de la voluntad perseverante. Mirado de frente, sus marcadas antítesis fisonómicas daban en el reposo la idea de una naturaleza devorada por un fuego interno; en su movilidad compleja, acompañada de una inquietud constante con ademanes angulosos, reflejaban actividad febril, apetitos groseros y anhelos sublimes; una duplicidad vaga o terrible y una arrogancia, que a veces sabía revestirse de atracciones irresistibles que imponían o cautivaban. Mirado de perfil, tal cual lo ha modelado en bronce eterno el escultor David, con el cuello erguido como lo llevaba por configuración y por carácter, sus rasgos característicos delineaban el tipo heroico del varón fuerte de pensamiento y de acción deliberada, con la cabeza descarnada por los fuegos del alma y las fatigas de la vida, con la mirada fija en la línea de un vasto y vago horizonte, con una expresión de amargura en sus labios contraídos, y esparcido en todo su rostro iluminado por la gloria, un sentimiento de profunda y desesperada tristeza a la par de una resignación fatal impuesta por el destino. Bajo su doble aspecto, sus exageradas proyecciones imaginativas que preponderaban sobre las líneas simétricas del cráneo, le imprimían el sello de la inspiración sin el equilibrio del juicio reposado y metódico. Tal era el hombre físico en sus primeros años, y tal sería el hombre moral, político y guerrero.

Huérfano a la edad de tres años y heredero de un rico patrimonio con centenares de esclavos como los patricios antiguos, tuvo, como Alejandro, por ayo y maestro a un filósofo, pero un filósofo de la escuela cínica, revuelta con el estoicismo y el epicurismo grecoromano. Según este mentor, el "fin de la sociabilidad era hacer menos penosa la vida", apotegma que contenía en germen la futura doctrina sansimoniana. Bien que fuera hasta cierto punto un sabio para su país, y un pensador original, sus ideas eran tan extravagantes, que a veces rayaban en locura. "No quiero parecerme a los árboles, que echan raíces en un lugar, decía: sino al viento, al agua, al sol, a todas las cosas que marchan sin cesar." Su pasión eran los viajes. Tenía, como Platón, una república ideal en su cabeza, que solo tendría en el mundo un adepto. Partiendo de la base, que sentaba como teorema, de que la América no podía ser monárquica ni república semejante a las conocidas, ni gobernarse por leyes o congresos. Todo su plan constitucional consistía en hacer vitalicios los empleos desde el de presidente de la república hasta el de alcalde de barrio "para evitar, decía, los trastornos de elecciones frecuentes, y no entregar los negocios públicos a aprendices". Este filósofo y pensador extravagante, llamábase Simón Carreño, y era natural de Caracas. Hijo bastardo de un sacerdote y estigmatizado con la calificación de sacrílego, cambió su nombre en el de Simón Rodríguez, con el que ha pasado a la historia, unido al de su ilustre homónimo. El maestro depositó desde muy temprano en la cabeza de su joven discípulo estas ideas políticas, que debían germinar más tarde y esterilizarse como las suyas. Así, su "novísima verba", después de ver disipados todos sus sueños, fue: "Murió Bolívar, y mi proyecto de república sepultóse con él." Bolívar conservó toda su vida el sello que le imprimió el filósofo caraqueño, modificando sus lecciones según su naturaleza. Estoico en la adversidad, cínico a veces en sus costumbres, independiente y móvil, con más imaginación y no con mucha más prudencia que su inspirador, convirtió sus extravagancias en delirios de grandeza; su actividad, en acciones heroicas; sus sueños, en ambición de gloria y poderío; su república ideal, en monocracia vitalicia; y con él murieron las teorías políticas del reformador y los ensayos de gobierno del Libertador que, según la fórmula, "no era ni monarquía ni república".

El mismo Bolívar reconoció siempre la influencia de su mentor en la dirección de sus acciones, de sus ideas y de sus sentimientos. "Las lecciones que me ha dado —decía catorce años después, en el apogeo de la gloria y del poder— se han grabado en mi corazón: no he podido borrar una sola coma de las grandes instrucciones que me ha regalado; siempre presentes a mis ojos intelectuales, las he seguido como guías infalibles. Mis frutos son suyos." Pero Carreño-Rodríguez no solo enseñó a pensar a Bolívar y formó sus sentimientos: le inoculó también una pasión generosa, que debía convertirse en fuerza. Rebeldes ambos por temperamento, la noción de la independencia estaba en sus mentes, y desde los primeros años del siglo, era tildado Rodríguez en Caracas de hombre sospechoso al poder. La ocasión en que maestro y discípulo se comunicaron su secreta aspiración, es dramática y ha sido relatada por el adepto en el lenguaje grandilocuente que es la antítesis del estilo algebraico de un mundo, que al fin fue verdadera república electiva en contradicción de su profecía.

No había cumplido aún los diecisiete años (1799), cuando Bolívar hizo un viaje a Europa. Era entonces teniente de un regimiento de milicias de que su padre había sido coronel a título de señor feudal. Visitó las Antillas y a México; recorrió toda la España y viajó por Francia (1801), coincidiendo su permanencia en París con la inauguración del glorioso consulado vitalicio de Napoleón Bonaparte, quien despertó en él gran entusiasmo. Formada su temprana razón por las impresiones que despertaba en su imaginación el espectáculo del mundo, más que por la observación y el estudio, regresó a su patria unido a la hija del marqués del Toro, nombre que figuraba en la alta nobleza de Caracas (1801). Antes de que transcurrieran tres años, era viudo. Emprendió entonces su segundo viaje a Europa (1803). Allí se encontró con su antiguo ayo, quien con su moral excéntrica no era ciertamente el más severo mentor de una excursión de placer. En París, cultivó el estudio de algunas lenguas vivas; visitó a Humboldt, que había hecho célebre su nombre ilustrando la geografía física y la historia natural del nuevo continente, que él ilustraría con otros descubrimientos no menos sorprendentes, en el orden de la geografía política y la historia universal; atravesó los Alpes a pie, con un bastón herrado en la mano, y se detuvo en Chambery (1804), visitando como peregrino de la libertad y del amor, las "Charmettes", inmortalizadas por Rousseau, de cuyo *Contrato Social* tenía idea, pero en quien admiraba, sobre todo, por su estilo enfático, su creación sentimental de la *Nueva Eloísa,* que fue siempre su lectura favorita, aun en medio de los trances más congojosos de su vida. En Milán presenció la coronación de Napoleón como rey de Italia y asistió a los juegos olímpicos que se celebraron en honor del vencedor de Marengo. Con estas impresiones y estas visiones resplandecientes de gloria, en que se renovaban las festividades de las antiguas repúblicas griegas, llegó Bolívar a Roma. Después de admirar las ruinas del Coliseo, subió al monte Aventino, el monte sagrado del pueblo romano, en compañía de Carreño-Rodríguez. Desde allí contemplaron ambos el Tíber, que corre a su pie, la tumba de Cecilia Metella, y la Vía Apia, al lado opuesto; y en el horizonte, la melancólica y solitaria campiña de la ciudad de los tribunos y los Césares, Impresionados por aquel espectáculo, que despertaba tan grandes recuerdos, hablaron de la patria lejana y de su opresión. El joven adepto, poseído de noble entusiasmo, estrechó las manos del maestro, y cuenta que juró libertar a la patria oprimida. Esta escena dramática, que tiene algo de teatral, jamás se borró de su memoria: "Recuerdo —decía veinte años después— cuando fuimos al Monte Sacro, en Roma, a jurar sobre aquella tierra santa la libertad de la patria. Aquel día de eterna gloria, anticipó un juramento profético a la misma esperanza que no debíamos tener."

Pasaron seis años, y la revolución venezolana vino por la fuerza de las cosas y no por acción individual. El papel que representó en ella Bolívar, no correspondió a sus entusiasmos juveniles, ni prometía el héroe que debía hacerla triunfar. Después de su segundo regreso a Caracas, había vivido la vida sensual de un noble señor feudal de la colonia, alternando la residencia en sus haciendas en medio de esclavos que trabajaban para él, con sus mansiones placenteras en la capital. En 1809, al recibirse Emparán del mando de Venezuela, se le atribuye la duplicidad patriótica —que le honra por un lado y sombrea por otro— de haber intimado con el nuevo capitán general para vender sus secretos a los que desde esa época preparaban la revolución. Así, su nombre se ve entre los conjurados que asistieron a las reuniones secretas; pero su persona no figura entre los que concurrieron al cabildo abierto en que Emparán fue depuesto por el voto del pueblo. Consumada la revolución, no se le ve asumir actitud definida. Nombrado coronel, a título de herencia, del regimiento de milicias que mandaba su padre, en la circunscripción de sus haciendas de campo, no tomó ninguna parte en los aprestos militares. Al fin, su figura se diseña vagamente en la escena política; pero no como hombre de pensamiento o de acción, sino como diplomático en una misión equívoca, que tenía por objeto declarado buscar un *modus vivendi* pacífico con la antigua metrópoli. Volvemos aquí al año de 1810, en vísperas de su viaje a Inglaterra.

IV

La misión conjunta de los tres agentes venezolanos, solicitó una audiencia del ministro de Relaciones Exteriores, que lo era a la sazón el marqués sir Ricardo Wellesley, la que le fue concedida en carácter confidencial. Bolívar, como el más caracterizado y el que mejor hablaba francés, llevó la palabra en este idioma. Olvidando su papel de diplomático, pronunció un ardiente discurso, en que hizo alusiones ofensivas a la metrópoli española aliada de Inglaterra y expresó sus anhelos y esperanzas de una independencia absoluta de su patria, que era la idea que lo preocupaba. Para colmo de indiscreción, entregó al marqués, junto con sus credenciales, el pliego de sus instrucciones. El ministro británico que lo había escuchado con fría atención, después de recorrer los papeles que se le presentaban, contestóle ceremoniosamente: que las ideas por él expuestas se hallaban en abierta contradicción con los documentos que se le exhibían. En efecto, las credenciales estaban conferidas en nombre de una junta conservadora de los derechos de Fernando VII, y en representación del soberano legítimo, y el objeto de la misión era buscar un acomodamiento con la regencia de Cádiz, para evitar una ruptura. Bolívar no había leído sus credenciales ni sus instrucciones, ni dádose cuenta de su papel diplomático; así es que quedó confundido ante aquella objeción perentoria. Al retirarse, confesó francamente su descuido y atolondramiento, y convino que el plan de la misión de que no se había hecho cargo, estaba calculado con tanta perspicacia como sabiduría. Así sería siempre Bolívar, como político y como guerrero. Preocupado de una idea interna, personal; sin darse cuenta de los obstáculos externos, ni tomar en cuenta la opinión del medio en que se movía, iría siempre adelante, persiguiendo sus sueños o sus propósitos; y vencido o vencedor, perseveraría en ellos, cediendo a veces, para reaccionar después, sin leer "con sus ojos intelectuales", según su propia expresión, otros documentos que los escritos en su mente por su maestro Carreño-Rodríguez, ni ver otra cosa que "su alma pintada" en ellos. Por el momento, era la idea de la independencia lo que lo llenaba, y allá iba, por la línea recta.

A pesar de estos traspiés diplomáticos, la Inglaterra que tenía su plan hecho respecto de las colonias hispanoamericanas insurreccionadas, contestó a las proposiciones de los comisionados, redactadas en el sentido de sus instrucciones, que la Gran Bretaña no se consideraba ligada por ningún comprometimiento a sostener país alguno de la monarquía española contra otro, por razón de diferencias de opiniones sobre el modo con que debiera arreglarse un sistema de gobierno, con tal que convinieran en reconocer al soberano legítimo.

Sobre esta base, ofrecía su mediación, para reconciliar a las colonias disidentes con su metrópoli. A la vez, renovaba con más amplitud la anterior circular de lord Liverpool a los gobernadores y jefes de las Antillas inglesas, recomendándoles proteger a los nuevos gobiernos sudamericanos contra toda agresión de la Francia y les encargaba muy especialmente promover con las colonias amigables relaciones mercantiles, sea que reconociesen o no la autoridad de la regencia de Cádiz. El resultado era satisfactorio y no podía esperarse más; pero como se ve, fue debido a los cálculos de la política inglesa más que a la habilidad de los noveles diplomáticos venezolanos.

Durante su permanencia en Londres, conoció por la primera vez al general Miranda, e iniciado en los misterios de su Logia, afilióse en ella, renovando el juramento del Monte Sagrado, de trabajar por la independencia y la libertad sudamericanas. Así se ligaron por un mismo juramento en el viejo mundo, con un año de diferencia, Bolívar y San Martín, según antes se relató. Al contacto de la llama que ardía en el alma del precursor de la emancipación, la de Bolívar, encendida ya con las chispas de las ideas de Carreño-Rodríguez, se inflamó. Lleno siempre de su idea, volvió a olvidar sus instrucciones reservadas, que le prevenían no recibir inspiraciones de Miranda ni tomar en cuenta sus planes, que podían comprometer la aparente fidelidad de la Junta de Caracas. Pensando que la presencia de Miranda en Venezuela daría impulso a la idea de independencia, invitóle a regresar juntos a la patria para trabajar de consuno por ella.

Bolívar regresó a Caracas al finalizar el año 1810 (5 de diciembre), conduciendo un armamento, y lo que creía más poderoso que las armas, el general Miranda, símbolo vivo de la redención del nuevo mundo meridional. Durante su ausencia la revolución había mudado de aspecto, y su horizonte empezaba a nublarse.

Al tomar conocimiento de la revolución de Venezuela, la regencia de Cádiz declaró rebeldes a sus autores; y esquivando la mediación de la Inglaterra, le declaró la guerra con la amenaza de severos castigos, decretando el bloqueo de sus costas. El consejero de Indias Antonio Ignacio Cortabarría, anciano respetable, con la investidura de comisario regio, fue encargado de intimar la sumisión y en caso de resistencia, someterlos por la fuerza. Miyares fue nombrado capitán general en reemplazo de Emparán. En las Antillas españolas se prepararon elementos de guerra para sostener el ultimátum. Esta provocación rompió el primer eslabón de la cadena colonial. La Junta de Caracas rechazó la intimación, reunió un ejército de 2.500 hombres para mantener su actitud y confió su mando al marqués Fernando del Toro, rico propietario, improvisado general, ordenándole atacase la plaza de Coro, baluarte de la reacción en la costa occidental de Tierra-Firme. Después de algunos combates parciales, el ataque sobre Coro fue rechazado (28 de noviembre de 1810). El ejército de la Junta emprendió en consecuencia su retirada. Interceptado en su marcha por una división de 800 hombres con un cañón y 4 pedreros, en el punto denominado la Sabaneta, la desalojó de su fuerte posición al cabo de dos horas de fuego y continuó su marcha, perseguido de cerca por los corianos fanatizados, y hostilizado por la población del tránsito. El novel general, que había demostrado poseer pocas disposiciones militares, efectuó su retirada hasta Caracas, con pérdidas considerables. Por entonces las hostilidades quedaron suspendidas de hecho, por una y otra parte. Tal fue el resultado de la primer campaña revolucionaria de Venezuela, en que se cambiaron las primeras balas entre insurgentes y realistas.

Éste era el estado político y militar de la revolución cuando a fines de 1810, Bolívar y Miranda llegaban a Caracas.

V

Al pisar de nuevo la tierra americana, el precursor de su emancipación contaba sesenta años de edad. El pueblo lo recibió con grandes ovaciones. El gobierno le confirió el título de teniente general de su ejército. La juventud vio en él un oráculo, de cuyos labios iba a brotar la palabra reveladora del destino. Los soldados lo consideraron como un presagio de victoria. Todos cifraron en él sus esperanzas. Sin embargo, su influencia no se hizo por el momento sentir en la marcha de los negocios públicos. Grave, taciturno, de palabra dogmática y con opiniones intransigentes incubadas en la soledad, no admitía discusión, aunque buscaba prosélitos. Sus primeros actos no correspondieron a la expectativa pública. El gobierno, considerándolo un genio enciclopédico, le encomendó, en unión de Roscio y de don Francisco Javier Ustáriz, republicanos de la escuela norteamericana, la formación de un plan de constitución sobre la base de una federación de provincias, para ser presentado al primer congreso venezolano que iba a reunirse. El viejo soñador, imbuido en las ideas constitucionalistas que en su imaginación se había fraguado, amalgamaba las tradiciones precolombinas y las reminiscencias de la antigüedad clásica con las teorías norteamericanas mal aplicadas, pretendiendo combinarlas con las vetustas instituciones de la colonia, sueño retrospectivo, que, como el ideal reaccionario de Carreño-Rodríguez, debía dar por resultado la negación de la república y el retroceso de la democracia. Según su plan, el gobierno debía confiarse a dos incas (cónsules romanos) nombrados por diez años, y en lo demás modelarse la república según el tipo municipal de las colonias. Los sucesos revolucionarios estaban más adelantados que él en teorías políticas. Para propagar su doctrina y fomentar el espíritu de independencia, organizó de acuerdo con Bolívar un club, a imitación del de los girondinos, de que había sido miembro conspicuo durante la revolución francesa. Esta asociación se hizo el centro de la opinión avanzada de los patriotas, que querían romper definitivamente los vínculos de la colonia con su metrópoli.

Bajo estos auspicios se reunió el congreso venezolano convocado, en número de treinta diputados por las provincias de Caracas, Cumaná, Barinas, Margarita, Barcelona, Mérida y Trujillo, y tomó la denominación de "Cuerpo conservador de los derechos de la Confederación americana de Venezuela y de los del rey Fernando VII" (2 de marzo de 1811). Miranda, elegido popularmente, formaba parte de él como diputado. El congreso encomendó el poder ejecutivo a una junta de tres miembros, creó una alta corte de justicia en substitución de la antigua audiencia, y nombró una comisión de su seno que redactara la constitución, compuesta de Ustáriz, Roscio y Tobar, las tres lumbreras parlamentarias de la revolución. La cuestión de independencia, fue la primera que ocupó al congreso. Miranda abogó resueltamente por ella en absoluto, apoyado por el pueblo, y arrastró tras sí la mayoría (5 de julio de 1811). En el mismo día se decretó que el pabellón nacional sería el amarillo, azul y rojo, enarbolado por Miranda en 1806 en las costas de Venezuela descubiertas por Colón. Y para conmemorar estos tres grandes acontecimientos del nuevo mundo, se dispuso que a la era común se añadiese la colombiana. Fue así Venezuela la primera república independiente que se inauguró en Sud América, como sería también la primera que cayese vencida, para resurgir al fin vencedora.

A los pocos días de declarada la independencia estalló un movimiento reaccionario, promovido por los agentes del comisario regio Cortabarría, y encabezado por los colonos de las islas Canarias, que eran numerosos en Caracas (11 de julio). Reuniéronse en número de setenta en una altura que dominaba uno de los cuarteles, con el propósito de apoderarse de él. Iban armados de sables y trabucos, con planchas de lata sobre el pecho por corazas, y llevaban una bandera con la imagen de la Virgen del Rosario y de Fernando VII. Su grito de guerra fue: "Viva el Rey y mueran los traidores." Atacados por el pueblo y una parte de la guarnición, hicieron algunos tiros; pero fueron prontamente cercados y rendidos. Condenados a muerte los que se consideraron más culpables y desterrados los otros, las cabezas de los ajusticiados fueron expuestas en los caminos. "Castigo demasiado severo de un proyecto extravagante y ridículo", dice el historiador más discreto de Venezuela, que un historiador universal señala como el fúnebre presagio de la guerra de exterminio que debía ensangrentar el suelo de Venezuela.

En el mismo día del tumulto de los canarios de Caracas, estalló una revolución más formal en Valencia, ciudad importante a inmediaciones de Caracas al norte, fronteriza a Puerto Cabello, ocupado por los patriotas. Promovida por los españoles reaccionarios, en obediencia a las instrucciones de Cortabarría, proclamó a Fernando VII, y desconoció la autoridad del congreso venezolano. Sus habitantes se armaron en defensa de la religión, según decían, y ocupando las posiciones que la dominan, se atrincheraron en su recinto con impávida resolución. Alarmado el congreso, dio facultades extraordinarias al poder ejecutivo. Un cuerpo de ejército a órdenes del marqués del Toro salió a sofocar la sublevación. En los primeros encuentros obtuvo algunas ventajas, pero fue al fin rechazado. Nombrado Miranda general en jefe del ejército, avanzó sobre la ciudad rebelada, y le intimó rendición. La contestación fue romper el fuego con cuatro piezas de artillería desde el morro fortificado de la ciudad, ocupado por una división. Reconocida la posición, fue asaltada y tomada por los patriotas, apoderándose de su artillería. Halagado Miranda por este triunfo, penetró en las calles de la ciudad, pero fue rechazado por los valencianos, atrincherados en la plaza mayor. Bolívar mandaba las fuerzas de las tres armas, que sufrieron este rechazo. Miranda hubo de retroceder como su antecesor el marqués del Toro, que también asistió a esta función de guerra.

Reforzado Miranda, volvió a tomar la ofensiva. Procediendo entonces con más prudencia, apoderóse sucesivamente de los barrios exteriores de la ciudad, a pesar de la tenaz resistencia de los enemigos. Reducidos al fin a la plaza mayor y faltos de agua, viéronse obligados a rendirse a discreción. Esta campaña costó al ejército patriota como 800 muertos, sin contar los heridos, que han sido computados en casi doble número, lo que parece exagerado. Miranda no quiso manchar con sangre su victoria. El congreso, abundando en el espíritu generoso del vencedor, dio un indulto que comprendía hasta a los sentenciados a muerte por el tribunal marcial, clemencia que fue generalmente reprobada, y que contrastaba con el exceso de severidad en la conjuración de los canarios.

Después de este sangriento paréntesis, abrióse el debate constitucional, que fue más laborioso que el de la independencia, aunque menos agitado. Las opiniones estaban divididas, entre federalistas y unionistas; pero la mayoría era decididamente federal. Todos tenían fijas las miradas en el gran modelo de la vecina república del norte de América. El proyecto, redactado por Ustáriz, fue calcado sobre la constitución de los Estados Unidos, y aprobado casi unánimemente. Miranda, o viendo más claro o lastimado de que no hubieran sido tomadas en cuenta sus peregrinas ideas de organización constitucional, le negó su voto como diputado, y al pronunciarse contra el sistema federalista a que parece se inclinaba antes al idear una confederación sudamericana, manifestó vagamente que no la consideraba adaptable a las exigencias de la época, ni al estado social del país. Esta vez tenía razón el gran soñador retrospectivo, que por acción refleja veía más claro en el futuro. Era un código democrático muy adelantado en teoría, con su división de poderes coordinados, que consagraba todos los derechos humanos, y afirmaba todas las garantías de la libertad, pero mal calculado para las circunstancias, y en realidad más ideal que revolucionario. Confundiendo el valor de las palabras, sus autores daban el nombre de confederación a lo que debía ser una federación con arreglo al modelo que copiaban. Declaraban las provincias soberanas, libres e independientes en contradicción con su letra. Organizaban un poder ejecutivo de tres miembros, sin unidad de acción ni pensamiento. Era una máquina complicada y frágil, que no podía resistir a la prueba, como sucedió.

Valencia, la ciudad refractaria a la independencia, fue declarada capital de la nueva república.

VI

Un cataclismo de la naturaleza vino a poner fin a esta creación política, y producir una catástrofe, a que concurrieron más o menos directamente causas de otro orden.

La opinión revolucionaria empezaba a enervarse; la miseria cundía por todo el país; el papel moneda decretado por el congreso y casi desmonetizado, contribuía a fomentar el descontento entre los que viven del estado, y especialmente de los soldados; Cortabarría, con una escuadrilla de seis buques y 1.000 hombres reclutados en Puerto Rico, al mando del brigadier Juan Manuel Cajigal, había reforzado a los realistas que mantenían alzado el pendón del Rey al occidente de Venezuela. La reacción cobraba nuevos bríos.

El levantamiento de la Guayana española sobre la margen derecha del Orinoco, era otro peligro que llamaba la atención del nuevo gobierno por la parte del oriente. Una expedición de 1.400 hombres, a cargo del coronel Francisco González Moreno, español de origen, pero decidido por la revolución, logró establecerse en la margen izquierda del río cerca de su desembocadura, pero careciendo de buques para dominar las aguas, nada serio podía emprender. Mientras tanto, los realistas, dueños de las plazas de Guayana-Vieja y de Angostura, fortificadas ambas, y de la marina, eficazmente auxiliados por los naturales que excitaban los frailes capuchinos directores de las misiones de aquella región, habían establecido su preponderancia en todo el país. Con estas ventajas, abrieron hostilidades sobre los destacamentos patriotas diseminados en la margen izquierda, y derrotaron sucesivamente tres de ellos, apoderándose de tres cañones de sus baterías (setiembre de 1812). Los coroneles Manuel Villapol y Félix Solá, españoles como González Moreno, acudieron con nuevas tropas en auxilio de éste. Reunidas las tres divisiones amagaron Angostura por agua y por tierra, mientras una expedición de diecinueve lanchas cañoneras había logrado penetrar al Orinoco, las que unidas a las que navegaban el río, sumaban un total de veintiocho embarcaciones, se situaron en observación de la plaza. Las fuerzas sutiles de los realistas, superiores en calidad, atacaron con nueve goletas, dos balandras y seis cañoneras a la escuadrilla independiente (25 de marzo de 1812) en la bahía de Sorondo, y después de un combate de dos días, la destrozaron completamente, con pérdida de todos sus buques, 32 piezas de artillería, 200 muertos y 150 heridos y todo su armamento portátil. Desanimado González Moreno y sus compañeros con este contraste, emprendieron la retirada (28 de marzo). Activamente perseguidos, intentaron fortificarse en el pueblo de Maturín, donde los restos de la expedición, abandonada por sus caudillos, se rindieron a discreción.

Al mismo tiempo que estos desastrosos sucesos tenían lugar en el oriente, la reacción avanzaba triunfante por el occidente. Como había sucedido en las secciones insurreccionadas del sur, la lucha tomaba el carácter de una guerra civil, alimentada por los mismos elementos del país. Las autoridades oficiales de la colonia y las tropas regladas de que disponían, no podían contrarrestar el impetuoso movimiento revolucionario. De aquí la necesidad de buscar el punto de apoyo en la opinión y de reclutar los combatientes en la masa de la población, revolucionada en un sentido o en otro. La reacción era una contrarrevolución con los mismos hombres y con los mismos medios. Localizada la reacción española en la Guayana, en Coro y Maracaibo, sus habitantes se decidieron con verdadero fanatismo por la causa del Rey, y aparecieron nuevos caudillos, que como en Concepción de Chile y en el Alto y Bajo Perú, se pusieron a su frente, disciplinándolos y conduciéndolos al campo de batalla. Estos elementos, que así movidos, robustecieron en un principio la reacción realista, al revelar las fuerzas propias que el país poseía, debían servir más tarde para engrosar y dar su temple a los ejércitos independientes, cuando se pusieran a su servicio. De este modo, hasta la misma reacción contribuía a desarrollar las fuerzas revolucionarias, en el hecho de ponerlas en actividad en nombre de la autoridad que las había mantenido comprimidas hasta entonces. En Venezuela se produjo este mismo fenómeno, y debía dar el mismo resultado, como sucede toda vez que una guerra se convierte en planta indígena, sujeta a las influencias atmosféricas del medio en que se desarrolla.

Inmovilizada la guerra en el occidente, después del rechazo del ejército de la Junta en Coro, y de una expedición marítima de los realistas frustrada sobre las costas de Cumaná, resolvió Miyares hacer una incursión al interior del país. Al efecto, alistó una columna de infantería de 230 hombres con 500 fusiles, 10.000 cartuchos y un obús, y confió su mando al capitán de fragata Domingo Monteverde, natural de las islas Canarias, que había militado con alguna distinción en la armada española, y se hallaba a la sazón de guarnición en Coro. Esta pequeña fuerza y este nuevo caudillo, variando las condiciones de la lucha, daría en tierra con la república de Venezuela. Monteverde, eficazmente auxiliado por la propaganda de los curas, avanzó resueltamente hacia la frontera meridional de la insurrección, sublevó todo el país desde Coro hasta Barquisimeto, y batió una división patriota de 700 hombres en Carora, tomándole 90 prisioneros, 7 piezas de artillería, y lo que más necesitaba, fusiles y municiones. El pueblo de Carora fue entregado a saco y muertos varios patriotas sin forma de juicio (marzo de 1812). La guerra a muerte empezaba.

El 26 de marzo de 1812, día que correspondía al jueves Santo, conmemorativo de la revolución, y en la misma fecha en que la escuadrilla independiente era anonadada en el Orinoco, un gran trueno que salía de las profundidades de la tierra hizo estremecer toda la región de la tierra de la sierra Mérida. Eran las 4 y 7 minutos de la tarde. El cielo estaba sereno y una luz resplandeciente bañaba el horizonte. A esa hora el suelo empezó a oscilar de norte a sur y de este a oeste, con violentas sacudidas. En menos de un minuto, el espantoso terremoto arruinó las ciudades de Mérida, Barquisimeto, San Felipe, La Guayra y Caracas, sepultando bajo sus escombros cerca de 20.000 almas. En la capital pereció casi toda su guarnición. En Barquisimeto, quedó enterrada con sus depósitos de armamentos, la mayor parte de una división de 1.000 hombres que había salido a contener el avance de Monteverde. Bajo estas ruinas quedaría también sepultada la primera república de Venezuela.

VII

Esta catástrofe, acompañada de tan severas derrotas, infundió el pavor en las almas de las poblaciones y desanimó a los independientes. La circunstancia de haberse hecho sentir el terremoto tan solo

60

en el territorio ocupado por la revolución, y de no sufrir nada las provincias de Coro, Maracaibo y Guayana, fieles al Rey, fue explotada por el clero, propicio a la reacción, predicando que era un castigo del cielo contra los impíos y los rebeldes. El viento de la opinión comenzó a soplar del lado de la reacción. Monteverde extrajo de las ruinas de Barquisimeto siete cañones, fusiles y municiones y armó la población sublevada, con lo que elevó su fuerza hasta el número de 1.000 hombres. Una fuerte columna de 1.300 reclutas, a órdenes del comandante Miguel Ustáriz, salió a su encuentro en el pueblo de San José, al norte de San Carlos. En medio de la pelea que se trabó, un escuadrón se pasó a los realistas. Los independientes fueron hechos pedazos (abril 25). Monteverde se apoderó de dos piezas de artillería y quinientos fusiles, reforzándose con 500 hombres más. Los rendidos fueron pasados a cuchillo, y el pueblo de San Carlos entregado al saqueo y a las llamas. Desde este punto destacó a su segundo, el coronel Eusebio Antoñanzas, soldado grosero y tan cruel como él, a fin de sublevar los llanos de Caracas. Los pueblos de Mérida y Trujillo, situados en la cordillera, se pronunciaron por el Rey, asegurando su flanco derecho. Las poblaciones y los soldados desertaban en todas partes de las banderas de la independencia. Monteverde, impelido y llamado por los pueblos, avanzaba sobre Valencia, adonde el congreso y el poder ejecutivo habían trasladado su residencia después de sancionada la constitución. A los cuarenta y cinco días de su salida de Coro (el 3 de abril de 1812) entraba Monteverde triunfante y sin oposición en la capital federal de Venezuela, vitoreado como un pacificador y un libertador.

En tan crítica situación, nombróse a Miranda dictador, con el título de generalísimo de mar y tierra, delegando en él todas las facultades necesarias para salvar la patria (26 de bril). El gobierno federal se estableció en Victoria, entre Caracas y Valencia. Miranda, comprendiendo la necesidad de sostener a Valencia como base de operaciones, para cubrir el flanco izquierdo de la importante plaza fuerte de Puerto Cabello, al tiempo de ponerse en campaña desde Caracas, ordenó al gobernador de Valencia, que lo era el comandante Ustáriz —antes derrotado en San Carlos—, que lo hacía responsable con su cabeza de la defensa de la capital. Al recibir esta orden, Ustáriz, desalentado por los reveses y defecciones en masa, habíase retirado al simple amago de la invasión haciendo abandono de los depósitos militares que custodiaba (30 de abril). Obligado a reaccionar a impulsos del deber militar, atacó a Monteverde en Valencia, una hora después de su entrada; pero otra vez fue completamente batido.

Miranda avanzó con su ejército hasta las inmediaciones de Valencia, y situóse en Guácara, al oriente del lago a cuyas orillas se levanta aquella ciudad. Sus fuerzas se componían de dos batallones de línea, siete de milicias regladas, dos escuadrones de caballería y algunas compañías sueltas de estas dos armas con 10 piezas de artillería, que con los restos de la división de Ustáriz, que se le incorporaron, alcanzaba a cerca de 4.000 hombres. Confiado en la superioridad numérica, el generalísimo adelantó hasta Guayos, a cinco kilómetros de Valencia, un destacamento de 500 hombres. El enemigo salió a su encuentro. Trabado el combate, una compañía patriota se pasó en masa a los realistas, y decidió la victoria en favor de éstos. Descorazonado Miranda por este contraste, y con poca confianza en la lealtad de sus tropas, levantó su campo, y se replegó a la parte meridional del lago, donde éste y una serranía que corre al oriente, forman una estrechura fácil de defender llamada La Cabrera. En esta posición se fortificó el prudente general. Abrió fosos, clavó estacadas, estableció baterías y organizó en el lago una flotilla, para mantener las comunicaciones de su campo atrincherado. Este sistema de inerte defensiva, que dejaba a Monteverde en libertad de sus movimientos, y nada prometía, empezó a minar el crédito del dictador en quien todos tenían cifradas sus esperanzas. Nadie reconocía en él al famoso guerrero de la república francesa, en Valmy y Jemmapes, cuyo nombre estaba inscripto en el arco de triunfo de La Estrella, y el general irresoluto de Maestrich y Nerwinde volvía a aparecer en nuevo teatro. Para dar mayor vigor a su autoridad, hízose investir por medio de una junta de notables, de las facultades políticas y militares de un dictador, anulando todos los poderes públicos existentes. Publicó la ley marcial (mayo 20); ordenó que todos los ciudadanos en estado de llevarlas tomasen las armas; llamó al servicio a los esclavos, emancipando a los que se presentasen, medidas tardías e impolíticas, que produjeron más mal que bien.

Mientras tanto, la expedición de Antoñanzas a los llanos de oriente, había triunfado completamente. La villa de Calabozo fue tomada a viva fuerza, pereciendo en ella todos sus defensores. Unido Antoñanzas a un español llamado José Tomás Boves, destinado a alcanzar terrible celebridad, atacó a San Juan de los Morros, pasó a cuchillo su guarnición, y hasta los ancianos, las mujeres y los niños fueron sacrificados. La guerra a muerte recrudecía. Alentado Monteverde por estos triunfos, por el pronunciamiento en favor del Rey de la importante provincia de Barinas, que resguardaba su espalda, y sobre todo por la inacción de su contendor, atacó de frente por dos veces consecutivas las líneas atrincheradas de los patriotas; pero fue rechazado en ambas con pérdidas considerables (19 y 26 de mayo). No se desanimó empero el jefe español. Reforzado con tropas y municiones enviadas desde Coro, intentó un tercer ataque, en que nuevamente fue rechazado (junio 12). No desistió por esto de su empeño. Concibió la idea de flanquear las posiciones fortificadas que cerraban las avenidas de los valles de Aragua, por la parte meridio-

nal del lago, llevando el ataque por sendas extraviadas. El éxito coronó
su audacia. Sorprendidos dos destacamentos que guarnecían la línea
por el flanco, y ocupadas por los realistas las alturas de Maracay,
Miranda, con un ejército superior en número, emprendió precipi-
tadamente la retirada en la noche, incendiando sus depósitos de víveres y aun de municiones (17 de junio). Este movimiento retrógrado, que revelaba timidez, fue severamente criticado y aumentó el descrédito del generalísimo. Viose claramente que en su cabeza no había
inspiraciones salvadoras, ni en su alma la suficiente energía para
infundirla a las tropas republicanas, tan desmayadas ya por las calamidades públicas y los repetidos contrastes.

Miranda se situó con su ejército en Victoria, cubriendo a Caracas. Hacía tres días que ocupaba esta posición, cuando inopinadamente fue atacada su línea de guardias avanzadas por algunas compañías dirigidas por Monteverde en persona. Los dispersos introdujeron la confusión en su campamento. Pero el generalísimo, con gran
valor y sangre fría, restableció el orden y repelió el ataque, obligando
al enemigo a retirarse en desorden. Monteverde, débilmente perseguido, reunióse al grueso de sus fuerzas, que alcanzaban a 3.100 hombres;
volvió caras y se hizo fuerte en el Cerro Grande frente a Victoria.
Miranda, persistiendo en su sistema defensivo, se encerró en Victoria,
fortificando sus calles con trincheras y 28 piezas de artillería. Reforzado Monteverde con la división de Antoñanzas, que regresaba de los
llanos, triunfante y manchada de sangre, emprendió un segundo y formal
ataque sobre la ciudad fortificada. El resultado fue un rechazo completo, después de un día entero de pelea, en que los realistas sufrieron
considerables pérdidas, agotando todas sus municiones (29 de junio).
Si Miranda hubiera sabido aprovecharse de esta ventaja, habría concluido quizás con el ejército realista. Tan debilitado quedó éste, que
en una junta de guerra se resolvió la inmediata retirada a Valencia.
Un consejero del jefe español, le persuadió a que aguardase tres días.
Transcurridos los tres días la revolución de Venezuela estaba perdida.

VIII

El 24 de junio (1812) estalló en los valles, al sudeste de Caracas, una insurrección general de los esclavos, promovida por las armas
españolas, que antes de entregarlos libres para el servicio de la república, según el decreto dictatorial de Miranda, preferían ponerles
las armas en la mano para que combatiesen contra ella. La reacción
continuaba desenvolviendo las fuerzas revolucionarias que debían vol-

verse contra ella. Los negros, entregados a sus instintos y sin dirección, cometieron todo género de excesos; asaltaron varios pueblos, cebándose en la población blanca, y llegaron hasta la misma ciudad de Caracas, indefensa, viéndose Miranda obligado a desprender alguna fuerza para protegerla. Pocos días después (30 de junio), el pabellón español flotaba en las murallas de Puerto Cabello, depósito de los elementos de guerra de la república. La custodia de esta importante plaza había sido confiada al coronel Bolívar. Existía allí un número considerable de prisioneros españoles, los que, aprovechándose de una ausencia de Bolívar, sublevaron la guarnición de la ciudadela y se hicieron dueños de ella. El jefe de la plaza, con el resto de la guarnición acantonada en la ciudad, hizo varios esfuerzos por someter a los sublevados. Sus guardias avanzadas se pasaban en masa al enemigo. A los tres días (4 de julio), supo que Monteverde marchaba en sostén de la sublevación. Desprendió a su encuentro los últimos 200 hombres que le quedaban, los que fueron completamente batidos, regresando a la plaza tan solo un jefe con 7 soldados. Bolívar tenía aún 40 hombres, que al saber este contraste lo abandonaron. Para salvar su vida, viose obligado a embarcarse en compañía de siete oficiales, y se dirigió a La Guayra. Desde Caracas escribió al generalísimo, dándole cuenta de este desastre: "Lleno de vergüenza, después de haber agotado todas mis fuerzas físicas y morales, ¿con qué valor me atrevería a escribirle habiéndose perdido en mis manos la plaza de Puerto Cabello? Mi corazón está destrozado, y mi espíritu se halla de tal modo abatido, que no me hallo en ánimo de mandar un solo soldado. Ruego se me destine a obedecer al más ínfimo oficial, o se me den algunos días para recobrar la serenidad que he perdido. Después de haber perdido la primera plaza del estado, ¿cómo no he de estar alocado? ¡De gracia, no me obligue a verle la cara! No soy culpable, pero soy desgraciado, y basta." Al recibir esta infausta nueva, Miranda exclamó: "¡Venezuela está herida en el corazón!"

Todo el occidente y los llanos de Venezuela estaban ocupados por las armas realistas, y al oriente, dominaban ambas márgenes del Orinoco, lo mismo que todas las costas marítimas. La insurrección de los negros esclavos, había avanzado a sangre y fuego, y amenazaba a Caracas con el exterminio. La opinión, herida de pavor por la catástrofe del terremoto o quebrada por los contrastes o la miseria, era una fuerza inerte contraria a la revolución. Apenas si un tercio del territorio quedaba a los independientes. En tan angustiosa situación, la pérdida de Puerto Cabello fue un golpe mortal. Si bien el ejército constaba de más de 5.000 hombres, una gran parte eran reclutas forzados y la otra, gente acobardada, que desertaba diariamente en grupos al enemigo. El general no tenía confianza en sus tropas, ni sus subordinados en él. El desaliento o la irritación era general. Todos acusaban a Miranda de ser el causante de las calamidades que su-frían, y algunos le llamaban traidor. El dictador desesperó de la causa de la república, y aconsejado por una junta de gobierno que convocó en su cuartel general, resolvió abrir negociaciones pacíficas con el enemigo.

A fin de obtener mejores condiciones, Miranda llevó un ataque parcial sobre la línea avanzada del enemigo, y consiguió sorprender y derrotar algunas grandes guardias. En seguida propuso una suspensión de hostilidades para tratar de la pacificación. Monteverde aceptó, pero bajo la condición de que las tropas reales pudiesen continuar avanzando hasta Caracas. Miranda formuló nuevas proposiciones, autorizando a sus comisionados a firmar una capitulación que garantiese la libertad y las propiedades de los comprometidos en la revolución. Algunos oficiales del ejército, intentaron promover una protesta contra esta política, que tachaban de cobarde. Propalaron que debía deponerse al generalísimo para emprender la guerra con vigor. Con 6.000 hombres podía y debía atacarse al enemigo. La victoria salvaba la situación. En la derrota no se perdía más que lo que iba a perderse por la capitulación, que era la sumisión sin gloria y sin garantías. Los que así razonaban sobre una base numérica, sin tomar en cuenta las fuerzas morales, que era el factor que dominaba la situación, o eran excepciones de la desmoralización colectiva o se daban el aire de héroes a poca costa, con la conciencia de que todo estaba perdido, y que sus proclamas no encontrarían ecos. El generalísimo, que no había tenido inspiraciones para salvar una situación fatalmente perdida por complicaciones extraordinarias de que la historia presenta raros ejemplos, y que, aun habiéndolas tenido, probablemente no habría encontrado entusiasmo y brazos fuertes para ejecutarlas, tuvo la fortaleza de la tremenda misión que había aceptado. Fácil le fue al dictador dominar esta agitación ficticia de última hora, imponiendo a todos la paz, que era lo que todos querían. Hay días nefastos en la vida de los pueblos, en que ni aun fuerzas tienen para el sacrificio, cuando el sacrificio es preferible a la sumisión. Entonces eligen una víctima expiatoria a quien atribuir la cobardía de la colectividad impotente para pelear o para morir. Venezuela pasaba por esos días, y necesitaba pasar por la dolorosa prueba de soportar el duro yugo de la reacción triunfante, para formar su conciencia, rehacer sus fuerzas y triunfar en la batalla por su independencia. La capitulación, con ser una triste derrota, haría más por ella que una victoria pasajera, que nada habría consolidado en la situación por que pasaba Venezuela en aquellos días.

Los comisionados del dictador ajustaron con Monteverde una capitulación, sobre la base de la entrega del territorio independiente y de todo el material de guerra de la república; la seguridad para las personas y los bienes de los habitantes en el territorio no reconquistado; la concesión de pasaportes a los que quisiesen abandonar el país, y una amnistía general por opiniones políticas, poniéndose en libertad a todos los prisioneros de guerra de una y otra parte. Monteverde concedió cuarenta y ocho horas para aceptar o denegar estas capitulaciones. Miranda no se atrevió a ratificarlas, y procuró modificarlas, pero al fin, tuvo que autorizar a sus comisionados a pasar por todo. El hecho quedó consumado, con la denominación de capitulaciones de San Mateo, con que han pasado a la historia. Desde este momento, el dictador solo se ocupó en proveer a la seguridad de la emigración de los patriotas, que era la consecuencia de un arreglo que no tenía más garantía que el beneplácito del vencedor reconocido. Al efecto, mandó cerrar el puerto de La Guayra, para impedir la salida de los buques neutrales, que era el último refugio, y se trasladó a Caracas, para cumplir de buena fe el compromiso de la entrega pacífica de la ciudad, dejando órdenes para la evacuación de Victoria. El ejército que la ocupaba, una parte se pasó en masa al enemigo, y el resto se dispersó en la marcha hacia Caracas.

IX

El 30 de julio entraba Monteverde triunfante a Caracas, y rompía de hecho la capitulación, imponiendo la dura ley del vencedor, sin condiciones y sin misericordia. En ese mismo día, era entregado a sus verdugos y consagrado al martirio por la mano de sus adeptos, el precursor de la emancipación del nuevo mundo meridional, y entre ellos, por el que debía coronar su obra, libertando toda la región equinoccial de la América del Sur.

Era comandante militar de La Guayra el coronel Manuel María Casas, y jefe político el doctor Miguel Peña, elegidos ambos por Miranda como patriotas probados, para asegurar la salvación de los comprometidos en la revolución. Abrumado de penas y fatigas, llegó Miranda a La Guayra, el 30 de julio a las 7 de la noche, y se hospedó en la casa del comandante. El capitán Haynes del buque inglés *Zafiro*, que había ofrecido a Miranda recibirlo a su bordo, donde tenía ya su equipaje, invitóle para que se embarcase esa misma noche, porque deseaba darse a la vela antes que se levantara la brisa de tierra en la madrugada. Casas, Peña y Bolívar, que tenían su plan, dijeron que el general estaba muy fatigado para embarcarse, que la brisa no se levantaría antes de las 10 de la mañana, y lo persuadieron a que se quedase a dormir en tierra. El capitán inglés se retiró con un triste presentimiento, según lo manifestó después. Los cuatro camaradas sentáronse en seguida a la mesa, y juntos rompieron el pan de la hospitalidad. Después de la cena, que fue triste, y en que solo Bolívar habló provocando explicaciones sobre la capitulación que Miranda esquivó, retiróse éste a dormir en una cama preparada por su huésped, quien había tenido la precaución de elegir un aposento cuya puerta no podía cerrarse por dentro.

Mientras Miranda descansaba en el lecho preparado por la traición de sus amigos, reuniéronse Casas, Peña y Bolívar con los coroneles José Mires, Manuel Cortés y Juan Paz del Castillo —el mismo que sirviera después en el ejército de los Andes—, y los comandantes Tomás Montilla, Rafael Chatillón (francés), Miguel Carabaño, Rafael Castillo, José Londaeta y Juan José Valdés. Constituidos por sí y ante sí en una especie de tribunal secreto, tomaron en consideración la conducta política y militar del desgraciado ex dictador. Fue unánimente condenado como autor de las desgracias sucedidas. Haciéndose eco de los calumniosos rumores que corrían, propalados tal vez por ellos mismos, que le atribuían haber recibido dinero de los españoles como precio de la capitulación, y hecho embarcar con anticipación tesoros usurpados, acordaron que debía detenérsele para dar cuenta de su conducta a sus compañeros y sincerarse ante ellos. Dijeron: que si pensaba que la capitulación había de ser cumplida, no debía anticipar su salida, y si no creía en ella, debía correr la suerte de todos, y que en ambos casos, su persona era una garantía del cumplimiento de lo capitulado. Bolívar votó por la muerte de Miranda como traidor a la independencia, por haber tratado con los españoles. Quedó resuelto en definitiva reducir a prisión a Miranda. Peña y Casas firmaron la orden como autoridades del punto. Bolívar en compañía de Montilla y Chatillón, encargóse de ejecutarla personalmente. No se atrevían a prenderlo a la luz del día, porque el ex dictador aún contaba con amigos fieles, y sus antecedentes históricos y su desgracia, escudaban su persona, sagrada para todo americano. Por eso lo hacían cubiertos por las sombras de la noche. A las 4 de la mañana Bolívar empujó la puerta del aposento en que dormía profundamente el anciano general, bajo la fe de la amistad. Apoderóse de su espada y sus pistolas, y lo despertó bruscamente. "¿No es muy temprano?", preguntó la víctima. Pero al recibir la orden de levantarse y seguirlos, comprendió que había sido traicionado por los suyos. No dijo una palabra y siguió resignado a sus carceleros, quienes lo condujeron al castillo de San Carlos. Mires se encargó de su custodia. Peña fue a dar cuenta del hecho a Monteverde, portador de comunicaciones de Casas, para congraciarse con el vencedor.

Al día siguiente, el puerto de La Guayra estaba cerrado por orden de Monteverde, y Casas cañoneaba desde sus fuertes a las embarcaciones cargadas de emigrados que intentaban hacerse a la vela a favor de la brisa matinal, echando a pique una goleta, en que se dice perecieron algunos. Tres días después (2 de agosto), el jefe español, dueño de Caracas, expedía una proclama en que ratificaba la amnistía, al mismo tiempo que encerraba en un calabozo a los mismos que habían prendido a Miranda, menos a Casas y Peña, y a Bolívar que se ocultó. Sucesivamente, todos los comprometidos en la revolución que habían confiado en las falaces promesas de Monteverde corrían la misma suerte. La capitulación fue rota, imponiéndose la dura ley del vencedor, brutalmente y sin atenuaciones. Formáronse arbitrariamente listas de sospechosos; los bienes de los proscriptos fueron embargados; los domicilios villanamente violados; las cárceles se llenaron de presos, hasta el número de mil y quinientos ciudadanos, muriendo alguno de ellos, hacinados y atormentados en los calabozos. La persecución iba acompañada por el escarnio y la rapiña. Los presos eran despojados de su dinero y alhajas, que se repartían los captores, y conducidos por las calles en bestias de albarda atados de pies y manos. Los canarios, que tenían sangre que vengar, eran los agentes de estas persecuciones, constituidos en asociación espontánea con el título de "fieles servidores de Fernando VII".

Miranda, trasladado a los calabozos de Puerto Cabello, fue sometido a los más duros tratamientos, cargado de cadenas, insultado y atormentado por sus carceleros. Desde el fondo de su prisión, oyó por última vez la América la voz del precursor de su redención. Con motivo de la reinstalación de la real Audiencia de Caracas, el pueblo concibió algunas esperanzas de caridad, ya que no de justicia. El desgraciado cautivo se hizo el eco de estas esperanzas, en un memorial que dirigió al supremo tribunal, abogando valientemente a costa de su propia seguridad, por la suerte de sus compatriotas perseguidos. Nada pidió para sí, de nadie se quejó, ni siquiera hizo la más remota alusión a su prisión ejecutada por sus mismos amigos. "He guardado el silencio más profundo —decía— sepultado en estrecha y oscura prisión y oprimido con grillos; he visto correr la propia suerte a un número considerable de personas de todas clases y condiciones, y ante mis propios ojos se han presentado las escenas más trágicas y funestas. Con inalterable sufrimiento he sofocado los sentimientos de mi espíritu. Estoy ya convencido de que por un efecto lamentable de la más notoria infracción, los pueblos de Venezuela gimen bajo el yugo de las más pesadas cadenas. Parece es tiempo ya de que por el honor de la nación española, por la salud de estas provincias y por el crédito y responsabilidad que en ellas tengo empeñados, tome la pluma en el único momento que se me ha permitido para reclamar ante la superior judicatura del país estos sagrados incontestables derechos."

Después de hacer Miranda una exposición de su conducta como generalísimo y dictador y de los móviles que le impulsaron a ajustar la paz, bosqueja con colores sombríos el cuadro del terrorismo implantado por Monteverde, que acentúa con estas palabras: "Yo vi entonces repetirse con espanto en Venezuela las mismas escenas de que mis ojos fueron testigos en la Francia." Y recordando que estos escándalos se perpetraban al mismo tiempo que se promulgaba la constitución española, sancionada por las cortes de Cádiz, que debía ser "iris de paz, áncora de libertad y escudo para todos", preguntaba con reconcentrada pasión y dolor al supremo tribunal a quien se dirigía: "¿El interés de la Península es por ventura sembrar en la América y la metrópoli las ruinas de un odio eterno y de una perpetua irreconciliación? ¿Es acaso la destrucción de los naturales del país, de sus hogares, familias y propiedades? ¿Es a los menos obligarlos a vivir encorvados bajo de un yugo mucho más pesado que el que arrastraban en tiempo del favorito Godoy? ¿Es por último, que esta augusta, esta santa constitución sea un lazo tendido para encerrar a la buena fe y a la lealtad?" Él mismo se contestaba: "La representación nacional de España ha invitado con la paz a la América. Caracas, después de haberla estipulado, es tratada como una plaza tomada por asalto en aquellos tiempos bárbaros en que no se respetaba el derecho de gentes. Venezuela es declarada de hecho proscripta de las leyes constitutivas y condenada a una degradación civil y absoluta, y lejos de disfrutar la igualdad que se le ofrece, es casi tenido por delito el haber nacido en este continente." Y terminaba: "La capitulación ha sido pública y evidentemente violada. La constitución ha sido infringida en uno de sus principales fundamentos: la suerte de los ciudadanos no está asegurada, y expuesta a todos los desastres que dictan las pasiones tumultuarias, el estado actual de estas provincias es la consecuencia de unos principios tan viciosos y opresores. Yo reclamo el imperio de la ley; invoco el juicio imparcial del mundo entero; dirijo por la primera vez mis clamores en defensa de los habitantes de Venezuela para que no se les trate como criminales. Así lo exige de seguro mi propio honor, lo enseña la sabia política, lo prescribe la moral y lo dicta la razón."

Este precursor de la emancipación de la América del Sur que así hablaba por la última vez, que tuvo la primitiva visión de los destinos del nuevo mundo republicano, y había sido entregado a sus verdugos por el adepto que debía realizar el pensamiento del Maestro, fue transportado a Cádiz, donde pasó tres años de doloroso cautiverio y murió, solo y desnudo, en la más triste miseria en las mazmorras de las Cuatro Torres, el 14 de julio de 1816, a la una y cinco minutos de la mañana, en vísperas del triunfo de la independencia americana, que soñó en vida. Su cadáver, envuelto por la inmunda ropa de cama en que expiró, fue sepultado en el fango de uno de los islotes de la Carraca de la playa gaditana, que la marea cubre o abandona todos los días. ¡Gloria victus victor!

Mientras las persecuciones contra las que reclamaba Miranda afligían a Venezuela, Bolívar permanecía oculto en Caracas, según antes se apuntó. En tal situación, solicitó por intermedio de un español amigo suyo y de Monteverde, un salvoconducto para ausentarse del país, acogiéndose así a la capitulación violada, que había calificado de traición. Su protector lo presentó a Monteverde: "Aquí está don Simón Bolívar por quien he ofrecido mi garantía. Si a él le toca alguna pena, yo la sufro." Monteverde contestó: "Está bien." Y volviéndose a su secretario: "Se concede pasaporte al señor (mirando a Bolívar), en recompensa del servicio que ha prestado al Rey con la prisión de Miranda." (26 de agosto). Era la marca de fuego puesta por la mano brutal del vencedor. Según uno de sus biógrafos, Bolívar repuso que "había preso a Miranda para castigar a un traidor y no por servir al Rey", palabras que no tienen sentido, pues si Miranda hubiese sido traidor, habría merecido favores y no martirios de parte de los verdugos a quien él contribuyó a entregarlo. Sea que las pronunciase o no en aquella ocasión, la única interpretación que pueden dársele, es la que el mismo Bolívar ha dado, al sostener hasta el fin de sus días —confidencialmente— que su ánimo había sido fusilar a Miranda en la mañana siguiente, y no el entregarlo a sus enemigos, y que sin la oposición de Casas, lo habría ejecutado. La defensa es tan siniestra como tremenda la acusación. Los más grandes admiradores de Bolívar — incluso sus panegiristas—, jamás han pretendido excusar el hecho, que ha quedado como una sombra sobre la frente del libertador, que todas las luces de gloria no han podido disipar.

Así nació y sucumbió Venezuela, acabó Miranda y apareció Bolívar.

Capítulo XXXVII

REVOLUCIÓN DE NUEVA GRANADA Y QUITO

1809-1813

Marcha regular de la revolución sudamericana. — Centros regionales de insurrección. — Las dos hegemonías emancipadoras de la América del Sur. — Primera revolución de Quito. — Sus enlaces con la revolución de Nueva Granada. — Revoluciones de Cartagena, Casanare, Pamplona y del Socorro. — Carácter complicado de la revolución neo-granadina. — Revolución de Santa Fe de Bogotá. — Anarquía política. — Federalistas y unionistas. — Constitución republicanomonárquica de Cundinamarca. — Reaparición de Nariño. — Revolución interna de Santa Fe. — Nariño, dictador de Cundinamarca. — Acta de federación de las provincias de Nueva Granada. — Cartagena y Santa Marta declaran su independencia de la metrópoli. — El federalismo y unitarismo conspiran contra la organización nacional. — El congreso federal se traslada a Mariquita. — Sombra de gobierno parlamentario. — Geografía de la reacción realista en Nueva Granada. — Guerra entre Cartagena y Santa Marta. — La reacción en el Itsmo de Panamá. — La reacción al sur de Nueva Granada. — Primer triunfo de la insurrección en Palacé. — Derrota de Tacón. — La guerra de Popayán contra Pasto y Patía. — Nueva revolución de Quito. — La guerra en Quito. — Quito declara su independencia. — Muerte de Ruiz de Castilla. — Campaña de Montes contra Quito. — Caída de la revolución quiteña. — Revolución interna de Nueva Granada. — Segunda guerra civil. — Situación política y militar de Nueva Granada a fines de 1812. — Los realistas de Quito invaden a Nueva Granada por el sur. — Nariño es nombrado general de la Unión. — Campaña de Nariño sobre Pasto. — Derrota del ejército de la Unión. — Nariño prisionero. — Reaparición de Bolívar. — Su campaña en el Alto Magdalena. — Segunda guerra de Cartagena y Santa Marta. — Bolívar concibe el proyecto de reconquistar a Venezuela. — Atraviesa los Andes. — Primera campaña de los valles de Cúcuta. — Memoria política y militar de Bolívar. — El presidente Camilo Torres apoya el pensamiento de Bolívar. — Nueva Granada resuelve la reconquista de Venezuela.

I

Lo más notable en los movimientos concéntricos y excéntricos de la revolución hispanoamericana, es la regularidad de su marcha con-

71

vergente y la simetría de sus líneas generadoras. Podría ser una mera coincidencia que en 1809 se hiciesen sentir por la primera vez dos estremecimientos orgánicos y simultáneos en las extremidades del continente meridional —La Paz y Quito—, que parecerían indicar desde su origen una solidaridad de la masa viva. Podría ser otra coincidencia que en 1810 naciesen dos revoluciones gemelas en dos hemisferios — Buenos Aires y Caracas—, con idénticas formas, iguales propósitos, análogos objetivos y hasta con la misma doctrina política, como hijas de una madre común. Pero, cuando se observa que estos movimientos homólogos son espontáneos, que reconocen una misma causa, que tienden desde un principio a formar sistema y siguen por el espacio de quince años una dirección general en sus proyecciones iniciales, no es posible desconocer la existencia de una ley que la gobierna, y que la revolución sudamericana fue verdaderamente una revolución orgánica que tuvo su razón de ser. Y lo más notable aún en esta evolución uniforme es que, al insurreccionarse aislada y simultáneamente todas las colonias hispanoamericanas como movidas por un mismo resorte interno, se diseñan desde luego dos evoluciones concéntricas, que tienen sus núcleos regionales y un centro común que responden a un plan general de insurrección, determinando los dos teatros de la guerra continental, en que se mueven táctica y estratégicamente dos grandes masas que parcialmente se condensan y que recíprocamente se atraen.

Vese así claramente que las dos revoluciones simultáneas y gemelas que hemos señalado, se convierte cada una de ellas en centro de un sistema revolucionario, que en el orden internacional y nacional representan dos hegemonías emancipadoras, distintas en sus medios de acción, pero concurrentes en sus fines. Conocemos ya cómo se formó en el sur el gran grupo internacional de las Provincias Unidas del Río de la Plata, Chile y Alto Perú, bajo la hegemonía argentina primero, y de la chilenoargentina después, con San Martín a su frente, y cómo su acción se extendió al Perú, penetrando en la región del norte. Va a verse ahora cómo se formó el grupo nacional del norte, que comprende a Venezuela, Nueva Granada y Quito, bajo la hegemonía colombiana acaudillada por Bolívar, y cómo se extendió a su vez hasta el Perú, operándose en un centro la conjunción de las dos grandes masas revolucionarias, animadas de una misma vitalidad. Entonces se verá que los movimientos de los dos extremos en su afocamiento responden a un sistema general de insurrección y son el producto de las idénticas causas que los engendran. Las revoluciones del Norte siguen la misma ley que las del Sur en sus enlaces recíprocos y en sus agrupaciones respectivas.

La revolución de Quito en 1809 tuvo una sorda repercusión en Nueva Granada, conmovida ya profundamente por los sucesos de que era teatro la metrópoli. El virrey Antonio Amar, hombre sin cualidades de mando, que la gobernaba desde 1806 al tiempo de la expedición de Miranda, alarmado por tan ruidosa novedad, reunió una asamblea de corporaciones y notables para aconsejarse (9 de setiembre de 1809). Los americanos que la integraron, no solo apoyaban la creación de la junta quiteña, sino que también pidieron un gobierno análogo en la capital de Santa Fe de Bogotá, que rigiese todo el virreinato. Los españoles, en contrario, opinaron por la disolución del gobierno revolucionario. Amar se decidió por este partido. En consecuencia, despachó una expedición de 300 hombres de línea, con órdenes de disolver la junta a viva fuerza. Al mismo tiempo, el virrey del Perú desprendía desde Lima una columna de 800 hombres con el mismo encargo.

El nuevo gobierno de Quito, que había decretado la formación de tres batallones para sostener su autoridad, destacó hacia el norte dos compañía con tres cañones, para hacer frente a las tropas del virrey Amar, las que fueron completamente derrotadas por los habitantes armados de la provincia de Pasto, que desde entonces se pronunciaron decididamente por la causa del Rey (16 de octubre de 1809). Este contraste amilanó a los revolucionarios. Aislados, atacados por dos fuerzas que no podían contrarrestar, pactaron con el depuesto capitán general Ruiz de Castilla devolverle el mando bajo la condición de una amnistía, la que se publicó solemnemente por bando. Reunidas en Quito las tropas expedicionarias de Nueva Granada y del Perú, empezaron las persecuciones contra los promotores de la revolución. Sometidos a juicio, fueron condenados a muerte unos y a presidio otros. Indignado el pueblo por esta violación de las capitulaciones, un pequeño grupo de hombres armados de cuchillos asaltó los cuarteles, y consiguió por un momento posesionarse de uno de ellos. Dominado este tumulto por la fuerza pública, la soldadesca —y especialmente la de Lima— asesinó en la cárcel a casi todos los presos políticos, en número de veinticinco, y se lanzó a las calles matando bárbaramente como ochenta personas, entre ellas tres niños y tres mujeres. El vecindario se armó de palos y piedras para defender sus vidas. La carnicería se habría prolongado sin la interposición del obispo, que consiguió apaciguar los ánimos de uno y otro lado (2 de agosto de 1810).

La noticia de los asesinatos de Quito se difundió en todos los pueblos del virreinato, en momentos en que estallaba la revolución de Venezuela, ya relatada, y prendía la primera chispa de la insurrección en Nueva Granada. Aterrado Ruiz de Castilla, convocó una junta de autoridades civiles y eclesiásticas y de notables de la ciudad. En ella se acordó, bajo la denominación de "Tratados", ajustados con intervención de la real audiencia, un indulto general, y el sobreseimiento en el proceso que se seguía a los revolucionarios sobrevivientes. Las tropas de Lima, que se habían acarreado el odio general, fueron despedidas y el pueblo volvió a entrar en sosiego (4 de agosto de 1810).

Al mismo tiempo que Quito se pacificaba, la Nueva Granada se conmovía de un extremo a otro. El virrey Amar había hecho reconocer y jurar el consejo de regencia, a tiempo que arribaban a Cartagena, en calidad de comisarios regios, D. Antonio Villavicencio y D. Carlos Montufar, ambos hijos de Quito, y ligados por lazos de parentesco y afinidades políticas con los revolucionarios. Hallaron éstos la ciudad cartaginesa en gran efervescencia a consecuencia de la revolución de Caracas. El pueblo, encabezado por el cabildo, pedía a gritos la instalación de una junta provincial. Resolvió al fin, con acuerdo del comisario regio Villavicencio —que era el encargado de arreglar la cuestión de Nueva Granada—, que, de conformidad a una ley de Indias, violentamente interpretada, el gobernador de la provincia ejerciese la autoridad, conjuntamente con el cabildo, quien nombró por su parte dos diputados al efecto. La municipalidad quedó preponderante en el gobierno. No aviniéndose el gobernador con este nuevo orden de cosas, pretendió reaccionar; pero, depuesto por el cabildo apoyado por el pueblo, fue deportado a La Habana (11 de junio de 1810). Así quedó consumada en Nueva Granada la primera revolución que, como se verá después, entrañaba un principio de prematura desorganización.

Un levantamiento parcial en los llanos de Casanare respondió al movimiento de Cartagena. Dos jóvenes ardorosos, seguidos por algunos parciales, dieron el grito de insurrección al este de la cordillera oriental, y se apoderaron a viva fuerza de varios puntos. Atacados por tropas enviadas por el Virrey, fueron aprisionados y condenados sumariamente a muerte. Sus cabezas fueron conducidas a la capital para ser fijadas en escarpias en los lugares públicos. La agitación popular fue tal, que los mandatarios, intimidados, mandaron enterrar furtivamente las cabezas. Casi simultáneamente, el corregidor de Pamplona fue depuesto por el cabildo, y se instaló una junta de gobierno (4 de julio de 1810). Pocos días después estallaba una verdadera revolución en la ciudad del Socorro, cuna de la formidable insurrección de los comuneros en 1781 (véase capítulo I párrafo VIII).

Para mantener el orden alterado por el levantamiento de Casanare y las agitaciones de Pamplona, habíanse acantonado dos compañías de línea y de milicia en el Socorro, las que, en un momento de falsa alarma, hicieron fuego sobre el pueblo, encabezado por la municipalidad. Reunidos como ocho mil ciudadanos, sitiaron a la tropa en su cuartel, y la rindieron después de un combate. El gobierno se depositó en el cabildo, adjuntándole ocho diputados elegidos por el pueblo, los que se constituyeron en junta. Su manifiesto de paz o de guerra fue formulado en una enérgica solicitud a la audiencia, en la que, a la vez de protestar los revolucionarios sostener la nueva situación a todo trance, y declarar que al efecto se aunaban todos sus habitantes, pedían que, para evitar mayores males, se autorizase la formación de juntas de gobierno, así en la capital como en las demás provincias (15 de junio de 1810). Cinco días después estallaba la revolución de Santa Fe de Bogotá, que sucesivamente se extendió por todas las provincias.

II

La revolución de la Nueva Granada es una de las más difíciles de caracterizar, por la complicación de sus evoluciones políticas en sus perturbaciones anárquicas, como consecuencia del orden administrativo de la colonia, de su estado social, de su constitución geográfica y de la índole de sus habitantes. Vaciada en el mismo molde municipal y popular de las que la precedieron en Sud América, con las mismas formas legales y los mismos objetivos inmediatos, mostró desde luego su carácter incoherente y civil, diseñándose muy tempranamente en ella dos tendencias opuestas y concurrentes: la autonomía elemental de las provincias y la centralización gubernamental, que envolvían los gérmenes de la unidad y de la federación. Estos dos principios existían latentes en el estado embrionario de la sociabilidad política, en los antecedentes históricos y en las leyes municipales, y puestos en actividad por la revolución, tenían necesariamente que intervenir como hechos preexistentes y elementos de organización y desorganización a la vez. Dentro de este círculo giraron todos sus movimientos. Estas mismas tendencias habíanse manifestado en el Río de la Plata con los mismos caracteres y por las mismas causas; en Chile con menos intensidad, y señaladamente en Venezuela; pero, confundidas en el movimiento general o tomadas en cuenta en la organización constitucional, no paralizaron la marcha revolucionaria, si bien la enervaron. En Nueva Granada asumieron el carácter de fenómenos permanentes y fuerzas antagónicas, que inmovilizaron la revolución dentro de sus propios elementos, gastando en un roce estéril toda la energía que encerraban en sí. De aquí su debilidad militar y su fracaso en el primer ensayo constitucional.

Lo que propiamente se llamaba el nuevo reino de Granada al tiempo de estallar la revolución de 1810 —sin incluir la presidencia de Quito—, contaba con una población de 1.600.000 habitantes. Estaba dividido en catorce o quince provincias, enclavadas en las tres cadenas de los Andes ecuatoriales, entre dos mares, con marcados rasgos étnicos y geográficos. Cuatro de ellas eran litorales, en la prolongación de la Costa-Firme, sobre el golfo de México: Cartagena, Santa Marta, Río-Hacha, Panamá y Veraguas. En la parte superior del gran valle de la Magdalena estaba la extensa provincia central de Santa Fe. En su promedio se encontraban los corregimientos de Tunja, Socorro y Pamplona, sobre las vertientes occidentales de la cordillera del este, con los llanos de Casanare y los valles de Cúcuta al oriente. Mariquita y Neiva hallábanse en las vertientes orientales de la cordillera del medio, sobre el río Magdalena; y aunque se consideraban como subdivisiones administrativas de Santa Fe, tenían la importancia de verdaderas provincias. En el Alto Cauca, al norte del nudo andino que determina los dos grande valles de Nueva Granada —el Magdalena y el Cauca—, estaba enclavado Popayán comprendiendo los distritos de Pasto y Patía, limítrofes con Quito, y en el Bajo Cauca, la de Antioquía en contacto con las provincias del istmo. Sobre el litoral marítimo del Pacífico, paralelamente a los territorios de Popayán y Antioquía, se desarrollaba la región del Chocó, dividida en dos provincias: Citará y Novitas. Las provincias de Quito eran cinco: la capital del mismo nombre en la montaña; Cuenca, Loja y Jaén, en su vertiente occidental, limítrofes con el Perú, y Guayaquil sobre el mar del Sur. Eran pues —sin tomar por ahora en cuenta a Quito— tres sistemas geográficos marcados, ocupados por razas diversas y con diversas costumbres, ligados por un plan de centralización política y subdivididos en administraciones municipales autonómicas, que, si bien funcionaban con cierta regularidad bajo la dirección centralista de la metrópoli, encerraban en sí los gérmenes de la federación y de la disgregación, a la par de los antecedentes del unitarismo gubernativo.

Santa Fe de Bogotá, capital del virreinato, y la más importante de las provincias, donde se había afocado la raza criolla en toda su pureza y con mayor energía, representaba en Nueva Granada el mismo papel complejo que Buenos Aires en el Río de la Plata. Como metrópoli colonial continuaba la tradición centralista histórica y tendía a la unidad gubernamental. Como provincia autonómica, centro de un particularismo coherente, podía ser, o el núcleo de una nación unitaria, o una unidad típica en un régimen federativo. Menos feliz, o con menos poder de atracción que Buenos Aires, no fue ni lo uno ni lo otro, aunque repitiendo sus mismas peripecias; y sí solo el punto donde se chocaron las dos tendencias y el campo en que se trabó la discusión y la lucha, que dio por resultado final el anonadamiento de ambas. Pero lo singular en este movimiento complejo, es que son los pensadores, divididos por opiniones abstractas, los que le imprimen carácter y lo impulsan; son los congresos los que llevan la palabra, y los que, juntamente con las municipalidades autonómicas, dirigen los ejércitos, que aparecen en el segundo plano, siendo sus generales hombres civiles, que se arman de la espada para sostener sus ideas.

Era la Nueva Granada, al tiempo de estallar la revolución, "una civilización mestiza, con elementos de semibarbarie, según la ha definido un escritor neogranadino, en que todas las razas del globo se habían dado cita para mezclar su sangre, sus tradiciones, sus fuerzas y caracteres, y concurrían simultáneamente a la obra de la civilización". Pero la raza blanca, o la criolla, factor principal de la revolución, como instinto, como fuerza y como idea encarnada, prevalecía sobre las razas mixtas. Para 313.000 indígenas, 140.000 pardos y 70.000 negros esclavos, había 877.000 blancos que, no solo los superaban por su número y su inteligencia, sino que además estaban condensados en los centros de la civilización, donde residía la potencia gubernamental a que se subordinaba la fuerza bruta. De aquí el carácter civil de la revolución; pero, desgraciadamente, de aquí también su dispersión de fuerzas y su debilidad orgánica en la lucha por la independencia, que requería unidad de ideas y fuerzas compactas. Si a todo esto se agregan la disidencia profunda de los directores de la revolución en principios fundamentales de gobierno y las aspiraciones excéntricas o concéntricas de las provincias llamadas a una nueva vida autonómica, las rivalidades del litoral contra la capital y de las localidades según su situación geográfica, que determinaban otras tantas acciones y reacciones, y por último, el predominio y el aislamiento de la capital por consecuencia de estas complicadas emergencias, se tendrá en compendio la síntesis de la revolución neogranadina, que explica la desorganización de su primera república y da la clave de los sucesos que vamos a narrar.

III

Todo estaba preparado en Bogotá para una revolución. Era una mina cargada. Los patriotas, bien dirigidos y apoyados por la opinión criolla, habían hecho varias tentativas para realizarla, pero sin resultados hasta entonces. La noticia de la revolución de Venezuela, a que se siguieron los movimientos de Cartagena, Casanare, Pamplona y el Socorro, y sobre todo, el arribo de los comisarios regios, Villavicencio y Montufar, cuyas buenas disposiciones en favor de los americanos despertaron nuevas esperanzas, les decidieron a dar el grito de insurrección en el mismo día de la llegada de éstos a la capital. La agitación era tan grande, que un incidente imprevisto la precipitó antes de la hora prefijada. El 20 de julio (1810) por la mañana, un español profirió algunas palabras en menosprecio de los americanos. Ésta fue la chispa que produjo el incendio. El pueblo se levantó en masa, se agolpó a la plaza, pidió un cabildo abierto y una junta de gobierno, apoyado en su exigencia por la municipalidad. Como el Virrey se negase a la petición intimada por dos diputaciones de vecinos, el pueblo mandó tocar a rebato en todas las iglesias, y seis a siete mil hombres armados se reunieron al pie de las casas consistoriales para sostener la actitud del cabildo. La noche se acercaba, la fermentación crecía, el Virrey contaba con 1.000 hombres de tropa, que permanecían fieles, y se temía de un momento a otro un conflicto. El Virrey, intimidado, cedió al fin, y autorizó la reunión de un cabildo extraordinario.

La sesión del cabildo popular se abrió a las seis de la tarde en la sala del ayuntamiento, bajo la presidencia de un oidor. Siguióse un debate borrascoso, en que se distinguió por su varonil elocuencia el doctor Camilo Torres, hombre de gran carácter y poderosa inteligencia, destinado a representar un notable papel en la nueva república. Los patriotas exigían la formación inmediata de una junta de gobierno, nombrada por ellos. Los españoles resistían, y procuraban ganar tiempo. Uno de los oradores populares de la asamblea declaró traidor al que se moviera de su puesto antes de instalarse la junta. Así se decidió. Comunicado este acuerdo al pueblo por un regidor, que salió a los balcones a proclamarlo, fue saludado con grandes aclamaciones. El Virrey, que por su prudencia se había captado la benevolencia general, fue nombrado presidente nominal de la junta, que se instaló a las tres de la mañana del día 21 de julio de 1810.

En el acta en que se formuló el programa de la revolución se declaraba: que la junta investiría el carácter de gobierno general, para velar por la seguridad de la Nueva Granada y formar la constitución, mientras se pedían diputados a las provincias, sobre la base de la libertad e independencia respectiva de ellas ligadas por un vínculo federativo, cuya representación debía residir en la capital del virreinato, con mandato de no abdicar los derechos imprescriptibles de la soberanía del pueblo en otra persona que en la del rey Fernando VII, siempre que éste fuese a reinar entre ellos, reconociéndose empero sujeta a la junta de regencia, con arreglo a la constitución que se diese, ínterin existiera aquélla en la península. Con propósitos radicales en el fondo, era en la forma una transacción con el antiguo régimen, un acomodamiento provisional con el gobierno de la metrópoli y una concesión al espíritu federativo de las provincias, manteniendo de hecho la unidad del reino.

La junta empuñó con mano incierta las riendas del gobierno. Mal compuesta, colocada en una situación equívoca, bajo la presidencia del Virrey y el reconocimiento de sujeción a la regencia española, y dominada por la multitud movida por demagogos exaltados, careció en los primeros días de unidad de acción y pensamiento, y fue el instrumento pasivo de las exigencias de lo que se llamaba pueblo soberano que continuaba gobernando a gritos desde la plaza pública. Al fin, el Virrey fue depuesto, como debió serlo desde el primer momento; se anuló el juramento de obediencia prestado a la regencia española, y declaróse que la junta continuaría mandando a nombre del Rey durante su cautiverio, manteniendo el vínculo de unión con la nación española, aunque sin depender de los gobiernos y autoridades de la península. Dos días después de este acuerdo arribaban a Santa Fe los comisarios regios Villavicencio y Montufar, que sancionaron tácitamente lo hecho. Montufar, cuya comisión era especial para Quito, continuó su viaje, y luego le veremos reaparecer representando el papel de revolucionario activo.

La anarquía y la reacción no se hicieron esperar. Los antagonismos comprimidos por el centralismo colonial; las autonomías locales exageradas por la revolución; las disidencias profundas, teóricas y prácticas, de los pensadores llamados a dar forma y dirección al movimiento; los intereses encontrados de americanos y españoles; los instintos de las masas que se agrupaban según su distribución geográfica bajo las banderas opuestas, hicieron su aparición en la escena, y determinaron las complicaciones políticas y las luchas civiles de que la Nueva Granada fue teatro, gastando estérilmente sus fuerzas, sin llegar por entonces a ningún resultado.

La junta de Santa Fe, consecuente con su programa, dirigió a las provincias una circular, llena de prudencia y moderación, invitándolas a reunirse en congreso. Sin pretender la supremacía que de hecho y por necesidad estaba depositada en sus manos, se daba el simple carácter de provisional al solo efecto de mantener la unidad política y administrativa, reconociendo que debía ser subrogada por la autoridad que nombrasen los pueblos de común acuerdo. Dejaba a las provincias la libertad de dictar la regla para la elección de sus diputados. Protestaba renunciar a toda coacción para promover la unión y terminaba: "La capital se anticipa a precaver la desunión y la guerra civil. Si alguna de las provincias intentase substraerse a la liga general, tranquilos en la santidad de nuestros principios y firmes en nuestra resolución, la abandonaremos a su suerte, y las consecuencias de la desunión serán imputables a quien la promovió." Desgraciadamente, este plan de organización rudimental quedaría tan solo consignado en el papel: la capital concurriría en definitiva a la desunión, tanto como las mismas provincias.

Casi todas las provincias del reino siguieron el ejemplo de Bogotá, instituyendo juntas de gobierno, y uniformaron en este sentido su política revolucionaria con ella. No así en el orden político. La mayor parte de ellas se manifestaron dispuestas a enviar sus diputados a Santa Fe, al reconocer dependencia; pero otras pretendieron erigirse en entidades supremas o republiquetas aisladas, y se resistieron a reunirse en congreso unionista. Cartagena, desligada del sistema geográfico del interior del país, que por su importancia comercial y su poder militar aspiraba a figurar como cabeza, fue la primera en dar la señal de la disgregación, rompiendo la tradición histórica. La junta cartaginesa, declarándose soberana e independiente, impugnó la convocatoria bogotana en un manifiesto, pronunciándose contra la institución de una junta central, que calificó de "gobierno monstruoso", a la vez que proclamaba la excelencia del sistema federal. En consecuencia, invitaba por sí a las provincias a reunirse en congreso con arreglo a esta base fundamental en Medellín, pueblo central del valle de Magdalena, nombrando un diputado por cada cincuenta mil almas, al que dejaba la decisión del reconocimiento o desconocimiento de la regencia de España, que por su parte continuaría reconociendo como lo había jurado (19 de setiembre de 1810). Solo Antioquía respondió a la invitación de Cartagena; pero bastó esta disidencia para paralizar la reunión del congreso neogranadino promovido por Bogotá, y retardar la formación de un gobierno general, que era la necesidad suprema del momento.

Varias tentativas patrióticas se hicieron para organizar al menos un núcleo de congreso, pero todas abortaron. En la primera de ellas los diputados de solo cinco provincias, reunidos en Bogotá, pretendieron reasumir el poder supremo en todas las ramas, dirigir la fuerza armada y centralizar la autoridad. La junta de Santa Fe le negó obediencia, y esta sombra de representación nacional desapareció. Así se formó un partido federal y separatista en el mismo centro unionista (fines de 1810). Los directores de la revolución, que habían establecido su base de operaciones en Bogotá, observando que todas las provincias concentraban su administración interior, y que la opinión estaba pronunciada por el sistema federativo, se decidieron a organizar la provincia de Santa Fe, que abrazaba la jurisdicción de la capital bajo la forma de estado federal, y crear la unidad que debía servir de tipo al conjunto. Reunida al efecto una asamblea popular con la denominación de "Colegio constituyente", en que figuraban los hombres más distinguidos de la Nueva Granada, y tomando por modelo la constitución de los Estados Unidos, crearon una república monárquica, bajo la denominación de "Estado de Cundinamarca", que era la que la provincia había tenido antiguamente. Según su constitución, se reconocía por rey a Fernando VII, quien sería admitido a ejercer el poder, toda vez que se trasladara al país. El poder legislativo se confiaba a una cámara popular y a un senado conservador. Durante el cautiverio del Rey, el poder ejecutivo sería desempeñado por un presidente y dos consejeros. Fue elegido para desempeñar el puesto de presidente de Cundinamarca el doctor Jorge Tadeo Lozano, un sabio, de ideas adelantadas en política, aunque sin el temple de carácter que requerían las circunstancias (abril de 1811).

El presidente Lozano, animado de propósitos conciliadores, propuso a las provincias un nuevo plan de organización nacional, sobre la base de la formación de cuatro grandes departamentos que se agruparían por zonas geográficas, teniendo cada uno de ellos un río navegable, de manera que, en igualdad de condiciones, tuvieran todos y cada uno los suficientes medios y recursos para bastarse a sí mismos en su régimen interior (mayo de 1811). Este pensamiento, teóricamente bueno, fue un nuevo obstáculo para la instalación del proyectado congreso. Los diputados de ocho provincias —incluso las de Cartagena y Antioquía, antes disidentes— al reunirse en Bogotá, se encontraron con la doble novedad de la organización parcial de Cundinamarca y el nuevo proyecto. La proposición de Lozano no tuvo empero ulterioridad, y fue desechada por las provincias, declarando que "no tenían autoridad para hacer una variación tan substancial en el sistema adoptado, que pertenecía a los pueblos, y que solo el congreso general podía decidir la cuestión". Coincidió con este plan otro análogo en más vasta escala, que encerraba el bosquejo de la futura república de Colombia. El famoso tribuno de la revolución de Caracas, Cortés Madariaga, había sido enviado por el gobierno de Venezuela cerca del de Nueva Granada, con el objeto de celebrar una alianza ofensiva y defensiva. En vez de esto, ajustóse un tratado de confederación, en que ambos estados se garantían mutuamente su integridad territorial y su seguridad, formando Cundinamarca y Venezuela dos grandes departamentos de ella, que admitirían a los demás en calidad de coestados con igualdad de derechos y representación, fijándose la capital de común acuerdo en un punto céntrico. Este proyecto tampoco tuvo efecto. Venezuela se constituyó federalmente, según se ha visto, como república soberana e independiente, y Nueva Granada siguió como antes.

V

Pensóse entonces seriamente en llevar adelante el propósito de reunir el congreso nacional, que todos los pueblos anhelaban, fatigados por la anarquía y por el absolutismo sin ley ni regla de sus juntas locales. Lozano, siempre conciliador, sin insistir en su plan departamental, se puso decididamente al frente de este movimiento patriótico, y el congreso abrió sus sesiones preparatorias, protegido por su autoridad. Fue precisamente éste el movimiento en que la anarquía hizo crisis. Su agente principal fue Antonio Nariño, el primer propagador de los derechos del hombre en Sudamérica y uno de los precursores de su emancipación a la par de Miranda, a consecuencia de lo cual había sufrido largas prisiones y destierros. Restituido a la patria, considerábase como el patriarca de la revolución, y redactaba a la sazón un periódico en Bogotá, con la pasión de tribuno y el talento de escritor que siempre lo distinguió, y que el pueblo leía con avidez. Hombre de un fogoso patriotismo nativo, aunque moderado en la acción; poseído de ambición flotante, manso en cuanto a los medios, pero sin escrúpulos legales para alcanzar sus fines, era en teoría un secretario intransigente en materia de organización de gobierno, que sacrificaba lo relativo a lo absoluto. Agitador por temperamento, convirtió sus ideas abstractas y de aplicación en elementos de disociación política y guerra civil. Adversario del sistema federal, pensaba seriamente, aunque sin tomar en cuenta la opinión de los pueblos, que lo único que podía dar consistencia y vigor a la revolución era el centralismo gubernativo. Por una contradicción, que estaba en su naturaleza y en la influencia de su teatro de acción, al mismo tiempo que se presentaba como el apóstol de la unión nacional, se constituía en campeón del localismo de la provincia de Santa Fe. La capital era el núcleo en torno del cual pretendía organizar la república, según un plan de agregación o de absorción y supremacía metropolitana, que repugnaba así al patriotismo como al federalismo.

Los escritos de Nariño en oposición a la política constitucional del congreso, las rivalidades que se despertaban entre Santa Fe y las demás provincias, y las noticias alarmantes que les servían de corolario pintando a la Nueva Granada al borde de un abismo por falta de un vigoroso poder central, pusieron en conmoción la ciudad de Bogotá. La plebe, entre la cual era muy popular Nariño, movida por sus parciales, pidió tumultariamente medidas prontas y enérgicas para salvar la patria en peligro. Bajo la presión de la multitud, reuniéronse los miembros de los tres poderes, y se pronunciaron violentamente contra la administración del presidente Lozano, a quien obligaron a renunciar. Nariño fue elegido en su lugar, pero aceptó bajo condición expresa de que se suspendiesen los artículos de la constitución que le impedían obrar con la fuerza y energía necesarias. Así se hizo, y Nariño quedó constituido en dictador de Cundinamarca (19 de setiembre de 1811).

El congreso nacional continuó sus sesiones preparatorias, y al constituirse en convención con los diputados de siete provincias, dio comienzo a su tarea constituyente. Después de maduras y tranquilas discusiones, resolvió adoptar el sistema federativo, bajo la denominación de "Provincias Unidas de la Nueva Granada", tomando por tipo el acta de confederación de los Estados Unidos en 1776. La forma que se dio a esta deliberación, fue la de un pacto constitutivo de las provincias representadas sujeto a su ratificación, invitando a los demás a adherirse a él, que fue formulado por la pluma magistral de Camilo Torres. Los diputados de Santa Fe y de Chocó, obedeciendo a las sugestiones de Nariño, le negaron su aprobación, y declararon que solo el sistema unitario podía salvar la revolución. Suscribiéndose solamente los diputados de Antioquía, Cartagena, Neiva, Pamplona y Tunja (27 de noviembre de 1811).

El federalismo triunfaba en la discusión, y era un hecho que estaba en los instintos; pero era otro hecho la anarquía, que conspiraba a la vez contra el federalismo y el unitarismo obstando a toda organización nacional compacta. Al mismo tiempo que se celebraba el pacto federativo, la provincia de Santa Fe declaraba que solo entraría en la federación, reservándose las rentas que debían ser nacionales, y cuando formaran parte integrante de ellas los corregimientos de Tunja, Pamplona, Socorro, Mariquita y Neiva, que eran precisamente los que con el carácter de provincias habían suscripto el acta de unión. Cartagena, que hasta entonces reconocía el consejo de regencia de España y después de promover la reunión de un congreso disidente había concurrido al congreso, declaró su independencia absoluta de la España, y diose una constitución republicana como estado soberano (11 de noviembre de 1811). Casanare, Tunja y Pamplona, trataron de unirse a la confederación venezolana. El congreso, coartado en Bogotá, y luchando con las resistencias que le oponía Nariño, se vio forzado a trasladar el sitio de sus deliberaciones al pequeño pueblo de Ibagué, en la provincia de Mariquita. Allí constituyó una sombra de gobierno parlamentario, a la manera del de los Estados Unidos en la primera época de la guerra por su independencia, pero sin autoridad real ni moral, y sin un Washington que diese cohesión a sus elementos dispersos.

VI

La reacción realista en Nueva Granada siguió el mismo movimiento que en Venezuela: desalojada del centro, se afocó en los extremos y en la parte occidental del país, para converger simultáneamente sobre el centro. Al sur de Santa Fe se organizó militarmente en el valle del Alto Cauca, en Popayán, con los distritos de Pasto y Patía a su retaguardia y la costa de Chocó sobre su flanco por punto de apoyo, y Quito por base de operaciones, con Guayaquil como puerto en el Pacífico. Al norte, sobre el litoral marítimo del golfo de México, operóse el mismo movimiento de Costa-Firme en Venezuela, con las Antillas españolas por base. Mientras la plaza fuerte de Cartagena en Nueva Granada, como Puerto Cabello en Venezuela, se pronunciaba por la revolución, Santa Marta reaccionó decididamente, y se convirtió, como Coro, en cuartel general de los realistas, en comunicación con Maracaibo, al este de la cordillera oriental. Las provincias del istmo de Panamá, apoyadas en la plaza fuerte de Portobelo, dominaban el golfo de Darién y el bajo Cauca, en comunicación con las Antillas y las costa del Chocó. De este modo, la reacción realista, dueña de las costas del Atlántico y del Pacífico, envolvía la revolución neogranadina, por el sur, el norte y el occidente, y Cartagena quedaba amagada por sus dos flancos sobre el Magdalena y por su frente marítimo.

Santa Marta, situada como Cartagena en las bocas del Magdalena, que al principio había formado su junta de gobierno como las demás provincias, hizo su contrarrevolución apoyada por los españoles europeos, y especialmente por los catalanes preponderantes allí (diciembre de 1810). Río-Hacha siguió su ejemplo. Para sostener su actitud, levantó un cuerpo de tropas de voluntarios españoles, y se fortificó en varios puntos sobre la margen derecha del Magdalena, interceptando el comercio de Cartagena con las provincias del interior, y extendió su línea militar desde la orilla del mar hasta Ocaña en los límites de Pamplona en las vertientes de la cordillera oriental. Todos los realistas del virreinato, así americanos como europeos, acudieron a Santa Marta como punto de reunión, la que, reforzada desde Cuba con un batallón español de línea (el *Albuera*) y tres buques de guerra, organizó un cuerpo de ejército de 1.500 hombres decididos, enrolando bajo su bandera las milicias del país (año de 1811). Cartagena dirigió una expedición fluvial con tropas de desembarco, a fin de apoderarse de la villa de Tenerife, situada en el punto medio de la línea enemiga. Fue completamente batida por los realistas, que echaron a pique gran parte de su escuadrilla sutil, apresando el resto (marzo de 1812).

La convención constituyente de Cartagena, para hacer frente a los peligros de la situación, nombró dictador al doctor Manuel Rodríguez Torices, joven de 24 años, inteligente, activo y resuelto, pero inexperto y desprovisto de prudencia. Los de Santa Marta, por su parte, alentados por la victoria, tomaron la ofensiva y atravesaron el Magdalena, dominando las sabanas centrales del valle. Cartagena quedó aislada. El dictador Torices confió el mando de las tropas de la república a un aventurero francés llamado Pedro Labatut, hombre de empresa, pero duro y codicioso. Labatut, con una pequeña flotilla de lanchas cañoneras y una columna ligera, atacó sucesivamente las posiciones realistas tomándolas por asalto con toda su artillería, y se posesionó de la navegación del bajo Magdalena (noviembre de 1812). Después de destruir las fuerzas sutiles del enemigo, salió a la mar, y ocupó sin resistencia la capital de Santa Marta, evacuada por los defensores, que se refugiaron en Portobelo (enero de 1813).

Por la parte del Istmo la reacción se había establecido sólidamente en las provincias de Veraguas y Panamá, fieles a la causa del Rey, y sostenidas por México y La Habana. Su situación se vigorizó con la llegada de un nuevo virrey de Nueva Granada, nombrado por la regencia de Cádiz, que fue don José Domingo Pérez, quien le trajo algunos elementos de guerra, con que auxilió a los de Santa Marta, y estableció el asiento de su gobierno en Portobelo. Las provincias neogranadinas, insurreccionadas, desconocieron su autoridad. Esto sucedía al mismo tiempo que la revolución venezolana sucumbía, y la reacción cerraba el círculo en contorno del virreinato (principios de 1813).

VII

Por la parte del sur la guerra se había encendido también entre patriotas y realistas, con los elementos del mismo país. Al tiempo de estallar la revolución, era gobernador de Popayán el coronel Miguel Tacón, que reunía a un carácter enérgico, bastante inteligencia y larga experiencia en la guerra. Sostenido por una parte de la opinión de la provincia y contando con la decisión de los habitantes semi-bárbaros de Pasto y Patía, se opuso decididamente al establecimiento de una junta patriótica, que los cabildos promovieron de acuerdo con la revolución de Santa Fe. El regidor Joaquín Caicedo se puso al frente de los cabildos, formó una federación de los pueblos del valle del alto Cauca, y reunió los diputados en el pueblo de Cali, donde se estableció la junta revolucionaria de gobierno. El gobernador mandó disolverla con tropa armada, declarándola rebelde al Rey. Los confederados del valle levantaron tropas para resistirse y pidieron auxilios a Santa Fe, de donde salieron 300 hombres al mando del coronel Antonio Baraya, con lo que se formó un ejército de 1.100 hombres, compuesto en su mayor parte de indígenas armados de lanza. Tacón formó otro ejército de 1.500 hombres, y se situó sobre el puente del río Palacé, entre Popayán y Cali. Baraya lo atacó en sus posiciones con las tropas confederadas, y después de una obstinada pelea, lo obligó a retirarse en desorden sobre el Cauca, dejando en el campo setenta muertos y treinta prisioneros (28 de marzo de 1811). Ésta fue la primera victoria de la insurrección neogranadina. El jefe realista se replegó a Pasto con 700 hombres bien armados, donde se hizo fuerte en las gargantas que comunican a Quito con la Nueva Granada. Por este tiempo, había estallado de nuevo la revolución en Quito, de la que nos ocuparemos después, continuando por ahora con las operaciones de la guerra del Sur.

Dueño Tacón de las provincias de Pasto y Patía, cuyas poblaciones sublevó en masa, abrió hostilidades sobre Quito al frente de una columna de 600 hombres. El nuevo gobierno de Quito salió a su encuentro con 800 reclutas, al mando de D. Pedro Montufar, quien,

85

después de un ligero combate, se estableció en un punto fuerte, y abrió comunicaciones con Popayán para obrar en combinación con sus fuerzas. Tacón, colocado entre dos fuegos, intentó cubrir su retaguardia amagada. Las tropas patriotas de Popayán, al mando de Baraya y el regidor Caicedo, avanzaron resueltamente y dominaron a Patía. Tacón, desamparado por los suyos, emprendió con sus restos su retirada hacia la costa del Chocó, y se posesionó del distrito de Barbacoas y de la isla de Chumaco, donde, auxiliado desde Guayaquil, organizó una división de 200 hombres, protegida por una escuadrilla de dos goletas y una lancha con algunas embarcaciones menores. Los patriotas de Popayán desprendieron una pequeña columna al mando del capitán José Ignacio Rodríguez, quien atacó decididamente a los realistas, dirigiendo personalmente una flotilla de canoas, sostenida por su tropa emboscada en los manglares de la playa. Tacón fue derrotado en las aguas y en tierra, con pérdida del bergantín y de la cañonera, y avergonzado de ser batido con canoas de fuerzas menores, se retiró al Perú, donde figuró en la guerra con distinción, aunque señalándose por su crueldad con los independientes.

Mientras tanto, la división de quiteños, mandada por Pedro Montufar, atravesó el río Guáitara, atacó a los pastusos en las márgenes del río Blanco y los dispersó completamente, entrando triunfante en su capital que encontró casi totalmente abandonada por sus habitantes. Caicedo, al frente de una columna de 600 hombres de Cauca, ocupó a su vez la ciudad de Pasto. Las tropas quiteñas se retiraron a su territorio. De este modo se abrieron las comunicaciones interceptadas entre Quito y Nueva Granada, y toda la provincia de Popayán quedó sometida a la ley de la revolución.

Aprovechándose los patianos de la dispersión de las tropas patriotas, volvieron a insurreccionarse desde Popayán hasta el río Juanambú, cometiendo horribles asesinatos, estimulados por frailes fanáticos, que predicaban el incendio de las habitaciones y el degüello de los revolucionarios herejes. Al frente de un ejército de 1.500 hombres atacaron a Popayán, y aunque fueron rechazados en el primer asalto, consiguieron sitiar la ciudad, cortando la retirada a sus defensores. Hallábase por acaso allí un joven norteamericano llamado Alejandro Macaulay, quien, al observar los movimientos de los sitiadores, y que solo estaban armados de lanzas, propuso una salida nocturna con 400 fusileros, a cuyo frente se puso él mismo. Los patianos fueron sorprendidos y derrotados, viéndose obligados a emprender la retirada en desorden (abril 27 de 1811). La junta de Popayán desprendió en su persecución una columna de 600 hombres, y para vengar los asesinatos cometidos por los patianos, hizo fusilar a un cura que cayó prisionero, hecho que provocó nuevas y sangrientas represalias.

Los patianos, derrotados, se rehicieron, y marcharon aceleradamente sobre Pasto en número de 200 hombres, con un obús sin cureña. Pusieron sitio a la ciudad, defendida por 436 fusileros de la expedición de Caicedo que la había ocupado, según antes se dijo. Reforzados por los pastusos, dieron el asalto, y cada casa se convirtió en una fortaleza contra los sitiados, que se vieron obligados a capitular, quedando prisioneros. La columna de Popayán, salida en persecución de los patianos, al mando de Macaulay, marchó en auxilio de Caicedo, pero llegó cuando éste se había rendido. Empero, consiguió rescatar a los capitulados por medio de un convenio. Sabedor Macaulay de que una expedición de Quito marchaba sobre Pasto, determinó atravesar el Guáitara para incorporarse a ella, y al efecto emprendió una marcha nocturna. Sentido por los pastusos, fue atacado en Catambuco (12 de agosto de 1811), triunfando en el campo los de Popayán, pero quedaron impotentes para tomar la ofensiva. Al día siguiente celebróse un convenio verbal entre los beligerantes, en virtud del cual quedaba restablecida de hecho la paz. Aprovechándose de la tregua, los pastusos sorprendieron traidoramente el campo de Macaulay, mataron como 200 hombres y tomaron como 400 prisioneros, entre ellos, Caicedo y Macaulay. La expedición de Quito, después de obtener algunos triunfos efímeros, regresó a la capital, a la sazón amagada al Sur por las tropas realistas del Perú y Guayaquil. Así volvió a quedar aislada la revolución de Quito y organizada y triunfante la Vendée neogranadina de Pasto y Patía. Volvamos ahora a Quito, de nuevo revolucionado.

VIII

Dijimos antes que el comisario regio Carlos Montufar había continuado su viaje al Sur en desempeño de su misión, después de sancionar con su colega Villavicencio la revolución de Bogotá. Montufar fue recibido con gran entusiasmo por el pueblo quiteño, y se hizo el árbitro de la situación. Bajo sus auspicios formóse pacíficamente una junta de gobierno, con Ruiz de Castilla por presidente, y de la que él formó parte como vocal nato, debiendo integrarla un diputado por cada cabildo (19 de setiembre de 1810). Esta transacción fue aprobada por un cabildo abierto, y acordóse al mismo tiempo continuar reconociendo al consejo de regencia, mientras funcionara en un punto de la metrópoli libre de enemigos. Solo en la jurisdicción de la capital fue jurado el nuevo gobierno. Las provincias meridionales de Cuenca, Loja y Guayaquil, dominadas por el virrey del Perú, desconocieron su autoridad. La junta formó un ejército de 2.000 hombres para someterlas a la obediencia, y confió su mando a Montufar, que estableció su cuartel general en Ambato, cubriendo los desfiladeros de la gran cordillera del Chimborazo y del Pichincha. La primera sangre que corrió en esta guerra en perspectiva manchó la bandera revolucionaria. Uno de los oidores y el administrador de correos de Quito, acérrimos realistas, comprometidos en las matanzas y procesos que habían exaltado al pueblo, intentaron huir por el Amazonas. Traídos a la capital, la plebe de los suburbios, compuesta en casi su totalidad de indígenas, se amotinó, los mató a palos y arrastró sus cadáveres hasta el pretil de la casa de gobierno, pretendiendo hacer lo mismo con el presidente Ruiz de Castilla. La reacción mientras tanto se organizaba militarmente en el Sur y Oeste.

Poco después de instalada la junta de Quito, llegaba a Guayaquil el jefe de escuadra Joaquín Molina, nombrado presidente y capitán general en reemplazo de Ruiz de Castilla. Auxiliado por el virrey Abascal, reunió un ejército no menos fuerte que el de la junta, y cubrió con él las provincias amenazadas. Montufar, para ganar tiempo a fin de dar alguna consistencia a sus tropas colecticias, abrió negociaciones con el enemigo, quien, por su parte, poco confiado en las suyas, aceptó la invitación pacífica, que no dio ningún resultado. Rotas de nuevo las hostilidades, la campaña se redujo a pequeños encuentros y avances y retrocesos alternativos, quedando los beligerantes en las mismas posiciones. Por este tiempo se abrían las comunicaciones entre Quito y Nueva Granada con la fuga de Tacón y la derrota de los patianos y pastusos.

La junta de Quito, que sucesivamente había reconocido a la regencia y a las cortes españolas reunidas en Cádiz, y depuesto a su presidente nominal Ruiz de Castilla, convocó un congreso y proclamó su independencia absoluta de la España (11 de diciembre de 1811). El populacho, cada vez más embravecido, extrajo al ex presidente Ruiz de un convento en que se hallaba retirado, y como pretendiera resistirse, fue herido mortalmente a puñaladas. La discordia se introdujo en las filas de los revolucionarios. Mientras tanto, los realistas avanzaban de nuevo por el oeste. Nombrado presidente de Quito el mariscal Toribio Montes, soldado de ímpetu y general entendido, abrió de nuevo la campaña al frente de 2.000 hombres, y batió al ejército quiteño en Mocha, pasando a cuchillo a todos los vencidos para infundir espanto (2 de setiembre de 1812).

El general quiteño Carlos Montufar, con un nuevo ejército, se fortificó en las posiciones inaccesibles de Jalupana, profunda quebrada de costados perpendiculares y cruzada por torrentes, que cubría el camino preciso de la capital, y fue coronada con artillería. Montes, por medio de una hábil y atrevida marcha de flanco, guiado por un práctico del país, tomó la ruta del pie de la cordillera occidental, de manera de envolver la izquierda patriota, evitando las fortificaciones. A la altura del nudo andino de Chisinche, que limita la meseta de Quito por el sur, trepó la montaña, y con los gigantescos picos del Chimborazo y del Cotopaxi a la vista, marchó durante nueve días por entre páramos y precipicios. Orilló el cráter del volcán de Ninahuilca, contorneó el cerro nevado de Corazón, y amagando la retaguardia del enemigo, lo obligó a replegarse sobre la capital, ocupando él los altos de Belén, al pie del Pichincha.

Reconcentrados los independientes en la capital en número de seis mil hombres, se fortificaron con mucha artillería, ocupando todas las alturas del circuito. Montes intimó rendición. Los de la plaza contestaron que se defenderían hasta el último trance, y en señal de desafío hicieron ejecutar a un ciudadano notable de Quito, Pedro Calixto, juntamente con su hijo llamado Nicolás, prisioneros hechos fuera de combate. Los realistas atacaron la ciudad por tres puntos, y se apoderaron de ella después de un reñido combate de tres horas (3 de noviembre de 1812). El general español se mostró clemente con los habitantes de la vencida ciudad.

Montufar, con las últimas reliquias del ejército quiteño, se retiró al norte. Alcanzado por una división mandada por el coronel Juan Sámano, destinado a siniestra celebridad, fue abatido y dispersado en dos acciones sucesivas con pérdida de toda su artillería y armamento, dejando en el campo 100 muertos. Sámano continuó su persecución, y con arreglo a sus instrucciones pasó por las armas a los jefes que cayeron en sus manos. Al llegar a Pasto, recibió órdenes de Montes, para quintar a los oficiales y diezmar a los soldados prisioneros de Popayán que allí se encontraban. Caicedo y Macaulay fueron fusilados junto con ellos. Así terminó a fines de 1812 la nueva revolución de Quito, domada por segunda vez, y cerróse el círculo de la reacción de la Nueva Granada por el norte, al mismo tiempo que la revolución de Venezuela sucumbía (principios de 1813).

IX

La revolución externa e interna de la Nueva Granada giraba en círculos concéntricos. A la par que el uno se estrechaba el otro se dilataba, hasta casi confundirse. El antagonismo entre el federalismo y el centralismo de Cundinamarca con las provincias, y de Nariño con el congreso nacional, había convertido el país en un caos político. Después de la retirada del congreso a Ibagué (véase párrafo V de este capítulo), Nariño, desarrollando su plan de absorción, agregó a lo que llamaba la "provincia legal" de Santa Fe, el corregimiento del

Socorro, y los cantones de Tunja y Neiva, que ocupó militarmente, con amenaza de apoderarse de Pamplona. La provincia de Mariquita había sido absorbida ya por Cundinamarca. El congreso reclamó contra estos actos violentos, y aunque en un principio fue desatendido, como las resistencias locales arreciaban, Nariño, mejor aconsejado, se prestó a entrar en arreglos. Contribuyó a esto la noticia de la caída de la revolución de Venezuela, que amenazaba a la Nueva Granada con una invasión por el oriente. En el curso de las negociaciones que se entablaron las tropas cundinamarcanas que ocupaban Tunja, al mando del brigadier Baraya —el vencedor de Palacé—, se pronunciaron por la reunión del congreso. Nariño se puso inmediatamente en campaña al frente de 800 hombres y ocupó sin oposición la capital de Tunja; pero, al mismo tiempo, separóse de Cundinamarca la provincia del Socorro, sostenida por la columna de Baraya, que batió a las tropas centralistas que la ocupaban, en dos encuentros sucesivos. Estos contrastes obligaron a Nariño a firmar un tratado con el gobierno de Tunja, en que se convino en la inmediata reunión del congreso, librar a su decisión la cuestión de las agregaciones territoriales de Cundinamarca, y poner sus armas y recursos a disposición del gobierno nacional contra los españoles. Nariño renunció en seguida a la presidencia de Cundinamarca, y declaró que, aunque persistía en sus opiniones, no quería ser un obstáculo a la organización nacional.

Cuando todo parecía aquietado, alborotóse de nuevo la movible opinión santafecina, con motivo de esparcirse el rumor de que el gobierno general intentaba dominar militarmente a Cundinamarca. Nariño, que había ejercido su autoridad con gran moderación, y conservaba siempre su popularidad, fue aclamado de nuevo dictador con facultades absolutas (setiembre 11). Poco después, el congreso se instalaba en Leiva, punto intermedio entre Santa Fe y Tunja, con asistencia de once diputados en representación de siete provincias. Camilo Torres, antagonista de Nariño en ideas, y enemigo suyo, fue nombrado presidente y encargado del poder ejecutivo. El primer acto del nuevo gobierno general fue intimar a Nariño que se arreglase al sistema representativo, y ordenarle que entregase quinientos fusiles para la defensa de las provincias del Norte, previniéndole a la vez que la villa de Leiva, adscripta a Cundinamarca, había sido declarada territorio federal por el congreso.

Nariño sometió la cuestión a una asamblea extraordinaria de corporaciones y notables padres de familia, de mil quinientas personas, la que resolvió confirmarlo en el poder, que no se obedeciesen las órdenes del congreso y que Cundinamarca no entrase en la confederación. El congreso contestó con una nueva intimación, emplazándolo para dentro del séptimo día, caso de no obedecer. Nariño replicó haciendo responsable de las consecuencias al congreso. Éste lo declaró a su vez "usurpador y tirano de Cundinamarca". En consecuencia, el presidente de la Unión fue autorizado para suprimir el gobierno dictatorial de Santa Fe, y restituir a la provincia su libertad. La guerra civil quedó declarada por una y otra parte. El congreso, que funcionaba en territorio enemigo, se trasladó a Tunja. Nariño, sin perder tiempo, se puso al frente de una columna de 1.500 hombres y marchó sobre Tunja. Derrotado completamente por las fuerzas federales, con la pérdida de diez piezas de artillería, replegóse a Bogotá, donde se fortificó. El ejército de la Unión, mandado por Baraya, puso sitio a la ciudad, y se apoderó de algunas posiciones importantes de ella. Nariño ofreció capitular, con la condición de renunciar al mando, reconocer el congreso y poner a su disposición las armas, bajo la garantía de una amnistía general. Baraya desoyó estas moderadas proposiciones, exigió que se rindiera a discreción, entregándose a la clemencia del congreso, y dióle para decidirse el plazo de 24 horas. Ante tan duras condiciones, la opinión de Bogotá reaccionó, y entusiasmada por la actitud serena y resuelta del dictador, se apercibió a una defensa desesperada, a pesar de que sus fuerzas no alcanzaban a la mitad de las sitiadoras.

Baraya, que en el curso de esta campaña mostró ser una nulidad militar, llevó un ataque desordenado a la plaza al frente de tres mil hombres, que fue rechazado, desbandándose el ejército de la Unión, que dejó en poder del vencedor mil prisioneros, trescientos fusiles y veintisiete cañones. Nariño no abusó de su triunfo. Limitóse a ajustar un convenio, en que, salvando la autonomía de Cundinamarca bajo su presidencia, estipuló la paz recíproca, sin pactar nada respecto de organización nacional, que era el punto capital (30 de marzo de 1813). coincidió esto con la llegada del mariscal de campo Francisco Montalvo, natural de La Habana, nombrado virrey en reemplazo de Pérez, que fue desconocido por los pueblos de Nueva Granada como su antecesor. El patriotismo, enervado por la guerra civil, se reanimó. Cundinamarca, que hasta entonces se regía por su constitución republicanomonárquica, anulada de hecho, declaró su independencia absoluta de la España (16 de julio de 1813), imitando el ejemplo dado antes por Cartagena. Antioquía hizo lo mismo. El país enarboló un nuevo pabellón nacional y acuñó su primera moneda en señal de soberanía.

X

En los trabajos ajustados entre Cundinamarca y el congreso, Nariño había prometido reforzar las expediciones que debían marchar en auxilio de las provincias del Sur y del Norte, amenazadas por los realistas triunfantes en Quito y Venezuela, que ocupaban las fronteras. El estado de la Nueva Granada no podía ser más deplorable. La revolución, tan espontánea y llena de ideas y de bríos, se había mostrado orgánicamente débil, dando por único resultado negativo una absoluta impotencia militar y una desorganización política. No tenía ejército ni gobierno; no se había preparado a la defensa, y ni de armas siquiera se había provisto. Todas sus fuerzas militares se reducían a 300 hombres en Popayán, 500 en Tunja, 300 en Pamplona, 1.000 en Cartagena y otros tantos en Santa Fe, y estas mismas, dispersas, desorganizadas y en guerra entre sí algunas de ellas. Tampoco había aparecido un hombre capaz de dar dirección a los acontecimientos o impulsar la acción revolucionaria. Lozano, la primera figura que apareció en su escena, con ideas conciliatorias, desapareció por su debilidad de carácter. Torices era un atolondrado de talento. Baraya como soldado ya se ha visto que era una nulidad. Camilo Torres, noble carácter y clara inteligencia, era un hombre aferrado a sus ideas teóricas de federalismo que anteponía a todos los principios. Nariño, el único que por sus cualidades y su influencia pudo haberse hecho el árbitro de la situación contemporizando con la opinión declarada de los pueblos, era la antítesis de Torres en punto a centralismo, y el papel contradictorio que representó muestra que tampoco era el hombre que reclamaban las circunstancias; empero, era el único hombre, y lo probó como va a verse.

Montes, después de dominar a Quito, dispuso que el general Sámano, a la cabeza de una expedición de 2.000 hombres organizada en Pasto, invadiese la Nueva Granada. Popayán fue ocupado por los realistas del Sur, y dominado todo el valle del alto Cauca, amenazando ocupar la provincia de Antioquía (agosto 1813). Nariño, que hasta entonces se había mantenido en una inacción egoísta, después de su victoria, movido por un impulso de enérgico patriotismo, se ofreció a marchar en persona contra la invasión del sur con las tropas de Santa Fe, si el gobierno ponía a sus órdenes las de la Unión. El congreso aceptó su oferta y le proporcionó todos los auxilios necesarios al efecto. Nariño, sin innovar nada en el orden de la política nacional, abdicó la dictadura, y delegó el mando constitucional en su tío Manuel Bernardo Álvarez. Nombrado teniente general de la Unión se puso en campaña en dirección al Sur. Las primeras operaciones fueron felices. Reconquistó el valle de Cauca, su vanguardia batió la columna principal del enemigo mandada por el mismo Sámano, y el 31 de diciembre de 1813 entró en Popayán. Sámano reconcentró todas sus fuerzas, y se estableció en la hacienda de Calibío, a inmediaciones del Bajo Palacé. El general de la Unión, al frente de 1.800 hombres, lo atacó en su posición por tres puntos. Empeñada la acción, y prolongándose por el espacio de tres horas, Nariño mandó a su infantería cargar a la bayoneta, y la victoria se decidió por los independientes.

Los realistas dejaron en poder de sus contrarios ochenta prisioneros y ocho piezas de artillería (13 de enero de 1814). Sámano se retiró a Pasto en fuga. Si Nariño hubiese sido un general experimentado con la inspiración de la guerra, y sabido aprovechar su victoria, habría podido dominar fácilmente a Pasto, y probablemente llegar triunfante hasta Quito. Desgraciadamente, se detuvo en Popayán más de dos meses. Este tiempo lo aprovecharon los enemigos para rehacerse.

El general Melchor Aymerich reemplazó a Sámano en el mando, quien reorganizó activamente el ejército, preparándose a contener el avance de los independientes. Cuando Nariño reabrió su campaña al frente de 1.400 hombres, tuvo que abrirse paso por entre las guerrillas de Patía, que hostigaban día y noche sus flancos, y cortaron sus comunicaciones de retaguardia. Al llegar al Juanambú, encontró la margen opuesta fortificada en sus principales vados. Este río, que es la formidable barrera que defiende a Pasto por el norte, es un torrente impetuoso que se precipita de la cordillera oriental en rumbo al occidente, y corre entre inaccesibles rocas escarpadas, arrastrando peñascos enormes. Raras veces da vado, y por lo general, solo puede ser atravesado en puentes de taravitas. A estas dificultades de la naturaleza agregó el general que las defendía, las del arte. Cerró con trincheras los principales vados y estableció en ellos fuertes baterías, distribuyendo convenientemente sus tropas para cubrir toda la línea. Nariño consiguió plantar una taravita dieciséis kilómetros más abajo del campo atrincherado, en un punto en que el camino era tan acantilado, que solo 45 hombres pudieron treparlo durante la noche, haciendo escalas con los portafusiles. Descubiertos con las primeras luces del alba, se lanzaron sobre una batería y tomaron un cañón; pero, atacados por fuerzas superiores, perecieron casi todos ellos. Al fin, consiguió forzar uno de los vados bajo la protección de una batería, asaltando la trinchera enemiga artillada, y establecerse con una división en la margen meridional del río. Aymerich acudió con sus reservas al punto atacado y se trabó la pelea. Los independientes fueron rechazados, y repasaron el Juanambú, con 50 heridos, dejando en el campo como 100 muertos y algunos prisioneros. A pesar de esta ventaja, Aymerich resolvió levantar su campo y se replegó hacia Pasto.

El ejército independiente atravesó libremente el Juanambú por medio de taravitas, después de veinte días de demora, y adelantó sus marchas en busca del enemigo. Aymerich, al frente de 1.600 hombres, de los cuales 800 fusileros lo esperaban en una fuerte posición llamada el cerro de las Cebollas o de Chacapamba. Al avistarse ambos ejércitos, los soldados realistas gritaron: "Éste no es Calibío." El primer ataque sobre la posición, fue rechazado. El espíritu de los invasores desmayó, y muchos opinaban por la retirada. Sabiéndolo Nariño reunió a sus oficiales en junta de guerra, y los persuadió de

que el más seguro modo de perderse y de perder el honor, era reti-́
rarse. El ataque inmediato quedó decidido. Los independientes se mo-
vieron en tres columnas, y protegidos por los fuegos de su artillería
que batía la falda del cerro, treparon un tercio de la áspera cuesta.
A esta altura, los realistas que estaban cubiertos por un espeso bosque,
rompieron un vivo fuego, que los asaltantes recibieron al descubierto.
El combate se prolongó por espacio de cuatro horas. Los independientes empezaban a cejar. Dos compañías del Cauca habían vuelto la
espalda y huían en desorden. Nariño las contuvo; les enrostró su
cobardía, y, espada en mano, las condujo de nuevo al fuego. Reanimados los patriotas con esta valerosa acción de su general, cargaron
con ímpetu y arrebataron la posición (8 de mayo de 1814). Esta victoria fue caramente comprada. Los independientes tuvieron más de 140
muertos, mientras que los realistas, que combatían emboscados, solo
perdieron 12 hombres.

Considerándose Aymerich perdido, emprendió su retirada hacia
Quito. Los pastusos, resueltos a defender sus hogares, se negaron a
seguirle, estimulados por sus mujeres que, cuchillo en mano, ofrecían
sus vestidos femeninos a los cobardes que las abandonasen. Nariño,
que pensaba entrar sin resistencia a la ciudad de Pasto, se adelantó
con la vanguardia; pero, recibido en los arrabales a fuego vivo, fue
rechazado y deshecho. Los dispersos llevaron al campamento la noticia de que todo estaba perdido y el general prisionero. Las tropas
neogranadinas, poseídas de pánico, clavaron sus cañones y se pusieron en precipitada retirada. De los 1.400 soldados que invadieron
a Pasto, solo llegaron 900 hombres a Popayán. Nariño, al regresar
fugitivo a su campamento, con solo trece hombres, se encontró sin
ejército. Abandonado por sus últimos compañeros, vagó solo por algunos días en la montaña, alimentándose con frutas silvestres. Desesperado y hambriento, resolvió presentarse a sus enemigos, con el intento de ver si podía negociar un armisticio. Entregado a Aymerich,
fue remitido engrillado por segunda vez a España.

XI

Mientras estos graves sucesos ocurrían en el Sur, por la parte del
Norte y del Occidente se desarrollaban otros que cambiarían la faz
de la revolución, salvando por el momento a la Nueva Granada de
una pérdida segura.

Queda explicado (párrafo VI, de este capítulo) cómo termina-
ra a fines de 1812 la primera guerra entre Cartagena y Santa Marta

después de la catástrofe de Venezuela. Fue en este momento cuando reapareció Bolívar en la escena revolucionaria, y se diseñaron los primeros perfiles de su gran figura. Emigrado de la patria, después de permanecer algún tiempo en Curaçao, ofreció sus servicios al gobierno de Cartagena. Fue nombrado comandante de armas del distrito de Barrancas sobre el Alto Magdalena, y resolvió por sí abrir una campaña contra los samarios que aún ocupaban la banda oriental del río obstruyendo su navegación. Aquí empezó a revelarse el genio emprendedor del futuro libertador sudamericano. A la cabeza de una pequeña columna de milicianos, atacó la villa fortificada de Tenerife y obligó a su guarnición a evacuarla, apoderándose de su artillería y de la flotilla que la sostenía. En seguida reconquistó el importante pueblo de Mompox, en la margen occidental, situado en el punto en que el Cauca se derrama en el Magdalena. Labatut, que como superior de las armas de Cartagena, operaba al mismo tiempo en las bocas del Magdalena contra Santa Marta, según antes se relató, encelado contra este intruso que se permitía triunfar sin órdenes, pidió que fuese sometido a juicio; pero, sostenido por el dictador Torices, y reforzado con alguna tropa reglada y quince embarcaciones armadas en guerra, abrió una nueva campaña, remontando el río con una columna de 500 hombres. Sucesivamente se posesionó de Banco, batió a su guarnición en Chiriguaná, avanzó hasta Tamalaneque y Puerto-Real, y entró triunfante en Ocaña, en medio de las aclamaciones de la población (enero de 1813).

Santa Marta fue tratada por los cartageneros como país conquistado. Exasperados los samarios por la dominación de Cartagena, expulsaron a Labatut que los tiranizaba cruelmente, y en combinación con Río-Hacha, auxiliados desde Maracaibo y Portobelo, alzaron de nuevo el pendón del Rey (marzo de 1813). Cartagena volvió a quedar flanqueada por el Este y por el Oeste. Eran dos cuñas metidas en la confederación neogranadina, que neutralizaban las fuerzas de uno de sus más poderosos estados. El dictador Torices lo comprendió así y preparó una expedición marítima, a cuyo frente se puso personalmente confiando el mando de las tropas de desembarco al coronel francés Luis Fernando Chatillón. La expedición cartagenera fue rechazada y vencida, dejando 400 muertos en el campo de batalla, entre ellos Chatillón, con pérdida de su artillería (11 de mayo de 1813). Torices, con su escuadrilla, se retiró desalentado, y desde entonces se limitó a cubrir la línea del Magdalena a la defensiva. Santa Marta quedó triunfante.

Antes de que este suceso se produjese, los realistas, dueños de Venezuela, que tan eficazmente cooperaron a la restauración de Santa Marta, habían proyectado reconquistar el Virreinato de Santa Fe. Con este objeto, aglomeróse un ejército de 2.600 hombres en la provincia de Barinas, al mando del capitán de fragata Antonio Tizcar, con una división como de mil hombres, a cargo del coronel Ramón Correa, en los valles de Cúcuta, amenazando a Pamplona, y 700 en el Guasdalito sobre el Arauca con el mismo objetivo sobre el otro flanco a la vez que el del Socorro y Tunga. Estas fuerzas habrían podido reconquistar fácilmente el Virreinato de Santa Fe, en el estado de desorganización en que se encontró durante el año de 1812; pero permanecieron en la inacción y en esta actitud se mantenía cuando entró Bolívar en Ocaña. El futuro libertador había llegado al punto en que debía decidirse su destino en los comienzos y al final de su gloriosa carrera, y Santa Marta, como una nube negra en el horizonte, marcaba el sitio de su melancólica muerte.

Hallábase en la provincia limítrofe de Pamplona el coronel de la Unión, Manuel del Castillo Rada, que a la sazón organizaba allí un cuerpo de tropas para oponerse a la invasión con que el coronel realista Correa amenazaba a la Nueva Granada desde los valles de Cúcuta. Este jefe solicitó el auxilio de Bolívar a fin de cooperar a su empresa, y el gobierno de Cartagena le otorgó el permiso, poco antes de la derrota de su expedición contra Santa Marta.

XII

Bolívar concibió entonces el atrevido plan de reconquistar a Venezuela, y comunicó su idea al dictador Torices y al presidente de la Unión, Camilo Torres. "La suerte de Nueva Granada, les decía, está íntimamente ligada con la de Venezuela. Si Venezuela continúa en cadenas, Nueva Granada las llevará también. La esclavitud es una gangrena que empieza por una parte, y si no se corta, se comunica al todo y perece el cuerpo entero." Simultáneamente, comisionó a su compañero y amigo, el coronel José Félix Rivas, a fin de persuadir a Torres de la necesidad de su empresa, y para esforzar sus razones, puso desde luego en ejecución una parte de su plan. Con 400 hombres abrió la campaña, llevando los fusiles necesarios para armar un batallón que organizaba Castillo en Pamplona. Sin esperar este refuerzo, atravesó con celeridad el primer ramal de la cordillera oriental, frente a Ocaña, por un camino fragoso; sorprendió la primera gran guardia enemiga de 100 hombres en un desfiladero que, bien defendido, habría detenido su avance; obligó a retirarse a un destacamento de 200 hombres que servía de reserva a la gran guardia, y desparramando la voz de que iba al frente de un poderoso ejército, cayó sobre el coronel Correa, a tiempo que le llegaban dos compañías de infantería del batallón de Pamplona. Bolívar, aunque con fuerzas inferiores, atravesó el caudaloso río Zulia, en una sola canoa, y resolvió atacar al enemigo. El jefe español se encontraba con 800 hombres en San José de Cúcuta. En este punto se trabó el combate. Después de cuatro horas de fuego sostenido, una impetuosa carga a la bayoneta, ordenada por Bolívar decidió la victoria a su favor, quedando en su poder toda la artillería española (28 de febrero de 1813). Los independientes quedaron dueños de los valles de Cúcuta, amenazando las provincias de Barinas y Maracaibo. Poco después llegó Castillo con el contingente de Pamplona, y la columna invasora contó con más de 1.000 hombres y 1.200 fusiles de repuesto.

El pensamiento de Bolívar de reconquistar Venezuela era considerado por todos como una locura, como lo había sido el de San Martín de reconquistar a Chile cuando por la primera vez fue enunciado. Venezuela estaba defendida por un ejército de seis mil hombres, ensoberbecidos con sus recientes triunfos. La Unión neogranadina apenas podía disponer de mil hombres para acometer la empresa. Felizmente, Bolívar encontró su Pueyrredón en Nueva Granada, como el libertador del Sur lo encontrara en el Plata, según va a verse. Bolívar había publicado una memoria que produjo profunda sensación en Nueva Granada. En ella expuso por la primera vez el futuro libertador sus ideas políticas y militares, respecto de la organización que debía darse al gobierno republicano para impulsar la revolución y del modo de conducir la guerra de la independencia americana, a la vez que desarrollaba el gran plan de campaña que desde entonces lo ocupaban. Explicando las causas de la caída de la república venezolana, condenaba el republicanismo teórico que la había precipitado. "Los códigos que consultaban nuestros gobernantes, no eran los que podían enseñarles la ciencia práctica del gobierno, sino los que han formado ciertos visionarios que, imaginándose repúblicas aéreas, han procurado alcanzar la perfección política, presuponiendo la perfectibilidad humana. Tuvimos filósofos por jefes, filantropía por legislación, dialéctica por táctica y sofistas por soldados. Con semejante subversión de principios y de cosas, el orden social se conmovió, y el estado corrió a pasos agigantados a una disolución universal." Pronunciábase absolutamente, como San Martín en el Plata, contra el sistema federal de gobierno: "Bien que sea el más perfecto y el más capaz de proporcionar la felicidad humana en sociedad, es el más opuesto a los intereses de nuestros nacientes estados. No es posible regirse por un gobierno tan complicado en medio de facciones intestinas y de una guerra exterior. Es preciso que el gobierno se identifique al carácter de las circunstancias, de los tiempos y de los hombres que los rodean. Si los tiempos son prósperos y serenos, el gobierno debe ser dulce y protector; si son calamitosos y turbulentos, debe mostrarse terrible y armarse de una firmeza igual a los peligros, sin atender a leyes ni constituciones, ínterin no se restablecen la felicidad y la paz. Mientras no centralicemos nuestros gobiernos americanos, los enemigos obtendrán las más completas ventajas: seremos envueltos en disenciones civiles, y conquistados vilipendiosamente por un puñado de bandidos." Atacaba de frente la propensión revolucionaria de levantar inconsistentes ejércitos populares en vez de ejércitos reglados que diesen nervio a la lucha: "De aquí la oposición decidida, agregaba, a levantar tropas veteranas, disciplinadas y capaces de presentarse en el campo de batalla, a defender la libertad con suceso y gloria. El establecimiento de innumerables cuerpos de milicias indisciplinadas, además de agotar las cajas del erario y destruir la agricultura, alejando a los paisanos de sus hogares, hizo odioso el gobierno que los obligada a tomar las armas y abandonar sus familias. Es una verdad militar que solo ejércitos aguerridos son capaces de sobreponerse a los infaustos sucesos de una campaña." Y, nuevo Escipión, terminaba con un "delenda Carthago": "La seguridad de Nueva Granada está en la reconquista de Venezuela. A primera vista parecerá este proyecto imposible. Una meditación profunda hace conocer su necesidad. Es un principio del arte de la guerra, que toda guerra defensiva es perjudicial y ruinosa, pues debilita las fuerzas sin esperanzas de indemnización. Las hostilidades en territorio enemigo siempre son provechosas, por el bien que resulta en mal del contrario. No debemos por ningún motivo emplear la defensiva. La naturaleza nos proporciona la ventaja de aproximarnos a Maracaibo por Santa Marta y a Barinas por Cúcuta." Allí estuvo, movido por su idea, a los ochenta días de escrita esta memoria en Cartagena antes de abrir su campaña del Alto Magdalena.

El presidente Camilo Torres había leído con profunda atención la memoria de Bolívar. Espíritu abierto a las grandes cosas, y no obstante que en ella se impugnasen sus ideas radicales sobre el federalismo, comprendió que era la obra de un hombre de pensamiento y de acción, capaz de llevar a cabo grandes empresas. Vistas tan nuevas y reflexiones de tan largo alcance, expuestas en lenguaje tan viril como brillante, que hablaba al instinto, a la razón y al corazón, conquistaron el presidente de la Unión al atrevido plan de Bolívar. Cuando Rivas llegó a Tunja, ya el presidente estaba persuadido. Las recientes ventajas alcanzadas en la invasión parcial de Cúcuta, lo acabaron de decidir. La reconquista de Venezuela quedó resuelta.

CAPÍTULO XXXVIII

RECONQUISTA DE VENEZUELA. – GUERRA A MUERTE.
PRIMERAS GRANDES CAMPAÑAS DE BOLÍVAR

1813

Retrospecto venezolano. — Terrorismo de Monteverde. — El golfo Triste y el islote de Cachacachare. — Insurrección de Cumaná. — Aparición de Santiago Mariño, Piar y Bermúdez. — Atrocidades de Cerveris. — Combates de Maturín. — Derrota de Monteverde. — Aparición de Arismendi. — Sublevación de la isla Margarita. — Sitio y toma de Cumaná. — La guerra a muerte, ley del vencedor. — Reconquista del oriente de Venezuela por los independientes. — Invasión de Bolívar por el occidente. — Antecedentes sobre la guerra a muerte. — Nueva Granada decide la reconquista de Venezuela. — Combate de la Grita. — Desavenencias de Bolívar y Castillo. — Distribución del ejército realista de Venezuela. — Bolívar reconquista las provincias de Mérida y Trujillo. — Combate de Carache. — Bolívar declara la guerra a muerte. — Juicio sobre ella. — Continúa la campaña de Venezuela bajo su responsabilidad. — Atrevida marcha estratégica de Bolívar. — Batalla decisiva de Naquitao. — Disolución del ejército de Tizcar. — Ocupación de Barinas. — Batallas de los Horcones y de Taguanes. — Fuga de Monteverde. — Resultados de la campaña. — Juicio universal sobre ella. — Entrada triunfal de Bolívar en Caracas. — Dictadura de Bolívar. — Los dos dictadores de Venezuela. — Primer sitio de Puerto Cabello. — Batallas de Bárbula y de las Trincheras. — El corazón de Girardot. — Bolívar declarado libertador. — La orden de los libertadores. — Sublevación realista de los Llanos. — Aparición de Boves y Morales. — El realista Yáñez. — Ocupación de los Llanos por los realistas. — Aparición de Campo Elías. — Batalla del Mosquitero. — Combates de Bobare, Yaritagua y Barquisimeto. — Ataques de Vigirima. — Batalla de Araure. — Asedio de Puerto Cabello. — Reacción de Boves y Yáñez. — Sublevación en masa del país contra la república. — Efectos de la guerra a muerte.

I

Habíamos dejado pendiente la crónica de la revolución venezolana, en el momento de la primera restauración realista por Monteverde, después de la capitulación de Miranda en San Mateo. Llega-

99

mos ahora al punto en que la insurrección independiente vuelve a aparecer por el oriente de Venezuela, y Bolívar va a emprender su reconquista por el occidente. Para ligar estos sucesos con los anteriores y dar su significación a los personajes que sucesivamente irán apareciendo en la escena histórica, se hace necesario volver a tomar el hilo de la narración en el punto en que la dejamos.

Árbitro absoluto Monteverde de Venezuela después de la capitulación de San Mateo, y nombrado posteriormente capitán general con el título de "pacificador", dio comienzo a su obra de pacificación "con actos que hacen erizar los cabellos —según las palabras de un historiador imparcial— y de que hasta los más calurosos partidarios de la España apartan los ojos estremecidos de horror." Queda ya relatado cómo violó la capitulación, y cómo inició su sistema de terrorismo brutal, con prisiones en masa, confiscaciones, vejámenes y rapiñas, a punto de faltar cárceles para contener los presos y morir algunos de ellos de hambre y de sofocación en inmundas crujías. El fiscal de la audiencia real de Caracas, decía con este motivo: "En el país de los cafres no pueden ser tratados los hombres con más desprecio y vilipendio." En las provincias el terrorismo asumió formas más bárbaras hasta degenerar en un bandolerismo desenfrenado. Al principio, las persecuciones se redujeron, como en la capital, a prisión, saqueo, secuestro, azotes y algunos asesinatos aislados. Nombrado procónsul en la provincia de Cumaná el coronel Francisco Cerveris, uno de los seides de Monteverde, hizo gemir bajo su férula a los habitantes, con un lujo de insolencia que lo hacía más odioso. No satisfecho con esto, propuso a su jefe un plan de gobierno militar con suspensión de la constitución y disolución de los tribunales para pasar por las armas a todos los rebeldes, protestando que por su parte lo ponía en práctica. Tan inhumano fue, que reemplazado en el gobierno por Antoñanzas, el perpetrador de la matanza de San Juan de los Morros, fue considerado éste como un alivio al compararlo con su antecesor. La Real Audiencia de Venezuela, escandalizada por estos excesos, reclamó en vano, y abrió causa criminal a Cerveris, elevando su queja al gobierno de España con condenación de estos procedimientos inicuos, que calificó de "imprudentes e injustos." Y esto no era sino el preludio de la guerra atroz que iba a abrirse por una y otra parte, provocada por la de los realistas, con asesinatos, incendios, mutilaciones y tormentos espantosos, de que ni las tribus salvajes presentan ejemplo.

Esto sucedía cuando los desgraciados habitantes de Venezuela, quebrados por la derrota, herida su imaginación por las calamidades públicas y los trastornos de la naturaleza, estaban dispuestos a recibir de nuevo la dominación colonial como un descanso. Una política mansa los habría mantenido en paz, deteniendo por algún tiempo al menos el curso de la revolución. El terrorismo de la reacción hizo huir de las almas los pavores supersticiosos que las amedrentaban, y con-

100

virtió en fuerza real lo que era una debilidad moral. Las poblaciones se escondieron en los bosques y en las montañas, huyendo de sus verdugos. Los patriotas comprometidos y perseguidos, emigraron. La miseria, la desesperación, el odio a la tiranía y el sentimiento de la venganza, encendieron la rabia hasta en los indiferentes y los tímidos. Todos comprendieron por el exceso del dolor, que eran preferibles los sacrificios por la independencia al sufrimiento de todos los instantes bajo los golpes de un despotismo sin caridad siquiera, que ni el descanso les proporcionaba. La insurrección latente estalló en los corazones, provocada por el desenfreno de la reacción. Un puñado de proscriptos dio la primera señal desde un peñasco de las Antillas, y todo el oriente del país volvió a reunirse bajo la bandera revolucionaria.

II

Es famoso en la historia del Nuevo Mundo el golfo conocido con la denominación de Triste, descubierto por Colón en su tercer viaje cuando tocó sin saberlo el continente prometido que buscaba. En su canal de entrada, situado entre la extremidad oriental de la península de Paria y la isla de La Trinidad, se levanta un islote que lleva el nombre de Chacachacare. Allí se refugiaron los proscriptos de Cumaná, huyendo de las persecuciones de Cerveris. Reunidos en número de 45 hombres, resolvieron renovar la guerra, invadiendo la costa de Cumaná, y levantar de nuevo el país contra la restauración española. Púsose a su cabeza un joven gallardo, natural de Margarita, llamado Santiago Mariño, acaudalado propietario, inclinado a la ostentación, poseído de una ambición inquieta que lo extraviaría en su camino. Formaban su estado mayor: el mulato Manuel Piar, nativo de Curaçao, hermoso de presencia, de temple heroico y de pasiones ardientes, destinado a una gloriosa y trágica carrera; los dos hermanos José Francisco y Bernardo Bermúdez, valerosos ambos pero tan violento y brutal el uno, como era el otro juicioso y reposado, y el ingeniero venezolano José Francisco Azcue.

Los proscriptos, sin más armas que seis fusiles y pistolas de bolsillo, con unas pocas municiones adquiridas en La Trinidad, tomaron tierra en la punta de Paria, y sorprendieron un destacamento que vigilaba la costa, apoderándose de 23 fusiles. Sin dar tiempo para volver de su asombro a los realistas que ocupaban la península, se dirigieron resueltamente sobre la inmediata villa fortificada de Güiría. La guarnición, compuesta de 300 hombres naturales del país, se pasó en masa a los expedicionarios, quienes dueños de nueve cañones y cantidad de fusiles, pudieron organizar una columna de 200 hombres bien armados (13 a 16 de marzo de 1813). Bernardo Bermúdez se internó con una partida de 75 hombres, y ocupó el pueblo de Maturín, punto importante por su inmediación al Orinoco y su comunicación con los llanos, sobre el río navegable del Guarapiche, donde existía un considerable depósito de pertrechos de guerra. José Francisco Bermúdez se fortificó en Irapa, en el fondo de la península sobre el golfo, donde Mariño estableció su cuartel general esperando ser allí atacado.

El golfo estaba dominado por una escuadrilla realista, y Cerveris disponía de 400 hombres, pero tan cruel como cobarde, permaneció a la distancia en observación, en un punto medio entre Cumaná, Barcelona y Maturín. Reforzado con 300 hombres mandados por el vizcaíno Antonio Zuazola, en vez de abrir hostilidades contra los invasores de la península en combinación con su escuadrilla, le ordenó que se dirigiese sobre Maturín. Zuazola, monstruo destinado a adquirir siniestra celebridad, desde su salida de Cumaná, empezó a señalar su camino, incendiando las habitaciones y las cosechas, y matando y mutilando bárbaramente a los pacíficos habitantes de la comarca. Los expedicionarios de Maturín habían desprendido algunas partidas volantes para proporcionarse elementos de movilidad en los llanos y sublevar el interior del país. Reconcentradas en Magüelles primero, y en Aragua después, resolvieron esperar a Zuazola, y fueron fácilmente derrotadas. Todos los vencidos fueron pasados a cuchillo. El vencedor remitió a Cumaná como trofeos de su victoria, varios cajones llenas de orejas cortadas a los vivos y a los muertos, que los realistas de la ciudad clavaron en sus puertas, y se asegura que adornaron con ellas sus sombreros a manera de escarapelas. En seguida Zuazola, y su segundo, José Tomás Boves, el compañero de Antoñanzas en las matanzas de Barinas, publicaron bandos ofreciendo garantías a los que habían huido espantados a los bosques. Los que se presentaron —hombres, mujeres, ancianos y niños— fueron todos o asesinados fríamente, o mutilados, o atormentados bárbaramente. Algunos fueron desollados vivos. A unos les cortaron las orejas y la nariz, o les desollaron la planta de los pies, o los desjarretaron como bestias de carnicería; otros fueron degollados, o cosidos de dos en dos, con tiras de cuero fresco espalda con espalda, y arrojados en seguida a una laguna putrefacta por la descomposición de los cadáveres. Sucedió que un niño de 12 años se presentó ofreciendo su vida para salvar la vida de su padre, único sostén de una numerosa familia pobre. Zuazola hizo degollar a los dos, ¡y al hijo primero que al padre!

Reunido el gobernador de Barcelona, coronel Lorenzo Fernández de la Hoz, a la fuerza del bárbaro Zuazola, atacó a los patriotas en Maturín al frente de una columna de 1.500 hombres. Piar mandaba la plaza en ausencia de Bernardo Bermúdez, asistido por el ingeniero Azcue. Solo contaba con 500 hombres para la defensa. Después de

102

24 horas de resistencia, hubo de emprender la retirada. Pero antes de ceder el terreno llevó un ataque de caballería a la brusca, consiguiendo desordenar completamente al enemigo (marzo 20). Rehecho y reforzado Fernández de la Hoz, atacó de nuevo a Piar con 1.600 hombres, y fue otra vez batido completamente, replegándose en derrota sobre sus reservas (abril de 1813). Los patriotas, preponderantes, aunque todavía con cortas fuerzas, amenazaban a Cumaná, Barcelona y la Guayana. La expedición de Mariño, que al principio se consideró una calaverada por los realistas, alarmó seriamente a Monteverde, que por ese tiempo se ocupaba en preparar la invasión a Nueva Granada. Sus aduladores le habían hecho creer que era un gran guerrero y, lleno de vanidad, reunió un ejército de 2.000 hombres, y se puso en marcha sobre Maturín, intimando rendición en término de seis horas, pasadas las cuales "entregaría la población al furor de sus soldados". Piar, al frente de 150 infantes, 300 hombres de caballería y dos piezas de artillería, contestó que se defendería hasta la muerte en honor de la libertad. Emprendido el ataque de la posición, las tropas de Monteverde se desordenaron bajo los fuegos certeros de la infantería y artillería de la plaza. Una carga de caballería por el flanco, llevada por Piar en persona, completó la derrota. Monteverde escapó "de milagro" —según propia confesión oficial—, dejando en el campo más de 400 muertos, su artillería, armamento, municiones, bagajes y hasta la caja militar (mayo 25). La defensa del territorio invadido, quedó confiada al mariscal Cajigal, que limitó sus operaciones a la más estricta defensiva en Barcelona. Los proscriptos, triunfantes, tomaron la ofensiva y convergieron sobre Cumaná.

III

La isla de Margarita, frente a la extremidad de la península de Arayo, que ocupa al norte casi la misma posición que La Trinidad frente a la de Paria, al sur, efectuó su levantamiento por este mismo tiempo, exasperada por la tiranía de los mandones españoles y estimulado su patriotismo por los sucesos de Cumaná. Esta isla, hasta entonces oscura, con una escasa población en una superficie de 300 kilómetros cuadrados, estaba destinada a representar un gran papel en la historia de la lucha por la independencia. Separada del continente por un brazo de mar como de 50 kilómetros, a la altura del golfo de Cariaco, que es al norte la repetición del golfo Triste al sur, y dentro del cual está Cumaná, su dominio era de la mayor importancia para los expedicionarios de tierra firme, así por su posición como punto de ataque y de retirada en comunicación con el exterior, cuanto por la índole de sus habitantes, que avezados a los trabajos de la mar, podían cooperar a la insurrección con elementos navales, combinando operaciones a lo largo de las costas. Esta isla está dividida en dos partes por una montaña, que la corta en dos valles, uno al sur y otro al norte, que solo comunican por un estrecho desfiladero fácil de defender. El principal puerto de la parte meridional, está defendido por el castillo de Pampatar, y en el centro, su capital, la Asunción, dominada por la fortaleza de Santa Rosa. La parte norte lleva el nombre de Juan Griego, con un buen puerto sobre el mar Caribe, tenía una casa fuerte para su defensa. Esta descripción, necesaria para la inteligencia de los memorables sucesos de que fue teatro la Margarita, hará comprender la importancia de su posesión, así para los independientes como para los realistas.

Mandaba por entonces en Margarita en calidad de gobernador el coronel Pascual Martínez, un tiranuelo de la ralea de Cerveris, que había implantado allí el mismo sistema terrorista de prisioneros, azotes, secuestros, destierros y muerte sin forma alguna de juicio y con lujo de vilipendios. La audiencia había reprobado sus tropelías, y mandado poner en libertad a los perseguidos por él. Enfurecido, declaró que fusilaría a los reos absueltos por la audiencia que se atrevieran a pisar su territorio. Entre sus víctimas, contábase un hombre de sangre mezclada, pescador en su origen y a la sazón uno de los principales propietarios de la isla, considerado por los isleños como su caudillo natural. Era el tipo grosero pero enérgico del héroe popular, de valor estoico y ferocidad nativa, con rasgos de generosidad, en quien las vehementes pasiones de su indómito carácter, se combinaban con una astucia fría y una ambición aventurera. Llamábase Juan Bautista Arismendi. Perseguido al tiempo de la restauración, habíase ocultado. El gobernador hizo prender a su mujer y a sus hijos, y amenazó fusilarlos si no declaraban su paradero. Arismendi se presentó. Sus bienes fueron secuestrados, su familia quedó en la miseria, y él fue enviado preso a la Guayra. Arismendi juró vengarse. Amnistiado, y de regreso a la tierra natal, fue nuevamente encerrado en un calabozo. Los margariteños se sublevaron en masa. Martínez tuvo que encerrarse con la guarnición en el castillo de Pampatar, donde fue sitiado y rendido. Nombrado Arismendi gobernador de la isla, cumplió su terrible juramento: el gobernador Martínez y 29 españoles que cayeron con él prisioneros, fueron pasados por las armas. La guerra a muerte por una y otra parte, empezaba a ser la ley del vencedor.

Inmediatamente se puso en comunicación Arismendi con los expedicionarios de tierra firme, y les ofreció todos los recursos de la isla para cooperar a su empresa. Mariño, que había tomado la ofensiva resueltamente, y sitiaba a la sazón la plaza de Cumaná, le pidió una escuadrilla para dominar el golfo de Cariaco y bloquear el puerto.

Arismendi, con gran actividad, y con la influencia que tenía entre la gente de mar, consiguió armar en breve tiempo tres goletas y once embarcaciones menores, que al mando del italiano José Bianchi envió a Cumaná, juntamente con un cargamento de armas y municiones que puso a disposición del jefe de la insurrección de oriente. La plaza de Cumaná quedó de este modo sitiada por tierra y bloqueada por mar.

<h1 style="text-align:center">IV</h1>

Después de la derrota de Monteverde en Maturín, los expedicionarios con el prestigio de la victoria, considerablemente engrosados y bien armados, convergieron, según queda dicho, sobre Cumaná. Los realistas, a órdenes del gobernador Antoñanzas, desmoralizados y sucesivamente quebrados en diez pequeños combates, se encerraron en número de 800 hombres en la capital de la provincia, bien fortificada y artillada con 40 cañones. Mariño estableció el asedio y lo estrechó progresivamente formando una línea de circunvalación como de 15 kilómetros. Empero, el sitio se habría prolongado indefinidamente, desde que los sitiados tenían libres sus comunicaciones por la parte de la marina. El oportuno y eficaz auxilio naval de los margariteños, hizo escasear los víveres en la plaza, y los sitiados desmayaron. Intimada la rendición a Antoñanzas, contestó con una baladronada; pero amilanado, no pensó ya sino en la fuga. Al efecto hizo embarcar a bordo de la escuadrilla que tenía en el golfo cuanto pudo, con el pretexto de ir en busca de auxilios, pero en realidad para salvarse, aprovechando de algún descuido de la flotilla bloqueadora (31 de julio). Dejó encomendado el mando del punto a su segundo, quien, considerándose perdido, hizo otro tanto en las embarcaciones que aún había en el puerto, mientras negociaba una capitulación con los sitiadores a la vez que clavaba la artillería, y se reunió a Antoñanzas, que no había podido burlar la vigilancia de Bianchi. En tal situación, resolvieron a todo trance aprovechar una ventolina y salir a la mar con ocho velas. Atacados a la salida por la flotilla margariteña, fueron apresados cinco de los buques españoles, salvando solo tres, y uno de ellos con Antoñanzas, herido en el combate, de cuyas resultas murió poco después en Curaçao.

Dueños los expedicionarios de Cumaná, marcharon sobre Cerveris, quien se replegó intimidado; pero antes de hacerlo, mandó fusilar al comandante Bernardo Bermúdez, que había caído prisionero en su poder, el que habiendo salvado moribundo de la ejecución, fue ultimado por su orden en el hospital. Piar, con una fuerte columna se apoderó de Barcelona. Cajigal, que la defendía, noticioso de que Bolívar invadía por el occidente, se retiró por tierra a la Guayana (agosto de 1813). Al pasar el Orinoco, Boves y un canario llamado Francisco Tomás Morales, destinado a la celebridad, que lo acompañaban, pidieron quedarse en los llanos para hostilizar a los rebeldes. Dioles el general español 100 hombres y algunos recursos. Éste fue después el núcleo de un ejército formidable que debía hacer desaparecer por segunda vez la República de Venezuela.

José Francisco Bermúdez, al frente de otra columna, ocupó Curiaco, Carúpano y Río Caribe sobre la costa de Paria. Poseído de la furia de la venganza por la muerte de su hermano, pasó a cuchillo a cuantos realistas cayeron en sus manos, como lo había jurado, adquiriendo desde entonces la fama de cruel y sanguinario a la par de valiente. Antes, al tiempo de ocupar la plaza de Cumaná los vencedores, estimulados por él, habían hecho pasar por las armas 25 prisioneros de los más señalados en represalia de los sufrimientos que habían hecho experimentar a los patriotas. La guerra a muerte tomaba así el carácter de una guerra de exterminio sin misericordia.

De este modo fue conquistado por los independientes, en menos de ocho meses, todo el oriente de Venezuela. Mariño fue reconocido como jefe supremo y dictador de las provincias orientales de Cumaná, Barcelona y Margarita, y Piar por su segundo. Al mismo tiempo (agosto de 1813), Bolívar entraba triunfante en Caracas y era aclamado dictador en el occidente, después de libertar las provincias centrales de Mérida, Trujillo, Barinas y Caracas, en una de las campañas más extraordinarias de la época, que puede, hasta cierto punto, parangonarse bajo algunos aspectos con la primera campaña de Bonaparte en Italia.

V

Al finalizar el anterior capítulo, dejamos a Bolívar en los valles de Cúcuta, al frente de 1.000 hombres, triunfante de la división realista del coronel Correa que los ocupaba, y reunido a las fuerzas de Pamplona mandadas por Castillo. En esta posición, tomaba por la espalda a Santa Marta, por el flanco a Maracaibo y Coro, y amenazaba de frente las provincias de Mérida y Trujillo, manteniendo en jaque a la de Barinas (marzo de 1813). Ocupábase en gestionar ante el gobierno de Nueva Granada la autorización correspondiente para invadir y llevar adelante la empresa de libertar a su patria, cuando se le presentó un joven venezolano, abogado y coronel, que había sido miembro del congreso de Caracas. Era un hombre instruido y de talento, pero de una exaltación patriótica que rayaba en el frenesí. Enfurecido por los excesos de Monteverde y sus seides, había publicado en Cartagena un plan de exterminio de la raza española, que firmaron con él algunos proscriptos y varios aventureros extranjeros. Consistía en la organización de un cuerpo juramentado de exterminadores "con el principal fin de destruir en Venezuela la raza maldita de los españoles europeos y de los isleños canarios, de manera que no quedase uno solo vivo", y adjudicarse la mitad de sus bienes, ofreciendo grados y premios a "los que presentasen de veinte cabezas de españoles para arriba." Bolívar y Castillo prestaron su aprobación a este plan, con la única salvedad de "matar por el momento a los que se tomasen con las armas en la mano", y someter a la aprobación del gobierno de la Unión lo relativo a la distribución de caudales y cabezas cortadas. Briceño, con esta credencial de sangre, abrió de su cuenta campaña sobre los llanos de Casanare, con una gavilla de ciento cincuenta juramentados. Pocos días después, Bolívar y Castillo recibían una carta, cuyas primeras líneas estaban escritas con sangre, y las cabezas de dos españoles como primeros trofeos de guerra a muerte por ellos sancionada. Ambos rechazaron con indignación el horrible presente, sobre todo Castillo, que repudió enérgicamente toda solidaridad con el hecho. Derrotado Briceño por fuerzas superiores y tomado prisionero, fue juzgado por un consejo de guerra y fusilado en Barinas conforme a la ley de guerra. Este antecedente de la guerra a muerte que iba a abrirse, tiene su importancia histórica, porque precisamente la ejecución de Briceño fue una de las causales que dio Bolívar para declararla después, cuando aún no había tenido lugar.

En el intervalo de este sangriento episodio, se habían formalizado los convenios para la reconquista de Venezuela entre el gobierno de la Unión y Bolívar. La República de Venezuela sería restaurada bajo los auspicios de la Nueva Granada en su primitiva forma federal, y sus antiguas autoridades repuestas. El ejército neogranadino conservaría simplemente el carácter de libertador, sin inmiscuirse en el orden interno. La República de Venezuela restablecida, pagaría los gastos de la expedición. Tales fueron las condiciones que suscribió Bolívar, y que juró cumplir fielmente.

Resuelta la invasión, Bolívar ordenó a Castillo avanzar con 800 hombres sobre Correa, fortificado con otros tantos en la angostura de La Grita. El jefe patriota atacó resueltamente la posición enemiga, flanqueándola, y después de un reñido combate obligó a sus sostenedores a retirarse en derrota hacia Trujillo, con abandono de su artillería desmontada, y a recostarse a Maracaibo. Envanecido Castillo con su victoria y celoso de su jefe, pretendió cruzar los planes de éste, representando al gobierno federal que la expedición tendría un mal éxito del modo que la llevaba. Retiróse luego con parte de sus tropas, y presentó su renuncia en la creencia tal vez de que sería preferido como neogranadino. El presidente Camilo Torres no vaciló. Optó por Bolívar, y con el grado de brigadier le confirió facultad para libertar las provincias venezolanas de Mérida y Trujillo, con la prevención de no pasar más adelante y esperar las instrucciones que le llevaría una comisión del congreso, la que representaría el papel de los convencionales militares en los ejércitos de la revolución francesa.

Las fuerzas con que contaba Bolívar para acometer su ardua empresa, muy disminuidas por la separación de Castillo, constaban de dos batallones en cuadro (como 100 hombres cada uno), otro casi completo y un piquete de artilleros, sumando un efectivo total que apenas alcanzaba a 600 soldados. Todo su material se reducía a 5 obuses y 4 piezas de campaña, 1.400 fusiles de repuesto y 140.000 cartuchos. Las fuerzas que tenía que vencer alcanzaban a cerca de seis mil hombres, distribuidos de tal manera que cualquiera de las divisiones enemigas podía batirlo con doble número. Sobre el litoral y en el valle de las vertientes occidentales de la cordillera en que operaba, aún le hacía frente Correa con los restos de su división, cubriendo a Maracaibo, donde mandaba Miyares, que contaba con una fuerte guarnición, sostenido por los partidarios armados de la comarca y en comunicación con Santa Marta. Otra división de 400 hombres ocupaba Trujillo. Coro estaba defendido por un cuerpo de tropas regladas de 400 hombres, al mando del inteligente general Ceballos. Una columna de 900 hombres situada en Barquisimeto, cubría a Coro y protegía a Valencia en el fondo del valle. En las vertientes orientales de la sierra y en los llanos centrales, estaba Tizcar, con un cuerpo de ejército como de 1.300 hombres, dominando la provincia de Barinas, sostenido por una columna de observación de 900 hombres al mando del canario José Yáñez en los llanos de Casanare. En San Carlos protegía a Tizcar, y cubría a la vez a Valencia y Caracas —que contaba con fuertes guarniciones— otra columna de 1.200 hombres. A retaguardia de todo, estaba Monteverde con la reserva, que no bajaba de 700 hombres, con el apoyo de la plaza fuerte de Puerto Cabello. Empero, tres meses después, el centro de Venezuela estaba reconquistado, como ya lo estaba el oriente, y Bolívar entraba triunfante en Caracas.

VI

La primera marcha invasora de Bolívar por las vertientes occidentales de la cordillera oriental, que cruza el territorio de Venezuela, fue una serie de relámpagos, que terminó con un rayo. Apoderóse sin resistencia de Mérida, que le ofreció el contingente de un batallón de 500 plazas y un escuadrón de caballería (30 de mayo). Adelantó la vanguardia, fuerte de 500 hombres, a órdenes del comandante Atanasio Girardot, gallardo oficial neogranadino que se había distinguido en las primeras campañas de la revolución, y ocupó Trujillo. Desprendió con un grueso destacamento al comandante Luciano D'Eluyar, otro valeroso oficial granadino de la escuela de Girardot, y obligó a Correa, que se había atrincherado en Ponemesa, a refugiarse en Maracaibo. Una gruesa división enemiga de 400 infantes y 50 jinetes, que defendía a Trujillo al mando del marino español Manuel Cañas, se replegó a Carache, pueblo decidido por la causa del Rey. Girardot con su vanguardia la atacó y la dispersó en una hora de combate, tomándole 70 prisioneros y un cañón (19 de junio). Los prisioneros españoles fueron pasados por las armas, y el pueblo de Carache declarado "infame" en una proclama del general en jefe. En cincuenta días, las provincias de Mérida y Trujillo fueron barridas de enemigos, cuyo número representaba el doble de los primitivos invasores. Desde este momento, el general expedicionario asumió una actitud independiente como representante de la soberanía de la República de Venezuela y se invistió de hecho del carácter de dictador. En contravención de las órdenes expresas del gobierno de que dependía y contrariando la política bélica de la república cuyas armas comandaba, fulminó por sí una ley de exterminio que comprendía a los beligerantes y a la población en masa del país invadido, a que dio el carácter de ley fundamental, como él mismo la calificó.

La aprobación dada por Bolívar, aunque condicionalmente, al plan de exterminio de Briceño, y las proclamas con que abriera su campaña, indicaban que iba poseído del delirio de la venganza, a consecuencia de las atrocidades cometidas por Monteverde y sus seides. Al ocupar a Mérida había dicho: "Las víctimas serán vengadas; los verdugos serán exterminados. Nuestros opresores nos fuerzan a una guerra mortal. Ellos desaparecerán de la América. Nuestra tierra será purgada de los monstruos que la infestan. Nuestro odio será implacable y la guerra será a muerte." En Trujillo, la declaró solemnemente por medio de un tremendo decretoproclama, con el acuerdo de una junta de guerra que le prestó su aprobación unánime. El documento en que se promulgó es célebre en los anales sangrientos de la humanidad. "La justicia —dice en su proclama— exige la vindicta y la necesidad nos obliga a tomarla." Y disponía en consecuencia: "Todo español que no conspire contra la tiranía en favor de la justa causa, por los medios más activos y eficaces, será tenido por enemigo, castigado como traidor a la patria, y en consecuencia será irremisiblemente pasado por las armas." La sentencia de muerte terminaba con estas amenazadoras palabras, que han tenido la sanción de la sangre: "Españoles y canarios: contad con la muerte, aun siendo indiferentes, si no obráis activamente en favor de la libertad de Venezuela. Americanos: contad con la vida, aun cuando seáis culpables." Desde entonces fechó sus bandos dictatoriales abriendo una nueva era en los anales americanos: "Año III de la independencia y primero de la guerra a muerte."

La guerra a muerte declarada por Bolívar en Trujillo y ejecutada al pie de la letra como el terrorismo de la revolución francesa, ha sido contradictoriamente juzgada, bajo diversos aspectos. Preconizada como acto de fortaleza, explicada por la necesidad como cálculo de fría prudencia, justificada como medio de hostilidad, excusada por las perturbaciones morales de la época, nadie, con excepción de los españoles, la ha condenado en absoluto como acto de ferocidad personal, que no estaba en la naturaleza elevada y magnánima aunque soberbia del dictador. En medio de tan contradictorios juicios, inconsistentes unos y sofísticos otros, solo dos hombres la han condenado francamente. Uno de ellos, es el mismo Bolívar. En sus últimos años, aleccionado por la experiencia, y después de haber defendido apasionadamente la guerra a muerte ante sus contemporáneos, confesó: que fue un "delirio", y un delirio estéril, pues que sin la guerra a muerte habría triunfado también; pudiendo agregar que hubiera triunfado mejor. Es que la guerra a muerte estaba en el corazón de los combatientes enconados en la lucha, y el dictador, impregnado de las pasiones de su tiempo y de su medio, y con sus instintos de criollo americano, no fue sino su vehículo; pero al recibir la impresión de su alma fuerte y tomar forma definida bajo su pluma impetuosa, se magnificó trágicamente, y él la exageró como todo lo que caía en su cerebro, en que la imaginación predominaba. El otro que la ha condenado, y sin remisión, es un escritor venezolano, admirador de su genio, que apoyándose en la misma confesión, la estigmatiza ante la moral y la justicia, ante la conveniencia y la necesidad; sienta al Libertador en el banco de los acusados en nombre de su propia posteridad, y calificándola de "crimen" condensa su severo fallo en esta conclusión: "La guerra a muerte, o llámese el «Terror» de los años 13 y 14, lejos de ser un medio de victoria, fue un obstáculo para conseguirla. Creó a la república millares de enemigos en lo interior y le arrebató las simpatías exteriores. Fue la rabia de una tempestad. Es una mancha de lodo y sangre en nuestra historia."

VII

La guerra a muerte no fue inventada por Bolívar. Desde los primeros días de la revolución, las provincias del Río de la Plata proclamaron la doctrina terrorista, de que eran reos de rebelión, sin remisión, los que encabezaran resistencias contra sus armas, y en nombre de ella, perecieron en un patíbulo el ex virrey Liniers y sus compañeros civiles y militares, del mismo modo que los generales y funcionarios españoles del Alto Perú que cayeron prisioneros. Chile siguió el ejemplo, proclamando la misma doctrina revolucionaria, y la ejecutó en el coronel Figueroa. Los españoles, a su vez, hicieron la guerra a muerte en México, en el Alto y Bajo Perú, tratando como a rebeldes, según sus leyes, a los que levantaran armas contra el Rey. Montes la practicó en Quito, aunque no sistemáticamente como se ha visto. La Nueva Granada fue una excepción, el reprobar los excesos de sus jefes en las primeras campañas de su revolución, como reprobó el plan de exterminio de Briceño, ordenando a Bolívar ajustarse a las instrucciones que le prescribían la observancia de las leyes regulares de la guerra.

En Venezuela, la lucha no tomó un carácter feroz hasta tanto que los elementos indígenas no entraron a intervenir en ella, asumiendo el carácter de contienda intestina. Y debe decirse, en honor de la verdad histórica, que la iniciativa de la guerra a muerte en nombre de la doctrina revolucionaria proclamada en el Plata, en Chile y el Alto Perú, corresponde a los patriotas en Venezuela, y no a los realistas. Los jefes españoles Miyares, Ceballos y Cajigal, que encabezaron la reacción, hicieron la guerra con humanidad, reprimiendo o condenando los excesos de sus subordinados, y el comisionado de la regencia Cortabarría ejerció su alta representación con prudencia. Verdad es que la regencia, en el hecho de declarar rebeldes a los insurrectos de Venezuela, los condenaba de derecho a muerte como tales, con arreglo a las leyes de Indias, pero ni las aplicó ni las invocó siquiera. Fueron, por otra parte, los patriotas de Venezuela los primeros que declararon rebelde a la provincia de Coro por no reconocer la supremacía de la junta revolucionaria de la capital, como fueron ellos los primeros en dar el ejemplo de ejecuciones sangrientas y exposición de cabezas cortadas, según se dijo y comprobó antes. Hasta que apareció Monteverde en la escena, después del terremoto, y puso a saco el pueblo de Carora (marzo de 1812), las tropas españolas no habían cometido ningún exceso. Las horribles matanzas de San Juan de los Morros, Calabozo y Villa del Cura, fueron la obra personal de Antoñanzas y Boves acaudillando a los llaneros venezolanos, y no se erigieron en sistema. Después de la capitulación de San Mateo, el terrorismo del mismo Monteverde en Caracas no fue sangriento, limitándose a vejámenes oprobiosos, a prisiones crueles y secuestros, y alguno que otro asesinato aislado. Las violencias de Cerveris y las atrocidades de Zuazola, fueron resistidas por el gobernador español Emeterio Ureña, que amparó a los perseguidos en Guayana y Cumaná; condenadas por el tribunal de la Real Audiencia en nombre de la ley común, y protestaron enérgicamente contra ellas con su voz autorizada los realistas más señalados, como Urquiniona, Montenegro, Costa Gali y los generales Miyares y Cajigal, haciendo escuchar las quejas de Miranda desde el fondo de su calabozo. Además, esas atrocidades fueron vengadas por Arismendi en Margarita, por Mariño en Cumaná y por Bermúdez en Paria, y la cuenta corriente de sangre estaba saldada en el oriente de Venezuela.

Cuando Bolívar, después de invadir a Venezuela por el occidente, declaró en Trujillo la guerra a muerte a los españoles, por razón de raza y no como beligerantes, comprendiendo hasta a los indiferentes, no había corrido más sangre que la de los combates, ningún exceso bélico había sido cometido por los realistas durante esa campaña en el teatro de sus operaciones. Faltaba, pues, la razón de hecho, aun para decretar la represalia. La primera transgresión a las leyes de la guerra y de la humanidad, fue cometida por los patriotas acaudillados por Briceño, que iniciaron la invasión cortando las cabezas de dos españoles inermes en ejecución del plan de exterminio de raza que había merecido antes la aprobación, aunque condicional, de Bolívar. La razón de la represalia estaba más bien de parte de los españoles. Cuando Briceño fue hecho prisionero y ejecutado previo un consejo de guerra, los realistas usaron de un derecho. Briceño se había colocado hasta fuera del derecho de gentes como los bandidos y los piratas. Sin embargo, esta ejecución fue la única causal que pudo aducir Bolívar para justificar su declaración, lo que importaba hacerse solidario del injustificable crimen de la víctima, al dar a su plan de exterminio la fuerza de una ley. Y es de notarse por lo que respecta a la verdad histórica, que cuando Bolívar invocaba como única causal la muerte de Briceño, éste vivía aún, y su ejecución tuvo lugar en el mismo día en que firmaba su decretoproclama. Así, la declaración a muerte careció hasta de causal, y fue más bien una provocación a ella, como en realidad lo fue. Y no solo fue una medida de guerra injustificada aun como retaliación, sin razón de ser ni necesidad, sin lógica y sin filosofía política, como producto de un delirio según propia confesión, sino también la causa de las derrotas que le hicieron experimentar sus mismos compatriotas acaudillados por los jefes españoles armados con la misma arma de dos filos por él forjada, como lo enseña la historia, quedando así probada por el experimento su esterilidad, hasta como medio de victoria que pudiese darle la sanción del éxito.

En Carache empezó a ejecutarse el decreto de guerra sin cuartel, con el fusilamiento de los prisioneros, según se explicó antes.

En Trujillo terminaba la misión militar encomendada a Bolívar por el congreso de Nueva Granada; pero el general expedicionario, que al asumir el papel de dictador independiente se había puesto en contradicción con sus instrucciones, no vaciló en desobedecer la orden de detenerse en su invasión que le fue a la sazón comunicada. No podía renunciar al propósito preconcebido de redimir el territorio esclavizado de Venezuela, y de ceñirse la corona cívica de libertador de su patria; ni debía permanecer en la inacción sin peligro de perder todas las ventajas adquiridas. Decidióse por lo tanto a continuar la campaña bajo su responsabilidad. Las razones que para ello dio al gobierno de la Unión, fueron bien fundadas, y se imponían hasta a la misma prudencia, revelando su gran penetración política a la par que su audacia como guerrero para acometer empresas heroicas. Sus victorias eran el resultado de la celeridad de sus movimientos y del ímpetu de sus ataques, que habían desconcertado al enemigo magnificando sus fuerzas. Detenerse, era perderse, y abrir las fronteras desguarnecidas de la Nueva Granada a la invasión realista por él contenida, y al avanzar, las defendía mejor. "Si cometiese la debilidad —decía— de suspender mis marchas, sería perdido indefectiblemente junto con las tropas de la Unión. Los enemigos reconocerían el corto número de soldados invasores, reunirían sus tropas dispersas y darían un golpe seguro. Así, mi resolución es obrar con la última celeridad y vigor; volar a Barinas, destrozar allí las fuerzas del enemigo, y de este modo libertar a Nueva Granada de los enemigos que podían subyugarla." Como lo dijo, lo hizo. Pero otro móvil igualmente poderoso lo impulsaba a ir adelante. Desde Cúcuta, resonaba en sus oídos como un toque de clarín, el grito de los proscriptos que acaudillados por Mariño, Piar y Bermúdez, reconquistaban el oriente de Venezuela. "No me parece imposible —decía entonces— llegar hasta Caracas y libertar aquella capital, si ya no lo está por los patriotas del oriente." Y una vez lanzado a la empresa, escribía poco después al presidente neogranadino, impulsado por la noble emulación: "Temo que nuestros ilustres compañeros de armas de Cumaná y Barcelona, liberten nuestra capital antes que nosotros lleguemos a dividir con ellos esta gloria; pero nosotros volaremos y espero que ningún libertador pise las ruinas de Caracas primero que yo."

Tizcar, que queda dicho ocupaba Barinas con un cuerpo de ejército de 1.300 hombres, ni sostuvo a Correa para defender a Mérida, ni apoyó a Cañas en Trujillo como pudo haberlo hecho, ni se atrevió a atacar a Bolívar que le presentaba el flanco. Decidióse al fin a operar por la retaguardia de los invasores, pero en vez de marchar en masa, cometió el error de dividir sus fuerzas. Destinó al coronel José Martí al frente de una columna de 700 hombres de las tres armas con el propósito de cortar las comunicaciones de los republicanos con la Nueva Granada, y atravesar al efecto la cordillera interpuesta entre ambos contendientes. Bolívar que lo supo y tenía la resolución hecha de invadir a Barinas, previno el movimiento de Tizcar, y tomó la ofensiva por una atrevida marcha estratégica, que fue la operación, si no la más bien combinada, la más feliz de su campaña. Sin perder momento, se puso al frente de la vanguardia considerablemente engrosada, cruzó la cordillera frente a Trujillo y sorprendió un destacamento de 50 hombres que cubría el paso de Boconó. Su objeto era cortar a Tizcar sus comunicaciones con Caracas y alejarlo de sus reservas echándolo al interior de los llanos. Al emprender su marcha, ordenó a su mayor general Rafael Urdaneta (que sería uno de sus primeros generales), que le siguiera por otro camino más al sur, con la retaguardia a cargo del comandante José Félix Rivas, a quien ya conocemos y que sería el héroe de esta campaña. El punto de reunión era la llanura de Guanare en las nacientes del río Portuguesa. Al cruzar la cordillera, Rivas y Urdaneta al frente de 400 ó 500 hombres, en su mayor parte reclutas de Mérida, encontraron a su frente la fuerte columna de Martí, situada en las mesetas de Naquitao al pie de la sierra oriental, interpuesta entre ellos y su vanguardia, la que a su vez quedaba entre los dos cuerpos de ejército de Tizcar. Si Martí contramarchaba, noticioso de la marcha de Bolívar, éste estaba perdido, tomado entre dos fuegos por fuerzas superiores. De la decisión de este momento pendía el éxito de la campaña. Rivas, con gran resolución, de acuerdo con Urdaneta, se decidió por el ataque, y marchó en busca del enemigo a pesar de la superioridad de sus fuerzas. Los realistas estaban posesionados de una alta meseta, con hondos barrancos a su pie. Atacados a las 9 de la mañana (1º de julio) fueron desalojados de esta posición que parecía inexpugnable, y se replegaron a otra más fuerte aún. Atacados de nuevo por la espalda al día siguiente (julio 2), quedaron deshechos después de cinco horas de combate. Cuatrocientos prisioneros y un cañón fueron los trofeos de esta jornada decisiva. Los prisioneros fueron fusilados sobre el campo, conforme al decreto de guerra a muerte.

El 1º de julio, el mismo día en que triunfaba Rivas en Naquitao, Bolívar estaba en Guanare. Sabedor allí que Tizcar se hallaba tan solo al frente de 500 hombres, determinó marchar sobre él, antes que pudiera reunírsele la columna de Yáñez. El general español amedrentado, abandonó la posición que ocupaba en los llanos, y se replegó en fuga a las Nutrias en la margen izquierda del Apure. Perseguido activamente por la vanguardia al mando de Girardot, quien se interpuso entre él y Yáñez, obligó a éste a retirarse, y determinó la sublevación de la columna de Tizcar, que se puso en fuga con sus restos hacia la Guayana (julio 13). Mientras tanto, Bolívar ocupaba la capital de Barinas y se apoderaba de 13 piezas de artillería y un considerable depósito de armas y municiones (julio 6). De este modo, en menos de cuarenta y cinco días, estaban

114

reconquistadas las provincias de Barinas, Mérida y Trujillo, vencidas cinco divisiones que sumaban cerca de tres mil hombres, y tomados 600 prisioneros —tantos como fueron los invasores—, con 18 piezas de artillería.

IX

Dueño el general republicano de la provincia de Barinas, rica en recursos naturales y elementos de guerra, remontó sus fuerzas, disciplinó nuevos batallones y formó con los naturales de la comarca numerosos escuadrones de buena caballería, completando así la organización de su ejército, que dividió en tres cuerpos de operaciones, vanguardia, centro y retaguardia. Con la actividad que le era característica, formó un nuevo plan de campaña y lo puso inmediatamente en ejecución. Dispuso que Urdaneta con el centro, se situase en Araure, al pie oriental de la cordillera, en observación de la división española que en San Carlos cubría a Valencia y Caracas, ordenando a la retaguardia destacada de Girardot, se reconcentrara en el mismo punto. Adelantó sus partidas hasta los llanos de Calabozo, buscando ponerse en comunicación con los patriotas de Barcelona y Cumaná en el oriente. Rivas, con la división de vanguardia, repasó la cordillera cubierto por el movimiento de avance del centro. El plan no podía ser más vicioso. Comprometía el núcleo de su ejército en una posición avanzada, hacía depender su seguridad del refuerzo contingente que podría prestarle la retaguardia comprometida en el interior de los llanos. Dividía sus fuerzas con la cordillera por medio, acercando a las masas enemigas una división débil a la que no podía proteger, y se exponía a ser batido en detalle en todas partes. Si los enemigos hubiesen reconcentrado las dos gruesas divisiones que tenían al oriente y al occidente de la cordillera y que podían obrar en combinación, cayendo con cuádruples fuerzas sobre Rivas aislado y sin protección, otro habría sido el resultado. Pero cálculo atrevido, en que la imprudencia es prudencia contando con los errores del enemigo, o favores de la fortuna, el plan, tan vicioso como era, surtió todos sus efectos y fue coronado por el éxito más brillante.

El objeto del movimiento aventurado de Rivas, era destruir la columna situada en Barquisimeto, al mando del coronel español Francisco Oberto, considerablemente aumentada con los restos de la división de Cañas batida en Carache, y que a la sazón constaba de 800 infantes y 200 hombres de caballería. El jefe español, confiado en la superioridad numérica y la calidad de sus tropas, salió al encuentro de Rivas en el punto llamado de los Horcones. Rivas, cuya fuerza no alcanzaba a 600 hombres de infantería y de caballería, no vaciló en tomar la ofensiva. Rechazado en los dos primeros ataques, volvió por tercera vez a la carga hasta triunfar completamente (22 de julio). Cuatro piezas de artillería, cien muertos, el parque y los bagajes del enemigo, fueron los trofeos de esta victoria, complemento de la de Naquitao, que aseguró el éxito de la campaña. Los prisioneros españoles tomados en el campo, fueron fusilados conforme el decreto de guerra a muerte de Trujillo.

Bolívar no se durmió sobre sus verdes laureles: mostróse hábil y activo para recoger los frutos de su nueva victoria. Repitió sus órdenes a Girardot para que a marchas forzadas se le incorporase con la retaguardia, que acudió a tiempo. Llamó a sí la división triunfante de Rivas, que repasó por tercera vez la cordillera llanera, y al frente de 1.500 hombres más o menos, marchó sin pérdida de momento sobre la división realista situada en San Carlos. Era ésta la última esperanza de los españoles. Constaba de 700 infantes y poco más de 300 hombres de caballería, al mando del coronel Julián Izquierdo. El jefe español, tan valiente como poco cauto, cometió la imprudencia de presentar batalla en la llanura descubierta de Taguanes frente a San Carlos, siendo inferior en caballería. Atacados de frente los realistas por la infantería republicana, a la vez que la caballería llanera amenaza cortarles la retirada hacia Valencia, pusiéronse en retirada, marchando y combatiendo en orden cerrado por el espacio de seis horas. Ya estaban próximos a alcanzar el pie de la inmediata serranía, que era la salvación, cuando cortada otra vez su retirada por la caballería y atacados de nuevo por la infantería republicana, sus escuadrones se desbandaron y sus batallones se desordenaron, cayendo mortalmente herido el coronel Izquierdo. Fue una victoria completa. Los que no se dispersaron o fueron muertos, quedaron prisioneros. Los historiadores españoles confesaron una pérdida de 700 infantes. Bolívar dice, con tanta energía como concisión: "Todos sus batallones perecieron o se rindieron. No se salvó un infante, un fusil." Fue la batalla final de la campaña del occidente de Venezuela y de la primera gran campaña del libertador sudamericano.

X

Monteverde, confiando en que el ejército de Tizcar daría cuenta de la invasión del occidente, al saber la ocupación de Barinas, se trasladó a Valencia, con el objeto, según decía, de dar dirección a las operaciones. Dejó sacrificar, sin darle instrucciones, a la columna de Oberto en Barquisimeto, y dio órdenes y contraórdenes a la de Izquierdo en

San Carlos para retroceder o avanzar, debilitándola en vez de auxiliarla oportunamente como pudo, sin acertar siquiera a reunir ambas, o reconcentrarlas a su reserva, o reforzar una de ellas, lo que le habría dado el triunfo. Aquí, como en Maturín, mostró que no tenía cabeza militar, y que solo la fortuna ciega le había favorecido en su empresa de la restauración de Venezuela, que parecía anunciar, si no un genio, por lo menos un hombre de corazón o de cabeza. Las derrotas sucesivas de los Horcones y de Taguanes, lo anonadaron moral y materialmente. Contaba aún con un cuerpo de tropas de 700 a 800 hombres. Había empezado a fortificarse en Valencia con el propósito de defenderse, cuando supo el avance de Bolívar sobre San Carlos. Tardíamente salió en apoyo de Izquierdo con algunas compañías de infantería y caballería; pero en el camino recibió la noticia de su derrota, retrocedió en fuga, abandonó cobardemente a Valencia y encerróse en Puerto Cabello. Bolívar ocupó Valencia sin resistencia, apoderándose allí de treinta piezas de artillería de grueso calibre y un gran parque de armas y municiones.

La ciudad de Caracas contaba todavía con una guarnición como de 1.500 urbanos y voluntarios; pero aterrada por los desastres y el anuncio de la marcha del vencedor sobre la capital, se disolvió en su mayor parte, y el jefe de la plaza, que lo era el general Manuel Fierro, se resolvió a capitular, de acuerdo con una junta de guerra que reunió al efecto, en que solo un oficial subalterno votó por la resistencia. Bolívar acordó generosamente una capitulación honrosa, prometiendo olvido del pasado y garantías a las personas y propiedades, bajo la condición de que se le entregaran todos los pueblos comprendidos en la provincia de Caracas ocupados por los españoles. Fierro, temeroso de que Bolívar observase la misma conducta que Monteverde después de la capitulación de San Mateo, se anticipó a evacuar la plaza embarcándose en La Guayra con lo que pudo. Monteverde, por su parte, se negó a ratificar la capitulación de Caracas, y con razón, pues ella le imponía la obligación de evacuar a Puerto Cabello, y dejó así entregados a merced del vencedor a más de quinientos españoles comprendidos en la ley de guerra a muerte, que no pudieron huir con Fierro.

La reconquista de la República de Venezuela quedó así operada. La revolución y la reacción volvían a ocupar las mismas posiciones de 1810 a 1812: todo el centro y el oriente, por los independientes, desde la cordillera al Orinoco; y en los dos extremos, el litoral de occidente y la Guayana por los realistas. Una nube que amenazaba otra reacción, aparecía en los llanos del oeste, pero aún no se había condensado. Solo quedaba Puerto Cabello por las armas del Rey en la provincia de Caracas. Si Bolívar, después de ocupar a Valencia hubiese marchado con su acostumbrada actividad y resolución sobre esta plaza, la habría tomado fácilmente, pues nada había previsto para su defensa, y hasta sus fortificaciones estaban desmanteladas. Pero en vez de esto, el Libertador atraído por la vanagloria, se dirigió con todo su ejército a Caracas en busca de las embriagantes ovaciones que le esperaban, y dejó tiempo a Monteverde (veinte días) para hacerse inexpugnable, cometiendo el mismo error de San Martín después de Chacabuco, al dar respiro a los enemigos vencidos para fortificarse en Talcahuano.

De todos modos, la campaña reconquistadora estaba gloriosamente terminada. En ella mostró Bolívar por la primera vez, que si no era un general metódico ni tenía una educación militar, poseía en alto grado, a la par de las dotes del caudillo revolucionario, el genio de la guerra, y la inspiración ardiente en medio de la acción, elevándose de un golpe, en su escala, al rango de los célebres capitanes antiguos y modernos. La rapidez para concebir y la audacia para ejecutar sin vacilación; la fortaleza para sobreponerse a los contrastes y el ímpetu heroico para ir siempre adelante; el prestigio para dominar moralmente al enemigo e infundir confianza a los suyos; la intuición para prevenir las maniobras, aun cometiendo errores que el éxito coronaba, y la presencia de espíritu para utilizar sobre la marcha los frutos de sus victorias, tales fueron las grandes cualidades morales y militares que reveló como hombre de acción y de pensamiento en esta memorable campaña. Sus resultados fueron: seis grandes combates que valen batallas, ganados en un trayecto de 1.200 kilómetros sin un solo revés, al través de dos cordilleras; cinco gruesos cuerpos de ejército que sumaban 4.500 hombres, dispersados, muertos y prisioneros o rendidos con sus armas y banderas; la captura de 50 piezas de artillería y tres grandes depósitos de guerra; la reconquista de todo el occidente de Venezuela de cordillera a mar, ligando sus operaciones con las del ejército del oriente ya rescatado, y la restauración de la república independiente de Venezuela. Y todo esto, con seiscientos hombres y en noventa días. Nunca con menos se hizo más, en tan vasto espacio y en tan breve tiempo. Con razón un historiador europeo, al condensar el juicio universal a su respecto, ha dicho: "Esta rápida campaña, que los entendidos colocan al lado de las más atrevidas empresas militares de que la Europa era entonces teatro, ha sido el germen de la grandeza futura de Bolívar, y le ha merecido el primero, y quizás el más hermoso y el más puro florón de su corona triunfal, cuya gloria no puede ser marchitada ni aun por el acto de triste memoria en que proclamó la guerra a muerte."

XI

Bolívar entró en triunfo en su ciudad natal (6 de agosto), de la que había salido un año antes, proscripto, oscuro y con un tizne en la frente. El pueblo lo aclamó con entusiasmo como su libertador, las campanas se echaron a vuelo, las salvas de artillería resonaban en Caracas y en las fortalezas de la Guayra, el camino que recorría estaba sembrado de flores y las flores y las bendiciones llovían sobre su cabeza. Un grupo de bellas jóvenes vestidas de blanco adornadas con los colores nacionales tomó las riendas de su caballo y le coronó de laureles, mientras las músicas militares sonaban la marcha triunfal de la independencia y la libertad. El triunfador merecía esta ovación a doble título: había vencido y no manchó su victoria con ninguna venganza. A pesar de la sentencia de muerte que pesaba sobre la cabeza de los españoles, y que solo había ejecutado hasta entonces en los prisioneros tomados con las armas en la mano en el campo de batalla, no usó de su tremenda facultad, y se limitó a mantenerlos presos, secuestrando sus bienes. Las prisiones de los cautivos patriotas se abrieron. Los vencidos quedaron amparados por el contento general, según el testimonio de uno de los más acerbos enemigos del triunfador.

Dos días después anunciaba al pueblo el establecimiento de la República de Venezuela, bajo los auspicios auxiliadores de la Nueva Granada, que había ido, según sus palabras, "no a dictar leyes, sino a restablecer su independencia y su libertad, dejándolo dueño de sus destinos". Empero, guardóse bien de restaurar (con arreglo a las instrucciones neogranadinas que había jurado) la antigua república federal de Venezuela, a la que era radicalmente opuesto por principios y por instinto de la seguridad común. "Recórrase la presente campaña —decía sobre ese tópico, en una proclama posterior— y se hallará que un sistema muy opuesto ha restablecido la libertad. Malograríamos todos los esfuerzos y sacrificios hechos si volviéramos a las embarazosas y complicadas formas de administración que nos perdió." En consecuencia, se proclamó dictador y se dio a sí mismo el título de "Libertador". "La urgente necesidad de acudir a los enemigos, decía a sus conciudadanos, me obliga a tomar en el momento deliberaciones sobre las reformas que eran necesarias en la constitución. Una asamblea de hombres virtuosos y sabios debe convocarse y sancionar la naturaleza del gobierno en las circunstancias extraordinarias que rodean a la república. El libertador de Venezuela renuncia para siempre y protesta formalmente, no aceptar autoridad alguna que no sea la que conduzcan nuestros soldados a los peligros para la salvación de la patria." Esta fórmula que descubría la ambición de mando que desde entonces empezó a devorarlo, y que repetiría toda vez en que lo reclamase en el hecho como una propiedad suya, era, empero, la única que respondía a las necesidades de la situación. La república federal bajo su antigua forma, era la anarquía y la derrota segura, y Bolívar obró con previsión y patriotismo, al asumir la dictadura política y militar, como lo único que podía salvar, quizá, a Venezuela. Asimismo se perdió por segunda vez.

Venezuela tuvo así dos dictadores a la vez: uno en Oriente, otro en Occidente. Tan ambicioso el uno como el otro, ambos aspiraban al mando general. Mariño, que como se dijo antes se había hecho proclamar jefe supremo de las provincias orientales de Cumaná, Barcelona y Margarita, envió comisionados a Bolívar, para tratar de igual a igual respecto del sistema de gobierno que convendría adoptar para la república, lo que importaba la exigencia del reconocimiento previo de la autoridad independiente de que estaba en posesión. Bolívar, que temía que esta división rompiese la unidad de las provincias y debilitase el nervio de la guerra —además de la supremacía a que se consideraba con derecho—, retardó por algún tiempo hacer tal reconocimiento. El patriotismo y la recíproca seguridad aconsejaban centralizar el mando, o por lo menos combinar los esfuerzos contra el enemigo común. La autoridad de hecho del uno era tan legítima como la del otro a título del territorio por ellos ocupado, como igualmente ilegal del punto de vista de las formas; pero la de Bolívar se imponía como necesaria, porque era el alma de la revolución, representaba el sentimiento nacional y la alianza con Nueva Granada cuyas armas mandaba; mientras la de Mariño, sin plan político y sin ideales, solo tenía por objetivo inmediato el mantenimiento de una informe confederación militar de dos satrapías independientes, que entrañaba la disolución. Pero mientras su carácter de dictador de Oriente no fue expresamente reconocida por Bolívar, Mariño se mantuvo en inacción con un poderoso ejército, absteniéndose de concurrir a la guerra de Occidente, y hasta de hacer sentir su acción militar en los llanos intermedios donde a la sazón empezaban a reaccionar los realistas, sin abrir siquiera hostilidades sobre la Guayana, donde el enemigo se resistía.

Bolívar, aunque tardíamente, había establecido el sitio de Puerto Cabello; pero los veinte días perdidos con su vana entrada triunfal en Caracas, nunca los pudo recuperar; y no sería esta la última vez en que llamado por la vanagloria, sacrificase a ella la verdadera gloria de una campaña, que es el triunfo definitivo. El 25 de agosto se presentó delante de la plaza, y se apoderó bajo el fuego de las defensas exteriores, reduciendo a los sitiados al castillo y sus aproches, merced al valor de las tropas granadinas, que constituían el nervio del ejército unido, según el mismo General en Jefe. En seguida, con las piezas de artillería tomadas en Valencia, estableció contrabaterías, y apagó los fuegos de la escuadrilla del enemigo que hostilizaba uno de sus flancos, dominando el río adyacente con tres bergantines. El general sitiador intentó apoderarse de la plaza por medio de un golpe de mano nocturno. Al efecto hizo avanzar dos divisiones ligeras (31 de agosto) y atacó los fuertes destacados, obligando al enemigo a replegarse a las estacadas que protegían los aproches de sus murallas. El ataque fue rechazado. El único resultado de esta tentativa, fue tomar prisionero al bárbaro Zuazola, que mandaba uno de los fuertes. Bolívar propuso canjearlo por uno de sus jefes prisioneros, pero Monteverde se negó. Zuazola fue suspendido en una horca delante de los muros de Puerto Cabello.

Mientras tanto, la reacción volvía a levantar la cabeza por todas partes: en los alrededores de Caracas, en las costas de sotavento, en la cordillera, en los valles, en los llanos altos y bajos del centro y en Barinas. El dictador fulminó entonces su último rayo de guerra a muerte, que debía ser seguido por una de las hecatombes más sangrientas que recuerde la historia. Decretó, en su forma habitual de proclama (6 de setiembre), que incurrirían en la pena de muerte todos los americanos antes exceptuados, y que los declarados traidores a la patria serían juzgados y condenados por simples sospechas vehementes. De este modo corregía y agravaba el error de lógica de la proclamadecreto de Trujillo, igualando ante la traición a españoles y americanos; pero lógicamente produjo efectos más desastrosos, y contribuyó, aunque indirectamente, a su final derrota en la nueva campaña que emprendía, no obstante los grandes triunfos que alcanzó. ¡Lógica del destino!

Por este tiempo (16 de setiembre), arribó a Puerto Cabello una expedición salida de España, compuesta de la fragata *Venganza*, de 40 cañones, una goleta de guerra y seis transportes, conduciendo un regimiento de 1.200 plazas, denominado de Granada, mandado por el coronel José Miguel Salomón. El general republicano, con sus tropas enfermas y debilitadas por la insalubridad del clima de Puerto Cabello, vióse obligado a levantar el sitio, y se retiró a Valencia, con el objeto de reponerse, y de atender a las provincias del interior convulsionadas a su espalda, a la vez que observar los movimientos del enemigo por su frente, y por el flanco occidental que había descuidado, como Mariño había descuidado el suyo por el Oriente así como su frente de los llanos del Apure.

XII

Envalentonado Monteverde con la retirada de los republicanos y con el refuerzo recibido, se puso en campaña al frente de 1.600 hombres, dejando guarnecida la plaza con los voluntarios españoles. Con esta fuerza bien dirigida, con el concurso simultáneo de la sublevación de los llanos y de las guarniciones de Maracaibo y Coro, el general español habría podido domar por segunda vez la revolución de Venezuela; pero cometió el error de no concertar ningún plan, y el más grave de dividir sus fuerzas (setiembre 25).

Puerto Cabello se halla dividido de la planicie en que se asienta la ciudad de Valencia, por uno de los últimos ramales de la cordillera oriental que la envuelven por el oeste, el cual solo tiene dos caminos de acceso: el uno llamado de Aguacaliente y de las Trincheras, y el otro del valle de San Esteban, dominado a su entrada por las alturas de Bárbula. Monteverde ocupó las Trincheras y se fortificó en esta posición, adelantando una vanguardia de 500 hombres sobre las alturas de Bárbula, a distancia de 10 kilómetros sobre su flanco derecho. Bolívar permaneció indeciso por el espacio de cuatro días ante este despliegue inexplicable de fuerzas, a la espera del desarrollo del plan enemigo; pero convencido al fin de que no tenía ninguno, resolvió tomar la ofensiva, aprovechando la ventaja que la incapacidad de Monteverde le brindaba. Lanzó sobre Bárbula, las probadas tropas granadinas al mando de Girardot y D'Eluyar, sostenida por una columna a órdenes de Urdaneta, que treparon valientemente las fuertes posiciones del enemigo desalojándolo de ellas. Al coronar los neogranadinos triunfantes la altura de Bárbula, una bala de fusil hirió en la cabeza al valeroso Girardot, derribándolo sin vida (30 de setiembre). Las tropas granadinas pidieron en premio de su victoria que se les concediera el honor de llevar solas el ataque sobre las Trincheras, para vengar la muerte de su jefe, y Bolívar lo concedió; pero hízoles apoyar por una columna de 1.000 venezolanos, exaltando así el noble sentimiento de emulación de los ejércitos unidos. Monteverde fue forzado en sus atrincheramientos, con pérdidas considerables, y herido él mismo en la pelea (3 de octubre), volvió a encerrarse en Puerto Cabello. El coronel Salomón tomó interinamente el mando de la plaza. El sitio de los republicanos volvió a restablecerse bajo la inmediata dirección de D'Eluyar con las tropas granadinas.

Bolívar, siempre ávido de emociones teatrales, voló de nuevo a la capital en busca de nuevas ovaciones y honores para los muertos y los vivos. Excesivo en todo, después de comparar la reconquista de Venezuela a las Cruzadas de la cristiandad, decretó en forma de ley honores a la memoria de Girardot, cual no se habían tributado jamás a un general vencedor muerto en el campo de batalla. Hizo su elogio fúnebre en una proclama en que lo comparó a Leónidas por sus hazañas, declarando que a él debía muy principalmente la República de Venezuela su restablecimiento, y la Nueva Granada sus más importantes victorias. Los ciudadanos llevarían luto por su pérdida, durante un mes consecutivo; su corazón sería llevado en triunfo a Caracas, y depositado en un mausoleo erigido en la catedral; sus huesos se transportarían a Antioquía, su patria; su batallón llevaría por siempre su nombre, el cual se inscribiría en todos los registros públicos de las municipalidades de Venezuela, "como el primer bienhechor de la patria"; y por último, acordaba el goce de sus sueldos a toda su posteridad con las gracias y preeminencias de la gratitud pública empeñada. Después de esto, ya no quedaba más que un honor posible a los sobrevivientes, y es el que se reservaba él al dirigirse a la capital. "Yo no me aparto de vosotros —dijo en tal ocasión a su ejército— sino para ir a conducir en triunfo el gran corazón del inmortal Girardot." Este viaje fúnebre, en momentos en que la reacción realista triunfaba en los llanos —del modo que luego se explicará— y una invasión lo amenazaba por el Occidente, ha sido severamente criticado por sus contemporáneos en Europa y América, y hasta por sus mismos ministros como acto de vanidad pueril y de ostentación teatral. El único historiador nacional que lo excusa, tiene que asignarle otros motivos más serios que los dados por él mismo. El secreto del viaje fúnebre iba encerrado en la urna del corazón de Girardot.

En el mismo día en que se tributaron honores póstumos a Girardot (octubre 14), el gobernador político de Caracas nombrado por el dictador, convocó presurosamente a la municipalidad, con asistencia tan solo de los corregidores de la ciudad, el prior del consulado y el administrador general de rentas, hasta completar con dificultad el número de veinte empleados. Constituidos por sí y ante sí en asamblea soberana, decretaron sobre tablas en nombre del pueblo, a propuesta del gobernador, que se invistiese a Bolívar del carácter de capitán general de los ejércitos de Venezuela, y le confirieron por aclamación y a perpetuidad el "sobrenombre" (palabra del acta) de "Libertador" que él mismo se había anticipado a darse en documentos públicos, y nunca dado por ninguna asamblea soberana a ningún hombre del mundo. Al mismo tiempo mandaron fijar en las portadas de todas las municipalidades una inscripción: "Bolívar, Libertador de Venezuela". He aquí el origen del glorioso título con que Bolívar ha pasado a la historia. La posteridad lo ha confirmado, olvidando los pobres medios porque fue alcanzado y la pequeñez moral del que lo aceptó en nombre de la soberanía popular, de quienes no podían hacer otra cosa que lo que él les permitiese, cuando había negado al pueblo, al proclamarse justificadamente dictador, la capacidad de instituir un gobierno propio. Era el primer síntoma del delirio de las vanas grandezas personales.

Bolívar aceptó el título como sometiéndose a la voluntad del pueblo, manifestando que era para él "más glorioso que el cetro de todos los imperios de la tierra". Al mismo tiempo declaró con modesta justicia, que el congreso de Nueva Granada y sus compañeros de armas eran los verdaderos libertadores, que merecían más que él la recompensa de la gratitud pública. Para pagar esta deuda instituyó la Orden Militar de los Libertadores. Invocando la voluntad de los pueblos, decretó una estrella de siete radios, símbolo de las siete provincias de la república, condecoración que usarían los que hubiesen merecido el renombre de tales por una serie no interrumpida de victorias, los que serían denominados así y considerados como bienhechores de la patria, con derecho incontestable a ser preferidos a personas de igual mérito en los empleos. Ésta fue la primera Orden de su género instituida en Sud América, menos aristocrática que la Cincinatus, creada antes por Washington, y más democrática que la Legión de Mérito y la Orden del Sol, instituidas por O'Higgins y San Martín en Chile y Perú, no establecía desigualdades artificiales, y después de servir de noble estímulo, debía extinguirse con la vida de los libertadores sin transmitirse a título de herencia de la gloria.

XIII

Mientras el Libertador malgastaba su tiempo en teatrales ceremonias fúnebres, haciéndose acordar o aceptando en vida honores póstumos, la reacción se aprovechara para sublevar las poblaciones de las campañas en pro del Rey, haciendo a su vez la guerra a muerte.

Van a reaparecer ahora aquellos 100 hombres desprendidos en el Orinoco de la columna dispersa de Cajigal, que según lo anunciamos debía ser el núcleo de un ejército formidable que haría desaparecer por segunda vez la República de Venezuela. Como se recordará, estos 100 hombres eran mandados por dos oficiales oscuros llamados José Tomás Boves, peninsular, y Francisco Tomás Morales, canario, destinados ambos a adquirir una gran celebridad. El verdadero nombre de Boves, era José Tomás Rodríguez, natural de Gijón, en Asturias. Piloto en su mocedad, había sido condenado a 8 años de presidio en Puerto Cabello, por actos de piratería. Indultado, cambió su nombre por el de Boves, en gratitud a uno de sus benefactores, y se dedicó al comercio de mercerías. Al estallar la revolución, hallábase en la ciudad de Calabozo y se alistó bajo sus banderas; pero perseguido en su persona y en sus bienes como desafecto a ella, se hallaba en la cárcel del pueblo de Calabozo cuando Antoñanzas invadió por la primera vez los llanos bajos de Caracas, y fue uno de los verdugos de la matanza de San Juan de los Morros. Desde entonces abrazó con ardor la causa del Rey, como queda dicho, hizo la campaña del Oriente con los realistas, hasta que después de la pérdida de Barcelona, se retiró con ánimo de mantener en los llanos la guerra de partidarios. Francisco Tomás Morales, su compañero y su segundo, ordenanza de milicias en su origen y pulpero después, había hecho sus primeras armas al frente de una partida independiente en Barcelona, después de la capitulación de San Mateo, siendo entonces nombrado subteniente de artillería por Monteverde. Eran dos hombres del mismo temple, pero de diverso temperamento. Los dos eran tan valientes como feroces, y sin más luces que las naturales, tenían el instinto de la guerra y la astucia del salvaje, con una actividad infatigable y una terrible voluntad de hierro, que se imponía en el

124

mando asimilándose a la naturaleza semibárbara de las tropas que acaudillaban, sin retroceder ante ningún medio de hostilidad, por horroroso que fuera. Pero Boves, en medio de su ignorancia y su brutalidad, poseía cierta elevación moral: mataba y destruía sin complacencia hombres y cosas, como quien suprime obstáculos, pero era generoso a su manera, y buscaba el triunfo de su causa más que el provecho personal, abandonando el botín a sus soldados. Morales, por el contrario, rapaz y de una fría crueldad, sin retroceder ante ningún peligro, y con cabeza para combinar empresas atrevidas, se gozaba en presenciar la agonía de las víctimas que hacía sacrificar, y se aprovechaba de los despojos de la guerra para enriquecerse. Estos dos hombres, que descubrieron el talón vulnerable de la revolución, son los que le dieron el conocimiento de las fuerzas populares, que más tarde supo ella asimilarse y poner en actividad para triunfar.

Hasta entonces el movimiento revolucionario de Venezuela estaba circunscripto a las ciudades. El mismo Bolívar, con todas sus grandes cualidades de caudillo revolucionario, no había sospechado que existiese otra fuerza que pudiera contrarrestarlas. Boves y Morales, por instinto de la masa popular a que pertenecían, descubrieron esa gran fuerza latente, y la utilizaron en favor de la causa del Rey. Usando de la tremenda arma esgrimida por Bolívar como medio de guerra proclamaron a su vez la guerra a muerte, exaltando las propensiones feroces de las multitudes de los llanos, y les ofrecieron la matanza y el saqueo. A su voz se levantaron todos los llaneros del centro de Caracas. Los que no obedecieron al primer llamado fueron compelidos por el temor de la muerte. Su sistema de alistamiento era tan elemental como su organización militar. En cada localidad publicaban un bando llamando a enrolarse bajo su bandera a todos los hombres aptos para tomar las armas bajo pena de la vida, y la amenaza se cumplía sin remisión. Con los hombres así reunidos en cada localidad, cualquiera que fuera su número, formaban escuadrones con la denominación del distrito. Cada hombre acudía con su lanza, y los caballos, que abundaban en el llano, se tomaban donde se encontraban. La táctica no era mucho más complicada, consistía en marchar sobre el enemigo y acometer sin mirar para atrás. Boves, con lanza en mano a la par de ellos, los conducía a la pelea, enseñándoles el secreto de vencer, que era el desprecio de la muerte. Así consiguió formar un ejército de 2.500 hombres de intrépida caballería, cual hasta entonces no se había visto en América, que dominó los llanos de Caracas.

Otro hombre del temple de Boves y Morales, era el comandante realista José Yáñez, de quien hemos hecho mención antes, canario también, no menos atrevido y sagaz, pero más metódico en sus empresas militares. Replegado a San Fernando del Apure después de la disolución del cuerpo de ejército de Tizcar, había organizado allí, auxiliado desde la Guayana, una invasión compuesta de un batallón de 500 plazas, a que dio el nombre de *Numancia*, y dos regimientos de caballería llanera de 4 escuadrones de 125 cada uno; en todo, como 1.500 hombres. Con esta fuerza invadió la provincia de Barinas, sin esperar a que las llanuras, a la sazón inundadas, se secaran (setiembre), y apoderóse de ella, abriendo comunicaciones con Maracaibo y Coro. De este modo Yáñez y Boves se dividieron el dominio de los llanos: el primero en los del Apure y llanos altos de Barinas, y el segundo en los llanos bajos de Calabozo, y demás de la provincia de Caracas.

Boves abrió su campaña derrotando una división de 1.000 hombres de las tres armas, salida a su encuentro al mando del comandante Tomás Montilla. Lo sorprendió cerca de Calabozo, en el hato de Santa Catalina (setiembre 20), y pasó a cuchillo a los prisioneros, en retaliación de la guerra a muerte; apoderóse de los depósitos de guerra allí existentes, e incorporando a sus filas la caballería republicana que se le pasó en masa, avanzó hasta la villa del Cura, que entregó al saqueo.

En este momento hizo su aparición en la escena de la guerra un hombre singular del temple férreo de Boves, que con no menos valentía y ferocidad, puso a raya su terrible ímpetu. Nada se sabía de él sino que era español. Había pasado muy joven a América, donde casó. Al abrir Bolívar su campaña libertadora, encabezó el pronunciamiento de Mérida, levantó un batallón, abandonando esposa e hijos se embanderó en la causa de la independencia, y le entregó, con su vida y alma, su fortuna adquirida por el trabajo. Asistió a todas las batallas de la campaña libertadora, desde la de Carache, hasta la de las Trincheras, donde fue ascendido a teniente coronel sobre el campo, señalándose siempre por su valor indomable y por su crueldad por los prisioneros, a quienes no daba cuartel. Se ignora la causa de su pasión dominante, que era un odio mortal a sus paisanos, de quienes decía: "Después que matara a todos los españoles, me degollaría yo mismo, y así no quedaría ninguno." Llamábase Vicente Campo Elías. Éste fue el hombre del momento.

Destacado Campo Elías del ejército de Valencia, con una división de 1.000 fusileros, reunió bajo su bandera 1.500 hombres más de caballería, y marchó en busca de Boves, que a la entrada de los llanos le esperaba con 2.500 jinetes y 500 infantes mandados por Morales en el punto denominado El Mosquitero, que sería famoso. La batalla se empeñó en el mismo día en que Bolívar se hacía dar el título de Libertador en Caracas. Boves, con su audacia acostumbrada, envolvió con una impetuosa carga de caballera toda el ala izquierda de los republicanos, y se empeñó sin orden en la persecución. Campo Elías, sin desconcertarse, cargó en masa sobre el grueso del enemigo, con tal ímpetu, que en 15 minutos lo dispersó completamente.

La infantería rendida fue degollada casi en su totalidad sin misericordia, escapando Morales gravemente herido. La caballería llanera fue lanceada en su mayor parte. Boves y Morales, derrotados, se retiraron con 20 hombres a la margen izquierda del Apure. Los llanos inundados en esta estación del año, no permitieron que fuesen perseguidos. Pronto los veremos reaparecer al frente de un nuevo ejército más formidable. Mientras tanto, en el pueblo de Calabozo rescatado, sus vecinos indefensos, americanos todos ellos, fueron fusilados como traidores, por haber auxiliado a Boves. Esta conducta sanguinaria de Campo Elías, ajustada al segundo decreto de guerra a muerte de Bolívar, acabó por decidir a los llaneros. Al ver que no se les daba cuartel, con armas o sin ellas, abandonaron sus hogares y buscaron en Boves un vengador. Éste fue uno de los frutos de la guerra a muerte.

XIV

La victoria de El Mosquitero fue pagada con tres derrotas que se sucedieron casi simultáneamente. El general Ceballos, desde Coro, al anuncio de la llegada del refuerzo del regimiento de Granada, y de la sublevación de los llanos, se puso en campaña al frente de todas las fuerzas disponibles de su provincia, que no pasaban de 350 hombres, y llamando a sí todos los partidarios de la comarca, combinó un plan de invasión con la guarnición de Puerto Cabello, que constaba de 1.700 hombres, a la que debía concurrir Yáñez con su columna situada en Barinas (setiembre 24). Una división republicana avanzada en Bobare, al occidente de Barquisimeto, fue batida por él, dejando en su poder un cañón y varios muertos y prisioneros (17 de octubre). Ocho días después (23 de octubre), los dispersos de Bobare, reforzados por 300 hombres de caballería, eran nuevamente deshechos en Yaritagua, al oriente de Barquisimeto, dejando 126 muertos en el campo. Ceballos estableció su cuartel en Barquisimeto. Los restos de los independientes derrotados se replegaron a Valencia.

El general Urdaneta que, al frente de 800 hombres, había avanzado hacia el occidente para abrir operaciones sobre Coro, viose obligado a detener sus marchas y dio parte a Bolívar de su apurada situación. El Libertador se puso inmediatamente en campaña, y reforzando la columna de Urdaneta marchó en busca de Ceballos a la cabeza de mil trescientos hombres. Ceballos tenía 500 hombres de infantería y 300 de caballería con un pedrero. Bolívar atacó con 200 jinetes por uno de los flancos la posición que ocupaban los realistas en Barquisimeto, que se halla situada en una alta meseta, y dispersando la caballera realista consiguió apoderarse con la infantería de una parte de la ciudad, donde hizo repicar las campanas en señal de triunfo. La infantería realista, que había cejado en un principio, pero que se mantuvo hecha, dirigida por Ceballos cargó a los independientes por la espalda, y los puso en completa derrota, matándoles 350 hombres y les tomó 400 prisioneros, con dos piezas de artillería, 3 banderas y 700 fusiles. El general vencedor atravesó entonces la Cordillera, penetró a los valles de Caracas, y efectuó en Araure su reunión con la columna de Yáñez, fuerte de 1.500 hombres, formando así un respetable ejército, regularmente disciplinado. Al mismo tiempo invitó al coronel Salomón a reunírsele con la guarnición de Puerto Cabello, para operar de concierto y dar un golpe mortal a los independientes con una masa compacta de 3.500 hombres de las tres armas. Salomón, que, como se ha visto, disponía de una fuerza de 1.700 hombres, en vez de seguir este acertado consejo se puso en campaña por su cuenta al frente de 800 infantes del Granada, y 200 jinetes del país, con 4 piezas de artillería ligera y de montaña, y situóse en las alturas de Virginia, al oriente de Valencia, amagando a Caracas por el Oeste. Allí se fortificó (noviembre 16).

Bolívar, que se hallaba a la sazón en Valencia con solo las tropas granadinas, en observación del camino de Puerto Cabello, hizo acudir la guarnición de Caracas al mando de Rivas, quien le trajo el contingente de un nuevo batallón de 500 plazas, formado en su mayor parte con jóvenes estudiantes de la universidad, y 200 jinetes reclutados en los alrededores. Atacadas las fuertes posiciones enemigas, llevando a la cabeza las tropas granadinas, y no bien sostenidas éstas por la reserva, que era bisoña, los republicanos fueron rechazados. Al día siguiente se renovó el ataque, y los realistas fueron desalojados por los granadinos, abandonando 4 piezas de artillería (25 de octubre). Salomón, humillado, volvió a encerrarse en Puerto Cabello. El Libertador rescató el tiempo perdido y, aprovechando esta victoria, llamó a 1.500 hombres de la fuerte columna de Campo Elías, y dejó a Calabozo defendido con 1.000 hombres. Ocho días después (1º de diciembre), se hallaba en San Carlos, al frente de un ejército de 3.000 hombres, y abría nueva campaña contra Ceballos, que por su parte contaba con 3.500 hombres y 10 piezas de artillería. Los dos ejércitos se encontraron frente a frente en la llanura de Araure, al pie de la cordillera oriental, entre las nacientes de los ríos Cojedes y Turen.

El prudente general español se había posesionado de la villa de Araure, situada en un suave plano inclinado, apoyando su espalda en la montaña a fin de asegurar su retirada, cubiertas sus alas por espesos bosques. Un batallón independiente de 500 plazas, que se adelantó imprudentemente a reconocer la posición, recibido por los fuegos de la infantería y de la artillería, y flanqueado por una columna de 1.000 caballos del enemigo, fue exterminado, salvándose únicamente el comandante con seis oficiales. Bolívar, a pesar de este contraste, avanzó denodadamente, y formó su línea sobre el campo marcado por los cadáveres de su vanguardia. Roto el fuego y después de cambiar algunas descargas, mandó cargar a la bayoneta. Era su maniobra favorita. No era un general táctico: daba el impulso a las masas y encomendaba la victoria al valor de los soldados. La numerosa caballería de Yáñez, prolongando sus alas, pretendió envolver el centro atacante; pero cargada a su vez de flanco por la caballería republicana, se dispersó y fue acuchillada, abandonando a su infantería. La línea de Ceballos fue rota en una última carga, y se puso en derrota, dejando en el campo su artillería, 500 muertos, 300 prisioneros y 1.000 fusiles. Todos los prisioneros españoles fueron pasados por las armas (5 de octubre). Como 800 hombres de infantería de los derrotados se replegaron hacia el oriente. Yáñez huyó hacia el Apure con 200 hombres. Ceballos se refugió en la Guayana. Ésta fue la primera batalla ganada en persona por Bolívar. La musa de la revolución le saludó entonando el Himno del Libertador:

> ¡Gloria al héroe Bolívar!
> ¡Gloria al Libertador!
> ¡De Ceballos espanto,
> De Araure vencedor!

Bolívar, que tenía rasgos a lo César, y procuraba imitar a Napoleón en ciertos golpes y proclamas de efecto, tuvo también su inspiración. Después de la derrota de Barquisimeto, había formado un batallón con los fugitivos del campo de batalla, y en castigo de su cobardía lo denominó "Batallón sin Nombre", imponiéndole que no tendría bandera mientras no la conquistase con su valor. Este cuerpo tuvo los honores de la jornada. Entre las banderas cogidas estaba la del batallón *Numancia,* formado por Yáñez en el Apure. Bolívar se la dio al "Batallón sin Nombre", diciéndole: "Vuesto valor ha ganado en el campo de batalla un nombre para vuestro cuerpo. En medio del fuego os vi triunfar, y lo proclamé "Vencedor de Araure". Habéis quitado al enemigo banderas que por un momento fueron victoriosas. ¡Llevad soldados, esta bandera de la república!"

Después de Araure, Bolívar se dirigió a Puerto Cabello, cuyo bloqueo terrestre había sido mantenido por D'Eluyar con las tropas granadinas. La ocasión era propicia para estrechar el sitio. La fragata *Venganza,* y los buques de guerra que condujeron al regimiento de Granada, habíanse retirado a La Habana. El coronel Salomón, que después del contraste de Virginia, habíase puesto de nuevo en campaña con 1.300 hombres, buscando la incorporación concertada con Ceballos y Yáñez, supo en el camino la derrota de Araure, y hostilizado por las fuerzas independientes, viose obligado a refugiarse en

Coro, con pérdida de dos cañones y más de la mitad de su gente. La plaza solo contaba con una guarnición de 600 hombres. El puerto estaba bloqueado por la escuadrilla margariteña que Mariño había enviado al mando de Piar, cediendo a las instancias de Bolívar, pendiente el arreglo de la división del mando supremo entre ambos dictadores. La escasez de víveres empezaba a afligir a los sitiados. Monteverde, desacreditado por sus derrotas y desaciertos, había sido depuesto ignominiosamente del mando, y despedido a Curaçao (diciembre 28). Ceballos, que debía sucederle en el gobierno, estaba derrotado y no podía auxiliar la plaza sitiada. Cajigal, nombrado por el gobierno de España capitán general de Venezuela, viejo y enfermo, aún permanecía en la Guayana, donde nada había hecho. Empero, la plaza sitiada continuó resistiendo, y los independientes no pudieron enseñorearse de Puerto Cabello.

Mientras tanto, la doble dictadura daba sus frutos. Las victorias del Occidente eran estériles, sin el concurso del poderoso ejército de Oriente, que permanecía inactivo. Mariño se negaba a combinar operaciones con Bolívar, hasta tanto no fuese reconocido en el mando supremo de que estaba en posesión. El Libertador le rogaba modestamente que hiciese marchar sus tropas sobre la parte de los Llanos Bajos, donde a la sazón se rehacían Boves y Yáñez. Lejos de prestarse a esta operación, que la común seguridad indicaba, hubo un momento en que mandó retirar su escuadrilla, y sin las instancias de Bolívar a Piar, así se habría hecho. El resultado de esta desinteligencia fue que Bolívar no pudiendo atender a la vez el sitio de Puerto Cabello, a la guerra de Occidente, y a la de los llanos, Boves y Yáñez reaccionaron vigorosamente. Boves, sobre todo, con una actividad prodigiosa y una energa incontrastable, que no retrocedía ante ningún medio por terrible que fuese, se hallaba en aptitud de abrir una nueva campaña, antes de transcurrir dos meses de la derrota que le infligiera Campo Elías. Dictó un bando (1 de noviembre) llamando a las armas a todos los hombres en estado de llevarlas; ordenó perseguir y matar sin tregua a los traidores o sea a los patriotas; dispuso que los bienes se distribuyesen entre sus tropas, y finalmente dio libertad a todos los esclavos que se alistasen bajo la bandera del Rey. Los llaneros, embravecidos por la matanza de Calabozo, y atraídos por el cebo del botín, acudieron en masa con decisión. Auxiliado desde la Guayana con 100 veteranos de infantería, un cañón, 300 fusiles y 100.000 cartuchos, a mediados de diciembre contaba un atropamiento de 3.000 hombres de caballería, armados de lanzas con moharras, hechas de las rejas de las ventanas. Con esta turba invadió los Llanos Bajos, derrotó en San Marcos una división de 1.000 hombres que la guardaba (14 de diciembre) pasándola a cuchillo, ocupó Calabozo, donde continuó la matanza sin perdonar a nadie, y distribuyó los bienes de los vencidos como lo había ofrecido. En seguida dominó todo el país llano desde la cordillera que se extiende por la costa de barlovento de Venezuela hasta el golfo de Paria. Más adelante necesitaba infantería para proseguir la guerra con ventaja; y el indomable caudillo realista se ocupó en formarla. Al mismo tiempo, Yáñez, que se había reorganizado en el Apure auxiliado por Boves desde Guayana, invadía a Barinas con 2.000 hombres de infantería y caballería, y ocupaba la capital de la provincia. Cajigal, ya posesionado del mando de capitán general, y Ceballos formaban en las costas de sotavento un nuevo ejército.

Los llanos y el Occidente estaban perdidos para la revolución. Bolívar quedaba reducido al litoral de Caracas, y los valles inmediatos, con la atención del sitio de Puerto Cabello, y bloqueado por las guerrillas realistas, con su reserva debilitada en Valencia. Una columna de 1.600 hombres, al mando de Urdaneta, que marchaba a apoderarse de Coro después de Araure, se detuvo en Barquisimeto, y acudió con un destacamento a asegurar su retaguardia amenazada. Mariño, en la inacción, permanecía con 3.500 hombres reconcentrado en las costas de Barcelona y Cumaná y sus valles adyacentes. Todo el resto del territorio estaba ocupado por la reacción realista, y todos sus habitantes sublevados en masa contra la república. Los patriotas tenían que refugiarse en las ciudades para salvarse de la persecución de las poblaciones en las campañas. Los ejércitos independientes andaban a ciegas; no podían encontrar ni un guía del país que los condujese, ni siquiera un vecino que les diera noticia de los movimientos del enemigo. Para comunicarse las divisiones entre sí, tenían que escoltar sus correos con fuertes destacamentos de compañías, y a veces no llegaban vivos sino cuatro de ellos. Tal era el estado de la guerra y de la opinión en Venezuela al terminar el año XIII. El mismo fenómeno que al tiempo del terremoto en 1812 se producía: las masas populares desertaron de las banderas de la independencia, movidas por el terror, animadas por la venganza y desesperadas por la espantosa miseria del país. Los historiadores colombianos atribuyeron esta insurrección popular al decreto de guerra a muerte de Bolívar, y a los excesos que autorizó. Por causas opuestas y por los mismos efectos, Bolívar caería esta vez como antes había caído Miranda. ¡Siempre la lógica del destino!

Capítulo XXXIX

SEGUNDA CAÍDA DE VENEZUELA

1814

Síntesis cronológica. — Llamado de Bolívar a la opinión. — Papel duplo de Bolívar. — Es investido de la dictadura. — Acuerdo entre Bolívar y Mariño. — Crítica situación militar de los independientes. — Combate de Ospino. — Muerte de Yáñez. — Derrota de Campo Elías en La Puerta. — Matanza de ochocientos prisioneros. — Defensa de Victoria por Rivas y Campo Elías. — Combate de Chairayave. — Atrocidades de Rosete. — Bolívar se pone en campaña. — Se atrinchera en San Mateo. — Invasión de Boves. — Defensa de las líneas de San Mateo. — Muerte de Campo Elías. — Muerte heroica de Ricaurte. — Combate de Ocumare. — Reunión de Ceballos y Calzada. — Sitio de Valencia. — Avance del ejército de oriente. — Mariño bate a Boves en Bocachica. — Reunión de los ejércitos de oriente y occidente. — Batalla del Arado. — Cajigal toma el mando del ejército realista. — Primera batalla de Carabobo. — Errores militares de Bolívar. — Nueva invasión de Boves. — Bolívar y Mariño son derrotados en La Puerta. — Capitulación de Valencia. — Se levanta el sitio de Puerto Cabello. — Retirada de Bolívar al oriente. — Derrota de Aragua. — Deserción de Bolívar y Mariño. — El tesoro de Bolívar. — Bolívar y Mariño destituidos. — Reacción de los republicanos en el oriente. — Triunfo de los republicanos en Maturín. — Derrota de Piar en Cumaná. — Rivas y Bermúdez. — Derrota de los republicanos en Urica. — Muerte de Boves. — Morales, general en jefe de los realistas. — Toma de Maturín. — Muerte de Rivas. — La paz del sepulcro. — Guerrillas independientes. — Retirada de Urdaneta a Nueva Granada. — Ocupación de Casanare. — Aparición de José Antonio Páez. — La insurrección de Margarita.

I

El año XII había sido en Venezuela año de lucha sin tregua y de grandes cataclismos naturales, políticos y sociales. El año XIII fue de triunfos y de reveses, de guerra sin misericordia y de reacción violenta. Iniciado con el restablecimiento de la república, termina con la decadencia política y militar de su revolución, y se repiten en él los

132

mismos fenómenos en el orden social determinantes de los acontecimientos. El año XIV será de evoluciones dentro del mismo círculo de
acción, de peripecias y de matanzas inauditas, que terminarán por dos
catástrofes con la repetición de las escenas de 1812, señalando su segunda caída trágica.

Bolívar en medio de los peligros que le rodeaban al terminar el
año XIII, con su autoridad dictatorial no bien cimentada, sintió la necesidad de llamar en su auxilio la opinión para agregarse fuerzas morales, porque no hay poder por grande que sea, que pueda prescindir
del concurso de las voluntades sin caer en el vacío. La dictadura era
una necesidad de los tiempos, y él la había justificado con sus triunfos
en pro de la independencia nacional, aunque haciéndola servir a su
engrandecimiento personal y a su anhelo de vanagloria; pero no era
reconocida en toda la extensión del territorio dominado por las armas
libertadoras, y tenía que compartirla con su rival poderoso, sin más
títulos que los de la fuerza uno y otro. De aquí la necesidad de darle
una base legal, al menos en su forma. Todo se reducía a una simple
evolución dentro de los elementos de fuerza que constituían la dictadura de hecho, para revestirla como tal, siquiera fuese del ropaje del
derecho consentido. Bolívar, que había considerado funesta la restauración de la primitiva república federal y prematura e impracticable la convocación de un congreso, imaginó que podía hacer un
llamamiento a la opinión, convocando una especie de asamblea política que legitimase su dictadura. Este momento señala en la vida del
Libertador una nueva fase, que con modificaciones aparentes y cam-
biantes de colorido, se ha de repetir periódicamente en el curso de
su gran carrera bajo faz dupla, con luces de reflejo y luces propias.
Jamás ningún hombre público presentó mayores contradicciones entre
la palabra y la acción. Poseído de una insaciable ambición en que se
mezclaba lo sublime y lo impuro, como en los torrentes que arrastran
el lodo del fondo en sus ondas impetuosas, buscaba con avidez la
realidad del poder supremo sin contralor que repudiaba en teoría, y
renunciaba teatralmente el mando absoluto de que estaba en posesión,
y que tenía que ejercer por necesidad y por deber, protestando no aceptarlo jamás, para recibirlo después sin condiciones como lo buscaba.
Es una escena de su gran comedia política, en que contradiciéndose
a sí mismo, expondrá con sinceridad moral una doctrina, que prácticamente no podrá serle aplicada. De esta duplicidad proviene que él sea
el inventor en Sud América de las repetidas renuncias de los que
identificados con el poder, hacen falsa ostentación de desinterés, señalando los peligros de la perpetuidad de los gobernantes en una democracia, sin la sinceridad de Washington ni el ánimo deliberado de
San Martín. Hay que tenérselo, empero, en cuenta. En medio de su
grandeza, de su influencia preponderante, con un temperamento más
que autoritario, monocrático, amando con toda su alma y sensual-

mente el poder como lo amaba y creyendo irreemplazable su persona, desde este día, en que hizo un llamamiento, aunque de mera forma, a la opinión, siempre invocó la alta autoridad de los congresos representantes de la opinión, cedió algunas veces ante sus deliberaciones libres, y aun para hacer prevalecer sus excéntricas teorías constitucionales o satisfacer su anhelo de vanagloria, buscó en todo tiempo su sanción y compartió con ellos su responsabilidad, hasta que al fin se inclinó ante el voto del último congreso que puso el sello del destino a su última renuncia impuesta forzosamente por la opinión a que apelara en 1814.

Para evitar la complicación de un congreso nacional —cuya elección y reunión era por otra parte imposible— y siguiendo la tradición municipal de los cabildos abiertos, a que la revolución diera representación popular y privilegios parlamentarios, y aun facultades constituyentes, convocó una asamblea de notables, compuesta de las corporaciones civiles y de los padres de familia de la capital, a la que atribuyó por una ficción convencional, la soberanía del pueblo y el poder de dictar la ley suprema. Diole cuenta de su administración dictatorial, que sometió a su fallo; abdicó en sus manos la potestad de que se había investido, y protestando no poder ni querer continuar en ella, cuando su espada era el único punto de apoyo de la república vacilante, la volvió a recibir incondicionalmente de las manos en que por ficción la entregaba, después de representar su doble papel. Era la renovación de la escena al recibir el título de Libertador, que se repetiría constantemente con cambio de palabras y sin variación de asunto, en circunstancias y condiciones análogas.

La peroración de Bolívar en esta ocasión —elocuente, difusa, declamatoria, personal, patriótica y espontánea como todas las suyas— es el único recuerdo que de la asamblea de Caracas en 1813 haya quedado, y solo merece recordarse como manifestación compleja de la naturaleza de un grande hombre de acción y pensamiento en un momento solemne. Pronunció tres discursos: uno para abdicar la dictadura, haciendo el elogio de sus acciones; otro para excusarse de continuarla, al hacer su biografía; uno final, para consagrar su apoteosis en vida, confirmado por la asamblea, y aceptar incondicionalmente el poder dictatorial. Jamás héroe alguno fue más héroe de sus discursos que Bolívar. Él dijo en tal ocasión: "Yo no os he dado la libertad. Yo no soy el soberano. Vuestros representantes deben hacer vuestras leyes. Anhelo por el momento de transmitir este poder a los representantes del pueblo, y espero me eximiréis de un destino que alguno de vosotros podrá llenar dignamente." Pero agregaba inmediatamente, al dar cuenta de sus actos: "Para salvaros de la anarquía y destruir los enemigos admití y conservé el poder soberano. Os he dado leyes, os he organizado una administración: os he dado un gobierno. Vuestro honor se ha repuesto; vuestras cadenas han sido despedazadas; he exterminado vuestros enemigos, y os he administrado con justicia." Ante el voto de la asamblea de continuar ejerciendo la dictadura como una necesidad pública, después de "oír con rubor", según sus palabras, pronunciar su elogio, trazó él mismo el cuadro de su vida pública desde la proscripción hasta la reconquista, y al mezclar incidentalmente al propio encomio de sus acciones el de sus compañeros de trabajos, replicó con palabras elocuentes, bellas máximas y protestas ficticias subentendidas, en que reconociendo contradictoriamente la necesidad de la dictadura, insistió en abdicarla: "Yo no he venido a oprimiros con mis armas vencedoras: he venido a traeros el imperio de las leyes. No es el despotismo militar el que puede hacer la felicidad de un pueblo, ni el mando que obtengo puede jamás convenir sino temporariamente a la república. Un soldado feliz no adquiere ningún derecho para mandar a su patria; no es el árbitro de las leyes ni del gobierno: sus glorias deben confundirse con las del país. Yo os suplico me eximáis de una carga superior a mis fuerzas. Elegid vuestros representantes, vuestros magistrados, un gobierno justo; y contad con las armas que han salvado la república." La asamblea lo proclamó unánimemente dictador, y le votó por aclamación una estatua en vida que perpetuase la memoria de su desinterés en los triunfos. Él se sometió ante la insistencia, reconociendo la necesidad imperiosa de la dictadura, y declaró que no pretendía con supercherías, afectar una perfecta moderación para arrancar sufragios. "Los oradores han hablado por el pueblo. ¡Ciudadanos! en vano os esforzáis por que continúe ilimitadamente en ejercicio de la autoridad que poseo. Las asambleas populares no pueden reunirse en toda Venezuela sin peligro, lo conozco, y me someto a mi pesar a recibir la ley que las circunstancias me dictan. Confieso que ansío impacientemente el momento de renunciar a la autoridad. Entonces espero que me eximiréis de todo, excepto de combatir por vosotros. Os suplico no creáis que mi moderación es para alucinaros, y para llegar por este medio a la tiranía. No soy un Pisistrato."

Fuerte moralmente Bolívar con el voto de confianza de sus conciudadanos, que a pesar de sus formas artificiales era dictado por un sincero entusiasmo, él comprendía que la lucha era desesperada sin la concentración de todas las fuerzas independientes, y que esto no era posible sin un acuerdo franco y patriótico con Mariño. En uno de sus discursos a la asamblea había designado al "libertador de Oriente como digno de regir los destinos de la república" para propiciarse su buena voluntad. Dando un paso más en este sentido, resolvióse al fin a reconocer como hecho que se imponía la doble dictadura, y se dirigió a su émulo al reclamar su cooperación en términos tan dignos y moderados como firmes: "Repetidas veces he implorado los auxilios de V. E. para que marchando a cubrir con sus tropas a Calabozo, se impidiera el que los enemigos la ocuparan; y para que destinándolas

135

contra Boves cooperasen con las de Caracas a su destrucción. Suplícole me revele las causas que han influido para unas determinaciones tan contrarias, en tanto que, a nombre de la libertad comprometida de la república, le pido instantáneamente todos sus socorros para sostenerla." Reconocido Mariño como jefe supremo del Oriente, firmóse entre ambos dictadores un tratado (mediados de enero), uniendo sus armas y esfuerzos contra el enemigo común. Ya era tarde. La lucha se prolongaría, pero la República de Venezuela estaba por segunda vez irremisiblemente perdida.

II

Como se explicó antes, los llanos estaban perdidos: Yáñez ocupaba a Barinas y Boves a Calabozo. El Occidente reaccionaba y el ejército triunfante en Araure tenía que retroceder para cubrir su retaguardia amenazada, al mismo tiempo que Cajigal y Ceballos en el litoral de Sotavento reaccionaban, formando un nuevo ejército para tomar de nuevo la ofensiva. Evacuada la provincia de Barinas por las fuerzas republicanas que la defendían, Urdaneta, que había suspendido su marcha hacia Coro, retrocedió para ampararla; pero ya era tarde. Yáñez, triunfante, avanzaba con 1.000 hombres por la falda oriental de la cordillera, con su fuerza dividida en dos columnas de maniobra. Urdaneta trasmontó la cordillera hacia el oriente, y reunió como 700 hombres en Ospino, al oeste del campo de batalla de Araure. Puestos ambos cuerpos de ejército uno frente de otro, empeñóse la pelea con orden por una y otra parte. La caballería llanera, mandada por Yáñez en persona, cargó sobre la infantería patriota, y su jefe cayó muerto herido por dos balazos. La victoria quedó por los independientes. El cadáver de Yáñez fue dividido en trozos y sus miembros repartidos en varias localidades teatro de sus hazañas y de sus crueldades (febrero 2). Sucedióle en el mando su segundo Sebastián de la Calzada, que de soldado raso habíase elevado al rango de coronel, y que no menos bárbaro que su muerto jefe, vengó su muerte y los ultrajes a su cadáver incendiando el pueblo de Ospino, que abandonó después del combate.

Boves, mientras tanto, avanzaba hacia el corazón de Venezuela, al frente de un ejército de llaneros, que los historiadores hacen subir exageradamente al número de 8.000 hombres. Bolívar había dispuesto que saliese a su encuentro Campo Elías, con una columna de 1.500 hombres, que se situó en la villa del Cura a la entrada del Llano Bajo, donde tenían los republicanos un gran parque, destinado a armar un cuerpo de ejército del Oriente, que al mando de Mariño debía acudir a aquel punto según lo convenido entre los dictadores. El auxilio de Oriente no acudió, y el vencedor del Mosquitero quedó solo para hacer frente a la tremenda invasión. Boves desprendió una columna de 1.200 hombres al mando del español Francisco Rosete, otro monstruo de la raza de Zuazola y Antoñanzas, que excedería a éstos en atrocidades. Esta columna, destacada, penetró por los valles del Tuy y ocupó Ocumare a 83 kilómetros al oeste de Caracas (11 de febrero). A pesar de no haber encontrado sino una débil resistencia, pasó a cuchillo hombres, mujeres y niños, degollando hasta a los que se refugiaron en el templo, hecho inaudito hasta entonces en el transcurso de la guerra a muerte. La ciudad de Caracas, temerosa de ser atacada, se fortificó, preparándose a una defensa a todo trance.

Al anuncio de la invasión de Boves, que avanzaba degollando cuantas partidas caían en su poder, Campo Elías se adelantó como 12 kilómetros a su frente, hasta el lugar llamado La Puerta, por ser el sitio donde se reúnen los caminos que de los llanos conducen a varios puntos del Alto y Bajo Llano. Varios ángulos salientes de la cordillera oriental se avanzan por el Norte, y hacia el Sur se desenvuelve una vasta llanura, marcándose con caracteres definidos los lindes de las dos zonas limítrofes. En este sitio se trabó la batalla (febrero 3). La formidable caballería de Boves, con su gran masa, aplastó la división de Campo Elías en dos horas de combate, haciendo pedazos su infantería que pasó a cuchillo. Boves fue gravemente herido en la pelea. Su segundo Morales, con 1.000 jinetes y 300 cazadores de infantería montada, penetró a los valles de Aragua, y avanzó sobre Victoria, punto inmediato al oeste de Caracas y Valencia. Campo Elías, con sus destrozados restos, se replegó y atrincheró en la Cabrera, la angostura cercana a Valencia, tristemente famosa por la desgraciada defensa que en ella hiciera Miranda en 1812.

Rivas, el vencedor de Naquitao y Horcones, que mandaba en la capital, acudió con 1.000 hombres y 5 piezas de artillería en defensa de Victoria, donde fue sitiado. Atacado allí por Morales y reducido al recinto de la ciudad, se defendió tenazmente, quedando la mitad de su tropa fuera de combate (10 de febrero). Iba ya a sucumbir, cuando se levantó en el horizonte una nube de polvo que hizo renacer la esperanza de los sitiados. Era el impertérrito vencedor de Mosquitero y el vencido en La Puerta, que al frente de 220 hombres acudía desde la Cabrera de Valencia en auxilio de la plaza. Protegido en su entrada a las trincheras, por una vigorosa salida que hizo Rivas atacando por la espalda al enemigo que saliera a contener a Campo Elías, ambas fuerzas reunidas rechazaron un nuevo asalto que llevó Morales, aunque a costa de grandes pérdidas. El jefe realista viose obligado a levantar el sitio, y perseguido en su retirada hacia el Cura, perdió toda su artillería.

Triunfante Rivas de Morales, marchó a los valles del Tuy en persecución del feroz Rosete al frente de 800 hombres, y lo asaltó en el pueblo de Charayave, deshaciéndolo completamente. No dio cuartel a los prisioneros. Desde Charayave, avanzó hasta el pueblo de la sabana de Ocumare, donde encontró desparramados en sus calles como trescientos cadáveres insepultos de niños, mujeres y hombres sacrificados bárbaramente por el feroz Rosete. Sobre ellos juró Rivas venganza, y exterminio de la raza española. El famoso caudillo margariteño Juan Bautista Arismendi, que mandaba en Caracas en ausencia de Rivas, hizo el mismo juramento. Estos juramentos eran precursores de una de las hecatombes más sangrientas que recuerda la historia.

III

Bolívar, que después de ser proclamado dictador habíase puesto en campaña, recibió en Puerto Cabello la infausta noticia de la derrota de Campo Elías en La Puerta. Una vez más se ponía a prueba la fortaleza de su alma en los contrastes. Trasladóse inmediatamente a Valencia, donde estableció su cuartel general, reconcentrando todos sus destacamentos dispersos, sin levantar el sitio de Puerto Cabello a cargo de D'Eluyar con las tropas granadinas, y llamó a sí el grueso de la división de Urdaneta, quien quedó en Barquisimeto con solo 700 hombres haciendo frente a la invasión del Occidente. En tan críticas circunstancias recibió una consulta del comandante de la Guayra. "Qué hago en estos momentos de peligro con la multitud de españoles que existen en las prisiones de esta plaza: ellos son numerosos y la guarnición muy poca." Bolívar tomó la pluma y contestó en el acto: "Ordeno que inmediatamente se pasen por las armas todos los españoles presos en las bóvedas (de la Guayra) y en el hospital, sin excepción alguna" (febrero 8). En las instrucciones que le dio el dictador, preveníale empero: "con excepción de los españoles que tengan carta de naturalización". El feroz margariteño exclamó al leerla: "Este secretario del Libertador es un burro; ha escrito con *excepción*, en vez de poner con *inclusión!*"

Existían en aquella época como 1.000 españoles presos —no prisioneros de guerra— de los avecindados en la capital, que al tiempo de su ocupación por los independientes fueron encerrados en las cárceles de la Guayra, y sobre quienes pesaba la sentencia de muerte de Trujillo, por razón de su origen, aun siendo indiferentes. Bolívar propuso en varias ocasiones su canje por un pequeño número de prisioneros y presos patriotas que se hallaban en Puerto Cabello; pero Monteverde se había negado constantemente a ello. En la cabeza de estos desgraciados iba a cumplirse el terrible decreto de guerra a muerte del dictador. Arismendi, con un lujo de crueldad que espanta, lo cumplió como fiel ejecutor y como verdugo. —Mandó formar con los condenados una gran pira, en que debían consumirse sus cadáveres, y a que ellos pusieran fuego con sus propias manos—. En seguida empezó la matanza: en Caracas y en la Guayra simultáneamente. Las víctimas eran extraídas en grupos de los calabozos, como reses destinadas al matadero. Al toque de degüello de una corneta, los soldados caían sobre ellos, y a bayoneta, hacha, sable, lanza, machete o puñal, eran sacrificados, y muertos o moribundos arrojados a la hoguera. — Poca pólvora se gastó en la ejecución. — Durante ocho días consecutivos se mató así sin misericordia en Caracas y en la Guayra. — Así perecieron ochocientos sesenta y seis españoles y canarios, entre ellos, según los mismos historiadores colombianos, "muchos hombres buenos", que habían amparado a los republicanos defendiéndolos contra la crueldad de sus compatriotas. — Esta hecatombe, una de las más sangrientas que recuerda la historia, ordenada en virtud de una bárbara ley de exterminio, puede ser explicada por la seguridad, y la disculparía la necesidad de vencer a todo trance; pero la conciencia la condena como derecho y como hecho, y con razón se ha dicho que es "una mancha de lodo y sangre en la historia de Venezuela". Como represalia, fue el resultado de las matanzas que autorizó el decreto de guerra a muerte de Bolívar al abrir su campaña reconquistadora, que dos cabezas de españoles pacíficos degollados por sus guerrillas iniciaron. La necesidad fue creada por la absurda teoría en que se fundaba la guerra a muerte, que como absurdo tenía necesariamente que producir un hecho brutalmente lógico. Como medio de terror y como medio de victoria que pudiera justificarla, no tuvo ni la sanción del éxito: fue causa de derrota, la ensangrentó inútilmente sin empedirla, y la hizo más trágica y dolorosa. Empero, manifestación de un alma fuerte, no fue acto de ferocidad emanado de la naturaleza generosa de su ordenador, y esto le absuelve ante la moral de la historia. Y debe repetirse lo que en su descargo ha dicho un historiador imparcial: "Poco tiempo antes, iguales monstruosidades habíanse cometido en medio de la misma Europa, con su refinada civilización, entre los pueblos del mediodía, en España y el reino de Nápoles. Los españoles habían engendrado en el seno del oscurantismo, esta fuerza que se desencadenaba contra ellos. Según el código natural de todos los pueblos groseros, los criollos les aplicaban la ley que ellos les enseñaron como maestros, buscando su salvación en el mal, ya que no la encontraban en el bien. Al menos, Bolívar sintió la necesidad de justificar ante el mundo este terrible acto de represalias, mientras los españoles ni siquiera pensaron en disculpar sus atrocidades."

Bolívar solo contaba a la sazón con 1.500 infantes y 600 jinetes para hacer frente a la irrupción de Boves con sus semibárbaras masas de llaneros indisciplinadas, pero resueltas a todo y cuatro veces más numerosas. En campo abierto no podían contrarrestarlas. Encerrarse en Caracas o permanecer concentrado en Valencia, era entregar todo el país al enemigo. Su resolución fue la más prudente y la más valerosa. Asegurada la capital de un golpe de mano, fortificó a Valencia, formando una flotilla en su lago; atrincheró el estrecho de Cabrera, y ocupó Victoria (20 de marzo). De este modo cubría todas las posiciones que constituían sus puntos de apoyo en el terreno montañoso de la cordillera del litoral; cerraba el camino que traía Boves, ya restablecido de su herida, y mantenía abiertas sus comunicaciones por el flanco izquierdo a la espera del ejército de Oriente que venía en su auxilio, mandado por Mariño en persona. La posición era estratégica.

La ciudad de Victoria se halla situada en el ameno valle de Aragua, río que derrama sus aguas en el lago Valencia por el oriente y en el mar por el occidente, envolviendo los valles del Tuy inmediatos a Caracas. A este punto convergen los caminos de la costa y de los llanos bajos. Desde las altas colinas en que está asentada la ciudad, se descubre un vasto y pintoresco panorama de campiñas cultivadas, dominado al Norte por una eminencia llamada del Calvario, a cuyo pie hacia el Oeste, se desenvuelve una llanura en que se encuentra el inmediato pueblo de San Mateo. Aquí estableció el Libertador su cuartel general. En el vértice de las alturas que rodean esta posición, encontrábase una casa de propiedad de Bolívar, y hacia el oriente se extendía la hacienda llamada del Ingenio, uno de sus más ricos feudos patrimoniales. Iba a combatir "pro aris et focis". Hizo construir trincheras defendidas por fuertes estacadas, para cortar el camino principal de Victoria, que atraviesa el pueblo de San Mateo y de desenvuelve al pie de la casa del Ingenio y del Calvario, y situó el parque en el Ingenio. Por la primera vez iban a encontrarse Bolívar y Boves frente a frente.

IV

El 25 de febrero aparecieron sobre las alturas fronterizas de San Mateo las muchedumbres de Boves, compuestas de 5.000 jinetes, precedidos por 2.000 fusileros. Las avanzadas cambiaron los primeros tiros río Aragua por medio, replegándose unos y otros a sus reservas al anochecer. Al día siguiente cargó Boves sobre los atrincheramientos con grande algazara. Morales atacó la derecha de las líneas, donde estaba situada la casa de Bolívar, y fue completamente rechazado. En la trinchera del centro, donde mandaba Bolívar en persona, el ataque dirigido por Boves, fue tan impetuoso como tenaz la resistencia. Los fuegos de la infantería republicana hicieron estragos en las filas contrarias. Los enemigos cargaron entonces sobre el Calvario, para flanquear la derecha de la línea apoderándose de unas casas fronterizas desde las cuales abrieron un fuego mortífero. El Libertador hizo reforzar la posición con tropas de reserva al mando del coronel Manuel Villapol y Campo Elías, ambos españoles de nacimiento, antiguo general el uno de los patriotas en la Guayana en 1812, y el segundo, vencedor del Mosquitero y salvador de Victoria. Los dos cayeron mortalmente heridos. El joven capitán Rafael Villapol, hijo de Venezuela, reemplaza a su padre, restablece el combate, arroja al enemigo de sus posiciones, y gravemente herido se replegó al anochecer al Calvario, manteniendo la posición, al mismo tiempo que Boves, gravemente herido también, era conducido en brazos de sus soldados. Dos horas y media había durado el combate. El campo estaba cubierto de cadáveres de una y otra parte. Bolívar extendió y perfeccionó sus defensas esperando un nuevo ataque. Morales tomó el mando del ejército llanero en reemplazo de Boves, herido.

Los realistas habían agotado sus municiones de infantería. Durante quince días permanecieron en inacción. El 11 de marzo repitieron el asalto, y fueron otra vez rechazados. Boves, algún tanto restablecido de su herida, se puso de nuevo al frente de su ejército que lo recibió con grandes aclamaciones (marzo 17). El 20, Boves atacó por tercera vez las líneas. Los fuegos de la infantería y de la artillería republicana, hicieron estragos en sus filas, obligándolo a desistir de su intento por el momento. Empeñado en arrebatar la posición, costase lo que costase, combinó un nuevo plan de ataque. Una fuerte columna de fusileros, tomaría por la espalda los cerros en que se apoyaba la izquierda de las líneas y descendiendo aceleradamente de las alturas se apoderaría del Ingenio, donde estaba establecido el parque de Bolívar. Al mismo tiempo, él atacaría por el frente de la llanura de San Mateo con el grueso de sus fuerzas.

Al rayar el día 25 de marzo, rompióse simultáneamente el fuego en toda la línea. El ataque del centro es vigorosamente resistido por Bolívar en persona. En lo más recio del combate aparece la columna flanqueadora de Boves sobre las alturas que dominan el Ingenio, que custodiaban tan solo cincuenta hombres, al mando del capitán Antonio Ricaurte, joven de veinte años de edad, natural de la villa Leiva en Nueva Granada. Perdido el parque estaba perdida la batalla. La expectativa fue angustiosa. La columna flanqueadora avanza a paso de carga; llega a la casa del Ingenio, situada en lo alto del cerro, y dando alaridos de triunfo, su cabeza penetra por sus puertas sin resistencia. En aquel instante una estruendosa explosión hizo estremecer el campo y los corazones. El parque se había incendiado: la casa había desaparecido y gran parte de la columna al parecer triunfante volaba por los aires. Ricaurte había hecho volar el depósito de municiones. Sin medios ni esperanza de sostener la posición y comprendiendo que de él dependía la salvación del ejército republicano, ordenó a su tropa evacuar el punto, y se pusiera en salvo. Él quedó solo con una mecha en la mano. Al penetrar el enemigo en el recinto del parque, pone fuego al almacén de pólvora y vuela su alma inmortal junto con los miembros despedazados de los asaltantes. Despavoridos los restos del enemigo salvados de la explosión se ponen en precipitada fuga. La victoria estaba ganada por un hombre solo. Bolívar, al ver aparecer la columna flanqueadora por la espalda y desfilar la pequeña guarnición del Ingenio en retirada, lo dio todo por perdido si el parque se perdía: mandó desensillar su caballo y proclamó a sus soldados diciéndoles que "sería el primero en morir entre sus filas." Para honrar aquel sublime sacrificio solo tuvo después una frase retórica sin poder olvidarse de sí mismo: "¿Qué hay de semejante en la historia a la muerte de Ricaurte? ¡Este suicidio para salvar a la patria, a la independencia y a mí, es digno de cantarse por un ilustre genio como Alfieri!" Los sitiadores se retiraron con una pérdida de 800 hombres entre muertos y heridos en la jornada. Los sitiados quedaron triunfantes dentro de sus líneas con una pérdida menor que la del enemigo en los diversos asaltos que repelieron; pero por la retaguardia y el occidente, amenazaba otra tempestad.

A la vez que atacaban las líneas de San Mateo, Boves había desprendido por el flanco derecho y retaguardia de los sitiados una fuerte columna al mando del feroz Rosete, con el objeto de apoderarse por segunda vez de los valles del Tuy y amagar la capital. Rivas, que mandaba en la plaza, estaba postrado en cama. Arismendi, su segundo, salió al frente de una columna de 800 hombres, compuesta de la flor de la juventud de la ciudad, y fue batido en la sabana de Ocumare, y todos sus soldados lanceados y degollados (11 de marzo). Bolívar, que tuvo anticipadamente noticias del movimiento de Rosete, había desprendido 300 hombres escogidos en auxilio de Caracas al mando del comandante don Mariano Montilla, nuevo personaje que veremos más adelante figurar en primera línea. Este oportuno auxilio salvó la capital. Sobre esta base, el animoso Rivas formó una nueva división de 900 hombres, se pone a su frente tendido en una camilla, ataca a Rosete en Ocumare y lo hace pedazos (20 de marzo). La población de Caracas, salvada, lo recibió en triunfo.

Los peligros de multiplicaban. Cajigal, situado en Coro, y en posesión del cargo de capitán general, había formado una división de 1.000 hombres compuesta de las reliquias del batallón Granada y de las tropas regulares corianas, las que al mando del general Ceballos debían ponerse en campaña y obrar en combinación con el ejército del Apure mandado por Calzada después de la muerte de Yáñez. Todo el occidente de la cordillera estaba, como los llanos, pronunciado por los realistas, que dominaban con sus guerrillas ambas zonas de la cordillera occidental. Urdaneta, que al frente de 700 hombres había quedado en Barquisimeto al tiempo de reconcentrarse Bolívar en San Mateo, fue batido y dispersado por Ceballos (9 de marzo). El jefe patriota se replegó con sus restos a San Carlos, donde fue sitiado por Calzada, viéndose obligado después de algunos recios combates a la defensiva, a evacuar la villa y retirarse a Valencia. Desde este punto avisó al Libertador, que el Occidente estaba perdido, y que esperaba ser atacado de un momento a otro por las fuerzas reunidas de Coro y del Apure. Bolívar le contestó que defendiese la ciudad hasta morir, pues allí estaban depositados todos los elementos de guerra de la república, ordenándole a la vez que reforzase con 200 hombres a D'Eluyar en la línea de Puerto Cabello, a fin de impedir que los sitiados ayudasen a Boves con armas y municiones. Urdaneta quedó solo con 280 fusileros para defender a Valencia.

Reunidos en San Carlos Ceballos y Calzada, en número de 3.000 hombres, se presentaron delante de Valencia (29 de marzo) y le intimaron rendirse a discreción. Urdaneta contestó que se defendería hasta la muerte, y preparó una vigorosa defensa. Al día siguiente la ciudad fue embestida. Felizmente los realistas no tenían artillería, y los republicanos pudieron resistir los diversos ataques que les llevó el enemigo durante cuatro días; pero al fin se vieron reducidos al recinto de las últimas trincheras centrales, con el agua cortada y expuestos a perecer de sed. Urdaneta, en junta de oficiales, acordó que, en el caso de ser forzada la plaza, la guarnición se replegaría al cuartel de artillería, incendiarían las municiones y volarían todos, cumpliendo la orden del Libertador. ¡El ejemplo de Ricaurte inflamaba las almas!

V

Rechazado Boves en sus repetidos ataques y quebrado el nervio de sus tropas, limitóse a mantener el sitio de las líneas de San Mateo. Los llaneros, fatigados y defraudados en sus esperanzas de botín, empezaban a desertarse. Empero, la situación de Bolívar era desesperada. Hacía un mes que duraba el sitio. Su ejército estaba en esqueleto. Oprimido a su frente por fuerzas superiores, su flanco y retaguardia por el norte estaba amenazado, y Valencia era la última esperanza en Occidente. Solo podía salvarlo el auxilio del ejército de oriente. Éste avanzaba a marchas forzadas, en cuatro columnas de maniobra que sumaban 3.500 hombres, barriendo de enemigos los llanos a espalda de Boves. Éste hizo entonces su último y desesperado esfuerzo contra las líneas; pero fue rechazado una vez más, y hubo de emprender su retirada (30 de marzo), con el intento de atacar a Mariño antes de que penetrase a las tierras altas, cerrándole al efecto la entrada de La Plata. El general de oriente maniobró de manera de penetrar en los valles de Aragua y situarse entre La Puerta y la villa del Cura, donde tomó fuertes posiciones en el punto denominado de Boca Chica. Buscado allí por el enemigo, empeñóse la batalla (31 de marzo). La fuerza de ambos ejércitos estaba equilibrada, preponderando en ellos el arma de caballería Después de una reñida pelea a la defensiva, los independientes quedaron dueños del campo, con solo la pérdida de 200 hombres entre muertos y heridos. Boves, rechazado en su ataque, y agotadas sus municiones, se retiró en orden, sin ser perseguido, dejado 500 cadáveres en el campo. La jornada no fue decisiva. Mariño se concentró en Victoria. Bolívar, en el mismo día de la batalla, se puso en movimiento con su mutilado ejército en persecución de Boves, que emprendió la marcha hacia el norte con el objeto de incorporarse a Ceballos. Reunidos en Valencia los cuerpos de ejército del Apure, los llanos bajos y de Coro, alcanzaban a 6.000 hombres. La plaza continuaba resistiendo heroicamente. La escasez de municiones y el temor de ser atacados por los ejércitos de Mariño y Bolívar reunidos, les aconsejó levantar el sitio (3 de abril). Boves volvió a los llanos, a reunir sus dispersos y levantar nuevas tropas, siendo seguido muy luego por todos sus llaneros. Ceballos se replegó a San Carlos, en busca de una nueva base de operaciones en los llanos y a la espera de los refuerzos que le traería Boves. El mismo día en que se levantaba el sitio llegó Bolívar a Valencia. El gran depósito de guerra de la república estaba salvado. Las tropas granadinas con D'Eluyar habían mantenido impertérritas el cerco de Puerto Cabello, sitiadas y sitiadoras a la vez. Una nueva campaña iba a abrirse.

La reunión de los ejércitos de oriente y de occidente, no produjo los resultados que eran de esperarse, sea por falta de concierto o por falta de plan. En vez de formar una sola masa y aplastar con ella al enemigo en retirada, Mariño, de acuerdo con Bolívar, se desprendió con un cuerpo de ejército de 2.000 infantes y 800 jinetes, compuesto de orientales y occidentales, con el objeto de atacar a Ceballos situado en San Carlos. El general de oriente, que no tenía experiencia de la guerra ni cabeza militar, comprometió imprudentemente una desordenada batalla paralela en la llanura del Arado que se extiende frente a San Carlos, donde Ceballos los esperó con 2.500 hombres. La línea independiente fue rota casi sin pelear, y la mayor parte de sus cuerpos se dispersaron o huyeron, con el general en jefe a la cabeza (abril 17). Afortunadamente estaba allí Urdaneta, quien con 600 infantes de occidente, se mantuvo firme en el campo: reunióse a una división de oriente mandada por Bermúdez, restableció la línea de batalla al anochecer, y emprendió la retirada hacia Valencia, salvando toda la infantería, sin dejar ningún trofeo al enemigo. Ceballos, general de la antigua escuela española, apático y lento en sus movimientos, no supo sacar partido de su ventaja, y se mantuvo inmóvil en sus posiciones. La pérdida de los patriotas en este encuentro, fue pequeña.

Cajigal, que como queda dicho habíase posesionado del cargo de capitán general, se puso en campaña desde Coro, al frente de una fuerte división, con la que se reunió a Ceballos en San Carlos, asumiendo el mando en jefe, después de hacer retroceder a los destacamentos republicanos que se habían adelantado hasta Carora. Reconcentrados los ejércitos beligerantes, el uno en San Carlos y el otro en Valencia, ambos evolucionaron durante algunos días, avanzando o retrocediendo, hasta que Cajigal se situó en posiciones ventajosas, en actitud de provocar una nueva batalla defensiva. Bolívar, reforzado con una columna de 800 hombres, que desde Caracas le llevó el infatigable Rivas, tomó decididamente la ofensiva al frente de 3.000 hombres. La fuerza del enemigo era superior a la de los independientes. La batalla se empeñó en la llanura de Carabobo, sitio que debía ser dos veces famoso. Después de algunas peripecias, y alternativos conatos de orden oblicuo por una y otra parte, la victoria se declaró por las armas del Libertador. La tempestad de occidente estaba disipada por el momento. El enemigo dejó en el campo 300 cadáveres, su artillería, 500 fusiles y sus banderas (mayo 26). Los republicanos no tuvieron sino 12 muertos y 40 heridos.

Carabobo no fue, empero una jornada decisiva, como tal vez pudo serlo. La República de Venezuela estaba destinada a sucumbir por segunda vez. La catástrofe estaba cercana. Bolívar había vencido a las tropas regulares de Cajigal y Ceballos, pero no había vencido la insurrección popular alimentada por los nativos que acaudillaba el indomable Boves, ni el espíritu de resistencia pasiva que ansiaba por el descanso, en medio de la espantosa miseria que afligía al país. El Libertador, tan determinado a veces, como Ceballos era tardío en sus resoluciones, y que como general no tenía cabeza estratégica, en vez de condensar sus masas y marchar atrevidamente a sofocar la reacción en los llanos con probabilidades de éxito aprovechando el prestigio de su victoria, desprendió a Mariño con un cuerpo de ejército de 2.300 hombres de las tres armas para hacer frente a Boves, que avanzaba a la cabeza de un numeroso ejército de cuatro a cinco mil jinetes, y dos mil a tres mil infantes, bien pertrechados y municionado con los recursos obtenidos en la Guayana. Desparramó el resto de sus fuerzas, haciendo que dos divisiones, una de 700 infantes al mando de Urdaneta se dirigiese hacia el occidente, y otra de 400 infantes y 700 jinetes marchase en persecución de Cajigal y de Ceballos, alejándolas así del teatro de las operaciones donde estaba el verda-

145

dero peligro. Esta operación, según los historiadores, fue criticada en su tiempo, hasta por los oficiales del ejército, que con tan errada dirección presintieron la derrota. Afortunadamente, o desgraciadamente, una de esas divisiones —la más numerosa de 1.100 hombres— se incorporó a Mariño, quien tan imprudente y poco experto como siempre, al verse al frente de 3.400 hombres, resolvió esperar a Boves en La Puerta, ignorando la fuerza que traía, pues la opinión del país estaba uniformada de tal modo, que los republicanos no podían contar con un solo habitante que les sirviese de espía o les diese noticias de los movimientos del enemigo. Bolívar se incorporó a Mariño en La Puerta cuando ya no era tiempo de retroceder. Boves cayó sobre ellos como un torrente, y en poco tiempo y con solo dos cargas anonadó de un golpe todo el ejército republicano, pasando a cuchillo hasta a los que rendían armas sin pelear (junio 14). Pocos se escaparon del terrible desastre. Dos mil seiscientos cadáveres de republicanos quedaron tendidos en el campo, según Boves, y según otros, no menos de 1.200. Los oficiales patriotas prisioneros, fueron ahorcados y mutilados.

Bolívar huyó a Caracas. En vez de reunir sus últimas fuerzas organizadas, que dispersas se perdían irremediablemente, o replegarse con tiempo hacia el oriente, ordenó al jefe de la plaza de Valencia que se sostuviese hasta el último extremo, y a D'Eluyar que mantuviese el sitio de Puerto Cabello a todo trance. La estrechura de la Cabrera en la zona fortificada, que defendía el camino de Valencia, fue forzada, y todos sus defensores en número de 250 hombres pasados a cuchillo. Valencia, después de una valerosa resistencia, viose obligada a capitular, y a pesar de la capitulación solemnemente jurada por Boves, toda su guarnición y parte de su población, en número de 450 individuos, fue bárbaramente degollada o lanceada. D'Eluyar, encerrado en su posición y cerrada su retirada por tierra, viose obligado a clavar su artillería, y afortunadamente pudo salvarse con su su tropa en la escuadrilla que bloqueaba a Puerto Cabello. Urdaneta quedó interceptado al occidente con su columna destacada. Antes de sucederse estos desastres, que estaban al alcance de la más vulgar previsión, Bolívar, que había manifestado su resolución de hacer pie firme en Caracas, renunció a este propósito, y con el resto de sus rotas tropas emprendió la retirada hacia el oriente, llevando toda la plata y alhajas preciosas de las iglesias, con objeto de emplearlas en la prosecución de la lucha por la independencia. Una numerosa emigración que embarazaba su marcha le siguió.

VI

Bolívar hizo pie firme en las nacientes del río Aragua, que de la cordillera del litoral de Cumaná se derrama en el llano meridional de Venezuela. Sobre su margen y en el pueblo del mismo nombre a 73 kilómetros de Barcelona, se fortificó con 2.000 hombres, formando con los jóvenes caraqueños que le seguían un batallón de 800 plazas. Mariño lo auxilió desde Cumaná con dinero, armas y pertrechos, y lo reforzó con una división de 1.000 hombres al mando de Bermúdez. Dividió su ejército en tres cuerpos, situándolos de manera que pudiesen auxiliarse recíprocamente.

El 17 de agosto presentóse Morales en Aragua al frente de un ejército de cerca de 8.000 hombres, compuesto casi en su totalidad de negros, indios, zambos y mulatos, sedientos de sangre y de botín. Al día siguiente ordenó el ataque, que llevó a la vez de frente y por uno de los flancos, forzando el vado, cuyo camino cruza el pueblo. Replegado el centro independiente a las calles atrincheradas, sus alas siguieron el mismo movimiento. Los republicanos pelearon con desesperación, como hombres que no esperaban recibir cuartel. A las dos horas de combate en que sucumbieron batallones enteros, entre ellos el de la juventud de Caracas, Bolívar, considerando inútil la resistencia, se retiró por el camino de Barcelona con parte de sus fuerzas. Bermúdez quedó solo en el campo sosteniendo tenazmente por dos horas más la pelea, hasta que obligado a retirarse lo efectuó por el camino de Maturín con los restos de su caballería. La carnicería que se siguió fue espantosa, y sin ejemplo en la guerra a muerte de Venezuela. No se dio a nadie cuartel. Todos los rendidos fueron pasados a cuchillo. Más de tres mil personas fueron bárbaramente degolladas hasta en la misma iglesia, donde se había refugiado la población aterrada. La pérdida de los realistas fue, según propia confesión, de 1.840 hombres, entre ellos más de 1.000 muertos.

Reunidos en Cumaná, Bolívar, Mariño, Rivas, Piar y D'Eluyar, resolvióse (25 de agosto) concentrar la resistencia en Güiría, posición fácil de defender y con comunicaciones francas con el exterior, teniendo los independientes el dominio de las aguas, merced a su escuadrilla, mandada siempre por Bianchi, desde el tiempo de la rendición de Barcelona. En sus buques había hecho embarcar Bolívar el tesoro de las iglesias de Caracas. Bianchi, al verse en posesión de tanta riqueza, resolvió apropiársela, y se iba a hacer ya a la vela, cuando Bolívar y Mariño, sabedores de su desvergonzada resolución, se trasladaron a su bordo, y a fin de rescatarla, siguieron viaje con él hasta Margarita, abandonando sus soldados en pos de la plata. El comodoro aventurero se prestó a devolverles dos tercios de la plata labrada y de las alhajas, apropiándose el resto en pago de lo que, según él, le debían por la parte de las presas que como corsario había hecho. Además, les cedió generosamente dos buques de la flotilla, para que continuasen la guerra por su cuenta. Los dos dictadores, que tan singular papel representaban, se dirigieron a Costa-Firme, con el resto de su malhadado tesoro. Al desembarcar en Carúpano, la población se amotinó contra ellos (3 de setiembre). Estaban proscriptos. Rivas y Piar se habían apoderado del mando en jefe, declarándolos desertores cobardes que habían abandonado a sus compañeros en el peligro. Rivas trató con alguna consideración a su antiguo jefe Bolívar, y lo dejó en libertad, aunque degradado, arrestando a Mariño, a tiempo que llegaba Piar con la intención de hacer con Bolívar lo que éste había querido hacer con Miranda en 1812. Felizmente, Bianchi, por una caprichosa generosidad de corsario, se presentó en el puerto y con amenazas logró rescatar las personas de los que tan desvergonzadamente había despojado. Bolívar entregó a Rivas la parte del tesoro de que era depositario, y se retiró humillado a Curaçao. Al reembarcarse dio un manifiesto, en el que las consideraciones politicofilosóficas se combinaban con las preocupaciones personales. Declarábase instrumento de la fatalidad y de la Providencia para el bien y el mal, desdeñaba responder a las acusaciones que se le hacían, y al apelar al juicio del congreso de Nueva Granada, fiaba al porvenir su defensa. "Entonces sabréis —terminaba diciendo— si he sido indigno de vuestra confianza o si merezco el nombre de Libertador. Yo os juro que este augusto título, que vuestra gratitud me tributó cuando os vine a arrancar las cadenas, no será vano. Yo os juro que Libertador o muerto, mereceré siempre el honor que me habéis hecho, sin que haya potestad humana sobre la tierra que detenga el curso que me he propuesto seguir." Bolívar tenía la conciencia de su destino.

Rivas, hombre de acción impulsiva, ambicioso, enérgico y cruel, que había ensangrentado sus laureles exagerando la guerra a muerte, se apoderó del mando en jefe, dominando hasta cierto punto a Piar y Bermúdez; pero los tres juntos no podían reemplazar la acción reguladora de Bolívar. Su decisión fue heroica, pero tenían que sucumbir. Cumaná se pronunció por los realistas (26 de agosto). Morales, después de la batalla de Aragua, dirigióse con 6.500 hombres sobre Maturín, donde se había atrincherado Bermúdez con 18 piezas de artillería, 1.500 hombres de caballería y 250 de infantería. Intimada rendición a la plaza, los republicanos contestan que prefieren la muerte a la esclavitud, y el fuego se rompe por una y otra parte (7 de setiembre). Los sitiados, tomando consejo de la desesperación y fiados en el ímpetu de su caballería, resuelven adoptar la ofensiva, y hacer una vigorosa salida. Contra todas las probabilidades la victoria corona las armas republicanas. Morales fue hecho pedazos, y huyó dejando en el campo como dos mil muertos y otros tantos fusiles. Boves acudió con 2.000 hombres en auxilio de Morales.

El plan de Rivas era concentrarse en Maturín y obrar en masa sobre los realistas. Al efecto, se trasladó allí con una columna de 400 hombres, y en poco tiempo él y Bermúdez consiguieron formar un ejército de 2.200 infantes y 2.500 de caballería bien armados y municionados. Dispuso que Piar, que con 800 hombres maniobraba sobre la costa, se concentrase también; pero éste, obrando por su cuenta, abrió operaciones aisladas, se dirigió sobre Cumaná, batió su guarnición, y reuniendo hasta 2.000 hombres, resolvió sostenerse allí (setiembre 29). Atacado por Boves en la inmediata sabana del Salado, fue deshecho después de un reñido combate, y todos sus soldados degollados. Boves entró a Cumaná a sangre y fuego, saqueó la población matando a cuantos hombres se encontraban en las calles, en las casas y en las iglesias. Se asegura que las víctimas sacrificadas en esta ocasión pasaron de mil. Cumaná quedó desierta. Boves, con su ejército considerablemente aumentado, se reunió a Morales que había reorganizado el suyo, y después de algunos combates parciales provocados por los independientes, marcharon sobre Maturín al frente de 7.000 hombres. Los republicanos salieron a su encuentro con fuerzas muy inferiores mandadas por Rivas y Bermúdez. Los dos ejércitos se encontraron en Urica al oeste de Maturín (5 de diciembre). Boves, formado en dos líneas, esperó el ataque. Los republicanos, tomando la iniciativa, y con una impetuosa carga de caballería, rompieron el ala derecha realista. En esta carga, fue muerto Boves de una lanzada. Morales, con su ala izquierda triunfante y la reserva, restableció el combate, y el último ejército de la república quedó anonadado. A nadie se dio cuartel.

Morales fue aclamado general en jefe del "Ejército de Barlovento", nombre con que lo había bautizado su muerto caudillo. Sin pérdida de tiempo marchó sobre la plaza de Maturín, bien fortificada y artillada, pero defendida tan solo por 600 soldados mal armados. La defensa fue valerosa, haciendo experimentar a los realistas pérdidas considerables; pero este último baluarte de la república cayó también (11 de diciembre). El implacable vencedor pasó a cuchillo hombres, mujeres y niños. Bermúdez pudo escapar con 200 hombres. José Félix Rivas, errante por los campos, cayó en poder de sus enemigos y fue muerto en el acto. Su cabeza cubierta con el gorro frigio que Rivas usaba como símbolo de la libertad, se colocó en una jaula de hierro en el camino de la Guayra a Caracas, votada a los manes de la sangrienta hecatombe ejecutada en aquel sitio. Según memorias contemporáneas, pasaron de tres mil las víctimas sacrificadas por el feroz Morales en holocausto de su triunfo. La paz del sepulcro reinó en Venezuela.

Tres caudillos populares mantuvieron encendido el fuego de la insurrección en las nacientes y márgenes del Orinoco y sus afluentes. Llamábanse los principales: Pedro Zaraza, José Tadeo Monagas y Manuel Cedeño, nombres que repercutirán más tarde como guerrilleros famosos. En el occidente, todo quedó pacificado después de la derrota de La Puerta. La columna de Urdaneta, destacada imprudentemente después de Carabobo, quedó interceptada al ocupar Boves a Valencia. Aunque engrosada hasta el número de 1.000 hombres, viose obligada a refugiarse en la frontera de Nueva Granada, activamente perseguida por el cuerpo de ejército de Calzada. Urdaneta desprendió una división de 200 infantes y un cuadro de oficiales de caballería para defender la provincia de Casanare, perteneciente a la Nueva Granada. Éste fue el núcleo del famoso ejército republicano del Apure, que debía cambiar los destinos de la revolución de Venezuela, asimilándose las fuerzas populares hasta entonces al servicio de la reacción. Entre los que componían el cuadro de la caballería, contábase un oficial oscuro llamado José Antonio Páez. Era el Aquiles venezolano, destinado a eclipsar las hazañas fabulosas de los héroes de Homero, que hacía su aparición. En Venezuela solo quedó tremolando el pabellón republicano en la isla de Margarita. Allí se refugiaron Arismendi y Bermúdez con los restos de Maturín.

CAPÍTULO XL

DISOLUCIÓN DE NUEVA GRANADA. — EXPEDICIÓN DE MORILLO. — TERRORISMO COLONIAL

1815-1817

I

La segunda caída de la República de Venezuela, coincidió con la
del régimen constitucional en la metrópoli. El rey absoluto de España
e Indias, después de someter a su autoridad sin ley ni regla a sus

vasallos de la Península, ocupóse en someter por la fuerza de las armas a sus colonos de ultramar insurreccionados. Con excepción de Nueva Granada y Venezuela, hasta entonces ninguna de las colonias hispano-americanas había declarado su independencia ni proclamado la forma republicana, que por una ficción se gobernaban en nombre del Rey ausente y cautivo, sin perjuicio de hacer la guerra a los que sostenían su bandera. Natural era que esos dos estados rebeldes llamaran preferentemente la atención del monarca absoluto y de sus ministros. Cuadraba la circunstancia de que en el año anterior (1813), habíase hecho una variación sustancial en el régimen administrativo de Costa Firme. Venezuela y Nueva Granada habían sido reunidas en un solo gobierno nominal, y el mando político y militar recayó en el mariscal de campo Francisco Montalvo, con la representación de un virrey. Fue entonces nombrado el bueno aunque poco activo Cajigal capitán general interino de Venezuela, según antes se dijo, y puesta a sus órdenes la provincia de Maracaibo, pasó el general Miyares a ocupar la capitanía general de Guatemala. Las tropas peninsulares habían hecho un triste papel en la guerra de Venezuela. Las dos restauraciones fueron operadas por los naturales del país, acaudillados por Monteverde, Boves y Morales, quienes miraban con desprecio a los generales españoles que reprobaban sus excesos, y de hecho habíanse sustraído a la obediencia de las autoridades legales de la colonia. De aquí que Montalvo mirase de mal ojo la preponderancia de los nativos, que consideraba un peligro y un deshonor, aun cuando estuviesen alistados bajo el pendón real, y por esto había representado a su gobierno la conveniencia y la necesidad de enviar refuerzos de la Península para pacificar ambos reinos. Mientras tanto, las tropas regulares realistas, en posesión de Puerto Cabello, Coro, Maracaibo y Santa Marta sobre la Costa Firme de Sotavento, a órdenes de Cajigal y Ceballos, dominaban el occidente de Venezuela, y en combinación con las fuerzas irregulares de Apure y Barinas, al mando de Calzada, amenazaban invadir la Nueva Granada después de expulsar la columna de Urdaneta del territorio. En Nueva Granada iba a renovarse o continuarse la guerra, y allí acudió Bolívar con el objeto de tomar parte en ella o buscar auxilios para reconquistar otra vez a Venezuela.

El congreso de Nueva Granada reunido en Tunja, a quien se presentó para darle cuenta de su gloriosa y desgraciada campaña, aprobó su conducta como era de justicia. El presidente de la Unión, Camilo Torres, le dio las gracias por sus servicios, manifestándole que, aunque se hubiera perdido Venezuela, ella existía en Bolívar, y existiría mientras él viviese. Confióle inmediatamente el mando en jefe de un cuerpo de tropas, de que formaba parte la columna venezolana que Urdaneta había salvado en su retirada, y se le ordenó que al frente de 1.800 hombres marchase a someter a Cundinamarca, que aún mantenía alzado el pendón de la resistencia contra el gobierno federal.

Como se recordará, Mariño, al emprender su campaña del sur, que tan desgraciado fin tuvo en Pasto, había delegado la dictadura en su tío Manuel Bernardo Álvarez, quien, tan centralista y localista como su sobrino, resultó ser más obstinado que él en su sistema de aislamiento. En presencia de los peligros de la república, atacada al sur por la reacción de Quito triunfante, al oriente por los ejércitos realistas dueños de Venezuela, y con la amenaza de una nueva expedición española, el congreso había dado una nueva organización al gobierno de la Unión, constituyendo bajo el régimen federal una junta suprema, que fue reconocida por todas las provincias, con excepción de Cartagena, que ofreció dificultades, y Cundinamarca que resistió abiertamente a someterse a ninguna autoridad que no fuese unitaria. Santa Fe de Bogotá era el centro de los recursos, y allí estaban los grandes depósitos de pertrechos de guerra de la república. Bolívar fue, pues, encargado de hacer entrar por la fuerza a Cundinamarca en la confederación.

La campaña contra Santa Fe fue activamente conducida por Bolívar. Todos los pueblos de Cundinamarca se pronunciaron por el congreso así que el Libertador pisó su territorio. El dictador Álvarez quedó reducido a la capital de Santa Fe, donde se fortificó, resuelto a resistir a todo trance. Intimado el sometimiento a nombre de las leyes supremas de la república, y desoído este llamado a la unión, Bolívar puso sitio a la ciudad, y después de algunos combates vigorosamente llevados, redujo a los sitiados al recinto de la plaza mayor, cortándoles el agua. El dictador Álvarez capituló. Cundinamarca se uniformó con las demás provincias (12 de diciembre de 1814). Bolívar fue nombrado capitán general de la confederación, título no dispensado hasta entonces a ningún otro. El congreso se trasladó a la ciudad de Santa Fe. La república tuvo por la primera vez una capital, y su gobierno adquirió más vigor y respetabilidad. El congreso, que había autorizado a Bolívar a conservar el título de Libertador, le acordó el de "Ilustre Pacificador". El héroe no podía perder la ocasión de hacer un discurso para hablar de sí con jactancia y con entusiasmo de sus ideales, manifestando sus planes como libertador: "Por dos veces el desplome de la República de Venezuela, mi patria, me ha obligado a buscar un asilo en la Nueva Granada, que por dos veces he contribuido a salvar. Pagué con mis servicios su hospitalidad. La guerra civil ha terminado. Este ejército pasará con una mano bienhechora rompiendo cuantos tierros opriman con su peso y oprobio a todos los americanos que haya en el norte y sur de la América Meridional."

II

El nuevo plan de Bolívar consistía en abrir operaciones por la línea del Bajo Magdalena, atacar a Santa Marta y posesionarse de Coro, abriendo otra campaña por el occidente de Venezuela, para operar por segunda vez su reconquista. El gobierno de la Unión puso al efecto a sus órdenes tres batallones de infantería y un escuadrón de caballería que sumaban 2.000 hombres. Este ejército debía ser provisto de armas y municiones en Cartagena, donde existía el gran parque de la república. Dominaba en esta provincia confederada el coronel Castillo, quien, movido por sus antiguos resentimientos con el Libertador, y por los emigrados venezolanos que allí se habían refugiado (entre ellos Mariño y Mariano Montilla, quien desde esta época se declaró enemigo de Bolívar), se puso en pugna con el general expedicionario, negándole los auxilios que reclamaba. Bolívar estableció su cuartel general en el pintoresco pueblo de Mompox sobre la margen occidental del Alto Magdalena (principios de febrero). Allí permaneció en la inacción, disipando su tiempo en festines, en organizar una guardia de honor de las tres armas para custodia de su persona y en oscuras conspiraciones para cambiar la situación política de la provincia de Cartagena, movido a su vez por su enemistad con Castillo. La desmoralización se introdujo en sus filas, la deserción y las enfermedades redujeron sus tropas a la mitad, su caja militar se agotó, y últimamente optó por el peor de los partidos.

Bolívar, en vez de extender su línea sobre el Magdalena, se decidió a abrir hostilidades sobre Cartagena, provocando la guerra civil. Fue un delito y una falta. El enemigo, que amagaba su flanco y su retaguardia, ocupó inmediatamente a Mompox, llave del gran valle. La comunicación fluvial entre el Alto y el Bajo Magdalena quedó interceptada. Este movimiento ofensivo obligó a Cartagena a abandonar la defensa del Bajo Magdalena. Al llegar a Cartagena, estaba perdido. La población en masa habíase sublevado contra él y preparado a la defensa, infeccionando hasta los pozos de las cercanías en que podía proveerse de agua. Cartagena era la primera plaza de América, y estaba artillada con ochenta piezas de grueso calibre. No obstante, le puso sitio, y pretendió rendirla a viva fuerza, con solo una pieza de artillería. ¡Había perdido la cabeza! Después de algunas negociaciones malogradas y criminales combates en presencia del enemigo común, las enfermedades acabaron de diezmar sus tropas y hacer insostenible su posición. En estos momentos precisamente una fuerte expedición española conducida por una poderosa escuadra, desembarcaba a barlovento de Costa Firme y amenazaba a Nueva Granada por la espalda en toda su frontera oriental. El Libertador, afectando hacer un gran sacrificio en obsequio de la paz interna por él comprometida, firmó

154

un convenio con su competidor Castillo, poniendo a su disposición las reliquias de su destruido ejército anarquizado, y despidióse de sus compañeros de armas en una proclama sentimental, en que deploraba no participar de los imaginarios triunfos que les esperaban (mayo 8). Al alejarse, lanzó su último dardo, que se volvió contra él: "Cartagena prefiese su propia destrucción al deber de obedecer al gobierno federal." Él también había preferido su destrucción al cumplimiento de su deber e inoculado un nuevo germen de disolución a la república granadina.

Bolívar tenía el talento de la palabra escrita y hablada, pero no pertenecía como San Martín a la raza de los grandes silenciosos, que solo hablan para acompañar la verdad o reforzar la acción con la palabra, y que, como se ha dicho, son la sal de la tierra. Un grande hombre de acción y de palabra poderosa, desterrado a la sazón (1815), como él, en una isla, decía: "Nadie debe hablar ni quejarse, cuando no tenga en vista un resultado que conduzca a algo que pueda hacerse. Cuando nada se puede hacer, se calla." Emigrado en la Jamaica, escribió allí una exposición llena de recriminaciones, en que, sin justificarse de los graves cargos que sobre él pesaban, hizo su propio proceso. Mejor inspirado, publicó poco después bajo el seudónimo de "Un americano meridional", una bien elaborada memoria sobre la revolución hispanoamericana, y sobre la organización futura de las nuevas repúblicas en germen, que es la refutación del quimérico plan de monocracia continental que pretendió ensayar más t a r d e. "La América computa —decía— la creación de diecisiete naciones. No puedo persuadirme de que el nuevo mundo sea por el momento regido por una gran república, y como es imposible, no me atrevo a desearlo, y menos deseo monarquía universal de la América, porque este proyecto, sin ser útil, es también imposible. Para que un solo gobierno dé vida, anime, ponga en acción todos los resortes de la prosperidad pública, corrija, ilustre y perfeccione al nuevo mundo, sería necesario que tuviese las facultades de un Dios, y cuando menos, las luces y virtudes de todos los hombres. Sería un coloso deforme que su propio peso desplomaría a la menor convulsión." La única excepción que hacía en esta distribución de autonomías democráticas, era una idea que había enunciado antes y que lo ocupaba desde entonces: "La Nueva Granada se unirá con Venezuela, si llegan a convenirse en formar una república central. Esta nación se llamará Colombia." Visión del destino.

III

La gran expedición española de que antes se hizo mención, avistó la costa de Cumaná en los primeros días de abril, precisamente en los días en que Bolívar declaraba de hecho la guerra a Cartagena. Componíanla una escuadra de veinticinco buques, de los cuales un navío y tres fragatas, que convoyaban sesenta transportes con 10.600 hombres de desembarco, y un tren de artillería de batir como para atacar una plaza de segundo orden. Era el más grande esfuerzo que hasta entonces hubiese hecho la metrópoli para dominar la insurrección sudamericana, y sería el último. El ejército expedicionario constaba de seis regimientos y un batallón de infantería, dos regimientos de caballería, un escuadrón de artillería volante, y algunas compañías de artilleros de a pie, zapadores y obreros, pertenecientes a los mejores cuerpos que habían hecho la guerra de la península contra las armas de Napoleón, y formádose en la escuela de Wellington. A su frente estaba el mariscal de campo Pablo Morillo, el mejor general que tenía entonces la España. Desde la clase de sargento de marina habíase elevado por su valor hasta el puesto que ocupaba, desenvolviendo su energía nativa en la sangrienta escuela de las guerrillas españolas, y completado su educación práctica en los grandes ejércitos anglohispanos. No era ciertamente un genio militar, muy lejos de eso, ni tenía cultura; pero estaba dotado de un talento natural, era un buen peleador, popular entre los soldados, firme en el mando y tenaz en sus empresas. En lo moral era un hombre imperioso y frío, cruel por sistema más que por inclinación, con arranques espontáneos de franqueza y aun de generosidad intermitente, pero desconfiado y sujeto a accesos de ira que lo ponían fuera de sí. No conocía el país ni tenía más plan que el que le trazaban sus instrucciones, las que revelaban tanta ignorancia respecto del estado de la América Meridional, como desprecio encubierto por la canalla sudamericana, sentimiento de que él participaba.

Esta expedición había sido destinada en un principio al Río de la Plata, como se ha apuntado antes en esta historia, pero la noticia de la pérdida de Montevideo en 1814, que le privaba de un punto de apoyo indispensable en las costas, hizo variar su destino, encaminándola a Costa Firme. La razón fundamental que aconsejó esta variación, fue pacificar la parte norte del continente meridional, considerando el istmo de Panamá como llave de ambas Américas y punto de más fácil comunicación entre los dos océanos, para combinar operaciones en las colonias y obrar con más eficacia sobre la parte sur insurreccionada. Al efecto, se dirigió simultáneamente otra expedición de 2.500 hombres al mando del general Miyares, que por este mismo tiempo desembarcó en Veracruz, y cuyo objeto era dominar todo el Istmo hasta darse la mano con la Costa Firme. La parte de este vasto plan encomendada a Morillo, era dominar toda la Costa Firme desde Guayana hasta el Darién, someter ante todo la isla de Margarita, apoderarse de la plaza de Cartagena, subyugar la Nueva Granada después de consolidar el orden en Venezuela, abriendo comunicaciones con Quito para obrar sobre el Perú. Tan fácil se consideraba la realización de este plan, que, dándolo todo por hecho, se prevenía al general enviar al Perú y a México todas las tropas que resultasen sobrantes en el teatro de sus operaciones en el curso del año de 1815. Tan vasto como era este plan, que importaba la pacificación de toda la América Meridional desde México hasta el cabo de Hornos, él se realizó en todos sus puntos en el término señalado, quedando subyugadas de nuevo todas las colonias insurreccionadas, con excepción de las provincias del Río de la Plata, a donde se destinara en un principio la expedición.

En otro sentido, las instrucciones estaban concebidas en un espíritu benévolo hacia los americanos, aunque llenas de desconfianzas y revelando en el fondo un gran menosprecio hacia los criollos, fueran realistas o independientes. Las atrocidades cometidas bajo el pendón del Rey, eran condenadas sin recriminación, y se inspiraban en los informes de Cajigal más que en los bárbaros ejemplos de Boves y Morales. "La conducta que se ha de seguir —decíase en ellas— con los caudillos que tengan fuerza y opinión, no puede detallarse, y el general en jefe podrá aprovechar las circunstancias negociando el partido más ventajoso y decente a las armas del Rey; debiendo desaparecer toda idea que no contribuya a asegurar la felicidad de los vasallos de S. M. en aquellas regiones." Y agregaba en otro artículo: "En un país donde desgraciadamente están el asesinato y el pillaje organizados, conviene sacar las tropas y jefes que hayan hecho allí la guerra, y aquellos que, como algunos de nuestras partidas, han aprovechado los nombres del Rey y patria para sus fines particulares cometiendo horrores. Debe separarlos, etcétera." Pero estas prevenciones teóricas, que no eran sino una máscara, como luego se vio, quedaban anuladas por el hecho de facultarlo ampliamente para alterar en todo o en parte sus instrucciones, y suprimir hasta los tribunales de justicia. De este modo queda todo librado a merced del pacificador.

El primer hombre del nuevo mundo con quien habló Morillo, fue Morales. Después de la destrucción de Maturín había quedado dueño de todo el oriente de Venezuela y dominaba con 5.000 hombres el interior del país y toda la costa de Cumaná. Para asegurar este dominio había formado una escuadrilla de 22 buquecillos armados en guerra, con que se proponía atacar la isla de Margarita, cuando la expedición llegó a Costa Firme. Al efecto, en tres de sus bergantines tenía embarcada una división de infantería con la que fue en persona a ponerse a órdenes del general expedicionario. Uno de los jefes que formaba parte de la expedición, y que sería más tarde el historiador de las armas españolas en la guerra sudamericana, ha pintado al natural el extraño aspecto de las tropas indígenas que habían hecho triunfar la causa del Rey, consignando sus impresiones con previsiones de largo alcance. "Cuando los soldados europeos vieron entre los buques de la expedición los pequeños barcos que conducían como 800 hombres de Morales, naturales todos de Costa Firme, muy morenos y sin otro vestuario los más que un sombrero redondo de paja y una canana pendiente de un taparrabo, no hay términos con que pintar la sorpresa que recibieron a la vista de un espectáculo tan nuevo para ellos. Eran aquéllos los vencedores, y nuestros europeos, llevados de la apariencia, incidieron en el grave error de concebir por los vencidos la idea más despreciable, lo que no ha dejado de ser por desgracia harto general en otros puntos de América, y sin duda funesta en todo. Venezuela y Caracas se perdieron después que llegaron allí tropas europeas de la mejor calidad y bien mandadas."

IV

De conformidad con sus instrucciones, Morillo se dirigió a Margarita con todo su ejército, reforzado por 3.000 hombres de las tropas de Morales embarcados en la escuadrilla venezolana. La posesión de esta isla era de la mayor importancia para la pacificación de Costa Firme. Era el talón vulnerable de Venezuela. Asilo de los corsarios que hostilizaban el comercio español en el mar de las Antillas, en comunicación libre con el exterior, a inmediación de la costa de Paria y con una población insurreccionada apta para la guerra marítima y terrestre, la isla de Margarita era un peligro para los realistas y una esperanza para los independientes. Por uno de los buques del convoy apresado por los margariteños, los patriotas de la isla tenían conocimiento de la importancia de la expedición. Bermúdez, que con los restos escapados en Maturín se hallaba aún allí, fue de opinión de resistir a todo trance; pero, no siendo apoyado en su resolución, se dirigió a Cartagena. Arismendi hizo su sumisión, y fue benévolamente tratado por el general español, quien lo recibió a su mesa, pareciendo olvidar que había sido el verdugo de ochocientos españoles cruelmente ejecutados por él. El vencedor tomó pacífica posesión de la isla (9 de abril de 1815), y expidió una proclama ofreciendo amnistía a los insurgentes que se presentaran, promesa que fue cumplida, con excepción de quince que se presentaron a Morales, que fueron asesinados. La rendición de Margarita fue señalada por el incendio del navío *San Pedro*, el buque de más poder de la escuadra, en que se perdió la caja militar y considerables equipos y pertrechos de guerra. Era el primer triunfo y el primer contraste de la expedición.

Precedido por la fama de su generosa conducta en Margarita, llegó el pacificador a Caracas, donde fue recibido por una opinión que ansiaba por el descanso después de tantas y tan dolorosas agitaciones (11 de mayo de 1815). Su conducta posterior burló estas esperanzas. Su primer acto fue la imposición de un empréstito forzoso, bajo el pretexto de la pérdida de los caudales de la expedición en el navío *San Pedro*. Restableció el sistema del secuestro de las propiedades, que se hizo extensivo no solo a los que habían tomado parte en la revolución, sino también a los ausentes y a los sospechosos, medida que se ejecutó con todo rigor, y dio por resultado la ruina de los últimos restos de la fortuna particular de los venezolanos. Cajigal y Ceballos, hombres moderados que podían templar el rigor de estas medidas, fueron al fin alejados. Para mandar a Venezuela, nombróse al brigadier Salvador Moxó, hombre cruel y rapaz, que restablecería el régimen del terror de Monteverde, y aunque con menos crueldad, la guerra de exterminio de Boves y Morales. Suprimióse la audiencia y todos los tribunales civiles, estableciéndose consejos y comisiones de guerra para juzgar los delitos políticos y administrar todo lo concerniente al país conquistado. Venezuela quedó sometida al más crudo despotismo militar.

Morillo contaba a la sazón con un ejército de más de 16.000 hombres, incluyendo las tropas indígenas, y ocupóse en dar a sus fuerzas una distribución conveniente. Remitió a Puerto Rico un batallón de cazadores. Despachó en auxilio del Perú, por el istmo de Panamá, la cuarta división del ejército expedicionario, fuerte de 1.700 hombres, compuesta del regimiento de infantería Extremadura, dos escuadrones de caballería y dos compañías de artilleros y zapadores, de la que formaban parte el coronel Mariano Ricafort y los comandantes Baldomero Espartero, Vicente Sardina y Andrés García Camba, que se harían famosos en la guerra del Pacífico. El resto lo dividió en tres cuerpos de ejército. Destinó tres mil hombres a la ocupación de Venezuela, estableciendo guarniciones de 800 y 1.000 en Margarita, Cumaná, Barcelona, Caracas y Calabozo. Reorganizó y reforzó la división de Calzada en Barinas con contingentes europeos, a fin de concurrir por tierra a las operaciones que preparaba contra Nueva Granada. Con el resto de su ejército disponible, que alcanzaba a 5.000 europeos y 3.500 naturales de las fuerzas de Morales mandadas por éste, dirigióse por mar con cincuenta y seis velas a la costa de Sotavento, para emprender la restauración de Nueva Granada, empezando por el dominio de la plaza fuerte de Cartagena (12 de julio de 1815). La traslación de las tropas nativas que habían operado la restauración realista en Venezuela, respondía a la política prescripta al general en sus instrucciones. Esta medida y el desprecio con que fueron tratados por los europeos, introdujeron el descontento en sus filas. Más de mil llaneros desertaron al tiempo de embarcarse, y despertado en ellos el instinto nativo, se decidieron por la causa de la independencia, de que habían sido azote y de que serían los más esforzados campeones.

V

Morillo desembarcó en Santa Marta con la resolución de apoderarse de Cartagena, para cerrar así la única puerta de comunicación de Nueva Granada con el exterior. La plaza se había preparado a la defensa, aunque sumamente debilitada por la reciente guerra intestina. Carecía de armas, de numerario, de tropas suficientes para cubrir su vasto recinto, de los víveres necesarios para sostener un sitio, no podía contar con el apoyo del gobierno de la Unión y ni siquiera con la esperanza de un ejército de socorro. Estaba aislada por mar y por tierra. Sin embargo, decidióse por la resistencia a todo trance. Mandó talar todos los alrededores tres leguas a la redonda, dispuso que los habitantes de la campaña se refugiaran en los bosques, ordenó la reconcentración de las tropas regladas que se hallaban fuera de murallas, organizó una escuadrilla para defensa de la bahía, montó sesenta cañones a más de los ochenta y cuatro que tenía en batería, y se proclamó la ley marcial. Ordenóse un alistamiento general de todos los hombres en estado de llevar armas desde la edad de dieciséis a cincuenta años, reuniéndose 3.600 soldados, de los cuales 1.300 de línea, correspondiendo el pico de 300 a los restos del ejército que Bolívar había sacado de Santa Fe. Castillo era el jefe de las armas, y Mariano Montilla fue nombrado mayor general. En esta actitud esperó el ataque que le iba.

Cartagena era entonces la primera plaza fuerte de América. Tomada en 1697 por los franceses mandados por el almirante de Pointis, había rechazado triunfalmente el ataque de una poderosa escuadra inglesa con 9.000 hombres de desembarco a órdenes del almirante Vernon. La España habían concentrado allí todo su poder ofensivo, combinando las obras de arte con los obstáculos naturales. Cartagena era una especie de Venecia militar. Edificada sobre un promontorio de arena batido por el mar, rodeada de canales y dividida de la tierra firme por pantanos, es una península que puede considerarse como una isla. La ciudad está dividida en dos partes: la que propiamente se llama Cartagena, sobre la orilla del mar que baten las aguas del golfo de México por el noroeste, y el arrabal de Getzemaní al oeste. Ambos barrios se comunican por un puente fortificado, tendido sobre un ancho foso o canal, cuyas dos bocas están cerradas por fuertes estacadas. Getzemaní comunica a su vez por otro puente como el anterior, que lo liga con las posiciones dominantes de la tierra firme. Toda la ciudad estaba circundada por altas y fuertes murallas bastionadas. Al oriente de Getzemaní, sobre la tierra firme y como a 700 metros de distancia, hallábase situada una elevada colina coronada por un fuerte castillo llamado de San Lázaro que dominaba con sus fuegos los dos barrios, el cual a su vez estaba dominado al norte por el cerro fortificado de La Popa, que descubre todo el horizonte y defendía todos los aproches por la parte del campo. La isla o península de Cartagena, inabordable por la parte del mar y muy difícil de atacar por tierra, solo era accesible por su bahía que se desarrolla de norte a sur en una extensión de 1.300 kilómetros, dentro de la cual las islas y costas que la circundan, dibujan varias ensenadas que comunican entre sí por bocas estrechas o canales. Hacia el sur y a lo largo de la costa exterior del golfo, se prolonga una gran isla que se llama Tierra Bomba, a que sigue otra isla fronteriza denominada de Barú, separada de la tierra firme por un canal —o "caño" como dicen en el país—, que lleva el nombre de Pasacaballos. Estas islas y el contorno de la costa interior, forman la gran bahía de Cartagena. La bahía solo tiene dos entradas marítimas: la llamada Boca Grande, que da acceso a la parte norte de ella, por donde penetró el almirante Vernon en 1741 y que desde entonces mandó cerrar el gobierno español, y la Boca Chica al sur, defendida por dos castillos y algunas baterías de costa. En su interior se subdivide en cuatro ensenadas: las dos que corresponden a las Bocas Grande y Chica, y dos que yacen al pie de las fortificaciones del sur, cuyas estrechas gargantas estaban defendidas por fuertes que cruzaban sus fuegos combinados con los de las cortinas y bastiones de la plaza de Tescas, que comunica con la plaza por canales de bajo fondo. Una escuadrilla, compuesta de una corbeta, siete goletas y algunas balandras pertenecientes en su mayor parte a corsarios y tripuladas por ellos, dominaba las aguas de la bahía y defendía sus dos entradas, manteniendo la comunicación entre los castillos de Boca Chica y la plaza. La boca interior del canal o caño de Pasacaballos, así como la laguna de Tescas, estaban defendidas por una flotilla sutil de bongos armados en guerra, tripulados por los cartageneros, que son excelentes marinos formados en la escuela de la pesca. Tal era el antemural de la Nueva Granada que iba a atacar el ejército español.

El general español dispuso que Morales con sus 3.500 venezolanos, marchase por tierra, atravesase el Magdalena y estableciera el bloqueo terrestre, mientras él con el resto de su ejército, reforzado por las milicias de Santa Marta, se dirigía por mar, a fin de bloquear el puerto y estrechar el sitio, como lo verificó (18 de agosto). La división de Morales ocupó el circuito interior de la bahía hacia la parte norte, ocupando la isla Barú, y por varias veces intentó forzar una batería en Pasacaballos; pero la flotilla de bongos que defendía la boca del canal, se lo impidió, y le hizo desistir de su empeño. El grueso de las fuerzas se limitó a mantener el asedio. El plan de Morillo era rendir por hambre a la ciudad. Una comunicación (de 7 de setiembre) interceptada a los sitiados, le había hecho saber positivamente que la plaza no contaba con víveres ni aun para cuarenta días, incluyendo los caballos, mulas, burros y perros, y que las tropas de pelea para la defensa no pasaban de mil.

VI

Los cartageneros no desmayaban a pesar de todo. Descontentos con Castillo que conducía con debilidad la resistencia, lo depusieron, nombrando al general venezolano Bermúdez jefe de las armas, que no se mostró más capaz que su antecesor. A los sesenta días de sitio, la peste empezó a diezmar la población, y los víveres escasearon a tal punto, que hubo que apelar a los ratones para alimentarse. A pesar de esto, nadie hablaba de rendirse. Morillo, que en sus *Memorias* hace alarde de generosidad por no haber bombardeado la ciudad, mientras esperaba reducirla por hambre, ensayó al fin este medio de hostilidad (25 de octubre), que no le dio más resultado que matar algunos niños y mujeres. Al mismo tiempo la disentería y las fiebres diezmaban el ejército sitiador, y más de tres mil seiscientos enfermos llenaban sus hospitales. Las copiosas lluvias de la estación hacían muy penosa la estancia de las tropas en el campo sitiador, y las tempestades del golfo, muy contingente el bloqueo por la escuadra española, a lo largo de una extensa costa, sin puerto de refugio, pues la bahía le estaba cerrada. En tal situación, Morillo proyectó apoderarse de la laguna Tescas, a fin de introducir artillería por la parte del norte y batir con más eficacia la plaza desde tierra; pero la flotilla de bongos que la defendía, había cerrado con una estacada la boca que comunica con el mar, y rechazó vigorosamente dos ataques sucesivos que le llevaron los realistas. En los primeros días de noviembre, sitiados y sitiadores mantenían con tesón sus respectivas posiciones.

El general español, sabedor de que la guarnición de la plaza había disminuido considerablemente, determinó estrechar el asedio. Al efecto, ordenó un ataque simultáneo sobre La Popa y sobre Tierra Bomba. El ataque sobre La Popa, llevado por 800 hombres, fue rechazado por el comandante venezolano Carlos Soublette al frente de 130 soldados, marcando con este hecho su aparición en la historia (11 de noviembre de 1815). El ataque sobre Tierra Bomba, llevado por Morales con una división de bongos y barcas armados en guerra, fue rechazado en los primeros dos días por la flotilla de la plaza, pero en el tercero viose ésta obligada a replegarse a la ensenada interior al amparo de los fuegos de las murallas (13 de noviembre). Los enemigos, que habían establecido una batería sobre la costa interior de tierra firme, construyeron otras en Tierra Bomba, que cruzando sus fuegos, dominaban la gran bahía. Con la pérdida del punto de Tierra Bomba quedaron aislados los castillos que defendían Boca Chica, y la plaza se halló privada del recurso de la pesca que se hacía por esta parte, que, como antes se explicó, es la prolongación de la península en que está asentada Cartagena y separa las aguas de la bahía de las del golfo. Morales pretendió entonces apoderarse de uno de los castillos de Boca Chica, defendidos por poco más de 200 hombres, al mando del coronel francés Ducoudray-Holstein, pero fue rechazado con pérdida considerable. Los españoles quedaron así dominando con sus fuerzas sutiles la gran bahía, pero sin poder penetrar a ella su escuadra.

La resistencia había tocado los últimos límites. Se habían comido hasta los cueros que existían en la plaza. El hambre y la peste reinaban en la ciudad. Los centinelas al tiempo de ser relevados, se encontraban muertos en sus puestos. Empero, nadie hablaba de rendirse. Como último recurso resolvióse hacer salir dos mil bocas inútiles, inválidos, niños y mujeres. Los padres y maridos se despidieron de sus hijos y sus esposas, que entregaban a la piedad del enemigo, permaneciendo en sus puestos de combate. Fue aquélla una emigración de espectros ambulantes, de la que solo una tercera parte —el resto murió en el camino— tuvo fuerzas para alcanzar hasta los puestos avanzados de los sitiadores. Los españoles trataron con generosidad a los expulsados. El general español dijo, y con razón, que, conforme a las leyes de la guerra, podía hacerlos retornar inmediatamente a la plaza, pero que, movido por sentimientos de humanidad, no lo hacía. Hasta entonces Morillo no había hecho derramar sangre sino en los combates, y podía creerse en la sinceridad de su palabra; empero, su proceder obedecía a un cálculo. Dirigióse a las autoridades de Cartagena, diciéndoles con tal motivo: "He preferido escuchar el grito de la humanidad, y he querido acordar una tregua a esos desgraciados habitantes, como término a los males que los afligen. La defensa toca a su fin, y ni aun entre los bárbaros se sacrifica inútilmente a una población entera. Elija el gobierno de Cartagena: o recibir de nuevo las familias que la necesidad ha hecho salir de la plaza, o rendirse en el término de tres días, con la seguridad de que la clemencia del Rey no tiene límites."

Una vela que apareció en el horizonte, y que se creía portadora de víveres, alimentó por algunas horas la esperanza de los sitiados. La vela desapareció en el horizonte y con ella la última esperanza. El 4 de diciembre, día de la intimación de Morillo, murieron trescientas personas de hambre en las calles. Pero todavía los sitiados no hablaban de rendirse. Era empero humanamente imposible prolongar la resistencia. Pero nadie habló de entregarse. Resolvióse la evacuación de la plaza a todo evento, antes que rendirse o capitular. En la noche del 5 de diciembre se clavaron los cañones de La Popa y del castillo de San Lázaro. Al amanecer del día siguiente estaban embarcados a bordo de la escuadrilla, compuesta de trece buques, como dos mil emigrados, últimos restos de la heroica población de Cartagena. Los enemigos, observando sus movimientos, habían establecido cuatro baterías que cruzaban sus fuegos sobre la bahía y una línea de veintidós lanchas cañoneras que cerraban el paso. La escuadrilla rompió la línea bajo el fuego de las baterías, con alguna pérdida; tomó a su paso la guarnición de Boca Chica, después de clavar los cañones de los castillos, y en la noche del 7, cuando iba a cumplirse el plazo dado por Morillo, el convoy se hizo a la mar, y atravesó por en medio de la escuadra española bajo un recio temporal que lo dispersó.

Así terminó el sitio de Cartagena en 1815, uno de los hechos más memorables de la lucha por la independencia americana. Morillo, en vez de una ciudad, ocupó un hospital de moribundos y un cementerio con montones de cadáveres hacinados en sus calles (6 de diciembre). La atmósfera estaba corrompida. El sitio había durado ciento ocho días. Se calcula en seis mil almas el número de muertos en la plaza por el hambre y las enfermedades, sin contar los muertos en los combates. El ejército sitiador perdió cerca de tres mil quinientos hombres. El triunfo de los realistas fue coronado por un acto de barbarie. Morales ocupó los castillos de Boca Chica. Dio una proclama ofreciendo amnistía a los que se presentasen. Confiados en esta promesa, presentáronse, en número de cuatrocientos, los ancianos, las mujeres, los niños y algunos pescadores que habían quedado ocultos en los bosques de Tierra Bomba. El bárbaro Morales los hizo degollar a todos en la ribera del mar. Morillo fue relativamente más humano. Limitóse a hacer condenar a muerte y suspender de la horca al general Castillo, que había quedado oculto, y seis ciudadanos notables que confiaron en su decantada clemencia, entre los que se contaba el célebre José María García Toledo, principal promotor de la revolución de Cartagena en 1810, y que, al tiempo de establecerse el sitio, había incendiado él mismo sus propiedades en los alrededores para que no sirvieran al enemigo. Al mismo tiempo se restableció el tribunal de la inquisición en Cartagena.

VII

Mientras Morillo sitiaba Cartagena, la división de Calzada situada en Barinas, que debía obrar en combinación con su ejército para subyugar la Nueva Granada, había iniciado sus operaciones. Como los llanos de Casanare estuviesen a la sazón dominados por la caballería republicana, Calzada se dirigió allí, a fin de despejar su flanco y asegurar su retaguardia; pero fue batido en un primer encuentro de vanguardia (31 de octubre). Desistiendo de esta empresa, dirigióse a Cúcuta y atravesó la cordillera, penetrando al territorio de Nueva Granada con 1.800 fusileros aguerridos y 500 jinetes. Las tropas de la Unión, que intentaron contener la marcha de Calzada, batidas en varios encuentros, fueron completamente deshechas en Balaga sobre el río Chitagá (25 de noviembre). Calzada ocupó Pamplona, donde encontró tendidos en sus calles los cadáveres de algunos españoles europeos que los patriotas mataron bárbaramente al tiempo de evacuarla.

Una división de 500 hombres que al mando del coronel Francisco de Paula Santander se hallaba en Ocaña y marchaba en auxilio de Cartagena, quedó cortada por la invasión de Calzada, y emprendió su retirada, reuniéndose con los derrotados de Chitagá al norte de Pamplona. De este modo, el jefe realista penetró en el corazón de la Nueva Granada, interceptó las comunicaciones entre Santa Fe y Cartagena y se dio la mano con el ejército de Morillo, recibiendo auxilios de Maracaibo.

En tan angustiosa situación, el congreso granadino dio nueva organización al poder ejecutivo de la Unión, a fin de hacer frente a los peligros que amenazaban a la república. Camilo Torres fue encargado de la presidencia con facultades extraordinarias, hasta para capitular con los españoles, adjuntándole como vicepresidente a Turices, quien como dictador de Cartagena había dado pruebas de energía. El nuevo presidente declaró que la república se encontraba expirante y que él no se hallaba con fuerzas para salvarla; pero aceptó al fin el sacrificio. Formóse entonces un ejército de 2.500 hombres bisoños, para hacer frente a Calzada, y éste se vio obligado a replegarse hacia Ocaña, sufriendo un contraste en su retaguardia (8 de febrero de 1816). Reforzado Calzada con 300 cazadores, reaccionó vigorosamente y atacó a los republicanos en la posición atrincherada del Páramo de Cacharí, a tres jornadas al sur de Ocaña, y después de dos días de combate los derrotó completamente, haciéndoles 300 muertos y tomando 300 prisioneros (22 de febrero). Calzada ocupó sin oposición todas las provincias de Pamplona, Socorro y Antioquía. La Capital estaba indefensa. La noticia de la derrota del último ejército de la Unión llegó a Bogotá justamente con la de la pérdida de Cartagena. Camilo Torres, a quien se hacía responsable de estos contrastes, sin esperanzas de poder salvar la república, renunció la presidencia. Fue nombrado para sucederle el doctor en medicina y leyes José Fernández Madrid, hombre de ciencia, poeta, de algún mérito y publicista radical que se había señalado en los congresos por la exageración teórica en sus medidas revolucionarias. Puesto a prueba en la práctica, declaró, como su predecesor, que no era el hombre que el congreso buscaba para salvar la república, pero que aceptaba por la fuerza la tarea que se le imponía, sin responder de sus resultados. Llamó a los que voluntariamente quisieran seguirle, y solo seis hombres se presentaron.

Una reacción se había operado en la Nueva Granada. Los unionistas de Cundinamarca, sometidos por la fuerza de las armas, habíanse convertido por despecho en realistas. El resto del país, fatigado de la guerra, aspiraba como en Venezuela al descanso y suspiraba por el antiguo régimen. Las fuerzas morales y militares de la nación estaban agotadas, y la república granadina estaba en plena disolución. En tal situación, Fernández Madrid, autorizado por el congreso, abrió negociaciones con Morillo. El congreso se disolvió poco después. El presidente se replegó al sur con los restos de las tropas de la Unión, las que, reunidas con las que defendían el valle de Cauca en Popayán, fueron al fin completamente destruidas hasta el último hombre por los realistas que avanzaban desde Quito a órdenes del general Sámano.

Un sacrificio heroico, que salvó el honor de las armas republicanas, señaló la derrota final de Nueva Granada. La división de Popayán, en número de 700 veteranos probados, aclamó por su jefe al comandante Liborio Mejía, y en una junta de guerra intimaron al presidente que moriría el que hablase de capitular, a lo que Fernández Madrid respondió presentando su pecho, que tal era también su dictamen. Reanimados los últimos soldados de la Unión por la energía de Mejía, resolvieron atacar la división de Quito, fuerte de 1.000 hombres de buenas tropas, que se habían fortificado en la cuchilla del Tambo, a 31 kilómetros al sur de Popayán. En el primer empuje la caballería realista fue derrotada, y Sámano viose obligado a encerrarse en sus trincheras. Los republicanos se empeñaron en arrebatar por asalto la posición, pero rechazados con pérdida de su artillería, dejaron en el campo 250 cadáveres y en poder del enemigo 300 prisioneros, escapando Mejía con solo 40 heridos (21 de junio de 1816). Reunidas las últimas reliquias de la división del Sur con los restos del ejército de la capital que Fernández Madrid había sacado de Bogotá, que en su totalidad alcanzaban a 160 hombres, se atrincheraron sin esperanza de triunfar en el puente del río de la Plata, al norte de Popayán, ocupando su cabeza, bajo las órdenes del coronel Pedro Monsalve. Atacados por una columna de 400 hombres, pelearon desde las 12 del día hasta el anochecer. Rotos por el frente y tomados por la espalda, todos fueron muertos y prisioneros (10 de julio). Mejía fue de los últimos en abandonar el campo de batalla, y quedó prisionero. Así cayó la última bandera granadina con sus últimos soldados.

Rendido el antemural de Nueva Granada y ocupadas sus provincias centrales por Calzada, Morillo se movió de Cartagena, dejando la plaza guarnecida por 2.600 hombres a órdenes del virrey Montalvo. El resto de su disminuido ejército lo dividió en cuatro columnas ligeras, para tomar posesión del país. La principal de ellas, al mando del general Miguel de La Torre, ascendió el valle del Magdalena, y reunida con la de Calzada en Leyva, ocupó la capital de Santa Fe de Bogotá, al frente de 4.000 hombres, sin necesidad de disparar un tiro. Con la reserva situóse el general en jefe en Ocaña. Allí le alcanzó la noticia de que Venezuela se conmovía de nuevo, que la isla de Margarita se había insurreccionado por tercera vez; que las guerrillas que después de la catástrofe de Maturín se habían extendido por los llanos del oriente, hostilizaban la Guayana, y que los emigrados, encabezados por Bolívar, preparaban una expedición para hacer revivir la llama revolucionaria. Estas novedades alarmaron seriamente a Morillo en medio de sus triunfos. Dispuso, en consecuencia, que Morales se dirigiera a Venezuela con una división, a fin de asegurar su base de operaciones, mientras él terminaba la pacificación de Nueva Granada. Por la primera vez se dio cuenta Morillo de la magnitud y de las dificultades de su empresa, y con rara penetración previó su desenlace fatal. Daba la debida importancia al sostenimiento de Nueva Granada, cuya resistencia estimaba en menos, y pensó que Venezuela constituía el nervio militar de la revolución colombiana, pero que sus fuerzas eran insuficientes para dominar ni aun a los llaneros. Así decía desde Ocaña, dirigiéndose a su gobierno: "Cuando se apareció la expedición de mi mando, todo plegó, y aparentemente todos reconocieron la clemencia del Rey, menos los llaneros. Sin duda, la suerte del virreinato de Santa Fe decide de la de Venezuela, pero reforzando la expedición. Las provincias de Venezuela están en un estado de insurrección total. La fuerza es poca y solo lograré por algún tiempo contrarrestar a los rebeldes." Así, antes de cumplirse un año de haber abierto su campaña con 16.000 hombres, sin dar una sola batalla y alcanzando siempre triunfos, se encontraba impotente ante las solas guerrillas de los llaneros de Venezuela. Como hombre de acción, que no veía más allá del horizonte del campo de batalla, todo lo atribuía a la energía de los venezolanos. "En el virreinato de Santa Fe —agregaba— han escrito mucho, y los doctores han querido arreglar todo a su modo. En Caracas, al instante desenvainaron las espadas." Según él, no había más medio que establecer un gobierno militar "despótico, tirano y destructor, y domar la rebelión, por las mismas pérdidas que al principio de la conquista." Y reiterando su renuncia por lo quebrantado de su salud declaraba finalmente a su gobierno: "No hay remedio, es preciso que la corte se desengañe, pues no cortando la cabeza a los que han sido revolucionarios, siempre darán que hacer; así, que no debe haber clemencia con estos pícaros." Con un alcance que hace honor a su inteligencia militar, preveía que de la posesión de la Guayana pendía la suerte de la expedición, pues, una vez perdido este territorio por los realistas, Venezuela y Nueva Granada quedaban en peligro. Era un vencido en medio de sus triunfos, y esto explicará la política de terrorismo sangriento que empezó a inaugurar desde entonces.

En Ocaña publicó Morillo un indulto que comprendía a los oficiales de capitán abajo que depusieran las armas, a la vez que hacía ejecutar cruelmente a los jefes que caían en sus manos, colgando sus cadáveres de horcas o clavando en los caminos sus miembros despedazados y expuestas en jaulas sus cabezas. El general de La Torre expidió un indulto análogo para "todos los empleados civiles que depusiesen sus armas y volviesen a sus pueblos". Morillo lo reprobó duramente, y ordenóle que aprehendiese y asegurase en estrechas prisiones a todos los que hubiesen figurado en la revolución, especialmente a los que llamaba "cabecillas". En vano de La Torre representó que la palabra del Rey estaba empeñada. El pacificador se mostró inflexible, y las cárceles de Santa Fe se llenaron de presos (22 de mayo de 1816). Morillo, sin recibir los obsequios que el pueblo le había preparado, entró de noche en la ciudad, sombrío como una amenaza (26 de mayo). Reprendió severamente a La Torre y Calzada por haber aceptado agasajos de los rebeldes, y en castigo, destinó al primero a los llanos del Orinoco y al segundo a los valles de Cúcuta. Anuló públicamente el indulto de La Torre, y dio otro, calcado sobre el de Ocaña, pero tan lleno de multiplicadas excepciones, que más parecía una bula que un acto de hipócrita benignidad, pues no alcanzaba a ninguno de los presos, y comprendía entre los delitos que llevaban aparejada pena capital, hasta los escritos y las conversaciones. Las mujeres de Bogotá se le presentaron en el día del cumpleaños del Rey (30 de mayo), implorando clemencia en favor de sus padres, sus hijos y sus esposos. Él las recibió groseramente y las despidió con palabras duras y gritos destemplados. Las cárceles ordinarias no bastaron para contener los presos, y habilitáronse los claustros de los conventos para encerrarlos. El terrible pacificador se encerró en un silencio tétrico, y ocupóse en compulsar los archivos del gobierno revolucionario, buscando en ellos nuevos culpables que perseguir. El terrorismo colonial se inauguraba.

Establecióse un tribunal de sangre con la denominación de "Consejo permanente de guerra", compuesto de oficiales españoles del ejército expedicionario y presidido por el gobernador militar de la plaza. Las sentencias debían ser confirmadas por el General asistido de un asesor, que era un granadino, cuchillo de sus hermanos. Ante él comparecían los reos señalados por el índice del pacificador, para ser juzgados con arreglo al texto de las ordenanzas militares, a las leyes de Partida, y a las recopiadas de Indias y de Castilla, aplicando a dos millones de almas las penas de asonadas y tumultos en las plazas de guerra. Un fiscal formaba el sumario, y con la confesión del reo, careado con los testigos que deponían contra él, quedaba cerrado el proceso. Sin permitirle adelantar la prueba, se pronunciaba la sentencia en el término de 24 horas, previo el nombramiento de un defensor de oficio, que, según la amarga expresión de un historiador, no era muchas veces otra cosa que un verdadero acusador. Sucedió alguna vez que antes de pronunciarse la sentencia por el tribunal, Morillo anunció públicamente, por medio de proclamas, que los reos cuyos procesos estaban pendientes, morirían. Desde entonces todos tuvieron una sentencia de muerte pendiente sobre sus cabezas.

La primera víctima que subió al patíbulo, fue el comisionado de la regencia, Antonio Villavicencio, fusilado por la espalda como traidor, por haber simpatizado con la revolución (8 de junio de 1816). Siguióle muy luego su colega, Carlos Montufar, el general de los revolucionarios de Quito, José Tadeo Lozano, el primer presidente de Cundinamarca; Camilo Torres, el ilustre presidente de la república granadina, y Manuel Rodríguez Torices, el dictador de Cartagena, fueron fusilados por la espalda, sus cadáveres suspendidos de la horca y sus miembros colgados en escarpias. El primer general de la Unión, Antonio Baraya, y el heroico Liborio Mejía, el último sostenedor de la bandera republicana de Nueva Granada en el puente de la Plata, fueron ejecutados del mismo modo, y sus cabezas expuestas en jaulas. El famoso geómetra, físico, astrónomo y naturalista Francisco José Caldas, hijo de Popayán, gloria de la América y honor del mundo sabio, que cual otro Pascal descubrió un nuevo sistema para medir las alturas; el predecesor y el colaborador de Humboldt y Bonpland en sus exploraciones en lo desconocido, también fue sacrificado el 29 de octubre de 1816, por haber servido como ingeniero en los ejércitos republicanos. El implacable pacificador contestó brutalmente a los que pidieron su vida, al menos mientras concluyese los trabajos de su última expedición botánica: "¡La España no necesita de sabios!" La víctima subió al cadalso con serenidad y fortaleza, para enseñar a morir como había vivido, y ésta fue su última lección como filósofo animado por el espíritu de la sabiduría que lo ha inmortalizado en su martirio.

Para hacer más dolorosa la muerte y para difundir el terror en todos los ángulos del virreinato, los condenados eran trasladados a pie a largas distancias, al lugar de su nacimiento o a los lugares donde habían figurado, prolongando su agonía. Así desfilaron por los cadalsos 125 víctimas, la flor de la sociedad granadina, de los que la quinta parte pertenecían al gremio de doctores. A pesar del desprecio que el pacificador afectaba por los sabios y los doctores, era lo que más temía, porque veía en ellos la luz que pretendía apagar con sangre. Así decía en una carta dirigida al rey Fernando VII: "He expurgado el virreinato de Nueva Granada de doctores que siempre son los promotores de rebeliones." Para reemplazarlos, pedía "teólogos y abogados de España", porque, según sus propias palabras, "la obra de subyugación y pacificación debía consumarse por las mismas medidas que al principio de la conquista". Derecho de conquista, ley de exterminio, extinción de las luces, terrorismo colonial con inquisición y tribunales militares de sangre, tal era el plan político del pacificador, en representación del absolutismo español, encarnado en el más bestial de sus reyes, "corazón de tigre y cabeza de mulo", retratado así y ¡renegado por su propia madre!

Pero no bastaba al pacificador rodear la muerte de las víctimas de ultrajes y tormentos: era necesario destruir sus herencias y afrentar su posteridad despojándola hasta de los derechos civiles y sociales. Al efecto instituyó una junta de secuestros, embargó los bienes de todos los presos, confiscó los de los muertos y redujo a la miseria a todas las familias del país. A las viudas y huérfanos que reclamaban, les contestaba: "Los traidores al Rey deben perder sus vidas y sus bienes." Las familias así despojadas y enlutadas, eran confinadas a los lugares más remotos, por impías, perversas y licenciosas, poniéndolas bajo la vigilancia de los curas y alcaldes, sujetas a una disciplina de esclavos, con prohibición de variar de domicilio o recibir visitas y prescribiéndoles hasta el traje que debían usar. Todos los habitantes fueron constituidos en prisión, bajo pena de la vida. Uno de los seides de Morillo que más se señaló por su crueldad, el coronel Francisco Warleta, publicó un bando, en que calificando la ausencia como acto de rebeldía, disponía por un "artículo único": "Toda persona sin excepción de sexo ni calidad que, pasado el término de cuatro días, no se reuniese a su respectiva población, será fusilada en cualquier parte del campo o montaña, donde se halle, por los destacamentos y tropas que haré circular." Todos los hombres fueron reducidos a la condición de presidiarios. Bajo el pretexto de abrir nuevos caminos públicos, de utilidad dudosa o evidentemente ruinosa para la prosperidad general, los naturales del país eran forzados a trabajar en ellos a ración y sin jornal, y alejados por meses de sus hogares, en lugares desiertos y malsanos.

Era el sistema de la primitiva conquista, armada no solo de látigos sino también de escorpiones, según la expresión bíblica.

El mando absoluto había enorgullecido a Morillo, y la sangre lo embriagó. Él, que poco antes se consideraba sin fuerzas suficientes aun para sujetar a Venezuela, soñaba marchar con su ejército hasta el Perú, destruir la República Argentina, y regresar triunfante a México, para coronar su obra de pacificación del mismo modo que Cortés y Pizarro habían operado la conquista de América. El incremento que tomaba la insurrección popular de Venezuela en las campañas, disipó estos sueños, y viose obligado a volver a su punto de partida, para comenzar la obra de la pacificación. Dejó en Bogotá una guarnición de 3.800 hombres de tropas venezolanas, que quería mantener alejadas de su tierra, y de pastusos adictos a la causa del Rey, y con 4.000 hombres de sus mejores tropas europeas, atravesó la cordillera para sofocar la nueva insurrección que, según sus claras previsiones anteriores, ponía en peligro todas sus conquistas (16 de noviembre de 1816). Al despedirse de Nueva Granada —que ya no volvería a pisar— hizo alarde en una proclama de los beneficios que le había dispensado, entre ellos el de la sangre de sus hijos derramada en los cadalsos, y llevó consigo los últimos reos destinados a la muerte, ¡y los hizo juzgar y fusilar en su frontera! Al atravesar la cordillera y pisar los llanos de Barinas, pudo convencerse por segunda vez de que era impotente aun para hacer la guerra regular: según confesión propia, no habría podido efectuar su marcha sin los auxilios de los escuadrones de llaneros que le acompañaban, que lo salvaron de morir de hambre o ahogarse en los ríos del tránsito.

X

El general Sámano sucedió a Morillo en el mando militar de Bogotá, permaneciendo el virrey Montalvo en Cartagena, anulada de hecho su autoridad. Era Sámano un soldado ignorante, de valor dudoso terco e imbuido de la superioridad de raza de los españoles sobre los americanos, que, revestido del sayal de los capuchinos que gobernaban su conciencia, ostentaba una fanática devoción y consideraba acto meritorio para con Dios matar insurgentes o rebeldes. Su primer acto fue mandar levantar la horca permanente en la plaza mayor, frente a las ventanas de su palacio, y plantar "ad terrorem" cuatro banquillos en el paseo de la Alameda. Las cárceles volvieron a llenarse y las ejecuciones periódicas continuaron como en tiempo de Morillo. Una de sus primeras víctimas fue una mujer. Llamábase Policarpa Salvarrieta, conocida en Bogotá con el nombre de la Pola, con que ha pasado a la historia, inmortalizada por su martirio. Era una joven bella, de 25 años de edad, de ojos azules y cabellos rubios, dotada de imaginación poética y corazón sensible, en quien las blandas virtudes de su sexo se hermanaban con la fortaleza de su alma varonil. Su primera pasión al estallar la revolución, fue la patria; su segunda pasión fue un joven, Alejo Savaraín, oficial de los ejércitos republicanos, con quien debía desposarse, que había sido destinado a servir como soldado en las tropas realistas. Ella comunicó a su amante su pasión por la patria. Lo comprometió en una conspiración de cuartel que por este tiempo se tramaba en Santa Fe, y descubierta ésta, lo indujo a desertar de las banderas del Rey junto con otros compañeros, llevando comunicaciones para los guerrilleros que se mantenían en armas en los llanos de Casanare, y eran la última esperanza de la revolución granadina. Sorprendido Savaraín en su fuga, y vendida la Pola por los papeles de que era portadora, entre los que se encontraban los estados de fuerza de la guarnición de Santa Fe, la joven fue reducida a prisión y sometida a un consejo de guerra. Condenada a muerte, oyó su sentencia con serenidad. Puesta en capilla, un fraile enviado por Sámano le ofreció el perdón si confesaba quiénes le habían proporcionado los estados de fuerza. Se confesó cristianamente, y no comprometió a nadie en sus declaraciones. Marchó al suplicio con paso firme, encadenada con su amante. En el camino exclamó: "Tengo sed". Un soldado de la escolta del suplicio le alcanzó un vaso de agua. Ella lo rechazó diciendo: "Ni agua quiero de los verdugos de mi patria." Sus compañeros desfallecían, y ella los exhortó a morir como hombres, gritando en alta voz que su sangre sería vengada. Fue fusilada por la espalda, al lado de su amante, con quien se unió por siempre en la muerte (11 de noviembre de 1817). En ese día todos lloraron en Bogotá. Los granadinos consagraron a su memoria una canción fúnebre, que se convirtió en himno de guerra repetido por toda la América, y sus contemporáneos formaron de su nombre un anagrama simbólico: "Policarpa Salvarrieta: yace por salvar la patria", que es su epitafio histórico.

Morillo encontró que Sámano era un digno continuador de su política sangrienta, y le hizo nombrar virrey, en sustitución de Montecalvo que, menos cruel, había manifestado tendencias a endulzar el terrorismo colonial implantado por el pacificador.

Capítulo XLI

LA TERCERA GUERRA DE VENEZUELA

1815-1817

Carácter de la revolución venezolana. — Paralelo de la revolución argentina y venezolana. — La evolución sudamericana. — Segunda insurrección de Margarita. — La insurrección de Casanare. — Aparición de Páez. — Su retrato. — Combate de Mata de la Miel. — Formación del ejército del Apure. — Condensación de las guerrillas independientes al oriente de Venezuela. — Odisea de Bolívar en las Antillas. — Alejandro Petión. — Luis Brión. — Expedición de los Cayos de San Luis. — Bolívar es nombrado jefe supremo de Venezuela. — Desembarca con la expedición de Carúpano. — Se reembarca y dirígese a Ocumare. — Su fuga de Ocumare abandonando la expedición. — Los expedicionarios abandonados nombran por jefe a Mac Gregor. — Su célebre marcha al través de Venezuela. — Bolívar en Bonaire. — Su segunda deposición y proscripción. — Su genio superior. — Los ejércitos de la insurrección venezolana. — Batalla de Quebrada Honda. — Mac Gregor ocupa Barcelona. — Batalla del Playón de Juncal. — Páez sitia a San Fernando. — Sitio de Cumaná por Mariño. — Los realistas evacuan Margarita. — Piar conquista la Guayana. — El Orinoco, base natural de operaciones. — Pone sitio a Angostura. — Triste papel de Bolívar en esta campaña. — Planes al aire de Bolívar. — Derrota de Clarines. — Caída de Barcelona. — Bolívar toma el Orinoco como base de operaciones. — Nueva faz de la guerra. — Famosa acción de las Mucuritas. — Morillo marcha contra Margarita. — La Torre marcha en socorro de la Guayana. — Batalla de San Félix. — El "congresillo de Cariaco". — Reveses de Mariño en Paria. — Aparición de Sucre. — El capitán Antonio Díaz. — Brión penetra con la flotilla independiente en el Orinoco. — La Torre evacua la Guayana. — Conjuración de Piar. — Juicio y muerte de Piar. — Destierro de Mariño. — Bolívar afirma su autoridad.

I

En ninguna de las colonias hispanoamericanas insurreccionadas, la guerra por su emancipación fue más porfiada, más heroica ni más trágica que en Venezuela. La primera en dar la señal de la revolución, en declarar su independencia y proclamar la república, cayó dos

173

veces, luchando con sus propios elementos y contra los más numerosos ejércitos de la metrópoli, y resurgió por la tercera vez, guerreando sin tregua, hasta alcanzar el triunfo final. Venezuela representa en el hemisferio Norte el mismo papel que las Provincias del Río de la Plata en el Sur, con la diferencia de la doble caída que puso a prueba su fortaleza. Ella fue el núcleo que condensó los elementos revolucionarios del Norte y le dio su nervio militar, a la vez que su base política, creando una nueva fuerza expansiva que se haría sentir en toda la América del Sur por el vehículo de sus soldados. Libertó a Nueva Granada esclavizada, como las Provincias del Plata a Chile, sin lo cual ni en el Sur ni en el Norte la condensación de sus respectivas fuerzas era posible. Así como las armas argentinas dieron la señal de la guerra ofensiva atravesando los Andes meridionales, Venezuela la inició al trasmontar los Andes ecuatoriales, cruzando los ejércitos colombianos de mar a mar como los argentinos para converger al punto estratégico de la campaña libertadora del continente. Las Provincias del Plata formaron la liga guerrera de la República Argentina, Chile y el Perú. Venezuela le dio el genio de Bolívar. Los dos pueblos y los dos libertadores, núcleo, nervio y pensamiento de la condensación de sus elementos revolucionarios en los dos hemisferios, siguen opuestos caminos en dirección constante, se atraen, y concurren a la batalla final, efectuando su conjunción en el centro del continente. Tal es la grande evolución que va a iniciarse. Después de la rota de Urica y de la catástrofe de Maturín, los últimos restos del ejército republicano del oriente se habían esparcido en guerrillas en las márgenes y nacientes del Orinoco y llanos de Barcelona, mientras la insurrección se mantenía indómita en los llanos de Casanare.

La Margarita fue la primera en dar la señal de la nueva insurrección general así que Morillo emprendió su campaña contra Nueva Granada. Nombrado gobernador de la isla, el teniente coronel Joaquín Urreistieta quiso dar un golpe de autoridad ordenando la prisión de Arismendi. Los isleños se levantaron como un solo hombre en número de 1.500. Despechado el gobernador, mandó que no se diera cuartel a los insurrectos y se permitiese el saqueo libre a la tropa, incendiando el pueblo de San Juan y la Villa del Norte, de conformidad a las indicaciones de Morillo y a las instrucciones de Moxó, que le prevenía "fusilar irremisiblemente, sin forma de proceso ni consideración humana alguna, a los que auxiliasen o siguiesen a los insurgentes con armas o sin ellas". Los insurgentes aceptaron el duelo a muerte. Arismendi tomó posesión de la parte septentrional de la isla, asaltó la casa fuerte de la Villa del Norte y pasó a cuchillo la guarnición de 200 hombres que la defendían. Tomó en seguida la ofensiva; atacó los castillos de Pampatar y Porlamar, y aunque rechazado, puso sitio al gobernador en la Asunción, capital de Margarita, encerrándolo en el castillo de Santa Rosa (noviembre de 1815). El ejército de la isla se elevó al número de 4.300 infantes y 200 de caballería, mal armados, pero decididos a mantener alzada la bandera de la independencia, que ya no se abatiría jamás en su estrecho territorio.

En los llanos de Casanare la insurrección tomó cuerpo y consistencia, acaudillada por el famoso José Antonio Páez, cuya aparición hemos señalado, como la del Aquiles de la revolución venezolana. Era Páez natural de Barinas, contaba a la sazón 26 años de edad, y había hecho la campaña de la reconquista en Venezuela, señalándose por su valor como soldado de segunda fila. Trasladado a los llanos de Casanare, después de la derrota de La Puerta y la retirada de Urdaneta, se reveló el gran caudillo, y pronto ocupó el primer puesto, que sus mismos enemigos reconocieron a su costa ser el que le correspondía. Era un criollo genuino, de raza caucasiana con mezcla de sangre nativa. De fuerza hercúlea, domador de potros y nadador infatigable, diestro en el manejo de la lanza, la espada y el puñal, era el primero en los combates y se imponía a todos por su energía personal y por su elevación moral. Cuando alguno de sus soldados cometía alguna falta, o manifestaba disgusto por sus providencias, lo desafiaba a duelo singular, dejándole la elección de las armas, y aceptase o no, lo vencía física o moralmente. Sujeto a ataques epilépticos cuando se exaltaba su sistema nervioso, era un poseído en la pelea, y después de atravesar con su lanza hasta cuarenta enemigos, caía postrado en tierra como muerto. Audaz en sus empresas, y reflexivo en sus combinaciones originales, poseía, a la par del ardor del guerrero, el golpe de vista del general de caballería, y tan temerario en la acción como astuto en su preparación, siempre fue vencedor por sus propias inspiraciones. Era el ídolo de sus soldados, que le llamaban "el tío" o "el compadre" y se familiarizaba con ellos algunas veces, empinando la "tapara" o calabaza —el ánfora primitiva de los llaneros— colmada de agua o de aguardiente, o mezclándose a sus danzas populares, en que representaba el papel de un borracho, en medio de frenéticos aplausos. De cinco pies y nueve pulgadas inglesas de altura, ágil y musculoso aunque algo grueso, su rostro, de contornos redondeados, sombreado por cabellos negros y crespos, con un espeso bigote (sin patillas ni sotabarba) que lo acentuaba, era simpático y varonil. De temperamento sanguíneo, tenía un nativo instinto moral que gobernaba sus acciones. Hijo de la naturaleza, criado en medio de los feroces llaneros que dominaba con su fuerza física y su voluntad superior, su índole era generosa, su carácter caballeresco y humano, y su inteligencia muy superior a su instrucción, pues entonces no sabía leer ni escribir. Era, en suma, una pobre cabeza política, con iluminaciones heroicas, manso en la paz, terrible en el combate, que se dejaba gobernar en el triunfo y dominaba a todos en el peligro. Su traje era una blusa de paño azul, polainas de llanero, la manta echada a la espalda, sujeta con un broche de plata sobre el pecho, un chambergo a lo mos-

175

quetero con el ala de adelante doblada con una cucarda venezolana prendida por una presilla de oro, al cinto una espada toledana y una larga lanza que nunca dejaba de la mano en campaña, y que era su estandarte al frente de su tienda de campaña, que era un toldo de cueros.

II

El primer combate que mandó Páez en jefe, siendo aún simple capitán, lo elevó de un golpe al rango de primer general de caballería de la América y le dio el dominio de los llanos del Apure.

Hallábase la división de Casanare acampada en el pueblo del Guadalito sobre la margen izquierda del Arauca, cuando se anunció la marcha del gobernador español de Barinas, el coronel Francisco López, a la cabeza de 1.100 jinetes y 300 infantes con un cañón. El jefe republicano, como intimidado, reunió una junta de guerra, y propuso la retirada. Como todos guardaran silencio, Páez manifestó que había ofrecido defender al pueblo del Guadalito, y que sin desobedecer las órdenes que se le diesen, suplicaba se le permitiese quedarse con un escuadrón para hacer frente al enemigo. Apoyado por todos los oficiales, el jefe, airado, les dijo: "Pues que los mande el comandante Páez, y síganme los que quieran a Casanare." Y se retiró al sur del Arauca con el estado mayor, una compañía de infantería y otra de dragones, dejando a Páez en Guadalito con solo 500 hombres de caballería.

Páez salió en busca del enemigo, decidido a batirlo donde lo encontrase. A los 20 kilómetros, en el punto llamado Mata de la Miel, sobre las nacientes del Apure, avistó a la división española, con la caballería apoyada sus alas en dos pequeños bosques y en éstos oculta su infantería (16 de febrero de 1816). En el reconocimiento que practicó Páez en persona, le mataron el caballo de un balazo. Iba ya a anochecer, y algunos le indicaron que sería prudente suspender el ataque. Él contestó que la oscuridad sería tan grande para unos como para otros, y con voz de mando dirigió a su tropa la proclama más original, que, como él mismo lo decía, jamás se le ocurrió a general alguno: "Compañeros: me han matado mi caballo. Si no están resueltos a vengar ahora mismo su muerte, yo la vengaré solo y me lanzaré a perecer entre las filas enemigas." Sabían que era hombre de cumplir. Todos contestaron con entusiasmo que irían con él a donde los llevase.

Formados los republicanos en dos líneas escalonadas, atacaron la posición española. Recibidos con fuego de cañón y fusilería, cargó a fondo la primera línea, y arrolló las dos terceras partes de la caballería enemiga, poniéndola en fuga. En la carga de la segunda línea, fue herido el caballo de Páez; el animal, espantado, reventó las cinchas con sus corvocos y arrojó al suelo al jinete con la silla entre las piernas. Al levantarse, vio que su segunda línea había sido rechazada. Montó en el primer caballo que encontró, contuvo a los fugitivos, les hizo volver las caras, y reanimados con su presencia y su ejemplo, los llevó a revientacincha, hasta llevarse por delante los últimos 400 hombres de caballería enemiga que permanecían formados. Mientras los republicanos perseguían a los dispersos, la infantería española emprendió su retirada internándose en los bosques del Apure. Más de 400 muertos y 200 prisioneros fueron los trofeos de esta brillante jornada. El vencedor trató con generosidad a los vencidos, y todos ellos se alistaron voluntariamente bajo la bandera republicana. Esta victoria señaló al héroe.

Desde entonces, los llaneros que haban seguido a Antoñanzas, Boves y Morales, quedaron ganados para la causa de la independencia. Páez, su vínculo de unión, aclamado poco después jefe de los llanos, formó el famoso ejército del Oriente o del Apure, que es la denominación con que ha pasado a la historia. Al recibirse del mando, arengó a sus tropas, les aseguió que procuraría corresponder a la confianza que en él depositaban, y que fiasen ante todo en la Divina Providencia, pero que, mientras tanto, él iba a llevarlos aquel mismo día al encuentro del enemigo (setiembre de 1816). Invadió la provincia de Barinas.

Al mismo tiempo que el ejército del Apure se formaba, las guerrillas de Monaga, Saraza y Cedeño, se condensaban en el Alto Orinoco y los llanos bajos del Oriente, formando divisiones hasta de 1.500 hombres reunidos. Alarmado el gobernador de la Guayana, destacó una fuerte columna contra Cedeño, la que fue completamente derrotada (8 de marzo de 1816). Una segunda expedición de 1.500 hombres, embarcada en una escuadrilla que remontó el Orinoco, no tuvo mejor suerte, viéndose obligada al fin a reconcentrarse con sus restos a la ciudad de Angostura, capital de la Guayana.

Tales fueron las alarmantes noticias que obligaron a Morillo a abandonar el teatro de la Nueva Granada y trasladarse a Venezuela con el grueso de su ejército.

III

La insurrección que había resurgido en el Orinoco, el Apure y los llanos bajos, se extendió por las costas de Barlovento, promovida por los emigrados del oriente de Venezuela, sobre la base de la isla de Margarita que le daba un sólido punto de apoyo. La tercera y última guerra a muerte de Venezuela iba a comenzar. Aquí comienza también la nueva odisea de Bolívar.

Después de su retirada de Cartagena, Bolívar habíase aislado en la Jamaica, donde se ocupó en escribir el manifiesto y la memoria de que hemos dado cuenta, buscando nuevos medios para volver a trabajar por la independencia de su patria. Esta sombra que vagaba por los contornos de Venezuela, perturbaba la tranquilidad de sus dominadores. Se dijo en aquella época que el capitán general Moxó, por medio de un español que se trasladara a Kingston, con el designio de asesinarlo, compró a un esclavo que acompañaba al Libertador en su destierro. El asesino penetró una noche en su habitación, que estaba a oscuras; se dirigió a su hamaca y dio dos puñaladas a un hombre que allí dormía, dejándolo muerto. Era un pobre emigrado llamado Amestoy que, sabedor de que Bolívar no dormiría aquella noche en su posada, había ocupado su lugar. El esclavo confesó su intención y su delito, y fue ahorcado; pero no se adelantó nada respecto de sus cómplices.

De la Jamaica, trasladóse Bolívar a la isla de Santo Domingo, recibiendo en el tránsito la noticia de la caída de Cartagena, de donde tardíamente había sido llamado para tomar el mando de la plaza. Gobernaba en Haití, como presiente de la república de los negros americanos, el famoso mulato Alejandro Petión, quien ha sido comparado con Washington, hombre de un talento notable, fundador de la independencia y legislador de su tierra natal. Ardiente partidario de la emancipación hispanoamericana, simpatizó con Bolívar, y le suministró el armamento necesario para emprender una expedición, haciéndole abrir un crédito para los gastos por medio de la casa del acaudalado comerciante inglés Roberto Southerland. Allí se encontró también con un holandés, rico armador de Curaçao, llamado Luis Brión, quien, apasionado por la persona y los proyectos del Libertador, puso a sus órdenes una escuadrilla de siete goletas armadas en guerra con 3.500 fusiles, ofreciéndole generosamente su vida y toda su fortuna para el logro de su empresa.

En el puerto de los Cayos de San Luis, que ha dado su nombre a esta famosa expedición, empezaron a hacerse sus primeros aprestos a principios de 1816. Habíanse reunido allí los salvados de Cartagena y porción de jefes y oficiales granadinos y venezolanos, entre ellos Piar, Mariño, Bermúdez, Mariano Montilla, Carlos Soublette, el coronel inglés Gregorio Mac Gregor, que había servido con Miranda, Ducoudray-Holstein y el granadino Francisco Antonio Zea, notable hombre civil que tenía el merecido renombre de sabio. Reinaba una gran anarquía entre los emigrados: muchos no querían reconocer la autoridad de Bolívar. Fue necesario que Petión interpusiera su influencia y que Brión declarase que solo al Libertador confiaría sus elementos de guerra, para que fuese aceptado como jefe de las fuerzas expedicionarias, hasta tanto que pisando territorio venezolano, se designase al que debía gobernarlos. Montilla, que había provocado a un duelo a Bolívar, y Bermúdez, que encabezaba la oposición, fueron excluidos de la expedición.

El 30 de marzo de 1816 zarpó la escuadrilla, mandada por Brión con el título de almirante de Venezuela, llevando a su bordo como 300 hombres que el Libertador compararía luego con los 300 de Leónidas, como compara con las Cruzadas de Jerusalén su reconquista de Venezuela. Al llegar a la Margarita, en los primeros días de mayo (1816), la escuadrilla se encontró con dos buques de guerra españoles, el bergantín *Intrépido* y la goleta *Rita*, que fueron tomados por Brión al abordaje, después de una resistencia vigorosa en que perecieron las tres cuartas partes de su tripulación. El comandante de la *Rita* murió en el combate, y el del *Intrépido*, Rafael Iglesias, se disparó dos pistoletazos cuando vio que la resistencia era inútil, para no caer vivo en manos de los independientes. La expedición desembarcó en el puerto de Juan Griego. Los españoles se reconcentraron en Pampatar y Porlamar, donde se resistieron a las tentativas que hizo Bolívar para rendirlos. De acuerdo el jefe expedicionario con Arismendi, reuniéronse los jefes y oficiales republicanos y los habitantes de la isla en la iglesia de la Villa del Norte con el objeto de nombrar, según lo convenido, jefe supremo de la república que iba a restaurarse. No podía faltar en tal ocasión una renuncia anticipada del único designado para ocupar este puesto, contando como contaba con el voto de sus compañeros y habiéndose propiciado el poderoso apoyo de Arismendi para asegurar la unanimidad. Declaró que "no aceptaría el mando porque el ejército de un poder absoluto en medio de rivalidades, era peligroso para la independencia en aquellas circunstancias, y que estaba dispuesto a obedecer al que se nombrara". Era lo mismo que pedir el poder que reclamaba, y de que fue revestido con el título de "jefe supremo", sin limitación alguna, y sin más condición que hacer cuanto creyese conveniente para la salvación de la patria (7 de mayo). Mariño fue nombrado segundo jefe. En posesión del mando, dirigió una proclama a los venezolanos (8 de mayo) anunciando que "el congreso nacional sería nuevamente instalado, autorizando a los pueblos libres a nombrar sus diputados sin otra convocación, confiándoles las mismas facultades soberanas que en la primera época de la república."

La expedición, reforzada con cuatro buques margariteños, tomó tierra en el puerto de Carúpano en la costa de Paria. Se apoderó de dos buques de guerra enemigos y del fuerte artillado que abandonaron los españoles, estableciendo allí Bolívar su cuartel general (1º de junio de 1816).

IV

La fama había abultado el número de los expedicionarios; decíase que formaban un ejército de tres mil hombres que el presidente Petión había puesto a disposición de Bolívar. En vez de aprovecharse del estupor que causó su atrevido desembarco, y ponerse en campaña para reunirse a las guerrillas del Oriente, que solo necesitaban un jefe para sostener con sistema y unidad la guerra de partidarios, limitóse a desprender a Piar hacia Maturín, y a Mariño para que tomase posesión de Güiría en el promedio de la península. Él permaneció en Carúpano, dando pomposos boletines, expidiendo decretos en que declaraba la libertad de los esclavos en cumplimiento de su promesa a Petión, y llamó a los habitantes del país a las armas, sin que nadie se le reuniese. En seguida convocó una asamblea popular de los habitantes del lugar, haciendo declarar por medio de ella y de la municipalidad, que "el gobierno de la república era uno y central". De este modo quedó abolido el sistema federativo en Venezuela. En esto perdió lastimosamente un mes de tiempo precioso. A los veinte días sus avanzadas eran sorprendidas, estaba sitiado por tierra por una división de 1.300 hombres, y la escuadrilla española, reforzada, amenazaba cortarle su retirada por agua. Pidió auxilio a Mariño que había aprovechado mejor su tiempo, quien le envió un grueso refuerzo, con lo que pudo reunir 600 hombres. Propuso a Brión saliese a batir la fuerza marítima del enemigo; pero los corsarios se negaron a arriesgar sus buques en un combate desigual y sin objeto. Desde entonces se vio que Bolívar no tenía plan ni resolución hecha. Entretanto las guerrillas de Cedeño, Monagas y Saraza, lo proclamaban general en jefe, reclamando su presencia. Piar reunía una poderosa división en Maturín, y Mariño, con otra no menos fuerte, se atrincheraba en Güiría. Solo el Libertador permanecía en la inacción y en la impotencia.

Bolívar, perdido en Carúpano, reembarcóse en su escuadrilla. En vez de adoptar el plan de campaña que aconsejaba Piar, que era de tomar por base de operaciones el Orinoco, ocupando la Guayana, se dirigió al norte y desembarcó con su pequeña división en el puerto de Ocumare, entre Caracas y Puerto Cabello (5 de julio de 1816). Esta extraña resolución, que da una muestra de la inexperiencia estratégica del General, solo tiene una explicación, y era su preocupación constante de ocupar a Caracas, su ciudad natal, que le haría perder tres campañas más, y que por entonces era su único objetivo militar. Aun ocupada Caracas, era la derrota segura, en un país agotado, no dispuesto a la insurrección, y ocupado por cinco mil enemigos, de manera que esto no le deba en el mejor caso sino la misma situación que había tenido después de la derrota de La Puerta. Su conducta, poco valerosa en esta ocasión, hizo más deplorable este grave error, con daño de su fama y de su causa.

En Ocumare como en Carúpano, malgastó su tiempo en vanas proclamas, llamando al pueblo de Caracas a las armas anunció que marchaba a la cabeza de un poderoso ejército de las tres armas para darle libertad, repitiendo lo que ya había dicho, aleccionado por la experiencia, que "había cesado la guerra a muerte". Los jefes que la acompañaban eran de opinión de avanzar rápidamente hasta Valencia, y dominar los valles de Aragua, a fin de traer a sí las guerrillas patriotas de los llanos y formar un ejército. Bolívar, sin decidirse por la ofensiva franca, que era la única salvación posible, ni por la defensiva inerte, que era la conservación estéril, adoptó un singular plan expectante, que era la perdición. Desprendió a Soublette con el grueso de su fuerza con orden de atravesar la cordillera de la costa, ocupar el desfiladero de la Cabrera, y fortificarse en este punto. Con otro destacamento se extendió por la costa hacia el Sur, para reclutar soldados. Él permaneció mientras tanto en el puerto, con una corta guarnición, haciendo desembarcar el parque y una imprenta, regalo de Petión, que consideraba su arma más poderosa. El almirante Brión se hizo a la mar con parte de los corsarios, con el objeto de emprender un crucero, dejando a disposición de Bolívar un bergantín armado en guerra y dos goletas mercantes.

El mismo día que Bolívar desembarcaba en Ocumare, llegaba Morales a Valencia con la división que en auxilio de Venezuela había desprendido Morillo después de la rendición de Cartagena. Atacado Soublette por las fuerzas superiores que mandaba Morales, al pie de la cuesta de Ocumare, los republicanos se replegaron a una posición más fuerte, a fin de mantener francas sus comunicaciones con el puerto (10 de julio). Aquí se reunió Bolívar a Soublette con 150 hombres recientemente reclutados. Atacado nuevamente por Morales, que trepó con singular arrojo las alturas, fue hecho pedazos después de tres horas de fuego, dejando en el campo 300 fusiles y como 200 muertos, heridos y prisioneros (13 de julio). ¡El General dispuso que Soublette sostuviese la retirada en los desfiladeros de la montaña con un grupo que había permanecido hecho, y que Mac Gregor, con el resto de la fuerza, se dirigiese a Choroní al Sur de Ocumare, mientras él personalmente hacía reembarcar el parque en Ocumare!

V

La noche del 14 de julio (1816) sorprendió al Libertador en la ocupación de hacer reembarcar su armamento y municiones. En vez

181

de hacerlo en el bergantín de guerra, que era de la república, lo verificó en las dos goletas mercantes. Aún quedaban 1.000 fusiles y la imprenta para reembarcar. En tal circunstancia, llegó un ayudante de campo de Bolívar, quien le informó de que la vanguardia de Soublette, sorprendida, se replegaba apresuradamente a Choroní y el enemigo entraba en Ocumare. El pavor se difundió en el puerto. Unos se arrojaron al agua para ganar las embarcaciones, otros se dispersaron en los campos. Bolívar fue uno de los primeros en embarcarse, sin averiguar la verdad de la noticia, ni dictar disposición alguna, abandonando en la playa, no solo las armas y la imprenta, sino hasta a sus heridos y demás que le acompañaban. Poco después llegaba un emisario de Soublette participando que se sostenía firme en sus posiciones; pero ya el bergantín había picado amarras y héchose a la vela, seguido de las dos goletas.

Toda la noche permanecieron las embarcaciones frente al puerto. Al día siguiente (16 de julio) observando que las goletas se dirigían a Bonaire, pequeña isla holandesa inmediata a Curaçao, resolvió Bolívar seguir sus aguas en vez de buscar la incorporación con sus compañeros. Por segunda vez representaba el Libertador el triste papel de ir en seguimiento de un tesoro, abandonando a sus soldados en el peligro y con ellos el honor. Al arribar a Bonaire, los capitanes de los buques pretendieron despojarlo de las armas, como anteriormente Bianchi de su tesoro. Afortunadamente, llegó allí Brión con su escuadrilla, de regreso de su crucero, y juntos se dirigieron a Choroní. Allí supo que la división abandonada a su suerte, se había internado buscando su salvación en los valles de Aragua. De regreso nuevamente a Bonaire, se encontró con Bermídez excluido de la expedición, y ambos jefes, aunque en desacuerdo, resolvieron dirigirse a Güiría en busca de Mariño que se sostenía en la península de Paria.

Reunidos Soublette y Mac Gregor en Choroní, infundieron aliento a sus soldados. Nombrado el intrépido Mac Gregor jefe de los restos de la expedición, permaneció dos días en descanso a la espera de su general (15 y 16 de julio). Entonces decidieron los jefes en junta de guerra lanzarse al interior del país, para buscar su salvación en los llanos. El 17 se puso en marcha la abandonada columna en número de 600 infantes y 30 dragones. Al atravesar la cordillera del litoral derrotó un destacamento realista que intentó cerrarle el paso, entró a Victoria dispersando su guarnición, derrotó más adelante otro destacamento mandado por el bárbaro Rosete, y atravesó el río Guarico a la salida de los llanos, donde la alcanzó un escuadrón de las guerrillas de Saraza que venía en su busca (1º de agosto de 1816). Reunidas ambas fuerzas, se encontraron con una división realista de 1.200 hombres en la Quebrada Honda (2 de agosto). Trabada la pelea, la victoria quedó por los republicanos. Al día siguiente (3 de agosto) los abandonados en Ocumare se incorporaron a las divisiones de Saraza y

Monagas y eran dueños de los llanos de Barcelona, mientras Cedeño se sostenía en el Alto Orinoco. Ésta fue la base del ejército que se llamó después "Ejército del Centro", que, unido al de Apure, decidió de los destinos de Venezuela. Mac Gregor fue reconocido como general en jefe del ejército del centro.

¿Qué era del Libertador? Reunido con sus armas, como en la anterior campaña con su tesoro, arribó a Güiría en compañía de Bermúdez (16 de agosto). La población se amotinó contra él, la tropa de Mariño se negó a ponerse bajo sus órdenes, la isla de Margarita desconoció su autoridad, y apostrofado públicamente por Bermúdez de cobarde desertor que había abandonado a sus soldados en peligro, quien llegó hasta desenvainar la espada contra él, vióse obligado a reembarcarse en medio de amenazas y rechiflas. Bolívar regresó a Haití, como antes se retirara degradado de Carúpano, desprestigiado hasta ante su admirador el almirante Brión, y fue fríamente recibido por el presidente Petión. Los pueblos lo renegaban y dudaban de él. Empero, éste era el hombre, no solo de la revolución colombiana, sino también de la emancipación sudamericana. A pesar de sus errores y de sus derrotas, de su inexperiencia militar como estratégico y como táctico, de su pueril vanidad teatral y de su ambisión personal, era el único que poseía las cualidades del hombre superior para levantarse sobre el nivel ordinario domando la fortuna rebelde, dar unidad militar y política a Venezuela, dominar a sus groseros caudillos cautivando hasta a sus émulos, condensar los elementos revolucionarios del norte del continente, organizar un gobierno, fundar una nación guerrera que sería una fuerza americana eficiente y hacerla concurrir compacta al sur del ecuador, completando la gran campaña continental concebida e iniciada por San Martín en el hemisferio opuesto. Su preponderancia no es la obra del acaso. Su grandeza es real. Era, con todas su deficiencias y flaquezas, el genio de la revolución del Norte, animado por el fuego sagrado de la libertad y el patriotismo, con grandes ideales americanos que se dilatarían. Aleccionado en la severa escuela de la adversidad, reaparecerá necesariamente en la escena, llamado por los mismos que en estos días tan tristes para él, lo ultrajaban y lo proscribían. Y como él lo había dicho y de él se ha dicho, mereciera el título de "Libertador", porque "sus servicios fueron los más grandes que un ciudadano puede prestar a sus conciudadanos, y ante los ojos de un juez imparcial, sus proporciones son mayores, si se examinan el país en que figuraba y los recursos de que podía disponer". La historia le debe esta justicia, al pasar la esponja por esta ingloriosa página de su vida.

Mariño fue nombrado general del ejército y Bermúdez segundo jefe; pero su autoridad no se extendía más allá de la península de Paria. La revolución tenía además otros tres ejércitos en campaña: el del Apure formado por Páez y el del Centro, formado por la división de Mac Gregor, unida a las guerrillas de Saraza y Monagas; y el de Maturín con Piar, que obraba de acuerdo con Cedeño sobre el Orinoco. Además, el ejército de Arismendi en Margarita. El ejército del centro, después del combate de Quebrada Honda, había alcanzado grandes ventajas. Una fuerte división al mando del comandante español López, que ocupaba la villa de Aragua, salió al encuentro del ejército de Mac Gregor, que se había puesto en marcha sobre Barcelona, después de ocupar los llanos (6 de setiembre). La batalla fue reñida. Las cargas de la caballería llanera de Saraza y Monagas y una impetuosa carga a la bayoneta por Mac Gregor en persona, la decidieron. Morales dejó en el campo un cañón, 500 muertos, 300 prisioneros y 300 fusiles y carabinas. Los independientes se posesionaron de Aragua y ocuparon Barcelona, evacuada por los realistas después de saquearla y degollar una parte de su población (setiembre 12). López, que después de los sucesos de Ocumare habíase trasladado al Oriente, ocupó casi simultáneamente la posición de Aragua, con 3.000 hombres de infantería y caballería. Mac Gregor se puso de acuerdo con Arismendi, Mariño y Piar, solicitando su auxilio para resistir el ataque. Piar, que había acudido con sus tropas al sitio de Cumaná, se trasladó inmediatamente a Barcelona y tomó el mando en jefe. Bajo su dirección se montaron cuatro piezas, se organizaron nuevos batallones, se completó el armamento de caballería, y se marchó en busca del enemigo. Los dos ejércitos se encontraron en el Playón del Juncal, a inmediaciones de Barcelona. Al cabo de dos horas, la victoria se declaró por los independientes con una formidable carga a la bayoneta conducida por Mac Gregor, y sostenida por el fuego de artillería, arma de que carecían los realistas (27 de setiembre). Morales dejó en el campo 300 muertos, 400 prisioneros y 500 fusiles. Después de esta victoria, Mac Gregor se retiró a Margarita, enfermo y fatigado, en desacuerdo con Piar, que era un carácter dominador y violento en el mando.

Páez, a quien dejamos antes en marcha sobre el enemigo, completaba la conquista de los llanos de Oriente entre el Orinoco y el Apure. El coronel Francisco López, gobernador de Barinas, vencido en Mata de la Miel, salió de nuevo a su encuentro con una columna de 1.700 jinetes y 400 infantes, y pretendió sostener la línea del Arauca. El general republicano, por medio de atrevidos y bien combinados golpes de mano y algunos combates parciales, le arrebató todas sus caballadas, obligándolo a replegarse a la línea del Apure (octubre de

1816). Entonces Páez meditó apoderarse de San Fernando, llave de los llanos en la conjunción del Apure y el Portuguesa, con combinación fluvial con el Orinoco. Los realistas habían retirado todas las embarcaciones, y dominaban el río con cuatro flecheras y siete lanchas armadas en guerra, sostenidas por 400 hombres. Una partida de ocho hombres mandada por un oficial llamado Peña, a quien Páez como castigo de una falta le impuso ir a hacerse matar por el enemigo, atravesó el río en una canoa a las doce del día e introdujo el desorden en el campamento realista, muriendo el jefe español en los encuentros que se siguieron (6 y 7 de noviembre). Dueños los republicanos de siete lanchas, salvaron el obstáculo y pusieron sitio a San Fernando (diciembre de 1816). En tales circunstancias, supo Páez la marcha de La Torre y Morillo desde Nueva Granada en dirección a los llanos regados por el Arauca y el Apure.

Mientras el ejército del centro triunfaba en Barcelona y el de los altos llanos de Oriente en el Apure, el ejército de la costa, mandado por Mariño y Bermúdez, ponía sitio a Cumaná, en combinación con las fuerzas marítimas de Margarita (setiembre). La guarnición española estrechada, se disponía a evacuar la plaza. Las fuerzas realistas, que en número de 1.000 hombres se mantenían en Margarita, acudieron en su auxilio, evacuando la isla, y obligaron a Mariño a desistir del sitio (noviembre de 1816).

Tal era el estado de la guerra al finalizar el año de 1816, tres meses después de la deposición de Bolívar en Carúpano. A pesar de las ventajas alcanzadas, los independientes comprendían que sin una dirección que diese cohesión a sus elementos dispersos, todo era efímero. Así, el ejército del centro donde predominaban los partidarios del Libertador, fue el primero en reclamar su regreso, decididamente apoyado por Arismendi. Bolívar fue llamado otra vez a ponerse a la cabeza de los independientes. Ayudado por Brión y eficazmente auxiliado por Petión, organizó una tercera expedición (21 de diciembre de 1816) y tocando en Margarita de paso, arribó a Barcelona, a tiempo que llegaba allí Arismendi con su columna de auxilio.

VII

Al desembarcar Bolívar en Barcelona, la guerra había cambiado de aspecto. El ejército del centro ya no existía. Piar había tenido la grande inspiración de la campaña, que decidiría por acción directa de la suerte de Venezuela y Nueva Granada, y por acción refleja de la del resto de la América del Sur. El general negro había comprendido

que las hostilidades a lo largo de la costa y las correrías de los llaneros en el interior, no tenían consistencia ni prometían resultados sin
una sólida base de operaciones. Desde un principio había señalado el
Orinoco como la línea que al efecto debía ocuparse, y la Guayana
como base; pero el Libertador, sin plan de campaña fijo, no tenía
más objetivo que la ciudad de Caracas, y revoloteaba alrededor de
ella por el Sur y por el Norte, como una mariposa en torno de la
luz, a riesgo de chamuscarse las alas, como sucedió. Piar, con más
alcance estratégico que Bolívar, así que se vio dueño de un ejército
regularmente organizado después del triunfo del Playón del Juncal,
perseverando siempre en su idea, meditó trasladar la guerra al Orinoco y posesionarse de la Guayana, ocupada por los españoles desde
la primera guerra de Venezuela.

El Orinoco y la Guayana eran la base natural de las operaciones
de la revolución venezolana, o más bien dicho la única. Todos lo veían,
menos Bolívar, ofuscado por la atracción fantasmagórica de Caracas.
La había visto Cedeño con su grosero instinto de guerrillero, al sostenerse en el Alto Orinoco, derrotando las fuertes columnas realistas
que intentaron desalojarlo de sus inexpugnables posiciones. La había
visto claramente Morillo desde Nueva Granada al diseminarse las guerrillas en los llanos de Oriente. "Perdida la provincia de Guayana, decía,
Caracas y Santa Fe de Bogotá están en peligro porque los ríos del
Orinoco, Apure y Meta, son mucho más navegables de lo que yo pensaba, y si los rebeldes nos cortan la comunicación con Margarita,
interceptando la remisión de ganados, obligarán a su guarnición a
rendirse sin batirse. Si Bolívar o algún otro jefe de estimación entre
ellos, tomase el mando de las guerrillas, podrán obrar vigorosamente.
Si la Guayana es tomada, las dificultades para retomarla serán mayores, y quedarán muy pocas esperanzas para las tropas del Rey". Esto
es lo que había visto y vio claro Piar, y esto lo que hizo al salvar
por inspiración la revolución venezolana, y hacer abandonar a Bolívar
sus vueltas y revueltas estériles alrededor del fantasma de Caracas.
Basta echar una ojeada sobre el mapa de Venezuela, comparándolo con
la historia, seguir a lo largo de los ríos de Oriente las operaciones
de los ejércitos republicanos durante la guerra de la independencia,
para que la demostración se imponga a los ojos. El Orinoco al norte,
al fondo de Venezuela, es una base de operaciones inexpugnable, y es
a la vez que una línea de operaciones y de defensa, una vía fluvial en
comunicación con el exterior por el mar, que penetra al interior del
país. Situado por consecuencia un ejército en la Guayana, con su frente, su espalda, sus flancos y sus comunicaciones aseguradas, la defensa
de la isla de Margarita se liga con sus operaciones por el mar, el
el ejército del Apure avanzado en su vanguardia, los llanos del centro
quedan dominados por él, y el enemigo es vulnerable por todo su
frente y sus dos flancos, amagando a la vez la Nueva Granada por su

frontera, por lo que razón tenía Morillo al decir que perdida la Guayana, estaban en peligro de perderse Caracas y Bogotá, y una vez perdida, no había esperanza para las armas españolas.

Guiado por estas luces, Piar se puso en marcha desde Barcelona, a la cabeza de 1.500 hombres de las tres armas, dejando en la ciudad una corta guarnición y encomendó a las guerrillas de Monagas y Saraza la defensa de su campaña (8 de octubre de 1816). En el Alto Orinoco al norte, se reunió con la división de Cedeño, quien se sometió a su autoridad, y acordaron conquistar la provincia de Guayana. Los realistas dominaban las aguas con una fuerte escuadrilla, y estaban fortificados en Angostura, capital de la provincia, y en la Guayana Vieja. Tenían ocupado el Cauca, río caudaloso que se derrama en el Orinoco por su margen derecha, y era por el sur la línea de defensa del enemigo dominada por tres flecheras y dos lanchas cañoneras, sostenidas por 500 infantes y 300 jinetes. El general republicano mandó construir ligeras embarcaciones de madera de ceiba cortada en los bosques; con una de ellas se apoderó de dos lanchas del enemigo, y efectuó el pasaje a viva fuerza. La artillería abrió sus fuegos para proteger la atrevida operación; dos compañías de infantería tomaron tierra en la margen opuesta, al mismo tiempo que un grueso destacamento desembarcado fuera de la vista del enemigo lo tomaba por el flanco, y Cedeño con sus escuadrones se lanzaba a nado acuchillando a caballo a las tripulaciones de las cañoneras y cargaba sobre su campamento, que puso en dispersión (31 de diciembre de 1816).

Piar avanzó sobre Angostura. La plaza estaba defendida, además de su guarnición y sus fortificaciones, por dos buques mayores de guerra, por tres goletas y cuatro cañoneras que combinaban sus fuegos con ella. Los republicanos fueron rechazados en el asalto que intentaron para tomarla. Este descalabro no desanimó a Piar, y le sugirió una idea salvadora, que sería decisiva en las futuras campañas por las consecuencias que tuvo. Resolvió apoderarse de las misiones de Coroní, país rico en hombres y recursos, y establecerse en ellas, para amagar Angostura por la espalda, privándola de sus subsistencias, a la vez que abría nuevas comunicaciones con el Oriente por el Bajo Orinoco. Los españoles que conocían la importancia de esta posición, habían guarnecido y fortificado la línea del río Coroní, sobre su margen derecha; pero estas dificultades fueron superadas. Los republicanos ocuparon las cuarenta y siete misiones que regían los frailes catalanes de la orden de Capuchinos, de los cuales veintidós fueron degollados por el oficial a quien se confió su custodia, hecho bárbaro no reprimido por el General, que sin embargo consolidó su popularidad porque las víctimas eran muy odiadas por los neófitos indígenas. Piar estableció una administración regular en las misiones que fue más tarde muy útil para la provisión de los ejércitos independientes en granos y ganados (febrero de 1817). En seguida dio cuenta a Bolívar de las ventajas alcanzadas y de la posición que ocupaba. Estos hechos levantaron la fama de Piar sobre la de todos los generales venezolanos eclipsando la del mismo Bolívar, que tan triste papel había representado en el curso de la campaña.

VIII

Todos habían hecho algo menos Bolívar. Arismendi había insurreccionado la Margarita. Mariño había dominado la península de Paria formando un ejército y puesto sitio a Cumaná. Páez había organizado el ejército del Apure y asegurado el dominio de los llanos altos. Cedeño se había sostenido en el Alto Orinoco y Monagas y Saraza mantenido el fuego de la insurrección en el centro del país. Mac Gregor y Soublette habían salvado la columna por él abandonada en Ocumare, y atravesando el territorio de Venezuela, conquistado Barcelona y el dominio de los llanos bajos. Piar había formado un ejército en Maturín, salvado a Barcelona y conquistado la Guayana, dando al ejército su base natural de operaciones. En ninguna de estas empresas tuvo participación directa ni indirecta Bolívar. Su mando en jefe, su dirección como general había sido no solo nula, sino funesta, cuando no vergonzosa. Al asumir por segunda vez el mando, era moralmente otro hombre, más grave, más reflexivo y más dueño de sí mismo; pero militarmente no había aprendido todavía lo bastante como general estratégico. Sin ideas maduradas ni propósito determinado, y pensando que la audacia, que fía el éxito al destino, era una inspiración, improvisaba planes al aire y acometía empresas sin proporcionar los medios a las resistencias, y le aconteció lo que al que se empeña en romper un muro de piedra con la cabeza: se rompió él mismo la cabeza.

Apenas desembarcado en Barcelona, anunció en una proclama que iba a invadir la provincia de Caracas para darle libertad (8 de enero de 1817). Con este propósito temerario, formó una columna de 600 hombres sobre la base de los auxiliadores margariteños conducidos por Arismendi, y veinticuatro horas después se puso en campaña. Una división avanzada se había establecido y fortificado sobre la línea del río Unare, al sur de Barcelona, en observación de la plaza en el punto denominado Clarines, rodeado de bosques. Bolívar, sin practicar un reconocimiento, atacó de frente las trincheras. Empeñado el fuego, cuarenta jinetes cayeron de improviso por retaguardia de los asaltantes y los desbarataron totalmente. Todos perecieron.

Estaba otra vez perdido el Libertador, y más perdido que en Carúpano. En tal situación, lo único que se le ocurrió, fue dirigirse a Piar y Cedeño, indicándoles que abandonaren la empresa de la Guayana —que era su salvación— por cuanto no había llegado la oportunidad de tomarla, y ser por otra parte imposible dominar la navegación del Orinoco; y concluía que Cumaná era la base natural de las operaciones. La consecuencia de esta maniobra —imposible por otra parte— era descubrir su flanco izquierdo. Escribió a Páez aconsejándole vagamente que se uniese a Saraza, lo que si algo significaba era perder el dominio de los llanos bajos o altos, según el punto donde operasen su reconcentración. A Monagas le prevenía que se reuniese a Saraza y Páez, y cubriese a Barcelona por ser el punto que más importaba sostener "donde estaba resuelto —son sus palabras— a sepultarse entre sus cenizas y escombros." Todo esto no tenía sentido militar, y si alguno tenía, solo puede explicarse por su pueril preocupación de ocupar Caracas, que era una operación fantástica, dado caso fuese posible la soñada concentración de las fuerzas del norte de la Guayana, de las nacientes del Apure y de los llanos bajos en torno de Barcelona sitiada, cuando el enemigo condensaba sobre la plaza el grueso de sus fuerzas y Morillo ocupaba con 4.000 hombres la línea del Unare interceptando el camino de Caracas, y La Torre, que en combinación con Calzada ocupaba los llanos altos.

Encerrado Bolívar en Barcelona con 600 hombres bisoños y con amenazas de ser atacado por fuerzas superiores, a la vez que la marina española preponderante en la costa de Barlovento bloqueaba el puerto, se fortificó en el convento de franciscanos de la ciudad, que era una verdadera ciudadela. Aconsejado por la inminencia del peligro, propuso a Mariño reunir sus dos fuerzas para batir al enemigo, asegurándole que él se sostendría a la espera a todo trance en el convento. Mariño no vaciló. En el acto se puso en marcha en auxilio del Libertador con toda su fuerza disponible, que alcanzaba a 1.200 hombres, dejando guarnecida la costa de Cumaná. Reunidos los dos rivales, se reconciliaron, y Mariño reconoció a Bolívar como jefe supremo. Las dos divisiones se pusieron en campaña, sumando un total como de 2.000 hombres, pero aun así reunidos, apenas si podían hacer frente al enemigo. Las operaciones giraban en el círculo vicioso, por no decir en el vacío, por falta de una cabeza o de un plan, y sobre todo, por falta de una base. Bolívar improvisó entonces un nuevo plan, que no valía más que los anteriores. Resolvió trasladar el teatro de la guerra al interior, concentrando en los llanos bajos todas las partidas dispersas en la provincia, y les señaló Aragua —el sitio de su anterior derrota en 1812— como punto de reunión. Barcelona, se sostendrían con una guarnición como de 700 hombres.

Mientras tanto, el Libertador se dirigía a la Guayana a fin de persuadir a Piar de concurrir al plan, y marchar sobre Caracas, con todas las fuerzas independientes reunidas en los llanos bajos. Era un plan expectante, que dependía de dos contingencias: que el enemigo, que estaba encima con fuerzas superiores, diese tiempo, y que Piar concurriese con su ejército desde el último extremo del territorio. En el mejor caso, era perder las comunicaciones de la costa, y con enemigos por los cuatro vientos, como nave batida por las olas y las velas aferradas, emprender una campaña sin rumbo fijo, cuyo objetivo lejano —Caracas— prometía menos por el momento que la permanencia en el oriente, y era en definitiva una derrota segura. Esto por lo que respecta a las probabilidades remotas. En el hecho, sucedió lo que necesariamente tenía que suceder, y estaba al alcance de la más vulgar previsión. Barcelona atacada, fue rendida a viva fuerza (7 de abril de 1817). La guarnición en número de 700 hombres, fue degollada desde el primero hasta el último soldado, y a más, 300 enfermos, ancianos y mujeres, perdiendo 20 piezas de artillería y 1.000 fusiles. Mariño, sin fuerzas para contrarrestar al enemigo en campo abierto, no pudo amparar la plaza, y desistió de internarse en los llanos retrogradando a la península de Paria, donde había establecido su dominio. La anarquía se introdujo en el ejército. Mariño volvió a declararse independiente. Bermúdez, Saraza, Monagas y Arismendi, con sus respectivas divisiones, que reunidas alcanzaban a 500 hombres, resolvieron esperar en los llanos de Barcelona las órdenes de Bolívar.

El Libertador llegó a Guayana con solo quince oficiales, y se encontró con Piar a inmediaciones de Angostura. El general negro era dueño de todo el país y tenía sitiadas sus dos plazas fuertes con esperanzas de rendirlas. Su comportamiento fue noble y patriótico. A pesar del escozor que debió sentir al verse arrebatar los laureles de una campaña que él solo había llevado a cabo, contrariando al mismo Bolívar, que no alcanzaba a comprender su trascendencia, se puso a sus órdenes. Informóle de la situación preponderante del ejército de Páez en el Apure, y le demostró que la Guayana era la verdadera y única base de operaciones. Dominada la navegación del Orinoco —lo que no era difícil con la escuadrilla de Brión unida a la de Margarita—, quedaban expeditas las comunicaciones con las Antillas para recibir auxilios del exterior, y por medio de sus ríos tributarios que penetraban al corazón del país, se ligaban todas las operaciones fluviales y terrestres, con una barrera por delante y una comarca poblada y bien establecida a la espalda, lo que daba una completa seguridad para organizar a la defensiva un ejército sin renunciar a la ofensiva en los altos llanos, apoyando el flanco derecho avanzado en la península de Paria con el dominio de su golfo y el izquierdo en el Apure con una puerta abierta en los Andes sobre las fronteras de Nueva Granada para invadirla por Casanare. Era, pues, la base ideal de la guerra. La venda que hasta entonces había cubierto los ojos de Bolívar, cayó. Por la primera vez, vio claro en el teatro de la guerra. Inmediatamente desistió de sus inconsistentes planes anteriores, y acordó con Piar tomar por base de operaciones la Guayana. En consecuencia, reconcentró en Angostura las divisiones de Bermúdez, Arismendi y Saraza, y dejó a Monagas en los llanos de Barcelona, para que cubriese su frente, hostilizando al enemigo con incursiones frecuentes de guerrilla (abril de 1817). ¡La revolución venezolana estaba militarmente salvada, gracias a Piar!

IX

La guerra cambiaba de faz, y se metodizaba por una y otra parte. La base de operaciones de los realistas era al occidente, dueños de las costas de Sotavento, desde Coro hasta las de Barlovento en Cumaná, con el ejército de Caracas fuerte de cerca de 5.000 hombres avanzado sobre los llanos bajos de Barcelona. La zona de operaciones del ejército de Morillo eran los llanos altos, con las fronteras de Nueva Granada por base y su flanco izquierdo cubierto por el ejército de Caracas. Éste era el teatro elegido por el general en jefe español para abrir la nueva campaña. Al efecto, las divisiones de La Torre y Calzada, fuertes de 4.000 hombres de tropas selectas, con 1.500 de caballería llanera, se habían reconcentrado en Guadalito, sobre el Apure, obligando a Páez a levantar el sitio de San Fernando (enero de 1817). El general republicano del Apure concibió el proyecto de atraer al invasor a su terreno, y derrotarlo sin combatir con su caballería irregular. Con tal objeto, desprendió una pequeña columna volante, con orden de hacerse perseguir hasta el punto por él elegido para librar la acción que meditaba. La Torre, que suponía a Páez muy débil, y le daba cuando más 300 hombres, cayó en el lazo. Púsose en marcha con todo su ejército, y el 28 de enero, al penetrar en una sabana extendida, llamada de las Mucuritas, se encontró con la división de Páez, fuerte de 1.100 hombres armados tan solo de lanzas, de palos de albarico, cortados en los bosques de los llanos. El general español formó su infantería en columna cerrada, cubriendo las alas y la retaguardia con su caballería. Páez dividió su fuerza en dos columnas ligeras de ataque y una más gruesa de reserva, con el propósito de separar a la caballería enemiga de la infantería, y cargó por los flancos, esquivando los fuegos de los batallones. La maniobra surtió el efecto calculado. Los escuadrones realistas, fiados en la superioridad numérica, se comprometieron desordenadamente en la persecución de los que al parecer huían. Repentinamente, los fugitivos volvieron caras, según sus instrucciones, y apoyados por su reserva, dispersaron toda la caballería enemiga. Páez, que tenía cincuenta hombres apostados en torno de la sabana, mandó dar fuego a las altas pajas secas que la cubrían. El fuego cundió rápidamente en toda la llanura. En medio del humo del incendio, la caballería llanera llevó catorce cargas sucesivas sobre la infantería española, que formó cuadro para resistir. El círculo de fuego se estrechaba por momentos. La columna iba a perecer quemada. Por fortuna encontró un gran pantano donde se refugió con el fango hasta la cintura, y así pudo salvarse. Este famoso hecho de armas, que afirmó el crédito de Páez y el predominio militar de los llaneros en su terreno, lo hizo dueño de la zona entre el Arauca y el Apure, y lo puso en aptitud de invadir la provincia de Barinas amenazando la de Caracas. Páez completó su gloriosa campaña poniéndose voluntariamente a órdenes de Bolívar, con la sola condición de mantener con su ejército el territorio por él conquistado.

Morillo, que comprendía, como se ha visto, la importancia de la posesión de la Guayana, desprendió a La Torre con una fuerte división en su auxilio. En vez de apoyar este avance y dominar los llanos altos, mientras el ejército de Caracas dominaba los llanos bajos hasta Cumaná, el general en jefe español resolvió dirigirse con 3.000 hombres a la Margarita, volviendo a su punto de partida al tiempo de arribar con su expedición a las costas americanas. Desde este día, vese que ya Morillo no domina el teatro de la guerra, y en presencia de las primeras dificultades serias que lo rodean, se muestra lo que era, un general vulgar, que ha perdido las más elementales nociones militares.

La Torre se embarcó en San Fernando, descendió el Apure, penetró al Orinoco, dominado por la escuadrilla sutil de los españoles, y llegó sin obstáculos a Angostura. Piar, después de levantar el sitio de esta ciudad, habíase concentrado en las misiones de Coroní. La Torre se puso en campaña con el intento de quitárselas. Su plan era atraer a Piar a la margen izquierda del caudaloso Coroní, con falsas maniobras, hacerle inutilizar sus caballos, contramarchar rápidamente a la Angostura, embarcar allí sus fuerzas e introducirse por la Guayana Vieja a las misiones desguarnecidas, ocupándolas. El general negro penetró el intento del enemigo, y se propuso burlarlo. Se trasladó a la margen izquierda del río, dejando sus caballadas de refresco listas en la margen derecha, y se adelantó hasta cerca de Angostura. En la noche hizo encender grandes fogatas que dejó ardiendo y se replegó rápidamente a sus antiguas posiciones. La Torre, engañado, se lanzó a su empresa, según la había concebido, con 1.600 infantes y 200 fusileros, 500 flecheros indígenas, 400 hombres de caballería y 800 indios de las misiones, armados de picas que colocó en segunda fila. Los dos ejércitos se encontraron en San Félix el 11 de abril de 1817. Los españoles, formados en tres columnas con las alas cubiertas por su caballería, avanzaron a paso de ataque y armas a discreción. Piar los recibió con una descarga de fusilería y una nube de flechas, y cerrando sus alas en semicírculo, envolvió su ala izquierda, inutilizando los fuegos de la infantería enemiga, que cargó cuerpo a cuerpo a pica y bayoneta. Fue un combate homérico al arma blanca. Los españoles fueron todos pasados a cuchillo. Solo escaparon 17 hombres, entre ellos La Torre. El vencedor hizo matar 300 prisioneros tomados, perdonando a los criollos, que engrosaron sus filas. Cuando Bolívar regresó de los llanos con los últimos 500 hombres que le habían permanecido fieles, y que por el acuerdo anterior con Piar, se salvaron de ser destruidos por Morillo en su marcha sobre Margarita, encontróse dueño de la Guayana y al frente de una fuerza respetable. Éste fue el núcleo del ejército que mantuvo la tercera guerra de Venezuela, y le dio el triunfo final, ¡gracias siempre a Piar!

X

La autoridad de Bolívar empezó a afirmarse. Piar y Bermúdez, sus antiguos enemigos, se le habían plegado. Las guerrillas de Saraza, Monagas y Cedeño, estaban a sus órdenes. Páez le prestaba obediencia. Solo Mariño pretendía disputarle el mando supremo, comprometiendo la causa de la revolución en presencia del enemigo. Contaba con un ejército de 2.000 hombres y era dueño de la península de Paria, desde las bocas de Drago hasta Carúpano, y dominaba el Golfo Triste con una pequeña escuadrilla. Poseído de una ambición insana y mal aconsejado por el famoso tribuno Cortes Madariaga, demócrata exagerado, que pretendía dirigir la revolución con fórmulas legales y reminiscencias de Grecia y Roma, convocó un simulacro de congreso, conocido en la historia con la denominación de Congresillo de Cariaco, por su insignificancia y por el lugar en que se reuniera, el cual asumió la representación soberana de la nación y declaró reinstalada la república federal de Venezuela (8 de mayo de 1817). Componíanlo unos cuantos empleados, figurando entre los más caracterizados el intendente del ejército Francisco Antonio Zea y el almirante Luis Brión. Eligieron una junta que desempeñase el poder ejecutivo, de la que formaba parte Bolívar, y Mariño fue nombrado "generalísimo". El objeto era anular la autoridad suprema de que estaba investido el Libertador. Morillo dio cuenta de esta farsa parlamentaria. En marcha a su expedición contra Margarita, atacó y tomó los puertos de Cariaco, Carúpano y Güiría, y echó a pique la escuadrilla patriota del Golfo Triste, apoderándose de nuevo de toda la península de Paria. Las fuerzas de Mariño fueron en gran parte destruidas, y sus prisioneros fusilados. Las divisiones que escaparon a la derrota, negaron obediencia al nuevo generalísimo, y resolvieron incorporarse al Libertador en Guayana, encabezadas por Urdaneta y por el coronel Antonio José Sucre, nombre que llenará la más gloriosa de las páginas de la emancipación sudamericana. Mariño se retiró a Maturín con el esqueleto de su ejército.

Empero, mientras los independientes no tuviesen el dominio absoluto de la navegación del Orinoco, la posesión de la Guayana era efímera. Bolívar intentó con tal objeto organizar una escuadrilla de flecheras; pero las fuerzas sutiles de los españoles eran muy superiores, y todos sus trabajos fueron vanos. Afortunadamente acudió en su auxilio Brión, que en Haití lo había puesto a flote y lo salvara en sus trances más apurados. El almirante puso a sus órdenes una flotilla, compuesta de cinco bergantines y algunas goletas, reforzada con cinco flecheras margariteñas al mando del capitán Antonio Díaz, mulato como Piar, hombre feroz y de un valor probado. Una parte de la escuadrilla española sostenía las dos plazas fuertes de la Guayana, a la sazón sitiadas —Angostura y la Guayana Vieja—, y la otra cerraba las bocas del Orinoco, al amparo de las fortalezas que las defendían. Brión hizo explorar las bocas del gran río con las cinco flecheras de Díaz. Sorprendidas en uno de sus canales por diecisiete flecheras realistas, éstas se apoderaron de dos de las embarcaciones republicanas. Díaz, con las tres flecheras restantes, empeñó un sangriento combate al abordaje, recuperó sus dos embarcaciones perdidas, tomó otras dos del enemigo, echando a pique cinco de ellas, y obligó a los realistas a retirarse espantados ante tanto arrojo. Franqueado el paso, Brión forzó las fortificaciones a velas desplegadas, y remontó el Orinoco. Bolívar hizo construir una batería de costa, para proteger sus operaciones.

El general La Torre, al saber el avance de la flotilla de Brión, hallándose muy escaso de víveres, desesperó de sostenerse en Angostura, y se trasladó a la Guayana Vieja con 300 hombres útiles y los enfermos. Su situación no mejoró. Viose al fin obligado a evacuar también la Guayana Vieja, después de comer hasta los últimos cueros, embarcándose en su escuadrilla con los restos de su ejército, compuesto de 600 hombresy y descender el río haciéndose a la mar con 32 velas. Los independientes quedaron de este modo dueños de todo el territorio de la Guayana y de la navegación del Orinoco. Poco después, el héroe de la conquista de la Guayana moría en un patíbulo en el teatro de sus glorias.

Piar, que en el fondo de su alma altiva guardaba rencor contra

Bolívar, por haberlo suplantado en la empresa de la Guayana, no obstante someterse a él, fue uno de los que más simpatizaron con las tendencias del Congresillo de Cariaco, y conspiró, de acuerdo con Mariño, en el sentido de formar una junta de guerra que limitase la autoridad absoluta de Bolívar, con el objeto de apoderarse del mando en jefe, consiguiendo ganar a sus ideas a Arismendi, que era un ambicioso sin cabeza. El Libertador sofocó prudentemente esta tentativa de sedición, limitándose a consejos y amonestaciones privadas, que restablecieron su quietud. Piar, alarmado, solicitó una licencia para ausentarse, dando por pretexto sus enfermedades. Retirado en la villa de Upata, continuó sus trabajos disolventes. Bolívar le escribió amistosamente llamándolo a la concordia. Piar no confió en estas seducciones, porque conocía el odio que Bolívar le profesaba, y fugó a Maturín, donde se puso de acuerdo con Mariño, para asumir una actitud independiente. La situación era peligrosa para el Libertador. Las tropas de la Guayana eran adictas a Piar, en su mayor parte, y compuestas de hombres de color, era de temerse una sublevación de raza, proyecto que se atribuía al general negro. Bolívar ordenó al general Cedeño, el compañero de Piar en la conquista de la Guayana, que lo prendiese. El hecho solo de mandar prender a un general que se decía rebelado, prueba que, si el peligro era real, no era inminente. Piar, abandonado por sus compañeros, y seducido por las falaces promesas de Cedeño, según parece, no hizo resistencia, y fue arrestado. Conducido a la Angostura, fue procesado. Un consejo de guerra presidido por Brión, que de antemano tenía formulada la sentencia, lo condenó unánimemente a muerte (15 de octubre de 1817), y a ser degradado por los crímenes de inobediencia, sedición, conspiración y deserción. Bolívar confirmó el fallo, dispensando la degradación, que era un lujo de crueldad que deshonraba a los jueces y al sacrificador. Piar fue fusilado en la plaza mayor de Angostura, en presencia de todo el ejército formado (16 de octubre de 1817). El vencedor de San Félix murió con intrepidez como había vivido. Pidió por única gracia mandar su propia ejecución. No se le concedió. Al marchar al suplicio exclamó: "¡Conque no se me permite mandar mi ejecución!" Desde este momento se encerró en un sombrío silencio. Oyó leer su sentencia con desprecio, con una mano en el bolsillo, golpeando el suelo con el pie derecho, y mirando a su alrededor. Por dos veces se arrancó el pañuelo con que le vendaron los ojos. Se descubrió el pecho y recibió la descarga que puso fin a su gloriosa vida, con la serenidad que había mostrado en los combates. Su muerte afirmó la autoridad todavía vacilante de Bolívar. Si no fue un acto justo, fue quizá un acto necesario, que sofocó la guerra civil en germen, que traía aparejada la disolución del ejército.

Quedaba todavía Mariño en armas. Éste se mantenía disidente a la cabeza de 400 hombres, en Cumaná. Bolívar comisionó a Bermúdez, el antiguo amigo de Mariño, para que le prendiese al frente de su cuerpo de tropas, como había encargado a Cedeño el arresto de Piar. Mariño, abandonado por los suyos, fue desterrado por empeños de Bermúdez. Bolívar quedó imperante y sin émulos. Su autoridad no estaba todavía bien consolidada, como luego se verá.

Capítulo XLII

LA TERCERA GUERRA DE VENEZUELA (CONTINUACIÓN). REORGANIZACIÓN VENEZOLANA

1817-1819

Expedición de Morillo contra Margarita. — Resistencia de los margariteños. — Famosa acción del Cerro de Matasiete. — Valerosa defensa de Juan Griego. — Morillo desiste de la empresa de subyugar a Margarita. — Nueva política del pacificador. — Nuevo aspecto de la guerra. — Armas en balanza. — Los ejércitos beligerantes. — Bolívar apela a la opinión pública. — Bolívar y Pueyrredón, venezolanos y argentinos. — Principio de reforma política. — Bolívar abre la campaña. — Derrota de Saraza en la Hogaza. — Reunión del ejército de Angostura y del Apure. — Extraordinario pasaje del Apure por Páez. — Morillo sorprendido en Calabozo. — Célebre retirada de Morillo. — Acción del Sombrero. — Invasión de Bolívar a los valles de Aragua. — Contrastes que sufre. — Se retira a los llanos. — Batalla de La Puerta o Semen. — Toma de San Fernando por Páez. — Bolívar al frente de un nuevo ejército. — Retirada de los realistas vencedores. — Acción de Ortiz. — Nuevo plan de Bolívar para invadir a Caracas por el occidente. — Derrota de Páez en Cojedes. — Aventura de Bolívar. — Sorpresa de Rincón de los Toros. — Derrota de Cedeño en el Cerro de los Patos. — Derrota de Morales por Páez en el Guayabal. — Descrédito de Bolívar. — Crítica militar de la campaña. — Bolívar convoca un congreso constituyente. — Su plan constitucional. — Es nombrado presidente de la república. — Se pone en campaña.

I

Dejamos a Morillo en marcha al frente de tres mil hombres con el objetivo de subyugar la isla de Margarita. El gobierno español daba la mayor importancia a la posesión de esta isla, y como se ha visto, fue la primera operación que en sus instrucciones encargó al general expedicionario. La sumisión de Arismendi le había dado su dominio pacífico, pero la tercera insurrección de los isleños, a que se siguió la expedición de los Cayos y la invasión de la Guayana, le

197

hicieron volver a su punto de partida, por considerar, según él mismo lo decía, que "en Margarita estaba la raíz del mal." El gobierno español, por su parte, perseverante siempre en su idea, despachó por este tiempo desde la Península una expedición de dos mil ochocientos hombres, al mando del general José Canterac —el mismo a quien hemos visto figurar en el Perú—, destinada a diferentes puntos de América, con el encargo de apoderarse de paso de la isla rebelde. Canterac se encontró con Morillo en el puerto de Barcelona, a tiempo que Bolívar tomaba el Orinoco por base de operaciones. En vez de aprovechar este oportuno auxilio para dar el impulso continental que debía decidir la cuestión, persistió en su resolución, aconsejado por despecho más que por cálculo. Empero, antes de lanzarse a su empresa, se posesionó de la península de Paria, expulsando de ella al ejército de Mariño, que hasta entonces la dominaba, en cuya ocasión barrió con sus armas el Congresillo de Cariaco, según antes se explicó, con lo que prestó un doble servicio a la causa de la independencia, suprimiendo los obstáculos para la unidad del mando en la persona del Libertador Bolívar.

La estéril isla de Margarita, que hasta de agua potable carecía, estaba arruinada y despoblada, y sus habitantes en esta época apenas alcanzaban a 13.000. La expedición destinada a subyugarla, se componía de tres corbetas de guerra, cinco bergantines, cinco goletas, un falucho, cuatro flecheras y dos cañoneras, con 3.000 hombres de desembarco de las mejores tropas españolas. Los margariteños solo podían oponer a la invasión, 1.300 hombres mal armados, de los cuales 200 eran de caballería y unos pocos artilleros. Brión, que hasta entonces protegía la isla con su flotilla, habíase retirado de sus aguas con el intento de penetrar en el Orinoco, de manera que la marina de la isla se reducía a tres grandes flecheras y una balandra. Mandaba los insurrectos isleños, en ausencia de Arismendi, el general Francisco Esteban Gómez, teniendo por jefe de estado mayor al coronel Joaquín Maneiro. Morillo efectuó su desembarco bajo fuego (17 de julio de 1817). El coronel Maneiro, con 450 hombres, favorecido por el terreno, opuso una vigorosa resistencia, causando gran daño a la división de Canterac, quien aseguraba que con solo presentarse sus tropas vencerían a los insurrectos. El pacificador dirigió una proclama a los margariteños, ofreciéndoles perdón si deponían las armas, y que de lo contrario "no quedarían cenizas ni aun la memoria de los rebeldes, empeñados en su exterminio" (julio 17). El general Gómez rechazó el perdón, y apercibido a la resistencia fortificó los puntos más ventajosos de la isla, formando en las alturas grandes montones de piedra a falta de municiones.

Porlamar fue el primer punto atacado por el ejército expedicionario, reunido en combinación con su escuadra. Los independientes, imposibilitados de sostener el castillo, lo evacuaron combatiendo, después de clavar su artillería y ponerle fuego (22 de julio de 1817). En seguida se apoderó Morillo del castillo de Pampatar (24 de julio). Los insurrectos se concentraron en la Asunción. Los españoles ocuparon el cerro de Matasiete, que domina la ciudad y sus cercanías, y maniobraron en el sentido de interponerse entre ella y la Villa del Norte. En este punto se trabó la acción que ha hecho famoso el nombre de Matasiete en los fastos venezolanos (31 de julio). Los independientes no alcanzaban a 500 hombres, mientras que los españoles eran 2.000 infantes y 600 de caballería; pero favorecidos por los bosques y lo escabroso del terreno que habían fortificado con reductos, fosos y parapetos, pelearon con obstinación por el espacio de más de siete horas, desde las 8.30 de la mañana hasta las 4 de la tarde, quebrando al enemigo y causándole grandes pérdidas. Morillo durmió sobre el campo de batalla, pero al día siguiente viose obligado a emprender su retirada a Pampatar.

Rechazado Morillo por el frente, propúsose atacar las posiciones enemigas por el norte, y se posesionó del pueblo de San Juan con el grueso de sus fuerzas, ocupando una garganta que interceptaba las comunicaciones entre la Asunción y el puerto de Juan Griego, donde los margariteños abrigaban su flotilla. Este punto estaba defendido tan solo por 200 hombres, y fue tomado después de una heroica resistencia, volando en medio del combate el parque de los independientes por la explosión de una mina que tenían preparada para el último extremo (8 de agosto). Los dispersos se refugiaron en una laguna, y resistiendo rendirse, fueron todos pasados a cuchillo. El mismo Morillo presidió la matanza, atravesando 18 hombres con su espada. Este sitio fue bautizado con el nombre de Laguna de los Mártires Margariteños, que conserva. El pueblo de San Juan tuvo la misma suerte que Juan Griego. El general Gómez se reconcentró con sus restos a la Villa del Norte, sosteniéndose en la Asunción. Al fin hubieran sucumbido los margariteños, pero las noticias alarmantes que recibió Morillo, del estado de la guerra en el continente, lo obligaron a desistir de su empresa, al cabo de un mes de campaña, y se retiró, humillado, con 1.000 hombres de pérdida y 700 enfermos. La isla, que el general español había dicho en su proclama de que "no quedarían ni cenizas, ni memorias de sus rebeldes", quedó triunfante, y el pabellón independiente quedó por siempre enarbolado en ella.

199

II

Morillo, de regreso al continente con los restos de su expedición (20 de agosto de 1817), se dirigió a Caracas, después de afirmar su dominio militar en la península de Paria. Desde entonces inició un nuevo plan político. Publicó un indulto general y una amnistía; abolió el tribunal de secuestros y los consejos de guerra permanentes; restableció las leyes de la monarquía española, suspendidas; entregó a la audiencia y a los tribunales civiles la administración de justicia, y en sus formas, al menos, desapareció el despotismo militar que él mismo había fundado. En seguida se contrajo a la guerra continental que había descuidado por su mal aconsejada expedición contra Margarita.

El aspecto de la guerra había cambiado con la ocupación de la Guayana, los progresos de Páez en los llanos altos, y la consolidación de la autoridad de Bolívar. El general republicano del Apure, había invadido la provincia de Barinas y ocupado su capital, derrotado en San Carlos una gruesa división que la defendía, y fusilado los prisioneros europeos en retaliación, entregando a saco el pueblo. Los llanos estaban inundados, y no era posible abrir campaña por esta parte. Bolívar, sólidamente establecido en la línea del Orinoco, había engrosado la división de Saraza, con infantería, haciéndola avanzar hasta el linde de los llanos de Caracas, para apoyar el flanco derecho de Páez. Monagas ocupaba parte de la provincia de Barcelona. Bermúdez, situado con otra división en Maturín, dominaba el interior de la provincia de Cumaná. El Libertador, protegido por la barrera del Orinoco, y cubierto todo su frente, organizaba un ejército de reserva a retaguardia. Las armas estaban balanceadas, pero las cabezas de los generales que la dirigían oscilaban. Morillo, sin plan de campaña preconcebido, esperaba ser atacado, sin atinar por dónde, aunque con la decisión de tomar la ofensiva, y lo mismo sucedía a Bolívar. Las operaciones de los beligerantes, comentadas por sus propios documentos, pondrán en evidencia este equilibrio dinámico y esta incertidumbre moral.

El ejército realista, que operaba en Venezuela, aparte de las fuerzas que ocupaban la Nueva Granada, e incluyendo las fuerzas conducidas por Canterac, que siguió su marcha al Perú con algunos cuadros, constaba de nueve batallones y doce escuadrones con su correspondiente artillería, organizado en cuatro divisiones de maniobra. Una división de tres batallones y un escuadrón guarnecía a Caracas y sus alrededores. El general La Torre, con dos regimientos de infantería y dos escuadrones peninsulares, ocupaba la posición del Sombrero, sobre el río Guarico, en defensa de los llanos bajos de Caracas. El general Juan Aldama, con dos batallones y tres escuadrones, cubría la línea del Bajo Apure, sosteniendo a San Fernando por su derecha. Calzada, con una división de caballería, compuesta de un batallón y varios escuadrones organizados a la usanza del país, disputaba la provincia de Barinas no ocupada por Páez, a retaguardia de San Fernando. Ochocientos hombres defendían la península de Paria y las plazas de Cumaná y Barcelona. El resto de las fuerzas estaba distribuido en las fortalezas de las costas de Sotavento, desde Puerto Cabello hasta Coro y Maracaibo.

En el orden político, también el aspecto de las cosas había variado un tanto del lado de los republicanos. Bolívar, dueño del poder, sintió la necesidad de regularizar su autoridad y de agregarle las fuerzas morales de la opinión, como lo había sentido antes en Caracas en medio de los triunfos de la reconquista. Era hasta entonces la única gran figura que llenaba la América. San Martín aparecía entonces en el escenario. En vista del paso de los Andes por el vencedor de Chacabuco, el director de las Provincias Unidas del Río de la Plata se dirigía a él como el representante de la revolución del Norte, y a los venezolanos como a sus decididos sostenedores: "La América y el mundo —decía el director al Libertador— saben ya que bajo su influjo, renace de sus propias ruinas, siempre ilustre y gloriosa, y que sus opresores, uncidos al carro del triunfo de su libertador, expían los crímenes con que han manchado el suelo colombiano." Y dirigiéndose el director argentino a los venezolanos, les decía: "Llegará el día en que, coronadas de laureles, vayan a unirse nuestras armas triunfantes, llevando desde los extremos del continente austral al centro oscuro donde mora, como en sus últimas trincheras, el despotismo agonizante, la paz, la fraternidad, la libertad, objetos de tantos anhelos y de tantos trabajos." Bolívar contestaba: "V. E. hace a mi patria el honor de contemplarla como un monumento solidario, que recordará a la América el precio de la libertad. Venezuela, consagrada toda a la santa causa de la independencia, ha considerado sus sacrificios como triunfos. La sangre, el incendio de sus poblaciones, la ruina absoluta de todas las creaciones del hombre, y aun de la naturaleza, todo lo ha ofrecido en aras de la patria. No he sido más que un instrumento puesto en acción por el gran movimiento de mis conciudadanos. El pueblo argentino es la gloria del hemisferio de Colón, y el baluarte de la independencia americana. Yo espero que el Río de la Plata, con su poderoso influjo, cooperará eficazmente a la perfección del edificio político a que hemos dado principio desde el primer día de nuestra regeneración." Y dirigiéndose a su vez al pueblo argentino, le decía: "Vuestros hermanos de Venezuela han seguido con vosotros la gloriosa carrera que, desde 1810, ha hecho recobrar a la América la existencia política. En todo hemos sido iguales. Solo la fatalidad, anexa a Venezuela, la ha hecho sucumbir. Ocho años de combates, de sacrificios y ruinas, han dado a nuestra patria el derecho de igualarse a la vuestra, aunque infinitamente más espléndida y dichosa: ¡Habitantes del Plata!: la República de Venezuela, aunque cubierta de luto, os ofrece su hermandad, y cuando cubierta de laureles, haya extinguido los últimos tiranos que profanan su suelo, entonces os convidará a una socie-

dad, para que vuestra divisa sea UNIDAD, en la América meridional."
Tenía que responder a esta espectabilidad y aceptar ante el mundo la
responsabilidad que le correspondía, revistiéndose de formas regulares.

Como acto preparatorio de la convocación de un congreso y como
medio de suplir a su ausencia, organizó, a la vez que una alta corte con
la plenitud del poder judicial, un consejo de estado, con carácter facul-
tativo y legislativo. Manifestó en el acto de su instalación (30 de octubre de 1817), que la dictadura había sido una necesidad de las circunstancias, como la única posible en tiempos calamitosos; que la república
había existido sin leyes y sin tribunales, regida por el solo arbitrio de los
mandatarios, sin más guías que sus banderas, ni más principio que la
independencia; pero que el tercer período de Venezuela presentaba un
momento favorable para poner al abrigo de las tempestades el arca santa
de la constitución, y presentarse ante el mundo con un centro fijo de
autoridad que diera garantías a los extraños y confianza a la nación.
"El gobierno que, en medio de tantos escollos, no contaba antes con
ningún apoyo, se hallará en lo futuro protegido, no solo por una fuerza
efectiva, sino sostenido por la primera de todas las fuerzas: la opinión
pública."

La guerra y la política marchaban de frente, en líneas paralelas,
por una y otra parte.

III

Hechos estos arreglos políticos y administrativos, Bolívar remontó
el Orinoco, y tomó tierra sobre su margen izquierda, a 156 kilómetros de
Angostura. Era su plan reunirse a la división de Saraza, situada en los
lindes de los llanos altos de Caracas, y atacar a Morillo donde lo encontrase, si no conseguía traerlo a su terreno. Movido, más por su inspiración que por el cálculo, soñaba con marchar en triunfo hasta Caracas, que era siempre su objetivo. "Las tropas de Saraza —decía— pueden alcanzar a 2.500 hombres y 1.500 que yo llevo de tropas escogidas
y disciplinadas, el suceso es infalible contra Morillo, si logramos la fortuna de alcanzarlo. Así, he determinado marchar en su busca yo mismo,
para destruirlo. Todo nos promete una completa victoria. En el caso
de que los enemigos sean superiores en número, me retiraré." Al mismo
tiempo, Páez debía llamar la atención del enemigo por la parte de Barinas, y converger al punto estratégico, que era siempre Caracas. A
Brión, le escribía: "Yo marcho a reunirme a Saraza, y espero participar bien pronto la destrucción del pequeño y miserable cuerpo, único
que puede presentar el enemigo después de haber agotado sus esfuerzos

y recursos." A Saraza le decía, refiriéndose a la división enemiga situada en el Sombrero: "La Torre viene buscando ver repetir la escena de San Félix. Sin embargo de que yo creo que su división es suficiente para destruir ese miserable cuerpo, será muy conveniente evite comprometer una batalla antes de reunirnos." Las divisiones de Bermúdez en Cumaná, y Monagas en Barcelona, debían mientras tanto cubrir el flanco derecho en observación del enemigo sobre la costa hostilizada, y servir de punto de apoyo en caso de un contraste.

El plan no era mal concebido como irrupción sobre el centro de la línea realista, pero a condición de que los enemigos permaneciesen inactivos y sus divisiones diseminadas como se hallaban. Además, reposaba sobre un supuesto falso, cual era la debilidad numérica del ejército español, que una vez reconcentrado era invencible por la calidad de sus tropas. Por lo demás, tan ignorante se hallaba un general como otro de sus respectivas posiciones como de sus planes. Por lo que respecta a Morillo, no tenía plan ninguno, sino el impedir la reunión de la caballería de Páez con el ejército de operaciones de Bolívar. En consecuencia, se situó en Calabozo como punto central del teatro de la guerra, defendiendo el llano y cubriendo los valles de Caracas, con la división de La Torre avanzada sobre el Sombrero, según antes se explicó. La Torre se hallaba ignorante de la posición y fuerzas de Saraza, como éste de las del enemigo; pero noticioso del movimiento de Bolívar, se propuso batir separadamente los dos cuerpos de ejército, antes que operasen su reunión. Con 1.100 infantes y 300 jinetes, se puso en marcha sobre Saraza, que era un guerrillero valiente, pero incapaz de combinar una operación ni dirigir un combate regular. Sorprendió la vanguardia independiente, se encontró con el grueso de la columna fuerte de más de 2.000 hombres, en el sitio llamado de la Hogaza, sobre la margen izquierda del río Manapire, afluente del Orinoco, y la batió ignominiosamente, degollando toda su infantería y dispersando toda su caballería (2 de diciembre de 1817). Los republicanos dejaron en el campo tres cañones, 1.200 muertos, sus banderas y una imprenta. La pérdida de los realistas no alcanzó a 200 entre muertos y heridos, contándose entre éstos el general La Torre.

El plan de Bolívar había fracasado, y se vio obligado a repasar el Orinoco. En Angostura reforzó su columna, dispuso que Monagas se le incorporara, y embarcándose de nuevo, resolvió unir sus fuerzas con las de Páez, quien prudentemente se había retirado de San Fernando ante el avance de Morillo en Calabozo y el amago simultáneo de la división de La Torre. Éste era el plan indicado, que el Libertador ejecutó en un principio con audacia y felicidad, pero cuyos resultados no correspondieron a sus esperanzas ni a las ventajas que alcanzó, por los grandes errores tácticos que cometiera, como se verá luego. Reunido Bolívar con Páez, encontróse al frente de 2.000 infantes y 2.000 soldados de caballería, y se puso en marcha sobre San Fernando. Tenía que atravesar el

Apure, y Páez le había ofrecido embarcaciones para efectuar el pasaje. Llegados a la línea del río, Bolívar observó que todas las canoas estaban en la ribera opuesta, bajo la protección de una cañonera y tres flecheras artilladas. Estaba vestido con un dormán verde ceñido con tres órdenes de botones y alamares rojos, polainas de llanero y un casco de dragón en la cabeza, que un comerciante de Trinidad le enviara como modelo. En la mano llevaba una lanza corta con banderola negra y en ella, debajo de una calavera y dos canillas cruzadas, el lema: "Libertad o muerte". "—¿Dónde tiene Vd. esas embarcaciones?, preguntó a Páez. —Ahí están, contestó éste, señalando las embarcaciones enemigas. —¿Y cómo las tomaremos? —Con caballería. —¿Y dónde está aquí esa caballería de agua?" Páez por toda respuesta se volvió a su guardia de honor, y separando cincuenta hombres armados por el coronel Francisco Aramendi, se puso a la cabeza gritándoles: "—¡Al agua muchachos! ¡Sigan a su tío!" Picando espuelas a su caballo se lanzó al agua seguido de sus soldados, nadando contra la corriente con lanza en mano, a la vez que daban gritos para ahuyentar los caimanes que los rodeaban. La escuadrilla rompió el fuego, pero al ser abordada, su tripulación se echó al agua llena de espanto. Páez condujo en triunfo catorce embarcaciones tomadas de este modo. El Libertador asombrado exclamó: "—¡De no haberlo visto, no lo creería!"

Bolívar se detuvo poco en San Fernando, donde continuaban sosteniéndose los realistas, y se limitó a establecer el bloqueo. Su objeto era marchar rápidamente sobre Morillo sin pérdida de tiempo. El general español estaba a oscuras de los movimientos de los independientes, y al recibir aviso de su aparición en los llanos reunió apresuradamente en Calabozo 1.600 infantes y 300 jinetes, con las tres piezas tomadas a Saraza en la Hogaza (10 de febrero de 1818). Disponíase a marchar en auxilio de San Fernando, cuando a las 8 de la mañana del 12 de febrero, se le presentó el ejército republicano y desplegó en batalla en orden de columnas formando un semicírculo en la llanura. Fue una sorpresa. A los primeros tiros de las avanzadas, Morillo montó a caballo, y formando su ejército en tres columnas sobre la villa, se adelantó a sostener sus escuadrones de vanguardia que huían acuchillados por la espalda, siendo envuelto él en su fuga. Una compañía de cazadores españoles del regimiento de Navarra, sostuvo valerosamente la retirada, pereciendo entera. Los republicanos no dieron cuartel. Morillo se encerró en Calabozo, fortificado con cuatro reductos angulares y una casa fuerte. Bolívar le intimó rendición, diciéndole que perdonaría hasta a Fernando VII, si se hallara en la plaza. En seguida se replegó quince leguas a retaguardia para dar descanso a sus tropas. Aquí terminan los sucesos felices de esta campaña, tan brillantemente iniciada, y empiezan los desaciertos.

El general español, en la difícil situación en que se encontraba, sin caballería, y sin víveres, resolvió emprender la retirada fiado en la solidez de sus batallones. Enterró su artillería, hizo pedazos 800 fusiles, trofeos también de la Hogaza, y en la noche del 14 de febrero se puso en marcha, con sus heridos, enfermos y bagajes en dirección al Sombrero sobre la margen del Guarico. Para llegar a este punto tenía que atravesar ciento cuatro kilómetros de un campo quemado cubierto de cenizas y sin agua. Morillo marchaba a pie a la cabeza de las columnas. Bolívar se puso con su caballería en seguimiento del enemigo con ocho horas de retardo, ordenando a su infantería que le siguiera. El día 15 a las doce, dio alcance a la columna realista, que se había detenido a beber en el arroyo de Oriosa, que cruza el camino que llevaba. La caballería patriota dio varias cargas, que fueron rechazadas, y procuró entretener al enemigo a la espera de la infantería, que llegó al anochecer. Los españoles se formaron entonces en tres columnas cerradas y continuaron su marcha en actitud imponente. Al día siguiente llegaba Morillo al Sombrero. Allí empezaba el país montuoso. La caballería republicana estaba inutilizada por las rápidas marchas, y neutralizada por la naturaleza del terreno. El ejército español se estableció en la margen derecha del Guarico, cuyas barrancas escarpadas cubiertas de bosques hacían inexpugnable su posición. La pérdida de los españoles en esta célebre retirada de treinta horas, fue de cien rezagados, que fueron muertos por los patriotas.

En el Guarico cambió la escena. Las tropas republicanas sedientas, se precipitaron al río y fueron fusiladas por los realistas. Bolívar atacó la posición por el frente, y fue rechazado con pérdida de cien hombres. Intentó llevar el ataque por un flanco, y fue igualmente rechazado (16 de febrero). Morillo continuó en la noche su retirada hacia los valles de Aragua, desde donde dictó sus disposiciones para reconcentrar su ejército diseminado. La campaña estaba terminada sin ningún resultado decisivo, y se abría una nueva en condiciones más desventajosas para los republicanos.

IV

Después de ocupar momentáneamente la posición de Sombrero abandonada, Bolívar retrogradó a Calabozo. Empeñado siempre en su idea de marchar sobre Caracas, tuvo allí una conferencia borrascosa con Páez. El general llanero sostenía que no debían abrirse operaciones ofensivas, sin asegurar la base de operaciones, y que dejar a retaguardia una plaza fortificada como la de San Fernando, con acceso fluvial sobre la Guayana, era perder los llanos que ocupaban. Por último, que la caballería no podría operar con ventaja en los valles, hallándose por otra parte mal de elementos de movilidad. Que lo primero era tomar a San Fernando. Bolívar, aunque no convencido, condescendió con el plan de su teniente, dejándole marchar con su división; pero él, encaprichado siempre con su idea, convertida en manía, permaneció en Calabozo con tres batallones bisoños que sumaban 1.000 hombres y 1.200 de caballería. Con esta fuerza invadió los valles de Aragua. La población lo recibió con entusiasmo, y levantó allí un nuevo batallón de 500 plazas. Estableció una reserva en Victoria a órdenes de Urdaneta, hizo adelantar toda la caballería con 200 infantes hasta la Cabrera, con orden de fortificarse allí, y con el grueso de sus fuerzas se propuso batir a La Torre, que aún no se había incorporado a Morillo con su cuerpo de ejército (marzo 12). Morillo, reconcentrado en Valencia, llamando a sí el cuerpo de La Torre y la división que operaba en Barinas, tomó la ofensiva. Sorprendió en la Cabrera a Saraza, cuyo flanco izquierdo había quedado descubierto; batió en Maracay la división de Monagas, que ocupaba el camino de Caracas, y avanzó sobre Victoria (14 de marzo). Bolívar estaba perdido. Viose obligado a emprender su retirada a los llanos que el enemigo amenazaba cortarle (marzo 15).

El ejército republicano hizo alto en La Puerta, lugar dos veces funesto para sus armas, y que debía serlo por tercera vez (marzo 16). El Libertador, en vez de continuar la retirada, que era su única salvación, se decidió a dar una batalla. Contaba solo con 2.000 hombres, de ellos 1.000 de infantería. El terreno que eligió fue una extensa llanura rodeada de bosques y cubierta de paja, y limitada al sur y al norte por montes elevados, que forman una garganta que da salida a los llanos altos, razón por que se llama La Puerta, según antes se explicó. Tenía al frente una cañada barrancosa por la que corre el río Semen, que dio su nombre a la jornada. Morales, que se había avanzado con la vanguardia realista, inició el ataque a las 6 de la mañana del 16 de marzo, y aunque combatió valientemente, fue deshecho con pérdida de 700 hombres. Morillo, al ruido de la fusilería, acudió presurosamente con dos batallones, y desplegando en la llanura contuvo con sus fuegos a la caballería republicana triunfante. Apoyado sucesivamente por su reserva, cargó al frente de un escuadrón de artillería volante, y aunque malamente herido de un balazo, hizo flamear una bandera tomada en la pelea, y exhortó a sus tropas a completar la victoria. El ejército republicano desapareció como el humo del combate, dejando en el campo más de 400 muertos y 600 heridos. Bolívar perdió en esta batalla hasta sus papeles, y parece que había perdido hasta la cabeza. Furioso y desesperado, había prodigado su persona en lo más recio del combate, como si buscase la muerte, comprendiendo tal vez la enorme responsabilidad que sobre él pesaba por las inmensas faltas cometidas persiguiendo una empresa insensata, sin poner siquiera los medios para evitar una catástrofe.

Afortunadamente Páez se había posesionado de la plaza de San Fernando, tenazmente defendida (6 de marzo), y apoderádose de 20 piezas de artillerías, 18 buques de guerra y 63 flecheras con 400 prisioneros, matando o dispersando el resto de la guarnición, que al principio constaba de 650 hombres. El general llanero, unido con la división de Cedeño, que había permanecido en el Alto Orinoco, acudió en auxilio del Libertador, y se reunió con él a inmediaciones de Calabozo. La campaña estaba restablecida. La Torre, que había tomado el mando del ejército vencedor en Semen, al llegar a Calabozo se encontró con otro ejército tan fuerte como el suyo, con una caballería que dominaba el llano y que no podía contrarrestar. A la vez, viose obligado a replegarse a las montañas de Ortiz sobre el río Poga, cubriendo la entrada de los valles. Bolívar y Páez, con 2.000 jinetes y 800 infantes, marcharon en su busca. El jefe español, después de distribuir convenientemente sus fuerzas, habíase situado en unas alturas con 950 infantes y un escuadrón de caballería. Bolívar se empeñó en forzar la posición por el frente (26 de marzo). Al cabo de cuatro horas de fuego, consiguió ocupar una de las alturas; pero los españoles se replegaron en orden a otra más fuerte. Páez hizo echar pie a tierra a 200 hombres de caballería para reforzar la infantería; pero fue rechazado con grandes pérdidas. La Torre se retiró prudentemente a la villa del Cura. Dueño del terreno, Bolívar se encontró derrotado. Un simple movimiento de flanco ocupando con la caballería la espalda de la débil división realista, le habría dado probablemente el triunfo; pero estaba escrito que esta campaña, bien concebida y felizmente iniciada, debía terminar desastrosamente por una serie no interrumpida de errores.

V

Rechazado Bolívar por el oriente y por los valles y montañas del sur, no desistía de su empeño de penetrar a Caracas, y se propuso efectuarlo por el occidente, siguiendo el itinerario de la reconquista por la prolongación de la cordillera oriental que divide a Venezuela en dos zonas con las costas de Sotavento a un lado y las de Barlovento al otro. En consecuencia, después del rechazo de Ortiz, se replegó a Calabozo, y dispuso que Páez abriese operaciones ofensivas por la parte de San Carlos. En previsión de este movimiento, La Torre se había concentrado en San Carlos y sus alrededores con cerca de 4.000 hombres, interponiéndose entre las columnas de Bolívar y de Páez con sus rservas en Valencia. El general llanero, contagiado por la manía de las batallas, sin contar con más de dos batallones que apenas alcanzaban a 350 plazas y cinco escuadrones, esperó en Cojedes el ataque que le traía el enemigo con fuerzas superiores y mejor disciplinadas. Concibió un racional plan de combate, pero como él mismo lo ha dicho refiriéndose a este momento, no hay hombre cuerdo a caballo. Arrebatado por la sangre, cargó impetuosamente a la cabeza de uno de sus escuadrones, arrolló un ala del enemigo, pasó a retaguardia de la línea rompiendo un batallón que se hallaba en reserva; pero al volver sobre sus pasos, su ejército había desaparecido. La infantería republicana, que peleó valientemente rompiendo el fuego a tiro de pistola, fue deshecha y degollada, y la caballería que la acompañaba huyó cobardemente (2 de mayo de 1818). Páez quedó dueño del campo y derrotado, y se retiró a San Fernando del Apure con los restos que pudo reunir, que no alcanzaban a la mitad de las fuerzas con que había abierto su campaña.

Bolívar, mientras tanto, sin darse cuenta de las maniobras de La Torre o ignorándolas, y a fin de combinar sus operaciones con las de Páez, trasladóse al occidente de Calabozo a un lugar llamado Rincón de los Toros, entre los ríos Tiznado y Chiguas, afluentes del Portuguesa. En este punto estableció su campamento con 600 infantes y 700 jinetes, destacando la división de Cedeño para cubrir su retaguardia en los llanos que abandonaba. Allí se encontró rodeado de partida enemigas, que eran dueñas de toda la campaña. Una columna destacada por Morillo a órdenes del comandante Rafael López, tenía por especial encargo impedir su reunión con Páez, y atacarlo donde lo encontrase. Al acercarse al Rincón de los Toros, cogió un prisionero que le informó del lugar donde se encontraba Bolívar a larga distancia de su campamento, dándole el santo y seña. El capitán español Javier Renovales se ofreció a penetrar con 30 hombres al campo republicano y matar a Bolívar, mientras López atacaba la descuidada división. La noche era de luna. La partida realista llegó a las 4 de la mañana hasta la inmediación de la mata o bosque donde se hallaba el Libertador con su estado mayor, que dormía en hamacas colgadas en los árboles. Renovales se encontró con una patrulla mandada por el coronel Santander, jefe de estado mayor, a tiempo que la luna se ocultaba en el horizonte, y rindiendo santo y seña, siguió adelante. Al llegar a la mata, la partida hizo fuego sobre las hamacas. El Libertador, que estaba despierto, se incorporó, y las balas pasaron por encima de su cabeza. Corrió a tomar su caballo, que huyó espantado por los tiros. En la oscuridad no acertó a dirigirse a su campamento, y se internó en un espeso bosque, donde vagó toda la noche solo y a pie, despojándose de su gorra y dormán para no ser conocido (abril 17). Al día siguiente fue encontrado por los dispersos de su división, que había sido sorprendida y destrozada. Pidió un caballo, y todos se lo negaron, hasta que un soldado le dio el suyo, quedando a pie, sin dar su nombre, y solo un año después pudo descubrir por casualidad quién había sido el que lo auxilió en tan duro trance. Procuró reunirse con Páez, y erró durante tres días por las márgenes del Portuguesa, con una escolta de cuarenta hombres. Al fin se dirigió a San Fernando, adonde llegó enfermo y triste, pero no desalentado. Allí se encontró con Páez derrotado, y dictó medidas para levantar nuevos cuerpos.

No había terminado aún los desastres de esta campaña, por consecuencia de los errores del general. Incurriendo en la misma falta que cuando dio a Saraza el mando de una fuerte división avanzada que era incapaz de manejar, confió a Cedeño, tan incapaz como el derrotado en la Hogaza, una columna de 1.000 jinetes y 300 infantes, con encargo de dominar los llanos de Calabozo. Morillo, que después de las ventajas alcanzadas había dispuesto que Calzada con su división maniobrase sobre el Apure, dispuso al mismo tiempo que Morales con una gruesa columna ocupase los mismos llanos. Cedeño esperó al enemigo en el cerro de los Patos, a 10 kilómetros de Calabozo, y fue batido tan ignominiosamente como Saraza en la Hogaza, con pérdida de toda su infantería y dispersión de toda su caballería (20 de mayo). Apenas doscientos hombres se salvaron. Morales, ensoberbecido con su victoria, avanzó hasta el Guayabal, a 15 kilómetros de San Fernando. Páez atravesó el Apure al frente de su guardia de honor, y le sorprendió y derrotó completamente, obligándole a replegarse a Calabozo (28 de mayo de 1818). Era la estación de las lluvias y los ríos salidos de madre habían inundado los llanos, convirtiéndolos en un inmenso lago. Los beligerantes se pusieron en cuarteles de invierno.

La campaña estaba terminada. El ejército con que se abriera no existía. Toda la infantería había desaparecido; el armamento estaba destruido y las municiones agotadas. De todas las conquistas del año anterior, los independientes solo ocupaban la plaza de San Fernando. El Libertador había perdido, juntamente con su ejército, su crédito como general y su autoridad moral como gobernante. Solo quedaba en pie el núcleo del ejército del Apure y la base de operaciones de la Guayana conquistada por Piar.

La situación del ejército realista no era mucho mejor, a pesar de sus triunfos. Morillo contaba todavía con doce mil hombres diseminados en Venezuela y Nueva Granada; pero sus fuerzas vivas estaban gastadas. Él mismo lo reconocía. "Estamos entregados a la más espantosa miseria, sin dinero, sin armamento, sin víveres, y sin esperanza de poder variar la suerte. Doce batallas campales consecutivas en que han quedado muertos en el campo de batalla las mejores tropas y jefes enemigos, no han sido bastante para exterminar su orgullo ni el tesón con que nos hacen la guerra."

La escuadra española estaba desmantelada en Puerto Cabello, y los corsarios argentinos y venezolanos dominaban el mar de las Antillas, con los puertos de Margarita por centro de operaciones. Bolívar había contribuido a este resultado, quebrando el nervio de la más poderosa expedición que la metrópoli hubiera hecho para sojuzgar a sus colonias rebeladas; pero la responsabilidad que sobre el Libertador pesaba por sus errores, era inmensa. Todos atribuían, y con razón, el desgraciado éxito de las operaciones a la mala dirección de la guerra. El tiempo, que ha agrandado su gloria, ha confirmado este juicio de sus contemporáneos.

Un juicioso historiador colombiano, admirador del genio de Bolívar, ha hecho la crítica de esta campaña con tanta justicia, como severidad. Prescindiendo de la derrota de Saraza en la Hogaza, de que es responsable por imprudencia, pero que fue reparada por su rapidez en reunirse con el ejército del Apure y la feliz sorpresa de Morillo en Calabozo, hechos que le hacen grande honor, todos los desastres que se siguieron son consecuencia de sus errores. Después de haber experimentado en la marcha hacia el Sombrero y en el paso del Guarico la superioridad de la infantería española, cuando 1.400 hombres en retirada no pudieron ser destruidos ni aun conmovidos por todo el ejército independiente en las llanuras con una caballería muy superior, no debió empeñarse en perseguir a Morillo, en las montañas, donde aquella superioridad —aparte de la numérica— era mayor, y su arma principal se utilizaba. La situación falsa en que se colocó en los valles de Aragua, donde podía ser cortado y destruido enteramente por fuerzas muy superiores y de mejor calidad, agravada por el avance de su vanguardia sobre Valencia y camino de Caracas con su flanco y retaguardia descubiertos, son errores que no tienen explicación militar. La batalla de Semen o La Puerta, innecesariamente comprometida, cuando pudo retirarse a los llanos haciendo la guerra de posiciones a que se prestaba el terreno, es el hecho que ha merecido la más justa crítica de los militares. La batalla de Ortiz, consecuencia de otro error estratégico, fue mal empeñada y peor dirigida, cuando un simple movimiento de flanco le hubiese dado la victoria y salvádole de una derrota. Su plan de campaña de invadir a Caracas por el occidente, lanzando a Páez en aventuras sin darse cuenta de los movimientos del enemigo, que interceptaron sus columnas de maniobra, acusan una ciega obstinación sin objetivo claro. La sorpresa del Rincón de los Toros, manifiesta tanto olvido como desprecio de las precauciones más ordinarias en campaña al frente del enemigo. La pérdida de la división de Cedeño, comprometida sin objeto, cuando pudo y debió hacerla retirar en tiempo repasando el Apure, fue el último grande error de la campaña, que acabó con los últimos restos del ejército republicano.

VI

La suerte de las armas republicanas no había sido más feliz en el oriente, y la autoridad del Libertador anulada en el Apure, era allí desconocida. Los partidarios de Mariño le habían vuelto a llamar, y éste, apoyado por el gobernador Gómez de Margarita, se puso de nuevo al frente de las tropas de Cumaná, asumiendo su antigua actitud disidente. Bermúdez, que con 800 hombres permaneció fiel, había sido completamente derrotado, con pérdida de su caballería, repasando deshecho el Orinoco. Monagas, que ocupaba con los restos de su división los llanos de Barcelona, estaba reducido a la impotencia. La opinión general era contraria al Libertador.

Tal es la situación política y militar con que se encontró Bolívar al regresar a Angostura, dejando a Páez al mando del ejército del Apure, donde apenas era él obedecido. Empero, con su inquebrantable constancia, con su genio creador en la desgracia se contrajo a formar un nuevo ejército y nuevo estado, revelando cualidades de flexibilidad y de métodos que no se le conocían. Creó nuevos batallones reclutados en las misiones de Coroní, reorganizó las divisiones de Saraza y Monagas, y encargó a Bermúdez levantar nuevas tropas en la Guayana. El oportuno auxilio de cinco mil fusiles y abundantes pertrechos de guerra conducidos por Brión desde las Antillas, le proporcionó el material de guerra de que carecía. En medio de estos trabajos, como la espada de acero de buen temple, que se dobla sin quebrarse, se amoldó a las circunstancias con una moderación y una prudencia que no estaban en su naturaleza soberbia. Se reconcilió con Mariño, y confirmó su autoridad, nombrándole comandante del ejército de Cumaná. El ejército del Apure, movido por el coronel inglés Wilson que mandaba un contingente de voluntarios de su nación enganchados en Europa, se había sustraído a su comando, y proclamado a Páez general en jefe con el apoyo decidido de los llaneros, que adoraban a su jefe y que lo consideraban superior a Bolívar. Él, sin darse por entendido para sostener la guerra. La más acertada de sus medidas y que debía influir sobre su destino futuro fue enviar al general Francisco de Paula Santander con 1.200 fusiles y un cuadro de oficiales con el encargo de formar un cuerpo de ejército en la provincia de Casanare, reconcentrando todas las partidas dispersas y amagar la frontera de Nueva Granada. Santander era granadino y era el hombre de la empresa. Hombre de letras por vocación y soldado por elección, había hecho todas las campañas de la revolución, conservando su carácter mixto. Dotado de una inteligencia vivaz y bien cultivada con principios democráticos que formaban su conciencia política, con un patriotismo de buena ley, aunque no exento de una ambición legítima, era un hombre de acción y de pensamiento, llamado a figurar en la guerra y en la paz. El Libertador hizo preceder su marcha de una proclama profética dirigida a los granadinos: "El día de la América ha llegado. Ningún poder humano puede retardar el curso de la naturaleza guiado por la mano de la Providencia. El sol no completará el curso de su período, sin ver en todo vuestro territorio altares a la libertad." La profecía se cumpliría. En su tránsito por el Apure, Santander fue detenido por Páez, que se mantenía en un estado de disidencia pasiva. Bolívar allanó prudentemente esta dificultad. En seguida remontó el Orinoco con una escuadrilla de veinte embarcaciones, con algunos batallones para reforzar el ejército del Apure. Tuvo allí una entrevista amistosa con Páez, lo sometió sin violencia a su autoridad suprema, y confiándole el mando en jefe regresó a Angostura con el objeto de consolidar las bases vacilantes de su gobierno político.

Los hombres pensadores que acompañaban al Libertador en sus trabajos y aun militares de alta graduación que le eran más adictos, le manifestaron con energía que el país estaba descontento de ser gobernado por un solo hombre con facultades absolutas, sin freno alguno y sin rumbos políticos, y que era necesario que se estableciera por lo menos una forma de representación popular, que diese más solidez a su propio poder y más respetabilidad a la república en el interior y el exterior. Bolívar, dándose cuenta de su situación, se dejó persuadir, sin manifestar displicencia. Reorganizó el consejo de estado que había caído en desuso, y lo incitó a que se ocupara de la convocación de un congreso constituyente, iniciando la reorganización de la república colombiana. Dictóse en consecuencia un reglamento electoral, apuntando en él la idea de que Venezuela debía formar una sola república con Nueva Granada, y que desde luego debía ser llamada la provincia de Casanare a tener representación como parte integrante de la nación. El Libertador, al anunciar a los pueblos la próxima convocatoria, declaró que los ponía en posesión de sus derechos, "sin más condición que la de elegir para sus magistrados a los ciudadanos más virtuosos, olvidando, si podían, en las elecciones, a los que les habían dado libertad". Y como no podía faltar la renuncia anticipada de fórmula, terminada con estas palabras: "Por mi parte, yo renuncio para siempre a la autoridad que me habéis conferido, y no admitiré jamás ninguna que no sea la de simple militar, mientras dure la guerra de Venezuela." Pero agregaba, contradiciéndose: "El primer día de la paz será el último de mi mando." (22 de octubre de 1818.)

El escenario se magnificaba. Las corrientes magnéticas de la revolución sudamericana se tocaban. El mundo empezaba a intervenir indirectamente en el gran movimiento que se operaba en las colonias hispanoamericanas insurreccionadas. La figura de Bolívar se agrandaba. La revolución estaba triunfante en el sur del continente y se preparaba a dar el golpe de muerte al poder colonial en su centro. San Martín había triunfado en Maipú, y se preparaba a libertar al Perú. El director de Chile se dirigía al Libertador, como antes el de las Provincias del Río de la Plata, reconociendo la solidaridad de la causa continental en pro de la emancipación del Nuevo Mundo. En vez de proclamas se cambiaban ahora boletines de victoria. O'Higgins se dirigía al pueblo de Venezuela, felicitándolo por los triunfos que hacían inmortales sus armas bajo las inspiraciones de su jefe supremo, y le invitaba a la alianza: "La causa que defiende Chile es la misma en que se hallan comprometidas Buenos Aires, Nueva Granada, México y Venezuela; es lo de todo el continente americano. Separados estos países unos de otros harían más difícil y retardarían el fin de la contienda de que pende la felicidad o la humillación de veinte millones de habitantes. Las armas de Chile y Buenos Aires pronto darán libertad al Perú, y la escuadra de este estado puede franquear las comunicaciones con la Nueva Granada y Venezuela y ayudar a las protestas de estos países." El campo de acción de Bolívar se ensanchaba y sus horizontes se dilataban. La España, desesperanzada de someter por las armas a sus colonias rebeladas, solicitaba la mediación de las altas potencias de Europa a título de reconciliación. El Libertador, apoyándose en la autoridad de jefe de estado y de una asamblea de notables, declaró en un manifiesto solemne a la faz del mundo: "que la República de Venezuela, por derecho divino y humano, estaba emancipada de la nación española; que no había solicitado ni solicitaría mediación de las altas potencias europeas para reconciliarse con su antigua metrópoli; que no trataría jamás con la España sino de igual a igual en la paz y en la guerra, y por último, para mantener sus derechos soberanos, el pueblo venezolano estaba resuelto a sepultarse entero bajo sus ruinas, si la España, la Europa, y el mundo entero se empeñasen en conservarlo bajo el poder español". Bajo estos auspicios se abrió el congreso convocado por el Libertador.

VII

El 15 de febrero de 1819 se instaló solemnemente en Angostura el segundo congreso venezolano. El dictador abdicó en sus manos el poder absoluto de que estaba investido, diciéndoles modestamente: "En medio de un piélago de angustias no he sido más que un juguete del huracán revolucionario que me arrebataba como débil paja. No he podido hacer ni bien ni mal. Fuerzas irresistibles han dirigido la marcha de nuestros sucesos: atribuírmelas no sería justo, y sería darme una importancia que no merezco. Apenas si me puedo suponer simple instrumento de los grandes móviles que han obrado sobre Venezuela. Yo deposito en vuestras manos el poder supremo. En vuestras manos está la balanza de vuestros destinos."

En un elocuente y meditado discurso, de su punto de vista el más lógico que haya brotado de su cabeza, expuso Bolívar por la primera vez su plan de organización constitucional, renovando la idea de la unión de las repúblicas de Venezuela y Colombia en una sola nación, germen de la república colombiana. Proclamó la excelencia del gobierno democrático, que establecía la igualdad, y se pronunció abiertamente contra la federación, a que atribuía una debilidad orgánica; pero observó que ninguna democracia había tenido estabilidad, mientras que las monarquías y las aristocracias, y aun las tiranías, contaban siglos de existencia, de lo que deducía que era necesario buscar la solución del problema, combinando lo bueno de la república con lo estable de las monarquías. Como modelo, presentó la constitución de la Inglaterra, en cuanto tenía de republicana y de conservadora, proponiendo que se instituyese un senado hereditario como la cámara de los pares de la Gran Bretaña, y que sus descendientes fuesen educados especialmente en un colegio nacional como legisladores perpetuos por razón de legado. "Y que esto sería la base eterna y la traba del edificio constitucional, y el alma de la república, que pararía los rayos del gobierno y rechazaría como cuerpo neutro las olas populares; el iris que calmaría las tempestades y mantendría la armonía entre los miembros y la cabeza de este cuerpo político." En cuanto al poder ejecutivo, la idea de la presidencia vitalicia estaba en su cabeza, inoculada desde muy temprano por su maestro Simón Rodríguez, y afirmada por el gobierno de Petión en Haití; pero no se atrevió a proponerla, porque sintió que no tendría apoyo, y se limitó a aconsejar que se le revistiese de todos los atributos de la Gran Bretaña, menos la corona, reuniendo en el mandatario electivo todas las facultades del monarca y del gabinete. Según su teoría, "el poder ejecutivo en una república, debía ser el más fuerte, porque todo conspira contra él, en tanto que en las monarquías debía serlo el legislativo porque todo conspira en favor del monarca'". "Un magistrado republicano —decía— es un individuo aislado en medio de una sociedad. Es un atleta lanzado contra una multitud de atletas." No obstante proclamar la igualdad y repudiar las distinciones nobiliarias, los fueros y los privilegios, proponía la creación de una nueva nobleza indígena, por razón de los servicios de los causantes, y designaba como senadores y próceres perpetuos a los libertadores y a sus herederos legítimos de la gloria: "Es un oficio —decía— para el cual se deben preparar los candidatos, y un oficio que exige mucho saber. Todo no se debe dejar al acaso y a la ventura en las elecciones. El pueblo se engaña más fácilmente que la naturaleza perfeccionada por el arte. Los libertadores de Venezuela son acreedores a ocupar un alto rango en la república que les debe existencia. Es de interés público, es de la gratitud de Venezuela, es del honor nacional, conservar con gloria hasta la última posteridad, una raza de hombres virtuosos, prudentes y esforzados, que han fundado la república a costa de heroicos sacrificios. Si el pueblo de Venezuela no aplaude la elevación de sus bienhechores, es indigno de ser libre y no lo será jamás." En su anterior proclama de convocatoria, había encargado a los pueblos que en las elecciones "se olvidasen de sus libertadores, si podían".

No podía faltar la tradicional renuncia de aparato, cuando él era el único candidato posible para el mando supremo, y lo había disputado y estaba resuelto a disputarlo a todos, en lo que hacía bien, aun cuando entrase por mucho en ello la ambición personal. "En este momento, el jefe supremo de la república no es más que un simple ciudadano, y tal quiere quedar hasta la muerte. Serviré, sin embargo, en la carrera de las armas, mientras haya enemigos en Venezuela. La continuación de la autoridad en un mismo individuo, frecuentemente ha sido el término en los gobiernos democráticos. Nuestros ciudadanos deben temer con sobrada justicia que el mismo magistrado que los ha mandado mucho tiempo, los mande perpetuamente. Meditad vuestra elección." El mando perpetuo fue, sin embargo, la gran pasión de su vida, y al iniciar la creación de un senado hereditario, preparaba la institución de la presidencia vitalicia, que estaba ya en su cabeza y que se apoderaría de su alma hasta la muerte. El congreso no tenía qué meditar. Lo nombró presidente de la república (febrero 10). El congreso mandó publicar el nombramiento como un hecho consumado (febrero 17). Él se sometió como violentado. Se ha disculpado su falta de seriedad comprometida con palabra de carácter irrevocable y argumentos contrarios a su propia conciencia, diciendo que tenía por objeto realzar la autoridad moral del congreso, dejándose forzar la mano para recibir el poder de sus manos como un depósito y una carga pública. La explicación es plausible, y debe equitativamente tenerse en cuenta, porque desde ese día gobernó siempre acompañándose con los congresos y respetó su libertad y sus opiniones, y aun en medio del gran poder, que le constituyó una dictadura de hecho, apeló a su voto en las grandes crisis. Cuando se divorció de los congresos, cayó en el vacío.

El congreso al ocuparse del plan presentado por Bolívar, aceptó por transacción un senado vitalicio en vez de hereditario, adoptó la forma del gobierno unitario, fijó la duración del presidente en cuatro años, reelegible por otros cuatro solamente, y arregló los demás poderes públicos, vaciándolos en el molde consagrado del sistema republicano-representativo. Pero como esta constitución debía ser sometida al voto del pueblo, y esto no era posible, nunca estuvo en vigor, y solo quedó planteada su armazón. Por un decreto legislativo, se declaró que el presidente en campaña, ejercería una autoridad ilimitada en las provincias que fuesen teatro de la guerra, y que el vicepresidente en ejercicio del mando político no tendría acción en ellas ni sobre los ejércitos que las ocupasen, donde imperaría únicamente la autoridad del jefe supremo de las armas. Era en el hecho una dictadura militar, con carta blanca para conquistar y ocupar provincias sustraídas a la potestad civil —más adelante se verán las consecuencias de esta disposición—. Mientras tanto, Bolívar delegó el mando político en el vice, Francisco Antonio Zea, que como granadino representaba el vínculo de las dos repúblicas colombianas. El Libertador se puso en campaña, seguido de un batallón de 500 voluntarios ingleses al mando del coronel Elsom, enganchados en Inglaterra (27 de febrero de 1819).

VIII

Por varias veces hemos hecho mención de la presencia de jefes y soldados europeos, especialmente ingleses, en el ejército republicano, y ésta es la ocasión de explicarla, en el momento en que este elemento entra colectivamente a representar un papel histórico en la guerra de la independencia colombiana. Venezuela, no obstante la virilidad de sus hijos y los heroicos esfuerzos con que mantuvo sola la lucha por el espacio de ocho años contra los más numerosos y aguerridos ejércitos españoles, fue la única república sudamericana que apeló al recurso de voluntarios reclutados en el exterior para aumentar sus fuerzas, y tuvo a su servicio cuerpos enteros de soldados de otras nacionalidades, mandados por jefes y oficiales extranjeros con su denominación de origen. Bolívar, que como todo libertador internacional, tenía algo de cosmopolita, no participaba de las preocupaciones de sus compatriotas contra los extranjeros y procuró siempre atraerse su concurso, no solo como fuerza material sino como elemento regenerador en la milicia. Sin educación militar él mismo, con más instinto guerrero que ciencia estratégica, con más ímpetu que táctica, era hasta entonces un montonero de genio, una especie de Sertorio, como le placía ser apellidado, pero que comprendía que la guerra para dar resultados, tenía que hacerse con método y disciplina, y que necesitaba formar una nueva escuela. Así decía al emprender su expedición de los Cayos, asimilándose algunos elementos extraños: "La guerra no se hace con correr y montar a caballo, que es lo único que nos suministran los llanos." Y al inaugurar el congreso de Angostura señalaba la concurrencia extranjera como el principal factor de la consistencia bélica del ejército venezolano.

Bolívar veía que por ese mismo tiempo San Martín en el hemisferio opuesto del continente, al frente de un pequeño ejército bien organizado y bien dirigido, alcanzaba triunfos decisivos sobre las mejores tropas españolas, cual nunca había presenciado la América insurreccionada, y que sus armas libertadoras se extendían por todo el continente del Sur. Comprendía que necesitaba un núcleo más compacto que el de los llaneros, y una infantería mejor disciplinada para hacer la guerra con eficacia. Aleccionado por sus últimos descalabros, debidos tanto a su imprudencia cuanto a la poca consistencia de sus tropas de pelea en combates regulares, estaba penetrado de que sin un ejército sólido y regularmente organizado en la escuela de la táctica y la disciplina europea, todas las ventajas que obtuviese serían efímeras, y el triunfo definitivo, si no imposible, sería por lo menos desastroso, triunfando sobre ruinas. En esta escuela, el gran guerrero llegaría a ser un gran capitán con menos ciencia y precisión matemática que San Martín, pero con más atrevimiento y más laureles. Tomaría como el general de los Andes la ofensiva, atravesaría como él la Cordillera, libertando pueblos; se hará libertador, no solo de Venezuela, sino también libertador americano, y más táctico que hasta entonces y con ejércitos más consistentes, ganará batallas decisivas, sin experimentar los repetidos reveses que habían neutralizado sus constantes esfuerzos y esterilizado sus mismas victorias hasta entonces.

Desde 1815 se habían iniciado trabajos para enrolar un cuerpo auxiliar de irlandeses, pero solo en 1817 empezó a metodizarse en Inglaterra el alistamiento de voluntarios contratados, bajo la dirección del agente venezolano en Londres, Luis López Méndez, de quien decía Bolívar que sin los oportunos y eficaces auxilios de todo género que le prestó, nada hubiera podido hacer en la célebre campaña de 1819, que por este tiempo preparaba, y que le dio la preponderancia militar. Los soldados debían recibir 20 dólares como precio de enganche, gozar de un sueldo de 2 chelines diarios, raciones como en el ejército inglés, y al finalizar, un premio de 500 dólares y un terreno en propiedad. Varios oficiales ingleses y alemanes celebraron contratos con López Méndez, en 1817, para conducir a Venezuela cuerpos de tropas organizadas, de artillería, lanceros, húsares y rifleros. La primera expedición que salió de Inglaterra, fue el cuadro de un regimiento de "Húsares y lanceros (120 hombres) venezolanos", organizados por un coronel Hippisley, que resultó ser más una comparsa de teatro con brillante uniforme, pero que sin embargo sirvió de plantel a un cuerpo de caballería regular. El coronel Wilson —el mismo que hemos visto figurar en el Apure conspirando contra Bolívar— y el coronel Skeenen, organizaron el plantel de otro cuerpo de caballería. Una expedición de 300 hombres de la misma arma a cargo del mismo coronel Skeenen, naufragó en las costas de Francia. Campbell formó la base de un batallón de rifleros, famoso después en las guerras de la independencia de Colombia. Un oficial subalterno, con el título de coronel, llamado Gilmour, creó la base de una brigada de artillería de noventa plazas.

El alistamiento en favor de la independencia venezolana, se convirtió en una pasión, a pesar de las severas medidas del gobierno inglés que lo prohibía (*Enlistament bill*). La corriente de voluntarios se aumentó considerablemente en 1818 y 1819. El general English, que había hecho la guerra en la península española con Wellington, contrató el envío de una división de 1.200 ingleses, que por este tiempo arribaron a Margarita, de la que salió el famoso batallón Carabobo, que tan grande papel representó en las batallas. El coronel Elsom, el mismo que acompañara a Bolívar al ir a tomar el mando del ejército del Apure, condujo a más de 500 hombres que formaron el famoso batallón que sucesivamente se denominó Legión Británica y Batallón Albión, 300 alemanes contratados en Bruselas al mando del coronel Uzlar. El general Mac Gregor, a quien ya conocemos, llevó a las costas venezolanas una legión extranjera de 800 hombres, que tomó parte activa en las operaciones subsiguientes. Además de otros contingentes extranjeros de menos importancia, formóse una legión irlandesa por el general Devereux, el iniciador de la idea de reclutar tropas extranjeras en Europa. De ella formaba parte un hijo del gran tribuno de Irlanda, O'Connell, quien al ofrecerlo al Libertador le escribía protestando de su "adhesión a la santa causa de la libertad y de la independencia de Colombia, que tan gloriosamente sostenía", hacía votos por que viese a los enemigos de su patria confundidos y exterminados, y que fuese al fin de su carrera tan venerado y amado como el "gran prototipo Washington".

Al tiempo de instalarse el congreso de Angostura y recibirse la noticia de que la expedición del general English y otros cuerpos extranjeros contratados habían arribado a Margarita, Bolívar dispuso que Urdaneta se trasladase a la isla para darles organización. Urdaneta encontró allí 1.200 ingleses y 300 alemanes. Esta fuerza debía operar con las costas de Cumaná y Caracas, mientras el Libertador abría su campaña por los llanos altos de Venezuela. El coronel Mariano Montilla, hasta entonces enemigo declarado de Bolívar, se reconcilió con él, y tomó el puesto de jefe de estado mayor de las tropas extranjeras que amenazaban sublevarse contra sus jefes. Montilla restableció la armonía y estableció el orden en este agrupamiento todavía informe. Había servido como guardia de corps en España y viajado mucho en Europa; hablaba varios idiomas extranjeros y conocía las costumbres de los nuevos auxiliares; era enérgico y activo y poseía buenos conocimientos militares. Era el último enemigo del Libertador que reconocía su autoridad suprema, y que cooperando eficazmente en sus empresas, le fue fiel hasta el fin.

Al mismo tiempo que la noticia del arribo de la expedición de English, llegó a Angostura el batallón inglés de 500 plazas mandado por el coronel Elsom, con que el Libertador remontó el Orinoco para unirse al ejército del Apure y abrir la campaña de los llanos altos de Venezuela.

IX

Morillo había abierto ya su campaña. El 30 de enero (1819)
pasó revista a siete batallones y dieciséis escuadrones, perfectamente disciplinados y pertrechados, que alcanzaban en su totalidad a
6.500 hombres. Páez, que había abandonado la línea del Apure a
su aproximación, incendiando a San Fernando, se trasladó al sur
del Arauca con cuatro mil hombres, dos mil llaneros de caballería y cuatro batallones con un escuadrón de dragones ingleses, con
abundante reserva de caballos de repuesto. El ejército español avanzó hasta el Arauca, llevando a la rastra de la cola de sus caballos
algunas canoas, que surcaban el llano como trineos. Páez defendió
el paso del río, en dos puntos, que los españoles al fin tomaron con
intrepidez bajo el fuego (4 de febrero de 1819). El general llanero ensayó un nuevo sistema de guerra. Comprendiendo que su
infantería bisoña y menos numerosa no podía competir con la del
enemigo, la puso en seguridad a su retaguardia. Él se quedó con
1.500 hombres bien montados. Morillo ignoraba la situación de los
republicanos. Solo algunas partidas sueltas se presentaban por sus
flancos o su retaguardia, cambiaban algunos tiros y se perdían en
el vasto horizonte de las sabanas. Desprendió a Morales con una
vanguardia de 3.000 hombres, con el objeto de explorar el campo
y recoger ganados. Hallábase ocupado uno de sus escuadrones en
esta faena, cuando se presentó Páez con 1.200 jinetes escogidos, lo
acuchilló hasta su campamento, y cargó sobre la reserva, trabándose
un recio combate. A la aparición de la reserva, la columna llanera
se retiró al galope (14 de febrero). En la noche tomó la retaguardia
de los invasores, y obligó a Morillo a retrogradar al día siguiente,
haciéndolo vagar sin rumbo por la inmensa llanura, en persecución
de un fantasma, que le retiraba los ganados, mataba a las partidas
que se apartaban del grueso del ejército y hostigaba constantemente
sus flancos de día y de noche, obligándole a marchar reconcentrado.
Las enfermedades empezaron a hacerse sentir en las tropas españolas,
por efecto de los pantanos y lo ardiente del clima. Al cabo de nueve
días de campaña, el general español comprendió que tenía que habér-
selas con un adversario más hábil que él, que se proponía agotarlo en
vanas marchas y contramarchas, desistió de su empresa y se replegó
a la línea del Apure, sobre la base de San Fernando fortificado, con
el grueso de sus fuerzas, situando algunas divisiones en Barinas, Calabozo y Sombrero.

Tal era el estado de la campaña cuando Bolívar se reunió a
Páez al sur del Apure. El ejército republicano se componía entonces de 3.500 hombres disponibles de infantería y caballería. El General en Jefe, siempre inclinado a la ofensiva, considerando el ejér-

cito español muy debilitado en su primera línea, resolvió buscar una batalla. Su primera descubierta sufrió un serio contraste. La segunda tentativa sobre un punto avanzado de 400 hombres infantes y un escuadrón de carabineros al mando del coronel español José Pereyra, tuvo un éxito desgraciado. Pretendió sorprenderlo en persona con 800 infantes y 200 jinetes en un punto llamado Gamarra, y a pesar de su superioridad fue rechazado, con pérdida considerable de muertos y prisioneros y algunos dispersos (27 de marzo). Estos descalabrados hicieron desistir a Bolívar de su plan ofensivo, y repasó prudentemente el Arauca. Con la presencia de Bolívar al frente del ejército volvían otra vez los contrastes.

Morillo avanzó en masa hasta las inmediaciones del Arauca. Páez quiso mostrarle que, si era el primer general de caballería irregular de la América, era también uno de los primeros héroes modernos. A la cabeza de 150 jinetes escogidos, atravesó el río a nado, y avanzó a galope sobre el campo enemigo. Atacado por una columna de caballería de 800 hombres, sostenida por el fuego de dos cañones volantes, se puso en retirada, amagando cargas, hasta traer a sus contrarios a la inmediación del río donde se hallaba un batallón de cazadores emboscado sobre la margen derecha. Páez, aprovechando la sorpresa, hizo volver caras en pelotones de 20 hombres, y cargó por todos los costados, obligando a los carabineros a echar pie a tierra para defenderse y echó el resto de los escuadrones intimidados sobre su infantería. La noche se acercaba, y Morillo, creyendo ser atacado por todo el ejército independiente, se reconcentró en un bosque inmediato. Páez repasó el río con dos muertos y algunos heridos, dejando al campo cubierto de cadáveres enemigos. Este combate fabuloso se llamó de Las Queseras del Medio, por el lugar en que se dio (3 de abril de 1819).

Después de estos combates, sin más resultados que hacerse respetar ambos ejércitos, Morillo se limitó a algunas correrías por la margen norte del Arauca, y a los pocos días se replegó al Apure. Bolívar quería invadir la provincia de Barinas. Páez le aconsejaba seguir el sistema de guerra que tan buenos resultados había dado, diciendo con calma y estilo sanchesco: "Paciencia, mi general, que tras un cerro está el llano. El que sabe esperar lo que desea, no toma el camino de perder la paciencia." El Libertador le replicaba: "¡Paciencia! ¡Si no me deserto es porque no sé para dónde ir!" La lluvias de la estación pusieron fin a esta campaña, los llanos volvieron a anegarse, convirtiéndose en un mar, y ambos ejércitos entraron en cuarteles de invierno.

En este momento tuvo Bolívar la gran inspiración de la campaña, que debía asegurarle la inmortalidad y decidir de los destinos de la América, produciendo en el norte del continente la catástrofe de las armas españolas que ya se había operado en el sur con el paso de los Andes por San Martín, y la reconquista de Chile en Chacabuco y Maipú con el dominio del mar Pacífico, que preparaba la conquista del Perú.

Un oficial, que se retiraba disgustado de la provincia de Casanare, se la sugirió. Informado de que Santander tenía 1.200 infantes disciplinados y 600 hombres de caballería bien montados, y que con esta fuerza acababa de rechazar una invasión que desde Nueva Granada le había llevado el coronel José María Barreiro, con un ejército de 2.300 hombres (abril de 1819), empezó a ver más claro en el teatro de la guerra. Al mismo tiempo Santander lo llamaba a reunir sus fuerzas con las de Casanare, y emprender la reconquista de Nueva Granada. Bolívar, por intuición comprendió que el triunfo de Venezuela estaba en Nueva Granada, como antes había comprendido que la salvación de Nueva Granada estaba en Venezuela, atravesando las montañas como lo había hecho San Martín. Convocó una junta de guerra, le comunicó su atrevido proyecto, que fue acogido con entusiasmo por sus jefes. Quedó acordado que el Libertador invadiría la Nueva Granada, mientras Páez, al frente del resto del ejército del Apure mantenía la campaña de los llanos, llamando la atención por Barinas, así al ejército de Morillo como al que defendía Nueva Granada. Al mismo tiempo, Brión, con la escuadrilla republicana, tomando a su bordo las tropas auxiliares extranjeras que se hallaban en Margarita a órdenes de Urdaneta y Montilla, debía hostilizar las costas de Caracas, ocupando a los realistas por la espalda. Jamás Bolívar, después de su famosa reconquista de Venezuela, tan desastrosamente terminada, había concebido un plan de campaña más grandioso, más bien combinado, aun fallando en algunos de sus cálculos, ni de más trascendentales consecuencias. Aquí se revela la penetración y el alcance del genio. Los destinos de la América iban a cambiar en el Norte, al atravesar Bolívar los Andes ecuatoriales, como cuando San Martín atravesó en el Sur los Andes meridionales. Las dos grandes masas batalladoras y redentoras de las colonias hispanoamericanas se acercaban, y los dos grandes libertadores del Sur y del Norte del continente iban a operar su conjunción.

BOYACÁ-COLOMBIA-CARABOBO

1819-1822

I

La inundación de los llanos, que facilitaba la ejecución del plan de Bolívar para invadir la Nueva Granada, por cuanto detenía a Morillo en sus acantonamientos, dificultaba su marcha para reunirse con Santander en Casanare. Tenía que atravesar una vasta extensión cubierta casi totalmente de agua, vadear siete caudalosos ríos a nado conduciendo su material de guerra, y le quedaría aún la mayor dificultad a vencer, que era el paso de la cordillera nevada en pleno invierno. Todo fue superado con constancia sufriendo las más grandes penalidades. El Libertador se reunió con Santander al pie de los Andes en las nacientes del río Casanare que se derrama en el Meta (11 de junio de 1819). Llevaba cuatro batallones de infantería: Rifles, Bravos de Páez, Barcelona

222

y Albión, este último compuesto totalmente de ingleses. La caballería componíase de dos escuadrones de Lanceros y uno de carabineros de los altos llanos de Caracas, con un regimiento nombrado Guías del Apure, en que figuraban los contingentes británicos de esa armas. El total del ejército expedicionario ascendió a 2.500 hombres, regularmente armados, pero casi desnudos. Santander tomó la vanguardia con la división de Casanare y penetró en los desfiladeros de la montaña por el camino de Morcote con dirección al páramo de Pisba, que conduce al centro de la provincia de Tunja al occidente de los Andes (25 de junio). Este punto se hallaba defendido por un ejército disciplinado de 2.000 infantes y 400 jinetes al mando del coronel José María Barreiro, con sus avanzadas sobre la cordillera. En Bogotá se hallaba una reserva respetable, que aunque debilitada por la marcha del batallón Numancia en 1818 en auxilio del Perú amenazado por San Martín después de la batalla de Maipú, contaba todavía con más de 1.000 veteranos, además de las tropas que guarnecían Cartagena y el valle de Cauca, sin contar el ejército realista que ocupaba Quito. Bolívar, a pesar de su inferioridad numérica, confiaba en el efecto que produciría la sorpresa y en el apoyo que esperaba encontrar en el país que iba a conquistar.

Al trasladarse el ejército invasor del llano a la montaña, el paisaje cambiaba. Los nevados picos de la cadena oriental de los Andes se divisaban a la distancia. Al inmenso y tranquilo lago sin horizontes de la planicie, se sucedían grandes masas de agua que descendían bramando de las alturas. Los caminos eran precipicios. Una selva tropical de árboles gigantescos que retiene la nubes en sus cimas, y de que se desprende una lluvia incesante, sombrea los estrechos desfiladeros. A las cuatro jornadas, todos los caballos se habían inutilizado. Un escuadrón de llaneros desertó en masa al verse a pie. Los torrentes eran atravesados por angostos y vacilantes puentes formados con troncos de árboles o por medio de las áreas taravitas: cuando daban vado, eran tan impetuosos, que la infantería tenía que formarse en dos filas, abrazados los hombres del cuello para vencer el ímpetu de la corriente, que arrastraba para siempre al que perdía su equilibrio. Bolívar pasaba y repasaba con frecuencia a caballo estos torrentes, transportando a la grupa de una orilla a otra a los enfermos, a los más débiles o a las mujeres que acompañaban a sus soldados. Éste era relativamente el jardín selvático de la montaña, en que la temperatura húmeda y caliente hace soportable el tránsito con el auxilio de la leña. A medida que se asciende, el aspecto de la naturaleza varía y las condiciones de la vida se alteran. Inmensas rocas caóticas superpuestas y montones de nieve, forman el límite monótono del desierto escenario: las nubes que coronan las selvas de la falda, vense a los pies en las profundidades de los abismos; un viento glacial y silencioso cargado de agujas heladas, sopla en esta región; no se oye más ruido que el de los torrentes lejanos y el grito del cóndor; la vegetación desaparece, y solo crecen allí los líquenes, y una planta, que por su

223

troncos con hojas velludas a manera de gasa fúnebre y coronada de flores amarillentas, ha sido comparada a una antorcha sepulcral. Para hacer más lúgubre el camino, todo su trayecto estaba señalado por cruces de los viajeros muertos a lo largo de él. Éste es el páramo.

Al entrar el ejército expedicionario en la región glacial del páramo, los víveres se habían agotado: el ganado en pie, único recurso con que se contaba, no pudo acompañar a los soldados en sus fatigas. Al tocar la cumbre, se encontraba el desfiladero de Paya, que bien defendido, podía detener la marcha de un ejército con solo un batallón. Estaba defendido por un destacamento de 300 hombres, que la vanguardia al mando de Santander desalojó fácilmente. El ejército empezaba a murmurar. Bolívar, para dominar moralmente este desaliento, convocó una junta de jefes, y después de manifestarles los obstáculos mayores que aún quedaban por vencer, les consultó sobre si debía perseverarse o no en la empresa. Todos fueron de opinión de seguir adelante. Esto infundió nuevo aliento a las tropas.

Al tramontar la gran cordillera, más de cien hombres habían muerto de frío, de ellos cincuenta ingleses. Ninguna cabalgadura había podido resistir a la fatiga. Fue necesario abandonar las armas de repuesto, y parte de las que los soldados llevaban en las manos. Al descender las pendientes occidentales de la cordillera, el ejército de Bolívar era un esqueleto. En tan deplorable estado ocupó el ameno valle de Sagomoso en el corazón de la provincia de Tunja (6 de julio de 1819). Desde este punto, el Libertador envió auxilios a los cuerpos retrasados, reunió caballos, desprendió partidas al interior, se puso en comunicación con algunas guerrillas que existían en el país. El enemigo, sorprendido, que ignoraba el número de los invasores, se mantuvo a la defensiva en fuertes posiciones. Reconcentrado el ejército independiente, después de algunos reconocimientos recíprocos y combates de vanguardia, Bolívar, por una hábil marcha de flanco, tomó la retaguardia del enemigo y ocupando un país abundante en recursos, remontó sus fuerzas. Con poca diferencia, los movimientos estratégicos de San Martín al pasar los Andes meridionales, se repetían. Barreiro abandonó las posiciones que había ocupado por el frente, y se atrincheró en un punto llamado los Molinos de Bonza, cubriendo el camino de la capital de Bogotá amenazado. Bolívar ocupó a su frente una posición inexpugnable. Ambos ejércitos permanecieron así a la defensiva, observándose.

Era urgente para los invasores tomar la ofensiva, antes que la fuerte guarnición de Bogotá con que contaba el virrey Sámano, se pudiese unir con la división de Barreiro, y que Morillo acudiese en auxilio del país invadido. Bolívar, por una nueva y atrevida marcha de flanco, atravesó el río Sagomoso, se puso sobre su retaguardia buscando una batalla, y obligó a los realistas a abandonar sus atrincheramientos, y a situarse en el Pantano de Vargas. La accción que se empeñó fue reñida, aunque indecisa (25 de julio). Al principio llevaron la ventaja los españoles, que tomaron la iniciativa, pero restablecido el combate, Bolívar se replegó a la posición que antes ocupara, imponiendo con su actitud al enemigo. En seguida hizo un movimiento general, trasladándose a la margen derecha del Sagomoso, y amagando un ataque, obligó a Barreiro a replegarse, a fin de cubrir el camino de Tunja y Socorro, que parecía ser el objetivo (3 de agosto). Para hacer creer al enemigo que volvía a su antigua posición, ejecutó una ostensible marcha retrógrada a la luz del día; pero en la noche, efectuó una contramarcha y ocupó la ciudad de Tunja, donde se apoderó de 600 fusiles y de los depósitos de guerra, sorprendiendo a su débil guarnición (5 de agosto). De este modo quedó interpuesto entre el ejército realista en campaña y Bogotá, cortando las dos fuerzas que defendían el valle del Alto Magdalena. Barreiro, comprendiendo la importancia decisiva de este movimiento, se apresuró a restablecer sus comunicaciones perdidas, y se puso resueltamente en marcha hacia Bogotá. Ya era tarde. No tenía sino dos caminos precisos a seguir, que el ejército republicano dominaba desde las alturas de Tunja. Bolívar, observando que tomaba el más directo que conducía a Boyacá, pequeño río que corre hacia el Oriente, ocupó sobre su margen derecha el puente por donde necesariamente tenía que atravesarlo el enemigo.

II

Simultáneamente aparecieron las cabezas de columnas de los dos ejércitos beligerantes sobre el puente de Boyacá. El ejército realista constaba de 2.500 hombres, de ellos 400 de caballería con tres piezas de artillería. El ejército republicano se componía de 2.000 hombres de infantería y caballería. La batalla se inició sobre el mismo puente por un combate de vanguardia, en que las guerrillas españolas fueron arrolladas. Contenido Barreiro en su marcha, formó su infantería en columnas sobre una altura con la caballería a sus costados y su reserva, desplegando por la derecha un batallón de cazadores para tomar con fuegos convergentes diagonales y de flanco a los republicanos que avanzaban en columna de ataque. Un batallón realista desplegado en cazadores por su izquierda a lo largo de una cañada, fue desalojado, y dejó descubierto el flanco. El centro y la derecha republicana cargaron por esta parte y envolvieron la posición enemiga, al mismo tiempo que la caballería realista huyó: la infantería en retirada, procuró en vano rehacerse en otra posición más a retaguardia; atacada de nuevo allí, rindió sus armas. La vanguardia al mando de Santander completó la derrota.

Fue una victoria completa. Dado el primer impulso por el general

225

que tan hábilmente la preparó, el valor de las tropas y la inspiración de los jefes divisionarios José Antonio Anzuátegui, Santander y el coronel Juan José Rondón, hicieron lo demás. Anzuátegui y Rondón fueron los héroes de la batalla: el primero, dando la carga decisiva al frente de la infantería de la derecha y del centro, que envolvió al enemigo, y Rondón al dar la carga final con la caballería llanera. Los voluntarios ingleses se probaron por primera vez, acreditando la solidez británica que nunca desmintieron. Trofeos de esta gran jornada, fueron: 1.600 prisioneros, entre ellos el general en jefe enemigo, Barreiro, que tiró al suelo su espada por no rendirla, con 37 oficiales más 100 muertos, la artillería y todo el armamento. Todo el ejército realista en campaña de la Nueva Granada, quedó completamente destruido. Boyacá es, después de Maipú, en el orden cronológico, la gran batalla sudamericana. Estas batallas cambiaron los destinos de la guerra. Boyacá determinó la preponderancia de las armas independientes al norte del continente, como la de Maipú la había establecido en el sur, tomando San Martín y Bolívar la ofensiva al atravesar los Andes, para converger ambos hacia el punto estratégico de la campaña continental iniciada por San Martín. La Nueva Granada quedó por siempre conquistada para las armas republicanas, el poder de Morillo en Venezuela empezó a quebrarse, los realistas quedaron aislados en tres puntos del continente —Venezuela, Quito y el Perú—, la República de Colombia se formó y las dos revoluciones del sur y del norte de la América, empezaron a condensarse y sus masas batalladoras a operar su conjunción a la par de los dos grandes libertadores que las acaudillaban.

La derrota de Boyacá difundió el pánico en Bogotá. El virrey Sámano, aturdido, fugó con 200 hombres hacia Cartagena, abandonando los archivos y cerca de un millón de pesos depositados en las cajas reales. El resto de la guarnición, en número de 800 hombres, se retiró hacia el norte con el coronel Sebastián de la Calzada. El Libertador, con una débil escolta, ocupó triunfante la capital en medio de bendiciones y aclamaciones populares (10 de agosto). La victoria esta vez no fue manchada con sangre derramada en holocausto de las furias de la guerra a muerte. No era ya el hombre de 1813 y 1814. Limitóse a hacer fusilar a uno de los prisioneros que había encabezado la sublevación de Puerto Cabello en 1812. Con una asombrosa actividad dominó todo el país, que respondió con entusiasmo a su llamado. Las nueve provincias de la Nueva Granada, Socorro, Pamplona, Tunja, Antioquía, Neiva, Margarita y Chocó hasta Popayán, pobladas por un millón de almas, quedaron libres. Levantó nuevos batallones, formó un nuevo ejército para hacer frente a Morillo por el Occidente y dar impulso a la guerra por la parte del sur.

Donde triunfaba Bolívar, no podían faltar honores excesivos que desvirtuaban con pueriles ostentaciones su grandeza real, tanto más grande cuando la actitud del triunfador es más modesta y se muestra más austera. Cuando Wáshington atravesó el Delaware y triunfó en Trenton, cambiando los destinos de la guerra norteamericana, nadie se habría atrevido a ofrecer al héroe ni siquiera una corona de encina del bosque por no ofender la seriedad de su carácter, y el congreso se limitó a investirlo con la dictadura militar por seis meses, en señal de merecida confianza por haber salvado la república. Cuando San Martín libertó a Chile y el Perú, se sustrajo a las vanas pompas del triunfo, y respetando su modestia, los pueblos se limitaron a simples votos de gratitud, que eran tan merecidos como los de Bolívar. La municipalidad de Bogotá, sabiendo que halagaba su avidez de honores pomposos, decretó, a más de una cruz de honor, que era de regla, una solemne entrada triunfal a la ciudad y una corona de laurel; un cuadro emblemático de la Libertad sostenido por el brazo de Bolívar, que se colocaría en la sala capitular: una columna conmemorativa con su nombre en la parte superior, y la celebración perpetua de la gran batalla en cada aniversario por todos los años venideros. El Libertador recibió en aquel día por segunda vez la corona de laurel con que su efigie ha pasado inmortalizada a la posteridad, y aunque se excusó modestamente de ceñirla esta vez, ella sienta bien en una cabeza atormentada, llena de viento y de grandes ideales. Una corona de laurel en la serena cabeza de Wáshington, haría caricatura.

Pero ideas más grandes que el viento de la vanagloria ocupaban la cabeza laureada del Libertador. Usando de las amplias facultades que le había conferido el congreso en los países adonde llevara las armas libertadoras de Venezuela, echó los primeros fundamentos de la República de Colombia, que era el gran sueño de su vida. Nombró a Santander vicepresidente de la Nueva Granada, delegando en él sus facultades, bajo su dirección suprema. Al anunciar a los granadinos esta nueva organización, les dijo: "La reunión de la Nueva Granada y Venezuela en una misma república, es el ardiente voto de todos los ciudadanos sensatos. Pero este acto tan grande y sublime, debe ser libre. Espero la soberana determinación del congreso para convocar una asamblea nacional que decida la incorporación de Nueva Granada." Santander convirtió en hecho esta proclama por parte de la Nueva Granada, imponiéndolo a sus conciudadanos.

Una hecatombe, que reabrió por parte de los independientes el período de la guerra a muerte, marcó esta época gloriosa con una mancha de sangre. El vicepresidente Santander, en ausencia de Bolívar, hizo fusilar, con gran aparato militar, a los treinta y ocho oficiales prisioneros de Boyacá, con el coronel Barreiro a la cabeza, agregando al número de las víctimas un paisano que no había tomado armas, por haber protestado contra el bárbaro sacrificio en presencia de los banquillos ensangrentados (11 de octubre). Este acto de inútil crueldad, que contrariaba la nueva política militar del Libertador, ejecutado por un hombre culto como Santander, fue justificado públicamente por su autor en nombre de la venganza, recordando los fusilamientos hechos por los españoles y por el mismo Barreiro en el curso de la campaña, a la vez que alegaba el ridículo pretexto de falta de fuerzas para custodiar los prisioneros, resumiendo su teoría de diente por diente con estas feroces palabras: "Si ellos nos degüellan cuando caemos en sus garras ¿por qué no los podemos degollar nosotros, si caen en nuestras manos?" Otros han procurado explicar el hecho más humanamente que él, alegando que su alma estaba exasperada, a causa de que la madre de Santander había tenido que sepultarse en un subterráneo para librarse de las persecuciones de Sámano, y que murió al volver a abrazar a su hijo, a consecuencia de las enfermedades contraídas en esta sombría reclusión.

III

Al regresar el Libertador a Angostura, encontróse con una nueva situación de que ya tenía noticia anticipada (diciembre de 1819). El vicepresidente Zea había sido depuesto por una revolución, substituyéndole Arismendi en el mando. Mariño era el general en jefe del ejército del Oriente. Bolívar había sido calificado de desertor por haber emprendido la reconquista de Nueva Granada sin autorización del congreso, esparciéndose luego la voz de haber sufrido una derrota con pérdida de todo su ejército. La noticia de Boyacá cayó como una bomba en Angostura. La imponente aparición de Bolívar, anonadó a los revolucionarios y avergonzó a los cobardes. Su longanimidad dominó moralmente a todos. Sintiéndose fuerte por la victoria, por la adhesión de sus soldados, y por la opinión de los pueblos, borró generosamente el pasado, perdonó en silencio a sus enemigos impotentes y a los mismos débiles que dudaron de su genio y fortuna. Reasumió el mando, se presentó ante el congreso y le impuso con un *fiat* como hecho consumado, la reunión de Venezuela con Nueva Granada. "¡Legisladores!, dijo: La unánime determinación de vivir libres y de no vivir esclavizados, ha dado a la Nueva Granada un derecho a nuestra admiración, y su anhelo por la reunión de sus provincias a las provincias de Venezuela, es unánime. Los granadinos están convencidos de la inmensa ventaja que resulta a uno y otro pueblo de la creación de esta nueva república compuesta de estas dos naciones. La reunión de Nueva Granada y Venezuela es el objeto único que me he propuesto desde mis primeras armas: es el voto de los ciudadanos de ambos países, y es la garantía de la libertad de la América del Sur. El tiempo de dar una base fija a nuestra república ha llegado. A nuestra sabiduría corresponde decretar este gran acto social y establecer los principios del pacto sobre los cuáles va a fundarse esta gran república. ¡Proclamadla a la faz del mundo!" El congreso venezolano, con la asistencia de cinco diputados granadinos por la provincia de Casanare, decretó la "República de Colombia", reuniendo en una sola nación la antigua capitanía de Venezuela y el virreinato de Nueva Granada, que comprendía el territorio de Quito, en una extensión de 115 mil leguas cuadradas, desde las bocas del Orinoco en el Atlántico y el golfo de México, hasta el golfo de Tumbes y el istmo de Panamá en el Pacífico. La nueva república, constituida en unidad de régimen, se dividiría en tres grandes departamentos —Venezuela, Quito y Cundinamarca (Nueva Granada)— gobernado cada uno de ellos por un vicepresidente. Una nueva ciudad que llevaría el nombre de Bolívar, sería la capital de la república. La bandera sería la tricolor enarbolada por Miranda en 1806. Un congreso nacional constituyente se reuniría en San José de Cúcuta en la frontera de los dos Estados. Bolívar fue nombrado presidente interino de Colombia, Santander, vicepresidente de Cundinamarca, y Roscio de Venezuela. La república colombiana así constituida, con el nombre del descubridor de América, sería proclamada y jurada en los pueblos y en los ejércitos, celebrándose su nacimiento el día del Salvador del mundo, y conmemorando cada uno de los aniversarios como en las olimpíadas griegas, con premios a la virtud y a las luces. Así se evocaban los grandes recuerdos de la historia bajo la advocación del cristianismo y las tradiciones del mundo antiguo, sintetizando la unidad simbólica del cosmopolitismo de la nueva creación (17 de diciembre de 1819).

Arreglado este gran asunto político, la guerra llamó la atención del Libertador. Los españoles, dueños de todo el occidente de Venezuela, ocupaban todas las plazas fuertes de las costas del Barlovento y Sotavento desde Cumaná hasta Cartagena, y de Panamá. Morillo contaba con doce mil hombres para sostener la guerra, y parte de la provincia de Popayán y la de Pasto al sur, estaban en poder de los realistas apoyados a su espalda por los ejércitos de Quito y el Perú. El virrey Sámano se sostenía con dos mil hombres en Cartagena y dominaba el Bajo Magdalena; una expedición de veinte mil hombres. destinada al Río de la Plata, y de que se ha dado ya noticia, debía reforzar también el ejército de Morillo en Costa Firme. Así, los ejércitos con que tenía que combatir Colombia por el sur y por el norte, alcanzaban a cerca de veinte mil hombres sin contar los del Alto y Bajo Perú, que San Martín mantenía en jaque después de Maipú. Las tropas que podía oponer Colombia, no alcanzaban a la mitad de las realistas; su infantería era muy inferior a la española en número y calidad, y las fuerzas físicas del país estaban casi agotadas.

El contingente de los enrolamientos extranjeros no había producido el efecto que se esperaba, que era remontar la infantería republicana y darle nuevo temple para reconcentrarla en una masa. La expedición de 1.500 ingleses y alemanes de que se hicieran cargo Urdaneta y Montilla al tiempo de abrir Bolívar su campaña de Boyacá, había sido desgraciada en sus empresas. Según el plan convenido, esta división debía operar con la escuadrilla de Brión sobre la costa de Caracas en unión con 500 margariteños, al mismo tiempo que Bolívar atravesara los Andes, y el ejército del Apure llamase la atención por Barinas, sosteniendo las divisiones de Bermúdez y Monagas la línea de operaciones en el Oriente. No habiendo podido realizar en su oportunidad esta operación, Urdaneta se dirigió a Barcelona y apoderóse de esta plaza a viva fuerza (17 de julio de 1819). Atacado por fuerzas superiores, antes de ponerse en comunicación con las divisiones republicanas que ocupaban los llanos, se retiró embarcado, a la costa de Paria, donde, reforzada la expedición, intentó apoderarse de la plaza de Cumaná, siendo al fin rechazado (5 de agosto). Los restos, muy disminuidos y desmoralizados, se reconcentraron en Maturín. La primera expedición de Mac Gregor, no había sido más feliz. Después de apoderarse de Portobelo (10 de abril de 1819), fue derrotado con grandes pérdidas a los pocos días de ocuparlo (29 de abril). Con una segunda expedición preparada en Haití, tomó posesión de Río-Hacha, rindiendo a su guarnición (5 de octubre), pero la conducta licenciosa de sus tropas sublevó contra ellos los moradores de la ciudad y lo obligó a reembarcarse. Desde este día Mac Gregor desapareció de la escena de la revolución venezolana, en que con tanto brillo había figurado. Felizmente, por este mismo tiempo arribó a Margarita la primera división de la legión irlandesa contratada con D'Evereux, fuerte de 1.200 hombres, a la vez que se anunciaba la llegada de otros cuerpos extranjeros a Angostura. Bolívar puso a órdenes de Montilla a los irlandeses, con instrucciones de hostilizar con la escuadra de Brión las costas de Sotavento hasta Santa Marta, amagando a Cartagena, a fin de ligar sus operaciones con las que él preparaba desde Nueva Granada en el Bajo Magdalena, a la vez que el ejército del Apure reforzado y las divisiones de éste convergían a Caracas para atacarla por el sur. Para ejecutar este plan, Bolívar se puso de nuevo en campaña a los trece días de su regreso a Angostura (24 de diciembre de 1819).

El ejército del Apure, durante la campaña de Nueva Granada, había concurrido indirectamente a su éxito. Páez, dejando a la retaguardia su infantería, invadió la provincia de Barinas, y procuró llamar la atención del enemigo por la parte de Cúcuta. Obligado a replegarse en su primera entrada, no obstante algunas ventajas que alcanzó, hizo atacar por el margariteño Antonio Díaz la escuadrilla sutil que tenían los realistas en el Apure, compuesta de diez flecheras tripuladas por un batallón, la que fue rendida en combate, ocupando los independientes la plaza de San Fernando con el dominio de toda la navegación del río, desde el Orinoco hasta el corazón de los llanos (30 de setiembre). Morillo, sorprendido por la invasión de la Nueva

Granada, permaneció en inacción en Calabozo. Limitóse a desprender a La Torre con una columna de mil hombres sobre el valle de Cúcuta, la que fue obligada a retirarse por la división de Soublette situada en Pamplona, que se transportó al oriente de la cordillera. Unidos Páez y Soublette en los llanos, amenazaban a Caracas. Para dar consistencia a esta actitud, Bolívar reforzó el ejército del Apure con dos batallones —uno de ellos inglés— elevando su fuerza hasta el número de 3.000 hombres de las tres armas. A la vez dirigió una fuerte división venezolana en auxilio de Nueva Granada a cargo del coronel Manuel Valdez con el objeto de dar impulso a la guerra del Sur por la parte de Quito.

El general en jefe español, paralizado y sin inspiraciones, se limitó a una estricta defensiva, cuidando solo de conservar su base de operaciones al occidente de Venezuela, amenazada simultáneamente por el sur y por las costas marítimas a fines de 1819, al tiempo de ponerse el Libertador en campaña.

IV

La contienda entre independientes y realistas, que debía decidirse por el choque de los elementos militares con que por este tiempo contaban los beligerantes en Venezuela, Nueva Granada, Quito y el Perú, habría presentado otras fases y tal vez retardado el triunfo de la emancipación sudamericana de haberse realizado la poderosa expedición de veinte mil hombres que preparaba la España, para reabrir la lucha en el Río de la Plata y llevar a cabo la pacificación de Tierra Firme reforzando a Morillo. El resultado pudo ser definitivamente el mismo; pero con más grandes sacrificios estériles por una y otra parte. Felizmente para la América, y también para la España, la contienda se terminó en palenque cerrado con las mismas fuerzas que por este tiempo estaban en acción. Un acontecimiento extraordinario, que fue más decisivo que la conquista de Nueva Granada por Bolívar y la expedición del Perú por San Martín, vino a intervenir poderosamente en los destinos de ambos mundos. Nos referimos a la sublevación de la expedición de Cádiz en 1820, y al alzamiento del liberalismo español en España, que al proclamar la constitución de 1812, modificó la monarquía absoluta, obligándola a seguir una nueva política respecto de las colonias insurreccionadas, y la desarmó militarmente ante ellas.

Ya hemos historiado los antecedentes y preparativos de la gran expedición de Cádiz, así como su disolución, y las consecuencias del alzamiento liberal en España en 1820, que inauguró la nueva política colonial con la famosa proclama-manifiesto de Fernando VII, declarando a los rebeldes sudamericanos simples disidentes y convidándolos a la paz y la conciliación "como iguales". Esta variación se hizo sen͏tir simultáneamente en el sur y en el norte del continente. Al mismo tiempo que San Martín invadía el Perú y denunciaba el armisticio de Miraflores, Bolívar firma un armisticio con Morillo para tratar de la paz, y regularizar la guerra. Reabiertas las negociaciones pacíficas en Punchauca, Bolívar las rompió por su parte en Venezuela, renovando las hostilidades como lo verificó poco después San Martín, combinando ambos desde entonces sus operaciones militares. Como se ha visto, este soplo de paz que atravesaba los mares, debía dar nuevo pábulo a la guerra. La revolución liberal, al reaccionar contra la política guerrera del rey absoluto, desarmó a la España respecto de sus colonias rebeladas, y su separación fue un hecho a que ella concurrió indirectamente. En presencia de esta situación, y sin esperanzas de nuevos auxilios de la metrópoli, Morillo, después de firmar el armisticio de Trujillo con Bolívar (25 de noviembre de 1820), tuvo la conciencia anticipada de su derrota una vez abandonado a sus propias fuerzas, y aprovechó la ocasión para renunciar su espinoso cargo y desaparecer por siempre de la escena americana, dejando la guerra en el estado en que se hallaba después de la reconquista de Nueva Granada (diciembre de 1820).

El armisticio fue mal observado, sobre todo por parte de los independientes. Vigente aún, y hallándose los comisionados colombianos en Madrid para tratar de la paz con el gobierno español, la provincia͏ de Maracaibo se pronunció por los independientes y declaró su voluntad de unirse a Colombia (28 de enero de 1821). El general La Torre declaró que consideraría tal ocupación como un acto hostil violatorio del compromiso celebrado entre los beligerantes. Bolívar le daba la razón desaprobando el acto, pero sostuvo que estaba en su derecho y lo mantuvo como hecho consumado. El armisticio fue en consecuencia denunciado antes de fenecer y las hostilidades se reabrieron (28 de abril de 1821), precisamente en el mismo día en que San Martín se movía de Huaura y abría nuevamente su doble campaña militar y diplomática sobre Lima, bajo la bandera blanca del armisticio de Punchauca.

La opinión revolucionaria y las armas independientes habían hecho grandes progresos, antes y después del armisticio. La guerra había cambiado de faz. Montilla, con la expedición embarcada en la escuadrilla de Brión, se había apoderado de Río Hacha y Santa Marta, y sitiaba a la sazón a Cartagena por mar y por tierra, con un ejército de 3.000 hombres, y amenazaba el Bajo Magdalena. Bolívar, dueño de las provincias de Barinas, Mérida y Trujillo, tenía en campaña al frente del enemigo dos ejércitos en el Occidente, uno de 5.000 hombres en Barinas, y el del Apure a órdenes de Páez, compuesto de 4.000 hombres de caballería a su retaguardia. Bermúdez, con otro ejército de más de 2.000 hombres, amenazaba por el Oriente la provincia de Caracas. El ejército de Nueva Granada, apoyaba a Montilla en el valle del Magdalena y mantenía la guerra por la parte del sur. La Torre, reducido a la defensiva adoptada por Morillo, contaba todavía con 9.000 hombres en campaña, además de las guarniciones de las plazas fuertes de las costas de Barlovento y Sotavento, y se sostenía en Cumaná, Barcelona, Guayra, Puerto Cabello y Cartagena que resistía. Perdido Maracaibo, sus comunicaciones quedaban cortadas, y los independientes podían combinar libremente las operaciones de los ejércitos de Nueva Granada y Quito. Por la parte del sur, el ejército español que defendía el Perú, se encontraba completamente aislado, después de la invasión por San Martín y el pronunciamiento de la provincia de Guayaquil.

V

Bolívar abrió su nueva campaña haciendo invadir las provincias de Caracas por una división del ejército de Oriente al mando de Bermúdez, la que después de ocupar la capital, y algunos triunfos y derrotas sucesivos, vióse obligada a evacuar el territorio conquistado, contribuyendo empero a distraer e inutilizar una parte considerable del ejército de La Torre. El Libertador, situado en San Carlos, llamó a sí la división de Urdaneta y parte del ejército del Apure, y al frente de 6.000 hombres de infantería y caballería, se puso en marcha sobre el enemigo. El general en jefe español se reconcentró a vanguardia de Valencia con un ejército de cinco batallones, alguna artillería y una numerosa caballería mandada por Morales, que alcanzaba a poco más de 5.000 hombres. Esta inferioridad numérica se aumentó, por tener destacada La Torre una división de dos batallones y un escuadrón sobre su derecha en Barquisimeto, que amagada por otra de Bolívar, fue reforzada con otros dos batallones y un escuadrón, privándose así del concurso de cuatro batallones y de dos escuadrones de sus mejores tropas.

Los dos ejércitos beligerantes maniobraban con los últimos ramales de la cordillera de por medio: el ejército realista, cubriendo las costas de Sotavento, que constituían su base de operaciones, y la ciudad de Valencia, llave de todo el valle que conduce a la capital y a las costas de Barlovento y Sotavento: el ejército independiente, procurando forzar el paso de la montaña. La Torre, en vez de disputar el paso de la cordillera, se limitó a cubrir sus gargantas con destacamentos, formando su línea en la extensa sabana de Carabobo, funesta a las armas realistas, y se atribuye a esta circunstancia la resolución del general español con el objeto de vengar en el mismo campo sus anteriores derrotas. Fue un error, que agregado a la división de sus fuerzas, presagiaba una nueva derrota.

Bolívar marchando en masa sorprendió el principal desfiladero que daba acceso al llano, y desde allí dominaba con la vista el campo de batalla; pero para descender a él tenía que marchar en desfilada por otra estrecha garganta boscosa de la parte alta de la sabana, dominada por la artillería enemiga, a cuyo pie lo esperaban los batallones españoles formados en columnas con sus escuadrones sobre los flancos y retaguardia prontos a cargar en su apoyo. En estas condiciones el ataque no ofrecía probabilidades de buen éxito. Bolívar vaciló; pero sus generales eran de opinión de seguir adelante. Cuéntase por un contemporáneo, que un guía que escuchaba la discusión manifestó que conocía un camino por el cual podía tomarse al enemigo por el flanco. Bolívar lo interrogó minuciosamente, y convencido de la posibilidad de la empresa, dispuso que Páez, con 1.500 jinetes, el batallón Apure y la Legión Británica, atacase al enemigo por su punto más débil, que era su derecha —izquierda republicana— mientras él permanecía en observación sobre la altura con el grueso del ejército. Un abra del bosque por esa parte, permitía esta operación arriesgada; pero a su pie había que atravesar en desfilada un riachuelo de la sabana dominado por una colina que ocupaban los realistas.

El batallón Apure llevaba la vanguardia conducida por Páez en persona. La Torre, que comprendió la importancia del movimiento, se puso al frente del segundo batallón Burgos —gemelo del primero rendido en Maipú— y seguido por dos batallones más, sostenidos por fuegos de artillería, rechazó y dispersó el Apure a tiempo de salvar el obstáculo. Acude en su auxilio la Legión Británica, mandada por el coronel John Farrier; despliega con sangre fría en batalla; clava la bandera en el suelo; la primera fila hinca rodilla en tierra, y al grito de "¡Viva América libre!" rompe un mortífero fuego que restablece el combate. La infantería patriota se rehace, su caballería amaga el flanco derecho de la posición española; Farrier, agotados sus cartuchos, carga a la bayoneta con su intrépida legión; el enemigo pierde la altura que ocupaba, procura rehacerse más a retaguardia, pero la caballería realista, derrotada, introduce el desorden en sus filas, y sus batallones deshechos se ponen en retirada, rindiéndose bajo la lanza de los escuadrones llaneros dirigidos por Páez. Un batallón, el Valencey, sostuvo valerosamente la retirada, y salvó el honor de las armas españolas en este día, rechazando las repetidas cargas en una marcha de más de 30 kilómetros, hasta reunirse con los restos de su derrotado ejército, que se encerraron en Puerto Cabello (24 de junio de 1821).

Esta batalla, complemento de la de Boyacá, que ha sido llamada el Waterloo colombiano, aseguró para siempre la independencia de Venezuela y Nueva Granada, como Maipú y la expedición del Perú la había asegurado ya al sur del continente, concurriendo las tres a preparar el triunfo definitivo de la emancipación sudamericana.

VI

Bolívar entró por segunda vez triunfante en Caracas, y dominó casi todo el territorio de Venezuela. Los realistas solo ocupaban Cumaná, Puerto Cabello y Cartagena. Era sin disputa dueño del poder y nadie podía negarle la gloria de Libertador de su patria. Su mando político y militar, era un necesidad pública y un deber para él. Precisamente fue este momento para hacer una de sus acostumbradas renuncias, con carácter de indeclinable, que sería una farsa indigna de su grandeza, si no tuviese su explicación. Dirigióse al congreso nacional que se había instalado en Cúcuta en víspera de la batalla de Carabobo (6 de mayo) y manifestó que habiendo sido nombrado por el congreso de Venezuela, no se consideraba presidente de Colombia, y que sin los talentos que el puesto requería, porque su oficio era de soldado, si el congreso persistía en que continuara en la presidencia, "como él temía, renunciaba desde ese momento para siempre hasta el glorioso título de ciudadano y abandonaba de hecho las riberas de su patria". Esta nueva renuncia era una imposición o era dictada por el orgullo. Era lo uno y lo otro.

El congreso de Cúcuta, compuesto de hombres civiles, en que predominaba el elemento legista, era radicalmente republicano, y repugnaba tanto los abusos del gobierno militar implantado de hecho como las antidemocráticas teorías constitucionales del Libertador. A oídos de éste llegaron las murmuraciones y sintió las resistencias cívicas que encontraban sus ideas de organización. Su renuncia era, pues, una protesta contra las acusaciones que le hacían y un medio indirecto de obrar sobre las opiniones dominantes en el congreso. Esto hace honor a Bolívar en medio de su poderío, porque prueba que las elecciones fueron libres, y que no pretendió ejercer presión sobre los diputados; pero hace más honor aún al congreso, que firme en sus creencias y resistiendo al imperio de la fuerza triunfante y al prestigio de la gloria, sostuvo con firmeza los verdaderos principios de la revolución sudamericana, impidiendo que el Libertador hiciese sancionar la constitución republicano-monárquica, con senado hereditario como lo propuso en Angostura, y con presidencia vitalicia, como la impuso más tarde a Bolivia y el Perú, haciendo imposible así este bastardo sistema constitucional en Colombia. Esto prueba, como la resistencia de la República Argentina a los planes de monarquía, y la del Perú al plan de monarquización ideado por San Martín, que la revolución sudamericana era genuinamente republicana, y que sus libertadores no podían luchar contra esta irresistible corriente.

Firme en sus convicciones republicanas, el congreso de Cúcuta no se dio por entendido ni de la protesta indirecta de Bolívar, ni de las resistencias armadas del pretorianismo. Tranquilamente, discutió y votó la constitución de Colombia. No solo no consagró en ella el bello ideal de Bolívar, que era la presidencia vitalicia, con un senado hereditario, sino que borró de la ley fundamental de la unión de Venezuela y Nueva Granada, el senado vitalicio que el congreso de Angostura había aceptado por transacción. Consignó en ella que el gobierno sería por siempre popular y representativo, y que el presidente duraría solo cuatro años, y no sería reelegible. Que el general en jefe de los ejércitos de la república no ejercería en campaña las facultades del poder ejecutivo, lo que importaba abolir la dictadura militar. Por último, que la constitución no podía ser reformada sino pasados diez años. En lo único que coincidió con las ideas prácticas del Libertador, fue en proclamar el sistema unitario y en instituir que la república se dividiese en seis o más departamentos administrativos, lo que fue un doble error, porque rompía la tradición histórica y violaba la ley orgánica, si bien montaba una poderosa máquina de guerra, violentando la espontaneidad de los pueblos. Bogotá fue declarada capital de la república, violando una ley geográfica, que introdujo un principio de disolución en la constitución de Colombia. En seguida nombró a Bolívar "como él lo temía", presidente de la república de Colombia, y a Santander vicepresidente.

Bolívar, que había declarado solemnemente, que renunciaría hasta el título de ciudadano y se ausentaría para siempre de su patria, si era nombrado presidente, reiteró su renuncia, vaciada en el molde artificial de las anteriores. Después de repetir que estaba profundamente penetrado de su incapacidad para el gobierno, que no era sino un soldado, y que el bufete era para él un suplicio, que lo alejaba del ejercicio del mando, concluía diciendo: "Si el congreso general persiste, después de esta franca declaración, en encargarme del poder ejecutivo, yo cederé solo por obediencia." Era borrar con el codo lo escrito con la mano y lo que todo el mundo sabía que haría al fin, porque ninguna otra cosa era posible. Al tomar posesión del cargo, obedeciendo al mandato del congreso, pronunció las palabras más elocuentes de su vida, tan llenas de verdad como faltas de sinceridad. "El clamor de mi conciencia y de mi honor me piden a grandes gritos que no sea más que ciudadano. Siento la necesidad de dejar el primer puesto de la república, al que el pueblo señale como jefe supremo de su corazón. Yo soy el hijo de la guerra: el hombre que los combates han elevado a la magistratura; la fortuna me ha sostenido en este rango y la victoria lo ha confirmado. No son éstos los títulos consagrados por la voluntad nacional. La espada que ha gobernado a Colombia, no es la balanza de Astrea. Un hombre como yo, es un ciudadano peligroso en un gobierno popular. Quiero ser ciudadano, para ser libre, y para que todos lo sean." Hermosas palabras, que convertidas en actos en su oportunidad, habrían hecho la grandeza política del Libertador, como hicieron con menos prosopopeya la de Washington, y que llevadas por el viento del olvido no aprovecharon ni siquiera como lección a su mismo autor.

El dictador de Colombia, reducido —al menos teóricamente— a la condición de presidente constitucional de la república, y limitado en sus facultades como generalísimo de sus ejércitos, mostró en esta ocasión, como en el resto de su grandiosa y corta dictadura, que si abrigaba grandes ambiciones, no era un déspota ni quería ser tirano. Tuvo la moderación que cabía en su naturaleza autoritaria, adherida al poder personal. Juró y promulgó modestamente la constitución de Colombia, recomendó a los pueblos su fiel observancia, y asumió el papel de guerrero que le correspondía, renunciando al ejercicio del mando supremo, que delegó en el vicepresidente de la república.

Bolívar, a pesar de la moderación que ostentaba como soldado de la ley, no podía renunciar a la dictadura militar que ejercía de hecho, y que las necesidades de la época justificaban. Recabó y tuvo del congreso una ley, por la cual se le constituía en árbitro absoluto del departamento de la guerra, dejando a su discreción organizar como lo entendiese mejor, las provincias que sucesivamente fuesen libertadas —"las provincias de operaciones", como él las llamaba— promulgando o suspendiendo en ellas el imperio de la constitución, que solo regiría en territorio no ocupado por las armas libertadoras (9 de octubre de 1821).

En el mismo día en que Bolívar se recibía de la presidencia de Colombia, Montilla entraba triunfante en Cartagena después de catorce meses de sitio, y le enviaba las llaves de las puertas de Nueva Granada (1º de octubre de 1821). Las provincias del Istmo, Panamá y Veraguas, proclamaron casi inmediatamente su independencia, declarando su voluntad de unirse a Colombia, y las fortalezas de Chagres y Portobelo quedaron por los independientes (28 de noviembre de 1821). En Venezuela, los españoles solo ocupaban las plazas fuertes de Cumaná y Puerto Cabello sobre la costa de Barlovento con 5.000 hombres. Para cuadrar el territorio de la República de Colombia, solo quedaba Quito por someter. Hacia allí convergían las armas libertadoras de Bolívar triunfantes en el Norte, y las de San Martín, dueño de la mitad del Perú, con un pie en Guayaquil. La guerra del Sur llamaba al Libertador.

Para completar el cuadro de la heroica lucha sostenida por Venezuela y Nueva Granada en pro de su independencia (aunque sea anticipando el orden cronológico) relataremos rápidamente los últimos sucesos que le pusieron término glorioso, y fueron la consecuencia del triunfo de Carabobo.

Al trasladarse Bolívar al nuevo teatro de la guerra, dividió a Venezuela en tres departamentos militares, cuyo mando confirió a Mariño, Páez y Bermúdez, bajo la dirección superior de Soublette (1º de agosto de 1822). Poco después, la ciudad de Cumaná se rindió a Bermúdez (16 de octubre). Los españoles quedaron reducidos al estrecho recinto de Puerto Cabello, con una guarnición de 4.000 hombres. Morales, que sucedió por este tiempo en el mando a La Torre, desplegó una actividad y una energía asombrosas, cambiando momentáneamente el aspecto de la guerra. Con una expedición de 1.200 hombres, se trasladó por mar a la península de Guajira, se apoderó de Maracaibo (7 de setiembre), derrotó una división de 1.000 hombres que Montilla desprendió para hacerle frente (12 de noviembre), sublevó a la provincia de Santa Marta y aseguró la provincia de Coro (3 de diciembre). Los republicanos reaccionaron prontamente con no menos energía y actividad. Santa Marta fue recuperada por Montilla, y Coro por Soublette (enero de 1823). El coronel José Padilla, que al frente de la escuadrilla independiente había contribuido eficazmente a la rendición de Cartagena, forzó la entrada del lago de Maracaibo bajo el fuego de las fortalezas enemigas, y derrotó la escuadra española que lo dominaba (24 de julio). Morales capituló (3 de agosto). La plaza de Puerto Cabello fue tomada por asalto por Páez (7 a 8 de noviembre de 1823). La guerra del norte de la América meridional estaba terminada.

Capítulo XLIV

LA GUERRA DE QUITO. — BOMBONÁ Y PICHINCHA

1821-1822

Movimientos convergentes de la revolución sudamericana. — Estado de la guerra del Sur en 1821. — Combate de Pitayó. — Derrota de Jenay. — Campaña sobre Patía. — Abandono de Popayán. — Carácter de la guerra de Pasto. — Marcha de Sucre a Guayaquil. — Retrato de Sucre por Bolívar y San Martín. — Situación de Guayaquil. — Conducta prudente de Sucre. — Reacción realista en Guayaquil. — Sucre, general en jefe de Guayaquil. — Combate de Yahuachi. — Sucre pasa la cordillera. — Desastre de Huachi. — Sucre se repliega a Guayaquil. — Decisión de los guayaquileños. — Expedición de Murgeón. — Planes de campaña de Bolívar. — Abre la campaña de Pasto y atraviesa el Juanambú. — Batalla de Bomboná. — Victoria estéril. — Retirada de Bolívar. — Sus incertidumbres. — Reunión de las fuerzas de la insurrección sudamericana. — San Martín envía una división auxiliar peruanoargentina a tomar parte en la guerra de Quito. — Sucre toma la ofensiva. — Combate de Riobamba. — Hábiles maniobras estratégicas de Sucre. — Batalla de Pichincha. — Sometimiento de Pasto. — Deificación del pretoriamismo. — Quito incorporado a Colombia. — Proclamación de la alianza continental por los dos libertadores sudamericanos. — Convergencias de las armas de la insurrección sudamericana hacia el Perú. — La gran combinación militar sudamericana ejecutada.

I

Hemos llegado al gran momento en que, después de historiar los movimientos convergentes de la revolución de la América meridional al Sur y al Norte, y explicar la ley que determinaba su unidad, sus armas triunfantes en ambos extremos van a concurrir a un centro común, y operar allí su conjunción los dos libertadores que las dirigían. Quito es el nudo de esta doble campaña continental, que se apretará en Guayaquil y se desatará en el Perú.

La guerra del sur de Colombia, emprendida después de la reconquista de Nueva Granada, con Quito por objetivo, no había sido tan feliz como la del norte. Los derrotados de Boyacá, eficazmente ayudados desde Quito por el capitán general Aymerich, hiciéronse fuertes en las provincias de Pasto y Patía, y disputaron tenazmente el dominio de Popayán y del Alto Cauca, haciendo experimentar a los independientes serios reveses. Nombrado el general Manuel Valdés jefe de la división de operaciones del Sur, abrió segunda campaña con tres batallones —entre ellos el Albión— y alguna caballería. Atacado por 1.100 infantes del ejército de Calzada en el pueblo de Pitayó, al noroeste de Popayán, su vanguardia fue arrollada en un principio. El batallón Albión restableció el combate como en Carabobo, y decidió la victoria por una impetuosa carga a la bayoneta. Los realistas se replegaron a Patía, con una pérdida de 300 hombres entre muertos y heridos (6 de junio de 1820). Reforzado Valdés ocupó a Popayán con un cuerpo de ejército de 2.300 hombres, que en poco tiempo quedó reducido a menos de mil por las enfermedades y la deserción. Con esta fuerza, insuficiente para la empresa, reabrió campaña sobre Pasto, en obediencia a órdenes terminantes de Bolívar (enero de 1821). Los habitantes de Patía, sublevados, al poner en práctica su acostumbrada táctica, le abrieron paso y le cerraron los caminos de retaguardia, cortando sus comunicaciones con Popayán. Al atravesar la barrera del Juanambú, encontróse rodeado de enemigos por todos lados. Desesperado, emprendió una marcha ofensiva sobre la ciudad de Pasto. El coronel Basilio García, que había sucedido a Calzada en el mando de los realistas, lo esperó con 850 hombres en la quebrada de Jenay, cerrándole el camino, y lo derrotó completamente, matándole 200 hombres y tomóle 100 prisioneros. Casi todo el batallón Albión murió peleando en esta acción (2 de febrero de 1821). El armisticio de Trujillo salvó los restos de Valdés de una pérdida total.

Reabiertas las hostilidades al romperse el armisticio, el general Pedro León Torres, que reemplazara a Valdés, fue atacado en Popayán por el activo coronel Basilio García, obligándolo a encerrarse en sus trincheras (15 de julio de 1821). A su vez, Torres, al frente de 1.800 hombres, en su mayor parte de infantería, tomó la ofensiva con el intento de avanzar hasta Pasto. Las hostilidades de las guerrillas realistas, las enfermedades y la deserción de sus tropas, lo derrotaron sin combatir, y viose obligado a emprender desde Patía una retirada desastrosa sufriendo considerables pérdidas (agosto 29). Popayán fue abandonado por los independientes, que dominaron los patianos.

La guerra del sur de Colombia se habría prolongado indefinidamente sostenida por las poblaciones de Patía y de Pasto fanatizadas por la causa del Rey, contando con el apoyo de Quito, sostenido a su vez por el virreinato del Perú, si la expedición de San Martín y el dominio del Pacífico no hubiesen aislado este foco de resistencia y permitido atacarlo en su base. Así lo reconoce el más imparcial y más patriota de los historiadores colombianos. Era la Vendée colombiana, como se ha dicho. Situada entre los ríos Guáitara y Juanambú, que se deslizan en cauces profundos por entre rocas escarpadas, estas posiciones eran suficientes para impedir el paso de ejércitos numerosos, aun defendidas por fuerzas muy inferiores. Entre ambos ríos se levanta majestuoso el volcán de Pasto, cono inmenso surcado por barrancos profundos, que son otras tantas posiciones militares inexpugnables que dominan los desfiladeros del Juanambú, barrera formidable donde habían sucumbido durante diez años todos los ejércitos invasores, y cuyo solo nombre infundía pavor a los soldados republicanos. Contra estos obstáculos naturales y la fuerza moral de sus semisalvajes habitantes, se habían estrellado los esfuerzos de los vencedores de Carabobo, y aun triunfando de ellos, habrían quedado en impotencia para adelantar sus operaciones como la experiencia lo mostró poco después. La expedición de San Martín al Perú y la revolución de Guayaquil, que fue su primera consecuencia, cortando las comunicaciones terrestres y marítimas entre el Perú y Quito, y aislando a Quito, hizo posible el triunfo de las armas de Colombia por esa parte, y aun así, fue necesaria la concurrencia directa de las tropas peruanoargentinas para asegurarlo, como luego se verá.

II

Convencido Bolívar de que la guerra del Sur no daba resultados llevada por los valles de Patía y de Pasto, resolvió atacar a Quito por el sur y por el norte a la vez, buscando el camino del Pacífico adonde lo llamaba su destino. Quito no había sido incluido en el armisticio de Trujillo, y podría abrir hostilidades sobre su territorio, ganando posiciones. La revolución de Guayaquil le proporcionó la base que necesitaba. Faltábale solo un general capaz de ejecutar esta operación combinada. Por un momento pensó trasladarse él mismo a Guayaquil; pero luego se fijó en un oficial que hasta entonces no se había señalado por grandes acciones, pero que por sus cualidades estaba destinado a ser uno de los más grandes generales de la independencia suamericana, ligando la acción militar de Sucre. Hemos señalado ya su modesta aparición. Natural de Cumaná, había recibido una educación científica, y hecho con distinción desde muy joven todas las campañas de la revolución con Miranda, Piar y Bolívar. Ocupaba por este tiempo el puesto de ministro de Guerra de Colombia.

Sucre era el general predestinado a ganar la primera y la última batalla de las armas sudamericanas coaligadas, y por una singular coincidencia, los dos libertadores que las organizaron y las condujeron por caminos opuestos al través del continente a su punto de conjunción, han hecho a la vez su retrato. Bolívar hacía de él este juicio: "Sucre es la cabeza mejor organizada de toda Colombia: es metódico y capaz de las más elevadas concepciones: es el mejor general de la república y el primer hombre de estado. Sus principios son excelentes y fijos y su moralidad ejemplar. Tiene el alma grande y fuerte. Sabe persuadir y conducir a los hombres; los sabe juzgar, y, si en política no es un defecto juzgarlos peores de lo que son en realidad, tiene el de manifestar demasiado el juicio desfavorable que hace de ellos. Es el valiente de los valientes, el leal de los lcalcs, el amigo de las leyes y no del despotismo, el partidario del orden, el enemigo de la anarquía; finalmente es un verdadero liberal." San Martín, que no lo conoció personalmente, recordándolo en su ostracismo, decía de él: "Bravo y altivo en alto grado, reunía a estas cualidades una prudencia consumada, y era un excelente administrador. Las tropas bajo su mando observaban una disciplina severa, lo que contribuía a hacerlo amar de los pueblos. No solo poseía mucha instrucción, sino también conocimientos militares más extensos que los del general Bolívar. Si a esto se agrega una gran moderación, puede asegurarse que fue uno de los hombres más beneméritos que produjo la república de Colombia."

La misión confiada a Sucre era política y militar, y cuadraba a su carácter. Como Guayaquil al hacer su revolución se hubiese puesto bajo la protección de San Martín y Bolívar, y Quito había sido declarada parte integrante de Colombia, llevaba encargo de negociar su incorporación a la república en vez de prestarle el auxilio de sus armas. El general colombiano, con una columna de mil hombres reunida en Popayán, parte de los derrotados ejércitos del Sur, embarcóse en el puerto de Buenaventura —costa del Chocó—, y se dirigió a Guayaquil (mayo de 1821). A su arribo, encontró que esta provincia se había declarado independiente y había constituido en consecuencia un gobierno supremo; pero que existían dos partidos que se dividían la opinión: el uno —que era la mayoría—, estaba por su incorporación al Perú; el otro, por la unión con Colombia. Las armas de esta inconsistente república habían sufrido un revés en su primer ensayo, en Ambato (20 de noviembre de 1820) y no podía mantenerse, ni aun a la defensiva, sin el auxilio militar del Perú o de Colombia. Esta situación encerraba, a la vez que la unión de las armas de los dos libertadores, el primer fermento de su futura división. Sucre procedió prudentemente al no insistir sobre la inmediata incorporación, y asumió el papel de simple auxiliar, aparentando no mezclarse en la cuestión política, pues comprendía que la situación de Guayaquil independiente era imposible entre dos colosos, y que el mando de las armas le daría al fin la preponderancia. Una reacción realista que estalló por este tiempo, vino a servir a sus designios. El 17 de julio (1821) sublevóse la flotilla de la ría y un batallón guayaquileño proclamó al Rey, de

242

acuerdo con una expedición de 1.200 hombres que en esos mismos momentos preparaba Aymerich. Sucre acudió con sus tropas, sofocó el movimiento y quedó de hecho dueño de la situación militar como general en jefe de todas las fuerzas.

El general Sucre, al frente de las fuerzas de Guayaquil y Colombia, resolvió salir al encuentro de la invasión que traía Aymerich en dos fuertes columnas, la una, mandada por éste, salida de Quito, y la otra, fuerte de 1.000 hombres, procedente de la provincia meridional de Cuenca, a órdenes de su segundo el coronel Francisco González, quien, por una marcha de flanco faldeando las vertientes occidentales de las montañas, debía reunírsele en las nacientes del Babahoyos, al pie del Chimborazo. Hallábase Sucre precisamente a inmediaciones de este punto, que era la posición estratégica, y descendiendo rápidamente el río por su margen izquierda, salió al encuentro de González al que batió en Yahuachi, a la bajada de la cordillera, causándole una pérdida de 150 muertos y 500 prisioneros (19 de agosto de 1821). En seguida se volvió sobre Aymerich, quien esquivó el combate, perdiendo como 300 hombres en una retirada de 400 kilómetros hacia la capital. Situado de nuevo en Babahoyos, el general independiente destacó por sus flancos dos divisiones de 300 hombres cada una, con el objeto de atacar a Quito por el norte y sublevar la provincia de Cuenca por el sur. Con el grueso de sus fuerzas, que alcanzaban a 1.300 hombres, trepó la cordillera del Chimborazo y se situó en Huachi, sobre la meseta andina de Ambato, donde poco antes habían sido derrotadas las primeras tropas guayaquileñas. Aymerich, que buscaba el desquite de Yahuachi, hizo salir a su encuentro al coronel González con fuerzas superiores. En un reñido combate de tres horas, los independientes fueron hechos pedazos, con pérdida de 300 muertos y heridos, 40 oficiales y 600 soldados prisioneros. Casi simultáneamente, las fuerzas de Colombia que hostilizaban a Quito por el extremo opuesto, retrocedían vencidas de Patía y abandonaban Popayán (12 de setiembre de 1821). La campaña del Sur parecía perdida.

La derrota de Huachi o Ambato, fue publicada en Guayaquil a son de cajas de guerra, llamando a sus hijos a las armas. Todos acudieron a ocupar sus puestos y formóse una reserva de 700 hombres. Sucre, que saliera de la derrota levemente herido, con algunos oficiales y 100 soldados, reunió en Babahoyos sus dispersos, y oportunamente reforzado por un batallón colombiano de 500 plazas, hizo pie firme en esta posición. Su plan era defender los ríos y los pasos difíciles de las montañas, aunque sin esperanzas de disputar el terreno, si no era socorrido por el Perú y Colombia, resuelto en último caso a encerrarse en Guayaquil y perecer allí. Aymerich no supo aprovecharse de su victoria: detuvo sus marchas en Riobamba, al pie de las vertientes de la cordillera del Chimborazo, sobre el flanco sur de Sucre. Desde este punto dispuso que el coronel Carlos Tolrá invadiese a Guayaquil con mil infantes y 300 jinetes; pero éste, considerando escasas sus fuerzas para la empresa, e intimidado por la fuerte posición que ocupaba Sucre, dentro de una red de ríos rodeada de esteros y pantanos, entró en negociaciones provocadas por el astuto general colombiano. Firmóse en consecuencia un armisticio por noventa días (noviembre 20 de 1821). La estación de las lluvias, que convierte la parte llana de la provincia de Guayaquil en un lago, cortando las comunicaciones terrestres, paralizó de hecho las operaciones.

Los realistas, que contaban con un ejército de 3.000 veteranos distribuidos entre Cuenca, Quito y Pasto, recibieron por este tiempo un auxilio, que mejoró su situación. Después de la batalla de Carabobo, arribó a Puerto Cabello el general Juan de la Cruz Murgeón —el compañero de San Martín en Arjonilla—, nombrado virrey de Santa Fe por muerte de Sámano, título que debía adoptar así que hubiese reconquistado las dos terceras partes de la Nueva Granada. Con las cortas fuerzas que conducía y auxiliado por La Torre con algunas compañías, siguió al Istmo y desembarcó en Chagres (agosto de 1821). Con una división de 800 hombres de las tres armas, embarcóse en Panamá, tomó tierra en Atacames, a inmediaciones de la embocadura del río Esmeraldas, y después de una marcha prodigiosa al través de un bosque desierto de cien kilómetros, montando la cordillera, arribó a Quito con su expedición y tomó el mando superior con el título de capitán general (24 de diciembre de 1821).

III

Los planes militares de Bolívar después de Boyacá, tomaron un determinado rumbo americano; pero, como la aguja imantada, oscilaba en el Ecuador. Asegurada la reconquista de Nueva Granada y en vísperas de realizarse la expedición libertadora del Perú, escribió a O'Higgins que "el ejército de Colombia marchaba contra Quito, con órdenes de cooperar activamente a las operaciones del ejército chilenoargentino sobre Lima". Reabierta la expedición, Sucre, en nombre de Bolívar, renovaba este mismo anuncio. San Martín, al aceptar la solidaridad de causa, contestaba inculcando sobre la necesidad y conveniencia de aunar los comunes esfuerzos y combinar medidas para dar impulso y unidad a la guerra americana. Las atenciones de la guerra al llamar al Libertador al norte, le hicieron abandonar este plan, que no fue sino una ocurrencia pasajera, dando poca importancia a la resistencia de los realistas por la parte del sur. Muy luego varió de idea, y resolvió concentrar sus fuerzas en Río-Hacha y Santa Marta, para acelerar la rendición de Cartagena, dominar en seguida el istmo de Panamá, y acudir a Guayaquil, para emprender por el Pacífico la campaña contra Quito. Rendida Cartagena, dirigióse a San Martín, proponiéndole conducir 4.000 hombres por el Istmo, para aniquilar de un golpe el poder español en el Perú, aun antes de emprender la campaña de Quito, por cuanto, según él, nada importaba que los realistas poseyeran unas pocas provincias en la cima de los Andes del Ecuador, si eran vencidos en su centro. Al efecto, dirigióse al Protector y a la Junta de Guayaquil pidiéndoles transportes y víveres para las tropas colombianas que desde Maracaibo debían dirigirse a Guayaquil o al Callao, según mejor conviniese (21 de octubre de 1821). Luego, pensó embarcarse con un ejército en la costa de Chocó, por el puerto de Buenaventura, y dirigirse a Guayaquil, dejando pendiente la guerra de Pasto. La derrota de Sucre en Huachi y el posterior arribo de la expedición de Murgeón lo decidieron al fin a emprender su campaña por el sur de Colombia. El gran rumbo estaba fijado.

Bajo la denominación de "Guardia Colombiana", imitación de la "Guardia" de Napoleón, Bolívar había organizado un verdadero ejército de las tres armas, que constituía el núcleo de sus ejércitos. Sobre esta base formó el que debía operar sobre Quito, y reunióse en la arruinada ciudad de Popayán con los restos de la división de Torres, alcanzando a un total como de 3.000 hombres. En su proclama al abrir la campaña indicó cuál era su objetivo: "¡Quiteños, la Guardia Colombiana dirige sus pasos hacia el antiguo templo del padre de la luz! Confiadle vuestra esperanza. Bien pronto veréis las banderas del iris sostenidas por el ángel de la victoria" (17 de enero de 1822). En su marcha hasta el Juanambú, al través de un país enemigo, perdió como mil hombres, que dejó en los hospitales (24 de marzo de 1822). Con poco más de 2.000 hombres que le quedaban, atravesó a inmediaciones de su confluencia con el Guáitara, el río que hasta entonces había sido la tumba de los ejércitos independientes en su encarnizada lucha contra la Vendée colombiana. Su plan, más de instinto que de cálculo, era esquivar la campaña en el territorio de Pasto, cuyas inexpugnables posiciones por la parte del norte y su resistencia popular temía, y con razón, inutilizaran su ejército, como el hecho lo demostró. En consecuencia, evitando atacar de frente las fortificaciones de los pastusos, que ocupaban todos los desfiladeros, se inclinó sobre su derecha, con ánimo de atravesar el Guáitara y penetrar al territorio de Quito. Era rodear la dificultad sin vencerla.

El Guáitara es un río torrentoso que corre de sur a norte entre empinadas rocas tajadas a pique, más escarpadas aún que las del Juanambú, y que solo es vadeable por dos puentes suspendidos sobre un abismo. Al acercarse a su margen derecha, convencióse de que no podía vencer esta barrera natural, y buscó el primero de sus puentes, que encontró cortado por el enemigo y defendida su cabeza meridional.

Inclinóse entonces sobre su izquierda en busca del otro puente, con el propósito de tomar a Pasto por el sur, en caso de no poder pasar el río. En su marcha, encontróse con el ejército realista, fuerte como de 2.000 hombres —en su mayor parte voluntarios del país—, fortificado al pie del volcán de Pasto a las órdenes del coronel Basilio García. La posición de los pastusos era formidable. Apoyada su derecha en la falda del volcán y su izquierda sobre el Guáitara, el centro era una eminencia cubierta por un espeso bosque con un barranco a su pie, defendida por una trinchera con grandes árboles abatidos. Entre ambas líneas se interponía una profunda cañada que solo podía atravesarse por un puente dominado por los fuegos cruzados de los realistas. El plan de campaña de Bolívar, tan vago como era, estaba frustrado, y se estrellaba al fin contra el obstáculo que había querido evitar. Según él mismo lo dijo en aquel momento, no podía permanecer allí, ni podía retroceder, y tenía que vencer a todo trance. Decidió atacar. Eran las dos de la tarde (7 de abril de 1822).

El ejército independiente estaba formado sobre el borde de la cañada, en la llanura de Bomboná que ha dado su nombre a la batalla que se siguió, y que los españoles llamaron de Cariaco. El ataque principal sobre el flanco cubierto por el Guáitara, que se consideraba el más accesible, fue rechazado, y la columna que lo llevara, convergió entonces hacia el centro, donde se estrelló contra las abatidas de árboles, quedando sus batallones en esqueleto. El ataque sobre la derecha enemiga por la falda del volcán, que era accesorio y se consideraba casi imposible, fue más feliz, consiguiendo un batallón que lo llevó, escalar la montaña, dispersar la infantería que la defendía, y establecerse sobre el flanco del enemigo, hasta dominarlo con sus fuegos. Faltaba media hora para ponerse el sol. Bolívar, que desde el llano presenciaba este combate al frente de su reserva, y se daba confusa cuenta de él, desprendió un batallón sobre las trincheras del frente con el objeto de impedir que el centro enemigo cargase sobre los asaltantes del volcán, lo que dio por resultado un tercer rechazo con pérdida de ochenta hombres en veinte minutos de fuego. En este estado de la batalla sobrevino la noche. Los republicanos, dueños de las altas faldas de las montañas, se encontraron vencedores y paralizados al borde de hondos precipicios alumbrados por la luz de la luna. El enemigo, una vez vencedor en su izquierda y dos veces en su centro, que había sufrido muchas menos pérdidas que los republicanos, como que combatía parapetado, al ver dominado el flanco derecho de su posición, emprendió desordenadamente la retirada con abandono de su artillería. Nadie sabía quién era el vencido o el vencedor, y la verdad era que ambos ejércitos estaban derrotados. Tal fue la famosa batalla de Bomboná. El campo de batalla quedó por los independientes, a costa de la tercera parte de su ejército. Fue una victoria a lo Pirro, y en peores condiciones que Napoleón después de la sangrienta victoria de Tilsit, se encontró en impotencia hasta para conservar el campo de batalla. Así exclama un historiador colombiano: "Estéril triunfo que había costado tan caro." La pérdida de los republicanos pasó de 600 entre muertos y heridos; la de los realistas no llegó a doscientos cincuenta.

La batalla estaba ganada y destempló el nervio de la resistencia pastusa; pero la campaña estaba por el momento perdida. Ambos contendores quedaron impotentes para ofenderse; pero los pastusos estaban en su terreno y los republicanos no tenían más perspectiva que consumirse estérilmente en la inacción. El coronel García, conociendo su ventaja negativa, intimó a los republicanos repasaran el Juanambú. El Libertador, convencido de que forzosamente tendría que hacerlo, abrió una negociación con el objeto de ajustar un armisticio, a lo que se negó el jefe español. A los ocho días, la situación del ejército independiente era insostenible. Bolívar viose obligado a emprender su retirada con poco más de la mitad del ejército con que había invadido (1.300 hombres), abandonando a la generosidad del enemigo 300 heridos y enfermos que no podía conducir por falta de cabalgaduras (16 de abril de 1822). En su marcha retrógrada, que efectuó en masa bajo el fuego de las guerrillas de todo el país sublevado, experimentó la pérdida de varios destacamentos, 500 fusiles y su correspondencia oficial. En Patía hizo alto. Abiertas sus comunicaciones con Popayán, pidió refuerzos para formar un nuevo ejército, que le fueron inmediatamente enviados, consiguiendo reunir hasta 2.000 hombres de las tres armas, pero sin elementos de movilidad y experimentando nuevas pérdidas por la insalubridad del clima.

La campaña combinada al sur de Colombia, operando simultáneamente por Pasto y por Guayaquil, estaba malograda. Sucre, vencedor en un principio, había sido derrotado, y estaba reducido a una precaria defensiva, sin que pudiera recibir refuerzos de Colombia, y sin más esperanza que los auxilios que pudiera prestarle San Martín desde el Perú. Bolívar había abierto sus operaciones para reparar el contraste de Sucre, perseverando en la combinación, pero, vencedor y vencido a la vez en Bomboná, habíase visto obligado a retrogradar a Patía. Podía reabrir una campaña sobre Pasto con fuerzas iguales a las que podía presentarle el enemigo; pero era seguro que se consumirían en este roce, en que el clima, la opinión y las armas, estaban contra él. Aun triunfando, era difícil, si no imposible, que pudiese llegar hasta Quito, donde lo esperaba otro ejército igual al suyo. Sucre, mientras tanto, encerrado en Guayaquil, no podía avanzar para darle la mano, removiendo el obstáculo intermedio, pues para ello necesitaba de un ejército que no tenía. O renunciar a someter a Pasto, trasladando la base de operaciones al Pacífico, o perseverar en la empresa, con medios suficientes para dominar a Quito, tal era la alternativa que se imponía.

En esta situación incierta permaneció el Libertador los meses de abril y mayo (1822), sin ningún propósito deliberado. Hubo momentos en que, desesperado, volvió a su antigua idea de renunciar definitivamente a la campaña de Pasto, y emprender la de Quito por la costa del Pacífico. Un gran suceso que iniciaba la reunión de las armas de la insurrección sudamericana, vino a fijar sus irresoluciones. Sucre había vencido por el lado del Pacífico y entrado triunfante en Quito, con el auxilio de las tropas peruanoargentinas enviadas por San Martín. El momento señalado, al ligar históricamente las dos revoluciones del Sur y del Norte, había llegado (véase capítulo XXXV, párrafo VIII). El plan de campaña continental de San Martín está matemáticamente ejecutado y se combina con otro análogo que lo completa. El sueño de los dos libertadores de América está realizado. Éste es el nudo de la revolución sudamericana, cuya síntesis hemos dado, determinando su ley y explicando sus atracciones recíprocas (véase capítulo I, párrafo I).

IV

Antes de su triunfo de Yahuachi y de su derrota de Huachi, Sucre había comprendido que con las escasas fuerzas colombianas de que disponía, aun unidas a las de Guayaquil, le sería difícil, si no imposible, abrir campaña formal contra Quito, y que aun la defensiva se hacía dudosa si no era eficazmente auxiliado por San Martín desde el Perú, combinando sus operaciones. Al tiempo de abrir su primera campaña (13 de mayo de 1821), escribió Sucre a San Martín: "Un cuerpo dependiente del ejército del Perú que se levante en Piura, puede cooperar muy eficazmente a la campaña sobre Quito, invadiendo por Cuenca y Loja, y penetrar hasta reunirse con la división de Colombia que marche de Guayaquil. Quito será libre en esta campaña, y me lisonjeo que tengan en ella una parte gloriosa los libertadores del Perú. Los colombianos verán, con una satisfacción orgullosa, marchar entre las filas a los libertadores del Sur, y estar a las órdenes de V. E." Después de su derrota en Huachi, en que perdió la mitad de su ejército, hubo de darlo todo por perdido, si prontamente no fuese sostenido con fuerzas del Perú. "La desgracia que sufrieron nuestras armas en Ambato (escribía el 26 de setiembre al ministro de la Guerra del Perú) ha vuelto a amenazar a Guayaquil de un peligro cierto, y estamos cerca de una invasión que hace vacilar la suerte del país. Se asegura que el enemigo hace ya sus aprestos para expedicionar sobre Guayaquil; pero, con los elementos que actualmente están a su disposición, no me atrevo a garantizar el resultado. Intereso, pues, a V. E. por la remisión de socorro."

La oportuna llegada de un batallón colombiano de 500 plazas des-

248

pués del combate de Huachi, y la decisión de la provincia de Guayaquil, que permitió ajustar el armisticio de que antes se dio noticia
(párrafo II), unido todo a la inundación del país, que paralizó de hecho
las operaciones, permitieron a Sucre mantenerse a la defensiva (noviembre de 1821). Esperaba entonces que el Libertador se trasladara
a las costas del Pacífico con 4.000 hombres para abrir campaña sobre
Quito o el Perú, según conviniese, en combinación con San Martín;
pero, abandonado este proyecto y decidida la campaña de Popayán sobre Pasto, la situación de Guayaquil era precaria, tanto más cuanto
que ni Aymerich ni el capitán general Murgeón habían ratificado el
armisticio ajustado con el coronel Tolrá. No esperando inmediatos auxilios de Colombia, Sucre previó que, a la reapertura de las hostilidades, su posición se haría muy difícil y que no le quedaría más esperanzas que encerrarse en Guayaquil, y sucumbir allí, según confesión propia. Concibió entonces el proyecto de no permanecer en inacción durante el invierno, y dirigióse por un camino de la costa que las inundaciones dejaban libre, a fin de ocupar las provincias de Cuenca y
Loja, colindantes por el sur con el Perú, buscando una base más sólida
de operaciones. A la vez, instaba por los auxilios solicitados a San
Martín: "El enemigo —escribía al Protector desde Babahoyo— ha concentrado sus fuerzas en Riobamba, y según avisos, iba a moverse
con un cuerpo de dos mil hombres. Este punto (Babahoyo) no es sus-
ceptible de defensa. Aunque restablecida en cierto modo la moral, no se
han aumentado los cuerpos, sino tan miserablemente, que una población de 70.000 habitantes apenas ha dado 200 reclutas, y la ley marcial
publicada por el gobierno de la provincia ha dado por todo efecto la
formación de algunas milicias, que no prestan otra esperanza que la
de ver hombres que a la vista del enemigo desertarían, como siempre.
Resuelto, sin embargo, como siempre a estorbar a todo trance que
ocupe el enemigo a Guayaquil, por la tendencia que su posición daría
a los estados fronterizos, he pensado defender algunos pasos que en-
tretendrán el tiempo mientras vienen socorros del Perú o de Colombia,
y en último caso, encerrarme en la capital para perecer con ella, pues
no confío en su existencia bajo los medios fríos que se ponen para
salvarla. Las tropas de Colombia no aparecen, y acercándose ya el enemigo, he creído un deber reiterar mis reclamaciones por algún batallón
que ponga a cubierto la provincia mientras, llegadas las fuerzas que
vienen de Cauca, estemos en actitud de retornar a la ofensiva. Suplico
una contestación que nos saque de la ansiedad en que nos hallamos
de recibir algún auxilio de tropas del Perú, para deliberar mis operaciones conforme a esta esperanza, o en la negativa, aceptar el mejor
partido que nos ofrecen las circunstancias."
Pasaron más de dos meses (noviembre y diciembre de 1821), sin
que apareciesen los esperados refuerzos de Colombia. El Libertador,
ocupado en preparar la campaña contra Pasto, apenas había podido

formar en Popayán un ejército de 2.000 hombres, de manera que solo pudo enviar a Sucre algunos reclutas, con órdenes terminantes de que realizara su invasión por Cuenca, a fin de dividir la atención de las fuerzas españolas de Quito. Tal operación era imposible sin la cooperación militar del Perú; y de realizarse sin ella, habría quedado comprometida la débil división colombiana del Pacífico, después de la retirada de Bombóná. Sucre no contaba a la sazón sino con 1.300 hombre, incluso el contingente de Guayaquil, fuerza insuficiente, aun para tomar una ofensiva parcial. Fue en tales circunstancias cuando San Martín decidió tomar parte en la guerra de Quito.

Sobre la frontera de Quito hallábase organizando una división de las tres armas el general Arenales, que ocupaba el puesto de presidente del departamento de Trujillo. El Protector dispuso que marchase en auxilio de Guayaquil. Arenales declinó el mando de la expedición, dando por causal sus enfermedades. Sucre, pensando que fuera por repugnancia de sujetarse a su mando, le ofreció modestamente ponerse bajo sus órdenes con la división colombiana, porque "le gustaba más obedecer que mandar y le sería siempre lisonjero servir bajo tan acreditado general". Arenales persistió en su renuncia, y fue nombrado para reemplazarlo el coronel Andrés Santa Cruz, el dos veces prisionero en Tarija y en Pasco. Celebróse en consecuencia un convenio, por el cual los sueldos y las bajas de la división, bajo la bandera peruana durante la campaña, quedaban a cargo de Colombia (enero de 1822). La división auxiliar componíase de dos batallones y tres escuadrones, de nacionalidad peruana y argentina, que sumaban un total de 1.300 a 1.500 hombres. El batallón número 4 del Perú habíase formado sobre la base de la compañía de granaderos del número 8 de los Andes, glorioso resto de los libertos de Cuyo, diezmados en Chacabuco y Maipú, y lo mandaba el coronel argentino Félix Olazábal. El número 4 estaba compuesto de peruanos, a las órdenes del comandante argentino Francisco Villa. Dos escuadrones de cazadores a caballo del Perú iban a cargo del comandante Antonio Sánchez, argentino también. Por último, un escuadrón de Granaderos de los Andes, de noventa y seis plazas, argentinos todos, con su comandante Juan Lavalle a la cabeza.

V

La división peruanoargentina, siguiendo el plan de campaña, trazado por Sucre, que cambiaba su base de operaciones apoyándose en el Perú, pasó la frontera, y reunida a la colombiana, se apoderó sin resistencia de las provincias de Loja y Cuenca (9 de febrero de 1822).

Este hecho iniciaba el afocamiento de la revolución sudamericana y la gran reunión de las armas de la insurrección continental bajo las inspiraciones de sus dos grandes caudillos. Por la primera vez se veían reunidos en un mismo campo los llaneros de Colombia y los gauchos de las pampas argentinas, los soldados independientes del Perú y de Chile, con los de Venezuela, Nueva Granada, Quito y Panamá. Las dos divisiones así compuestas formaban un total de 2.000 hombres. Sucre se detuvo en Cuenca durante los meses de febrero y marzo, dando tiempo al desarrollo de las operaciones que a la sazón abría Bolívar por Pasto, y a la espera de un batallón que le venía desde Panamá, el que, muy disminuido, alcanzó a incorporárseles antes de la terminación de la campaña, a órdenes del coronel José María Córdoba, que sería uno de los más valerosos generales de Colombia. Al fin, decidióse a tomar resueltamente la ofensiva, y se puso en marcha en busca del enemigo (marzo de 1822). Un singular incidente, que por mucho tiempo ha sido un misterio, hubo de poner término a la campaña al iniciarse, y dar a los realistas el triunfo sin combatir.

La división auxiliar había tomado el puesto de honor ocupando la vanguardia, y uno de sus batallones hallábase avanzado sobre el enemigo. En tales circunstancias, el coronel Santa Cruz recibió una nota del gobierno delegado del Perú, en que le prevenía ponerse inmediatamente en retirada con su fuerza en cualquier punto que se hallase, y concentrarse en Piura, dando por causal que los españoles de la sierra amenazaban a Lima. La verdadera causa era la cuestión de Guayaquil que hemos apuntado antes y sobre la que volveremos después. La orden era terminante, y así Santa Cruz lo comunicó por escrito a Sucre. El general colombiano se negó de oficio a autorizar la retirada, por cuanto, hallándose la división a sus órdenes, no tenía comunicación directa del Protector, y porque el servicio que ella prestaba, era en retribución del batallón colombiano Numancia que el Perú retenía a su servicio. En una conferencia privada manifestó a Santa Cruz que estaba resuelto a hacer uso de la fuerza para impedirlo, porque de permitirlo, la empresa contra Quito era perdida, y el honor de las armas colombianas se amenguaba dejando comprometido al Libertador en su campaña combinada.

La retirada de la división auxiliar importaba, en efecto, la pérdida de la campaña. Ella representaba por lo menos la mitad de la fuerza del ejército independiente. Sucre con solo mil hombres habría tenido que retrogradar, y hasta su salvación era dudosa. El resultado habría sido probablemente la pérdida de Guayaquil, pues en esos mismos días (principios de abril), Bolívar emprendía su retirada de Pasto después de su desastrosa victoria de Bomboná. Habría sido, no solo una mengua para las armas de Colombia, sino también un oprobio para la causa de la independencia americana. Afortunadamente, la orden, aunque terminante, no autorizaba el empleo de la fuerza para cumplirla. Santa Cruz reunió una junta de guerra para aconsejarse en este conflicto, y todos sus jefes opinaron unánimemente que debía continuarse la campaña a la espera de órdenes más precisas. Todo quedó amistosamente arreglado entre Sucre y Santa Cruz, y cuando, pocos días después, llegó la contraorden de San Martín revocando la mal aconsejada resolución del gobierno peruano, ya la campaña estaba abierta y la bandera auxiliar comprometida en el fuego (11 de marzo de 1822).

VI

La situación de los realistas en Quito, si no desesperada, era dificilísima. Aislados en medio de las montañas, solo contaban con 2.000 hombres, aunque de buenas tropas, para defender la capital, que, si bien podían disputar con ventaja los pasos de la cordillera occidental, eran impotentes para tomar la ofensiva. Pasto se sostenía siempre indomable, pero su nervio había sido quebrado en Bomboná, y Bolívar, reforzado con nuevos contingentes de Nueva Granada, se disponía a atravesar otra vez el Juanambú. El capitán general Murgeón había muerto de pesadumbre contemplando el triste estado de su causa. Aymerich había vuelto a reasumir el mando. La primitiva combinación de la campaña se rehacía en mejores condiciones, y Bolívar por Pasto y Sucre, reforzado por el Pacífico, convergían sobre Quito. Para contrarrestar esta combinación, Aymerich echó a vanguardia 1.500 hombres de su ejército sobre las vertientes occidentales de la cordillera, al mando del coronel Nicolás López, pero con orden de ceder el terreno, no comprometer batalla y replegarse hacia la capital al amparo de las fuertes posiciones naturales y fortificadas que la rodean. En ejecución de este plan expectante, el grueso del ejército español se había situado en Riobamba. Al moverse Sucre de Cuenca y dar dirección a sus divisiones diseminadas en su círculo estratégico, intentó el enemigo impedir su concentración; pero, verificada ésta metódicamente y con prudencia, limitóse a permanecer en observación en las alturas.

Sucre contaba con 2.500 hombres al abrir su campaña, incluyendo el batallón colombiano que conducía el coronel Córdoba. Desde Cuenca siguió faldeando la cordillera occidental, y descendió al valle de Riobamba, al pie del Chimborazo. Las comunicaciones con Guayaquil quedaron desde entonces abiertas, y su retaguardia y flancos asegurados. Los independientes provocaban con empeño una batalla; pero el enemigo iba cediendo el terreno y se mantenía a la estricta defensiva en posiciones inexpugnables. Observando Sucre que había descuidado

252

cubrir sobre su izquierda una quebrada, único paso accesible, que defendido por 200 hombres, podía contener la marcha de un ejército, penetró por allí, mientras llamaba la atención por el frente, y amagando su retaguardia, desplegó su línea de batalla en el valle opuesto (21 de abril de 1822). Ésta fue la ocasión de uno de los más brillantes combates de caballería de la guerra de la independencia americana.

Los realistas excusaron el combate a que eran provocados, y se pusieron en retirada, ocupando otra posición más a retaguardia de la villa de Riobamba, con su caballería al frente. Sucre dispuso que un escuadrón de Dragones de Colombia y los Granaderos de los Andes practicasen un reconocimiento del terreno. El escuadrón argentino atravesó la valla, y formó detrás de un mamelón de sus arrabales del norte, a cuyo pie se extendía una llanura. La caballería enemiga, que constaba de cuatro escuadrones con 420 hombres, iniciaba en ese momento un avance en columnas paralelas. En esta formación, se introdujo en un ancho callejón, que le obligó a disminuir su frente, estrechando los intervalos. Lavalle, con su golpe de vista, se aprovechó de esta falsa maniobra y cargó a fondo, sable en mano, con sus noventa y seis granaderos, poniendo en completa derrota a los realistas y los acuchilló hasta el pie de las posiciones que ocupaban sus masas de infantería. Antes que los vencidos pudiesen reaccionar, emprendió su retirada al trote, para recibir la nueva carga que le venía, lo más distante posible de la infantería. En ese momento llegaban treinta dragones de Colombia que siguieron su movimiento retrógrado. La caballería realista, rehecha, volvió al ataque a gran galope. Los granaderos argentinos, sostenidos por los treinta dragones colombianos formados en escalón sobre su izquierda, volvieron caras, y envolviendo a los escuadrones realistas, los acuchillaron por segunda vez por la espalda, hasta el fondo de la llanura. Cincuenta y dos muertos y cuarenta heridos del enemigo (con la pérdida tan solo de un granadero argentino y un dragón colombiano muertos y veinte heridos), fueron los despojos de este famoso combate, que anuló toda la caballería española por todo el resto de la campaña.

VII

Después del combate de Riobamba, el ejército español continuó su retirada y se hizo fuerte en las inaccesibles posiciones de Jalupana, donde en 1813 habíanse atrincherado los revolucionarios de Quito y que fueron flanqueadas por Montes en su famosa marcha antes relatada (véase capítulo XXXVIII párrafo VIII). Sucre convocó una junta de guerra, y todos fueron de opinión de imitar la hábil maniobra del general español en aquella época, pero dentro de líneas más precisas y con objetivos más claros, a fin de rodear las posiciones inatacables por el frente, envolver uno de sus flancos, y tomar la retaguardia del enemigo; y en último caso, estrecharlo sobre la ciudad obligándolo a una batalla decisiva.

El 13 de mayo (1822) inició su movimiento estratégico el ejército independiente, por un camino que, ascendiendo del volcán del Cotopaxi, conducía a retaguardia del enemigo y rodeaba su flanco izquierdo por el este. Después de una marcha de cuatro días al través de las heladas cimas de la montaña, descendió al valle de Chillo, a veinte kilómetros de Quito (17 de mayo). Los realistas, apercibidos, se habían replegado con anticipación sobre la ciudad, y la cubrían por el sur, situados en posiciones impenetrables esquivando el combate a que eran provocados fuera de ellas (22 y 23 de mayo). El general republicano se propuso entonces maniobrar por el flanco derecho del enemigo y trasladarse al norte de la ciudad, a fin de cortar sus comunicaciones con Pasto, de donde Aymerich esperaba una columna de refuerzo, que estaba en camino, según comunicaciones que se interceptaron. Para ejecutar esta operación, era necesario seguir un camino escabroso por la falda del volcán de Pichincha, coronado por cuatro picos nevados, en que las columnas tenían que marchar en desfilada. A las 8 de la noche del 23 de mayo, bajo una lluvia, emprendió su marcha por aquella estrecha ruta el ejército independiente. A las 8 de la mañana del siguiente, la vanguardia coronaba las alturas del volcán que domina a Quito, y a cuyo pie se desenvuelve una áspera cuesta cubierta de bosques y matorrales.

Antes que todo el ejército independiente hubiese operado su reunión, los españoles trepaban la cuesta cubiertos por el bosque, y atacaban al batallón número 2 del Perú que llevaba la cabeza y debía ocupar la derecha de la línea. Eran las 9.30 de la mañana. El coronel Olazábal, que lo mandaba, contuvo el ímpetu del ataque por el espacio de media hora, hasta agotar sus municiones. El batallón número 4 del Perú, que lo relevó en el fuego, recluta y sin el nervio de los soldados del número 8 de los Andes, se sobrecogió al encontrarse frente a todo el ejército enemigo, y cejó en el primer momento; pero luego reaccionó con brío. El terreno era estrecho para los despliegues, lo que favorecía a los independientes que, retardados en su marcha, tenían que entrar en pelea a medida que coronaban la cima de la montaña. Sucesivamente fueron entrando en línea los batallones colombianos, relevándose en el fuego hasta agotar sus municiones, pues el parque había quedado a gran distancia, a retaguardia. El enemigo ganaba terreno. Una carga a la bayoneta del batallón colombiano Paya equilibró el combate. Los realistas procuraron entonces flanquear la izquierda independiente a favor de la espesura del bosque, y ya alcanzaban la cima, cuando aparecieron

254

tres compañías del famoso batallón inglés Albión, y tomaron por el flanco a los flanqueadores, derrotándolos. El coronel Córdoba con el centro, sostenido por las compañías del Albión, completó la victoria, echando cuesta abajo el resto del ejército enemigo, que se refugió en la ciudad al abrigo de sus fuertes. Eran las doce del día 24 de mayo de 1822.

La caballería española había presenciado el combate, formada en los suburbios de Quito, y era la reserva con que contaba Aymerich para retirarse a Pasto. La caballería independiente, que no tomó parte en la batalla, por no permitirlo el terreno, fue lanzada en su persecución, obligándola a ponerse en fuga y dispersarse más tarde. El general Sucre intimó rendición a la ciudad. Aymerich capituló, entregando las fortalezas, las tropas y el armamento (25 de mayo de 1822). Los realistas perdieron 1.100 prisioneros de tropa y 160 jefes y oficiales capitulados; 400 muertos, además de 190 heridos; 14 piezas de artillería; 1.700 fusiles y sus banderas. Los independientes tuvieron 200 muertos, de los cuales cerca de la mitad correspondían a los batallones peruano-argentinos, y 140 heridos de las dos divisiones aliadas.

Esta victoria, obtenida por el común esfuerzo de las armas de la insurrección del sur y del norte de la América meridional, reunidas por la primera vez, puso el sello a la alianza continental.

VIII

Las batallas de Bomboná y Pichincha pusieron término a la guerra del norte de la América meridional, y cuadraron el territorio de Colombia según el plan geográfico de su constitución. Bolívar, que después de Bomboná se había replegado a Patía y reorganizado un nuevo ejército de 2.000 hombres, según queda relatado, propuso una capitulación a la provincia de Pasto, precisamente en el mismo día en que Sucre trepaba el volcán de Pichincha para dar la batalla que debía poner término a la campaña y dar fuerza a la intimación del Libertador paralizado en sus operaciones. La noticia de la derrota del ejército de Quito decidió al coronel Basilio García a capitular. Pero los indomables pastusos, fanatizados, que aún contaban con 2.000 hombres armados, se resistían a abatir su bandera, y querían continuar, aunque fuese solos, su resistencia. "Guerra a los rebeldes y a los herejes", era su grito. Fue necesario que García llamase en su auxilio al obispo de Popayán, Jiménez de Padilla, que hasta entonces había inflamado a los realistas del valle de Cauca y a los pastusos con sus predicaciones, combatiendo a su cabeza con la cruz y con la espada, y los persuadiese de que debían deponer las armas. Merced a esta poderosa influencia espiritual, firmóse una capitulación en que se concedió sin restricciones a los pastusos todo lo que pidieron (8 de junio de 1822). Se reconoció a los capitulados el derecho de no tomar partido contra su voluntad en favor de Colombia, ni ser destinados en ningún tiempo a los cuerpos vivos del ejército de la república, manteniendo su organización de milicias urbanas en sus respectivos distritos, sin que jamás pudieran ser obligados a salir fuera de su territorio. Otra de las condiciones estipuladas, fue que "no hubiera la más mínima alteración en cuanto a la sagrada religión C. A. R. y a lo inveterado de sus costumbres", que fue concedida por el Libertador, declarando: "que la república de Colombia se gloriaba de estar bajo la protección de la religión de Jesucristo y no cometería jamás el impío absurdo de alterarla." El Libertador entró triunfante en Pasto, y tuvo así la gloria de someter pacíficamente a la indomable provincia realista, que por el espacio de diez años había resistido a todos los ejércitos de Colombia, había hecho frente durante los últimos ocho meses de la campaña a no menos de nueve mil soldados aniquilando más de la mitad de ellos, y obligado al mismo Bolívar a retroceder quebrado ante sus armas, salvando al fin su autonomía bélica. Bolívar, embriagado por la gloria, se dirigía a los colombianos: "Desde las riberas del Orinoco hasta los Andes del Perú, el ejército libertador, marchando de triunfo en triunfo, ha cubierto con sus armas protectoras toda la extensión de Colombia. Participad del océano de gozo que inunda mi corazón, y elevad en los vuestros altares al ejército libertador, que ha dado gloria, paz y libertad" (8 de junio).

La deificación de los ejércitos de Colombia, levantados a los altares por su libertador, inauguraba el pretorianismo sudamericano, que debía pesar sobre la América hecha independiente y acabar con el Libertador. Los soldados de Colombia, ensoberbecidos con sus triunfos, identificándose con la fortuna y el espíritu de su gran caudillo, empezaron a tratar a los pueblos libertados como pueblos conquistados. Los vencedores de Pichincha enarbolaron en Quito las banderas de Colombia, declarándolo incorporado de hecho a la gran república en presencia de las tropas auxiliares que habían concurrido a su libertad. La municipalidad de Quito protestó contra este avance, que contrariaba los votos de la mayoría de los ciudadanos y ajaba la dignidad popular que representaba. Los municipales fueron desterrados militarmente en castigo de esta resistencia de mera forma. Sucre, no obstante trabajar en el mismo sentido, pero con habilidad y moderación, reparó esta inútil violencia, y desarmó la oposición, perfeccionando el acto con formas más regulares (29 de mayo). Cuando Bolívar llegó a Quito, todo estaba sometido a las bayonetas colombianas. Los libertados recibieron al Libertador con entusiasmo, votándole la entrada triunfal que venía buscando, y una nueva y merecida corona de oro imitando laureles, como la de Caracas y Bogotá (16 de junio de 1822).

Los dos libertadores del Norte y del Sur proclamaron entonces a la faz del mundo la gran alianza de las armas triunfantes de la insurrección sudamericana, sellada en Pichincha. Bolívar decía desde Quito a San Martín: "Los beneméritos libertadores del Perú han venido con sus armas vencedoras a prestar su poderoso auxilio en la campaña que ha libertado tres provincias del sur de Colombia. No es nuestro tributo de gratitud el de un simple homenaje, sino el deseo más vivo de prestar los mismos y aún más fuertes auxilios, si es que ya las armas libertadoras del sur de América no han terminado gloriosamente la campaña que iba a abrirse. El ejército de Colombia está pronto a marchar a dondequiera que sus hermanos lo llamen." San Martín contestaba que "los triunfos de Bomboná y Pichincha habían puesto el sello de la unión de Colombia y del Perú, asegurando la libertad de ambos estados, y que consideraba bajo un doble aspecto estos sucesos, consumada con heroísmo la obra del Libertador siendo el Perú el único campo de batalla que quedaba en América".

Toda la América meridional estaba hecha independiente y barrida de enemigos desde México hasta el Cabo de Hornos: solo quedaba Puerto Cabello en Colombia y una parte del Perú por libertar. Hacia el Perú convergían los ejércitos triunfantes de la insurrección sudamericana, y sus dos grandes libertadores iban a encontrarse bajo la línea divisoria de sus campañas continentales y punto de reunión de sus armas aliadas. El plan de campaña continental de San Martín estaba ejecutado en el Sur y el de Bolívar en el Norte. La historia no presenta ejemplo de una combinación militar más vasta, que se desenvuelve con método al través de un mundo, se prosigue con perseverancia por el espacio de doce años, y da por resultado la concentración de las fuerzas revolucionarias en el punto estratégico de la victoria final, obedeciendo a la ley que las gobierna y a la inspiración sistemática de los generales que las dirigen.

GUAYAQUIL

1822

I

Hasta aquí hemos seguido paralelamente la marcha de los acontecimientos y el desarrollo de los principios constitutivos de la emancipación sudamericana, en sus formas elementales, en sus evoluciones orgánicas y en sus fenómenos alternativos, dentro del círculo de atracción de sus armonías. Lo irreductible de la embrionaria masa animada, el sincronismo de sus vibraciones, sus gravitaciones mutuas, manifiestan una ley superior que se concreta en una insurrección articulada. Los enlaces étnicos, geográficos y sociológicos de los pueblos puestos en conmoción, la convergencia de sus marchas estratégicas, la dirección constante de las fuerzas vivas y su condensación en los puntos donde deben producir su efecto, dan su unidad al movimiento revolucionario. La genialidad democrática del conjunto de elementos, fuerzas y voluntades que se combinan; el equilibrio inalterable de los instintos populares; la adaptación de órganos apropiados para una vida nueva; la impotencia de las invenciones artificiales y de las influencias fuera del círculo vital para reaccionar contra las tendencias espontáneas; la ley del destino que se impone a despecho de todo, y la lógica de los hechos coherentes que prevalece en la organización republicana, revelan un determinismo político que está en el medio ambiente, en los hombres, en las cosas y responde a una necesidad vital de la revolución misma. Hasta aquí las armonías.

A medida que la lucha de la independencia se simplificaba por la concurrencia de los comunes esfuerzos, el movimiento revolucionario se hacía más complicado en su conjunto. Los antagonismos y sus conflictos aparecen simultáneamente con las armonías de la emancipación, por el efecto de las acciones y reacciones de sus elementos ingénitos en actividad y en conjunción. Hasta aquí la atracción física de las masas es la que por su gravedad determina su dirección y sus agrupaciones coherentes. En adelante empiezan a diseñarse los particularismos que derivan de su propia naturaleza; a intervenir los intereses y las pasiones de los hombres puestos en contacto; a despertarse las incompatibilidades, emulaciones y rivalidades nacionales y personales; y hasta el temperamento de los caudillos que presiden en sus partes el complicado movimiento colectivo, será un nuevo factor, que acelerará la crisis, y produciendo un choque, provocará colisiones y repulsiones. Empero, las líneas fundamentales del plan general de la revolución sudamericana no se alterarán por estos desvíos accidentales; los instintos, convertidos en ciencia y conciencia, prevalecerán y encontrarán su equilibrio, y la organización definitiva en sus partes y en su conjunto obedecerá a la misma ley que puso en movimiento las fuerzas, las condensó, y les hizo producir la mayor suma de trabajo útil en la lucha por la emancipación. Ni la confusión que acompaña a la concentración de las dos hegemonías continentales, ni la acción oficial de los gobiernos, ni la influencia misteriosa de las sociedades secretas, ni las conjuraciones de los poderes absolutos del mundo entero contra los principios de la democracia, ni la espada misma de los libertadores, echadas por una parte en el platillo de la monarquía y por la otra en el de la monocracia, podrán alterar el equilibrio estable del americanismo republicano y de las autonomías soberanas. San Martín y Bolívar, dos genios, dos fuerzas, los dos libertadores del sur y del norte de la América meridional, desaparecerán de la escena después del triunfo de sus armas, uno después del otro, quedando triunfante la república, sin dejar rastros, el uno de sus planes monarquistas, ni el otro de sus ambiciones y sueños de absorción continental, y se ordenarán por último los elementos orgánicos que la revolución entrañaba, según su naturaleza, en la proyección de sus destinos finales.

Lo que más contribuía a hacer inminente el conflicto entre la revolución del Sur y del Norte —aparte del carácter de sus caudillos— era la diversa organización de sus fuerzas políticas y el impulso a que respondían. De dos masas que se refunden, la acción inicial de la una tiene que preponderar sobre la otra, aunque al fin el equilibrio estático se establezca. Tal sucedió en la condensación de las fuerzas batalladoras y redentoras de la América meridional, y en la conjunción de sus dos grandes caudillos en el momento de completar su evolución simultánea. Eran dos revoluciones, que representaban dos hegemonías armadas, que en sus tendencias seguían sistema diverso por sus medios, aunque no por sus fines. La una —la del Sur, acaudillada por San Martín— representaba la emancipación de las diversas secciones americanas por un principio de solidaridad, entregándoles sus propios destinos una vez libertadas. La otra —la del Norte, representada por Bolívar—, obedeciendo a la misma tendencia, respondía a un plan de absorción nacional, de grado o por fuerza, que, dada su impulsión, pretendería convertirse en regla dominadora del continente emancipado por la acción de sus armas. Bolívar, libertador de Nueva Granada, le había impuesto, a título de vencedor, su incorporación a Venezuela. Libertador de Quito, pretendía imponerle su incorporación a Colombia, como más tarde impondría al Alto y Bajo Perú su constitución monocrática y sus presidentes vitalicios, contrariando los particularismos y falseando las leyes fundamentales de la democracia. De aquí la inminencia del conflicto de las fuerzas y el antagonismo de los principios constitutivos.

Guayaquil era el punto donde debía necesariamente manifestarse este antagonismo y producirse este conflicto por el encuentro de los dos caudillos del Sur y del Norte. Alrededor de Guayaquil giraban todos los movimientos concéntricos de los dos grandes libertadores al efectuar su conjunción y Guayaquil decidiría de sus destinos.

II

Dijimos antes que la provincia de Guayaquil, al efectuar su revolución y declarar su independencia, poniéndose a la vez bajo la protección de las tropas de San Martín y de Bolívar a manera de estado mediatizado, se convertiría en una manzana de discordia entre los dos libertadores (véase capítulo XXVIII, párrafo II). Uno y otro aceptaron el indefinido protectorado: el primero con el pensamiento de incorporarla al Perú, y poner un pie en el Norte; con la resolución el segundo de anexarla a Colombia y penetrar al Sur. San Martín envió cerca del nuevo gobierno revolucionario a sus edecanes, Guido y Luzuriaga, con la misión ostensible de saludarlo; pero su verdadero objeto era negociar una alianza que lo colocase bajo su dependencia militar (noviembre de 1820). A su arribo a Guayaquil, los comisionados encontraron la situación cambiada. Las armas guayaquileñas habían experimentado un serio revés en su primer ensayo. La primitiva junta de gobierno había caído y sido sustituida por otra que representaba por el momento la política de la independencia de la provincia insurreccionada, aunque inclinándose del lado del Perú.

El gobierno de Guayaquil, al responder al llamamiento de sus partidarios del interior, y aprovechando la circunstancia de hallarse fraccionado el ejército realista por las atenciones de la guerra de Pasto, se propuso extender la insurrección en todo el territorio y apoderarse de la capital del reino. Al efecto, puso en campaña un cuerpo de ejército de 1.500 hombres, cuyo mando confió al oficial venezolano Luis Urdaneta, uno de los promotores de su movimiento. Urdaneta se apoderó fácilmente de la provincia de Cuenca y marchó sobre Quito. Una columna como de 600 hombres de tropas regulares, a órdenes del coronel Francisco González, salió a su encuentro, y a pesar de la notable inferioridad numérica, lo derrotó completamente en la llanura de Huachi (o Ambato), causándole una pérdida de 500 hombres entre muertos y heridos y prisioneros (20 de noviembre de 1820). Un animoso oficial argentino (de Tucumán), llamado José García, se puso al frente de las reliquias del ejército guayaquileño reforzado con algunos reclutas, y salió en busca del enemigo para vengar la derrota de Ambato. Fue igualmente derrotado en Tanizahua, al pie del Chimborazo, con la pérdida de casi toda su división (3 de enero de 1821). García cayó prisionero, fue pasado por las armas en el campo de batalla, y su cabeza, remitida a Quito como trofeo, colgóse para escarmiento en una jaula de hierro en el puente de Machángana, a la entrada de la ciudad.

A pesar de la consternación producida por el desastre de Ambato, los comisionados fueron recibidos con entusiasmo por el pueblo y el gobierno, como precursores de un eficaz auxilio. Luzuriaga fue nombrado comandante en jefe de los restos del ejército guayaquileño, que reorganizó con inteligencia y actividad, situándose en Babahoyo para hacer frente al enemigo triunfante, cuyo avance contuvo. Guido, por su parte, abrió con el gobierno negociaciones que estaba especialmente encargado de conducir de acuerdo con su colega (diciembre de 1820). Las instrucciones le prevenían ajustar una convención militar, por la cual todas las tropas de la provincia quedaran exclusivamente a órdenes de San Martín, con facultad de removerlas según las necesidades de la guerra. Su objeto inmediato, a la vez de establecer un principio de dependencia, era dominar mejor desde la frontera de Quito el territorio limítrofe de Trujillo, que aún no se había pronunciado, y que por este tiempo estaba ocupado por una división realista de 1.500 hombres, que amagaba por la espalda la posición que él ocupaba en Huaura. También tenía encargo de negociar un empréstito en dinero. La junta, llena de vacilaciones y desconfianzas y coartada por la insubordinación de sus tropas, únicamente se prestaba a recibir un cuerpo de 200 veteranos para formar sobre esa base un nuevo ejército, con la promesa de enviar más adelante al Perú un contingente de 400 reclutas del país. Guido hubo de aceptar este convenio; pero bien aconsejado por Luzuriaga, a quien consultó, negóse a firmarlo, y acordó que se les comunicase en forma de propuesta *ad referendum*. Habiendo sobrevenido la estación de las inundaciones que paralizaban las operaciones militares, y a cubierto la provincia de una invasión de parte de Quito después de la derrota de García en Tanizahua, Luzuriaga renunció el mando de las armas (enero de 1821), de conformidad con nuevas instrucciones de San Martín y se retiró juntamente con Guido.

San Martín no se hallaba en aptitud de socorrer a Guayaquil ni de ejercer presión sobre su gobierno; sus fuerzas eran apenas suficientes para mantener en jaque al enemigo en Lima y atender a la campaña de la sierra. Por otra parte, habiendo proclamado Trujillo la independencia y dominado ya todo el norte del Perú hasta la frontera de Quito, la concurrencia de fuerzas auxiliares no le era tan necesaria, por lo que adoptó desde entonces una política prescindente respecto del nuevo estado que se había puesto bajo su protección. Fue entonces cuando Bolívar envió a Sucre al frente de una división a Guayaquil, con el doble objeto de preparar su anexión y de concurrir por el Pacífico a la campaña combinada del sur de Colombia (11 de mayo de 1821). La presencia de las tropas del Libertador, que asumieron una actitud provocativa, trajo algunos disturbios, promovidos por los partidarios de la anexión a Colombia, que, aunque en minoría, contaban ser apoyados por las bayonetas auxiliares. Sucre, sin dejar de trabajar en el mismo sentido por medios cautelosos, aplazó prudentemente la cuestión, según se explicó antes, y consiguió al fin apoderarse del mando de las armas de la provincia, que le aseguraba el dominio de hecho (véase cap. XLIV, párr. II).

El triunfo de Sucre en Huachiri y su derrota posterior de Huachi, a que siguió la retirada de Bolívar de Pasto después de Bombará, hizo perder a los colombianos en Guayaquil su preponderancia militar y política. Los guayaquileños, y hasta el mismo Sucre, volvieron sus ojos hacia el Protector del Perú, que, dueño ya de Lima al frente de un fuerte ejército y con el dominio de las aguas, era el único que podía prestarles un pronto y eficaz auxilio en la peligrosa situación que atravesaban. Fue entonces cuando San Martín decidió tomar parte en la guerra de Quito, que ha sido ya relatada, y terminó con la victoria de Pichincha (véase capítulo XLIV, párrafo IV).

Pendientes los arreglos sobre el auxilio que el Perú prestaría para poner término a la guerra de Quito, sobrevino un incidente que hubo de interrumpirlos. El distrito de Puerto Viejo, encabezado por su cabildo, proclamó su incorporación a Colombia (16 de diciembre de 1821). El gobierno consideró este acto como una rebelión, y trató de emplear las armas para reprimirlo. La oficialidad colombiana apoyó ruidosamente la actitud de los anexionistas, promovió asonadas, fomentó la deserción de las tropas del país y aun intentó apoderarse por sorpresa del parque y cuarteles de la ciudad (21 a 24 de diciembre). La junta, sostenida por el pueblo, estaba resuelta a mantener su autoridad. La guerra civil podía encenderse o producirse con escándalo al frente del enemigo. Felizmente Sucre, que ostensiblemente no había tomado participación en estos manejos, asumió al fin el papel de mediador entre los disidentes y el gobierno, moderando el ardor de sus subordinados, y todo volvió a entrar aparentemente en orden. El general colombiano, temiendo que estos incidentes pudieran interrumpir o retardar los auxilios de que necesitaba para abrir su campaña, se apresuró a dar explicaciones sobre ellos al gobierno del Perú: "La situación local de esta provincia —escribía al ministro Monteagudo— y la relación de sus intereses con el Perú, me determinan a hacer esta manifestación, para que el Protector no sea avisado siniestramente de los hechos; que creo S. E. aceptará como mi deseo de enterarlo en todo cuanto pueda concurrir al bien común de los americanos. Sin mezclarme en la cuestión (interna), yo pensé que la unidad de la provincia era necesaria, no solo en las circunstancias en que debemos presentarnos en masa al enemigo, sino para evitar un ejemplo de disolución social en las provincias limítrofes que darían que hacer a sus gobiernos con pretensiones semejantes." Todo esto no pasaba de un remiendo en falso.

Como antes se apuntó, la cuestión de Guayaquil tenía tres nudos, que convenía desatar sin romper: la independencia que había proclamado la provincia; su incorporación al Perú o su anexión a Colombia. San Martín resolvió prudentemente aplazarla, proponiendo su solución por la vía diplomática, en el sentido de garantir el voto libre de Guayaquil, que en el estado de la opinión esperaba diese por resultado la incorporación al Perú. La junta, presidida por Olmedo, era partidaria de esta combinación, manteniendo, mientras tanto, su independencia. El Protector, al acreditar como ministro cerca del gobierno de Guayaquil al general Francisco Salazar (30 de noviembre de 1821), le dio en consecuencia instrucciones expectantes, que como todas las posiciones expectantes en presencia de un contendor resuelto debía dar por resultado una derrota segura desde que no se preveía la apelación a la fuerza. Las instrucciones prevenían a Salazar proceder con doble cuidado en no intervenir sobre la forma definitiva de gobierno que quisiese adoptar la provincia, ni sobre la independencia o su incorporación al Perú o a Colombia, librando este punto a la espontaneidad de la mayoría del pueblo, cuya voluntad debía observar con sagacidad y precaución. En el fondo de todo esto estaba el pensamiento secreto de la incorporación de Guayaquil al Perú, y el auxilio prestado a Sucre, respondía a él a la vez que a la terminación de la guerra de Quito. Puesto de acuerdo Salazar con la junta, arreglóse todo en el sentido del plan teórico del Protector.

Después de los abortados pronunciamientos relatados, la junta, resentida, y apoyada por el sentimiento público, cada vez más divorciado de la causa de los colombianos, se dirigió en queja al representante diplomático del Protector, manifestándole que estaban oprimidos por la violencia de los soldados del Libertador, a quienes temían más que a los del Rey. Para dar una base de fuerza a la opinión, fue nombrado comandante en jefe de las fuerzas guayaquileñas el general La Mar, que también respondía al plan de incorporación al Perú. En un principio, se pensó en confiar el mando de la división auxiliar peruanoargentina al mismo general La Mar, para contrapesar la influencia de Sucre, pero ya el coronel Santa Cruz se había puesto en campaña con ella, y San Martín, bien aconsejado por el presidente Olmedo, desistió de esta combinación.

III

La actitud de Bolívar en la cuestión de Guayaquil era más resuelta y respondía a un plan político y militar más deliberado, teniendo de su parte a la fuerza y el derecho, aun cuando no le acompañase la mayoría del pueblo que pretendía anexar Colombia a toda costa. Era para él cuestión de poder nacional y de preponderancia americana, y como tal, la encaró sin vacilaciones, de hito en hito. Así, al mismo tiempo que enviaba a Sucre con fuerzas para concurrir por el Pacífico a la campaña combinada sobre Quito, acreditaba cerca del gobierno del Perú, en calidad de enviado diplomático, a don Joaquín Mosquera, con el objeto de ajustar una Liga americana y arreglar la cuestión de límites entre los dos estados colindantes. (Véase capítulo XXXV, párrafo VI.) En cuanto a lo primero, no fue difícil un acuerdo, aunque por el momento de mera forma, pues no tuvo inmediata ulterioridad. La negociación en lo relativo a límites presentó mayores dificultades. Colombia pretendía tener derecho sobre las provincias limítrofes de Jaén, Maynas y Quijos, que, por su parte, el Perú consideraba como suyas. No era posible resolver este punto litigioso, sin tocar la delicada cuestión de Guayaquil. El plenipotenciario Mosquera sostenía que esta provincia debía formar parte integrante de Colombia. El ministro Monteagudo, como representante del Perú, argüía que, habiendo reconocido su independencia, sería una contradicción consentir en tal estipulación, y propuso que se le dejara la libertad de agregarse a una u otra república, según fuese su voluntad. Las instrucciones de ambos negociadores eran terminantes, y les prevenían no ceder en este punto, así es que todo arreglo sobre estas bases opuestas se hizo imposible. Empero, para no embarazar los tratados pendientes con cuestiones secundarias, se acordó dejar indeciso el punto, reservándolo para un convenio particular por medios conciliadores y pacíficos, con el compromiso moral por parte del Perú de que los habitantes de las provincias de Quijos y Maynas, situadas sobre la izquierda del Marañón, no fueran convocados para las elecciones de representantes al congreso peruano que iba a reunirse, el cual determinaría los límites definitivos.

Estos tratados, según la pintoresca expresión del presidente de la junta de Guayaquil, Olmedo, no eran "sino cenizas engañadoras, que tapaban el fuego, y que el menor viento esparciría, dejando el fuego a descubierto". La actitud de la junta de Guayaquil respecto de la cuestión pendiente fue el viento que hizo volar la ceniza y hubo de soplar un incendio.

La constitución colombiana había declarado que el territorio de la República sería el mismo que comprendían el virreinato de Nueva Granada y la capitanía de Venezuela, y por lo tanto, se consideraba comprendida en él la presidencia de Quito, como dependencia de Nueva Granada, incluso Guayaquil, que era una de sus provincias. El libertador Bolívar no podía renunciar a este plan geográfico, que cuadraba su imperio republicano de mar a mar, y constituía a Colombia en la primera potencia sudamericana de la época, triunfante ya en su guerra con la España al norte de la América meridional. Así, al emprender la campaña de Quito, se dirigió al presidente de Guayaquil, intimándole con amenazas olímpicas su incorporación a Colombia. "El gobierno de Guayaquil sabe (le escribía desde su cuartel general) que no puede ser un estado independiente y soberano: sabe que Colombia no puede ni debe exceder sus legítimos derechos: sabe, en fin, que no hay un poder humano que pueda hacer perder a Colombia un palmo de la integridad de su territorio. Tiempo es ya de obrar de un modo justo, racional y conveniente a los intereses de esa provincia, demasiado expuesta a variaciones, pero oportunamente auxiliada y protegida por las armas de Colombia." Era cortar el nudo con la espada vencedora de Colombia, y un reto dirigido indirectamente a las pretensiones territoriales del Perú.

Ante esta actitud imperativa, que no retrocedía ante nada ni ante nadie, San Martín oponía un plan meramente expectante y negativo, en sus reservas diplomáticas, en sus relaciones con la junta de Guayaquil y con Bolívar, en su combinación alternativa de que Guayaquil perteneciese a uno u otro Estado o permaneciese independiente, si tal era su libre voluntad, y debilitaba más su acción, al prestar sin condiciones su concurso para la terminación de la guerra de Quito, introduciendo en sus propias tropas auxiliares un elemento de desconfianza. En el choque de estas dos políticas, debía triunfar la que estuviese animada de mayor impulsión inicial, y estando además la razón y la fuerza de parte de Bolívar, no era dudoso cuál sería el resultado.

265

IV

La cuestión de Guayaquil entre el Libertador de Colombia y el Protector del Perú, representantes de las dos hegemonías continentales de la época, merece una atención especial, por ser la primera cuestión de límites que surgiera entre las repúblicas sudamericanas al declararse independientes; tiene, además, una doble significación histórica y política, así por sus consecuencias inmediatas, como porque ella envuelve el gran principio que al fin ha prevalecido y se ha incorporado al nuevo derecho público americano, como ley racional consentida de una nueva vida internacional.

Las nuevas repúblicas hispanoamericanas, al reasumir su soberanía territorial, adoptaron las demarcaciones coloniales en el orden político y administrativo, que respondían a la vez a sistemas geográficos y particularismos étnicos, derivando sus títulos de posesión y dominio de los del soberano español de que se emancipaban de hecho y al que se sustituían de derecho. Es lo que se ha llamado el *uti possideti* anterior a la revolución. A este principio respondió, al sur del continente, la propaganda de la hegemonía argentina al libertar a Chile, y la hegemonía chilenoargentina al libertar al Perú, que repudiando las conquistas y las anexiones, trazaban el mapa político de la América del Sur, con sus fronteras definidas por un plan histórico de hecho y de derecho sin violentar los particularismos, y entregaba a la espontaneidad de los pueblos sus propios destinos. La hegemonía colombiana representaba por el contrario, las anexiones y las absorciones, con tendencias a refundir los particularismos en una nueva asociación que respondía a un plan de organización artificial, derivado de la victoria de las armas y basado en la fuerza. Empero, Bolívar, que representaba esta hegemonía absorbente, representaba esta vez, por acaso, el principio superior, según el cual se constituirían definitivamente las nuevas nacionalidades al trazar los límites de su soberanía territorial.

El antiguo virreinato de Nueva Granada había sido declarado constitucionalmente parte integrante de la república de Colombia, en unión con la capitanía general de Venezuela, comprendiendo la presidencia de Quito como dependencia de Nueva Granada. Esta declaración había sido aceptada por todo el mundo americano, con aplauso y sin protesta. Si la provincia de Guayaquil formaba parte de la circunscripción política de Quito, correspondía a Colombia. Si, por el contrario, pertenecía al virreinato del Perú, era peruana. Tal era la cuestión de hecho y de derecho. La fuerza la resolvió de hecho; pero los documentos historicolegales dan a Colombia la razón de derecho, que al fin ha prevalecido teórica y prácticamente como regla internacional entre las repúblicas hispanoamericanas.

La provincia de Guayaquil fue en varias épocas dependencia del virreinato del Perú; pero, creado el virreinato de Nueva Granada, quedó definitivamente como parte integrante del reino de Quito. Empero, por su posición geográfica y por motivos accidentales estuvo algunas veces sujeta en parte o en el todo al virrey del Perú, y lo estaba de hecho en lo político y militar al tiempo de invadir San Martín el territorio peruano. En 1803 habíase dispuesto, por razones de conveniencia militar, que la plaza y el puerto de Guayaquil dependiesen del virreinato del Perú y no del de Nueva Granada. Reclamada esta disposición por el presidente de la audiencia de Quito, declaróse, en 1807, que la autoridad conferida solo se extendía a lo militar, sin intervención alguna en el gobierno político ni económico, reprobando los procederes del virrey del Perú, que había pretendido lo contrario. Con motivo de las revoluciones de Quito y Nueva Granada, en 1809 y 1810, el virrey Abascal agregó de hecho la provincia de Guayaquil a su gobierno, como lo hizo con las del Alto Perú que pertenecían al Río de la Plata, con el objeto de proveer a su defensa. En 1815, restaurada la autoridad real en Nueva Granada, los vecinos de Guayaquil solicitaron que las cosas volvieran a su antiguo estado, y así lo acordó el Rey en 1819, desaprobando nuevamente la intromisión del virrey del Perú en su orden interno. Desde entonces, la provincia de Guayaquil quedó como parte de la audiencia de Quito, y ésta como dependencia del virreinato de Nueva Granada. Tales eran los títulos legales que invocaba Colombia.

La declaratoria de la independencia de Guayaquil, reconocida por el Protector del Perú, y desconocida por el Libertador de Colombia, a la par de las pretensiones encontradas de ambos sobre su posesión, complicaba la cuestión. Agréguese que el mismo Protector no creía posible ni conveniente que Guayaquil se mantuviese en estado independiente, ni tampoco los mismos guayaquileños, y se tendrá idea de lo intrincado del problema a resolver. Para San Martín era una cuestión de decoro y de interés puramente peruano. Para Bolívar era una cuestión de poder, de vida nacional y de influencia americana. Quito, parte integrante de Colombia, sin el puerto de Guayaquil, era un territorio atrofiado, y el Libertador tenía razón, aun desde el punto de vista geográfico, en sostener la necesidad de su posesión como condición de existencia para su gran república. De aquí que el plan político del Protector del Perú fuese meramente expectante y reservado, y el del Libertador de Colombia, deliberado y franco.

V

Seguro Sucre del auxilio de San Martín en la campaña de Quito, y estimulado por la arrogante intimación del Libertador, dirigióse al ministro de la Guerra del Perú, revelando francamente las exigencias de Colombia con pretexto de adicionar su anterior explicación, redactada en términos tan equívocos: "Pienso que es del interées de los gobiernos limítrofes impedir las disensiones de la provincia de Guayaquil, que siendo el complemento natural del territorio de Colombia, pone al gobierno en el caso de no permitir jamás se corte de nuestro seno una parte por pretensiones infundadas. Tal consentimiento sería un ejemplo de disolución social para la República, y para los países limítrofes, en que este ejemplo fatal iba cundiendo el año anterior, si el gobierno de ese Estado no hubiese tenido la sabia energía de cortarlo. Persuadidos de los nobles sentimientos del gobierno del Perú, nos prometemos que empleará su poderoso influjo para ayudarnos a conciliar los partidos que agitan a Guayaquil, concentrar las opiniones y restablecer el orden, que desea la parte sana de la provincia, para evitar todo ejemplo de disolución que turbase nuestra tranquilidad."

Como la intimación de Bolívar llegase acompañada del anuncio de que sería inmediatamente seguida por su ejército, el gobierno de Guayaquil, intimidado, se dirigió al Protector del Perú manifestándole su apurada situación. San Martín, ofendido por la actitud arrogante de Bolívar, en circunstancias que con sus armas auxiliares concurría a asegurar la libertad del territorio de que se trataba de disponer a la baqueta y sin acuerdo suyo, cuando se hallaba bajo su protección declarada, resolvió intervenir directamente en la cuestión. Fue entonces cuando ordenó al coronel Santa Cruz que en cualquier punto que se hallase con la división auxiliar, retrocediera inmediatamente a la frontera peruana (véase capítulo XLIV, párrafo V) y se pusiese a órdenes del general La Mar, comandante en jefe de las armas de Guayaquil (2 de marzo de 1822). Felizmente, según en su lugar se explicó (capítulo citado), esta orden quedó sin efecto, y las fuerzas auxiliares continuaron la campaña de Quito unidas a las de Colombia.

No obstante la contraorden para la retirada de la división auxiliar, San Martín persistió en su plan de intervención alternativa, a efecto de garantir la libertad del voto de Guayaquil. Dirigióse en este sentido a la junta, incitándola a expresar terminantemente si insistía o no en mantener su independencia; en el primer caso, le ofrecía sostener su voluntad con sus fuerzas; pero que, si quería ceder a las intimaciones de Bolívar y unirse a Colombia, esto en nada alteraría la liberalidad y circunspección de su política. A La Mar se le previno procediese de conformidad con esta resolución: "Por las comunicaciones del Libertador de Colombia, no queda duda del plan abierto de hostilidad adoptado contra Guayaquil y del compromiso que queda al gobierno del Perú con el de aquella república. Aunque es muy notable que en tan difíciles circunstancias del gobierno de Guayaquil espere en una actitud pasiva el desenlace de las operaciones del Libertador, sin embargo, se previene que, siempre que el gobierno, de acuerdo con la mayoría de los habitantes de esta provincia, solicitase sinceramente la protección de las armas del Perú, por ser su voluntad conservar su independencia de Colombia, en tal caso, completadas las fuerzas que están puestas a sus órdenes (la división auxiliar), las emplee en apoyo de la espontánea voluntad del pueblo. Si por el contrario, el gobierno de Guayaquil y la generalidad de los habitantes de la provincia pronunciasen su opinión a favor de las miras de Colombia, sin demora vendrá al departamento de Trujillo a tomar el mando general de la costa norte, reunir la división del coronel Santa Cruz en Piura, aumentar hasta donde alcancen los recursos del territorio, y obrar según lo exija la seguridad del departamento." Al libertador Bolívar se dirigió directamente el Protector manifestándole que "por comunicaciones del gobierno de Guayaquil tenía el sentimiento de ver la intimación hecha a esa provincia para que se agregara a Colombia, y pedíale la dejase consultar su propio interés, para agregarse libremente a la sección que le conviniera, porque tampoco podía quedar aislada con perjuicio de ambos estados colindantes."

La actitud de Bolívar era soberbia y provocativa: la de San Martín, si bien más correcta, era imprudente y sin sentido político ni militar, salvo en un punto: que Guayaquil no podía quedar aislado. Bolívar no podía ceder, a menos de mutilar la república de Colombia, que era su creación. Por lo tanto, la intervención directa de San Martín provocaba un conflicto que podía traer una ruptura, y esto para sostener una independencia vacilante, que era un estorbo para el desarrollo de los planes de ambos libertadores. ¿Estaba resuelto el Protector a llegar a una extremidad? No es probable. Bolívar, triunfante en el Norte y sin enemigos que combatir en su territorio, tenía de su parte la plena disposición de sus fuerzas, además de la razón, como se ha demostrado. San Martín tenía a su frente un enemigo poderoso que combatir, y en el mejor de los casos —independencia de Guayaquil o su anexión al Perú— complicaba su situación incierta, privándose del concurso de las armas triunfantes del norte de la América, que él mismo consideraba necesario para terminar prontamente la guerra de la independencia continental. No estando resuelto a la guerra, solo de un modo podía neutralizar las exigencias de Bolívar, y era paralizar la guerra de Quito, retirando —como lo pensó— el concurso prestado a Sucre; pero esto era hacerse la guerra a sí mismo, dando la ventaja a los realistas, como luego lo comprendió. Pasado ese momento, persistir en la intervención alternativa, era prepararse una derrota segura, ya fuese porque las armas de Colombia, triunfantes en la guerra de Quito, podían dominar a Guayaquil mejor que él, ya porque de este modo convertía a un aliado natural en antagonista, si no en enemigo declarado. Preferible era entonces ceder y no provocar conflictos perjudiciales a la causa general de la emancipación sudamericana. Colombia, tal cual estaba geográficamente constituida, necesitaba del puerto de Guayaquil; el Perú, dueño de un vasto litoral, no lo necesitaba absolutamente. Y como Colombia era una fuerza y una máquina de guerra americana bien montada, mejor estaba Guayaquil en manos de Colombia, si su anexión le daba más nervio y la complementaba para concurrir más eficientemente a la redención definitiva de la América del Sur en el Perú.

El plan alternativo de San Martín, para garantir el voto libre de Guayaquil en oposición a la política interventora o invasora de Bolívar, no podía darle sino tres resultados: o el mantenimiento de la independencia de una provincia débil, que no podía ser nación, y que era un estorbo entre las armas redentoras del sur y del norte de América; o la agregación al Perú de una provincia aislada, que provocaría un conflicto; o la anexión a Colombia, que era una derrota fácil de prever, después de Pichincha. Antes de Pichincha, pudo tal vez proponer como transacción hacer de Quito una nueva república independiente, que era el verdadero voto de sus habitantes, como los hechos lo han demostrado; pero para esto habría sido necesario que hubiese calculado mejor sus medidas antes de unir sin condición alguna sus armas con las de Colombia, pretendiendo retirarlas cuando ya estaban comprometidas en la campaña que iba a dar la preponderancia a Bolívar. Era muy difícil que el fundador de Colombia, que en su constitución había incluido a Quito en su plan geográfico, pasase por este avenimiento; pero al menos era un pensamiento digno del libertador del Sur, concordante con su política americana, de redimir a los pueblos y entregar a su posteridad sus propios destinos sin violentarlos y respetando los particularismos autonómicos; y bien que esto no fuese más que un plan uchrónico de muy dudoso éxito, era más racional que el plan alternativo de San Martín, que, de todos modos, era una dificultad, un conflicto o una derrota. Bien examinado todo, lo más acertado para el éxito, y lo más conveniente para la causa de la independencia americana, era no insistir sobre la independencia de Guayaquil, renunciar a la pretensión de agregarlo al Perú, y dejar de buena voluntad que se incorporase a la república de Colombia a que correspondía, como parte integrante de Quito, sobre cuya anexión en general no hacía cuestión.

Bajo estos siniestros auspicios, que nada lisonjero prometían, iba a abrirse la proyectada conferencia entre Bolívar y San Martín, "para fijar establemente la suerte de la América del Sur" —según las palabras del segundo— precisamente en el punto que era causa de una disidencia profunda entre los dos libertadores del Sur y del Norte, que, al unir sus banderas y darse un abrazo de hierro, separarían sus almas hasta entonces unidas en un gran propósito.

Capítulo XLVI

LA ENTREVISTA DE GUAYAQUIL

1822

El encuentro de los grandes hombres en la historia. — Los grandes hombres americanos. — Grandeza de Bolívar y San Martín. — Los paralelos históricos. — Grandeza intrínseca y relativa. — El culto de los héroes. — Acción dual y necesaria. — Prestigio de la entrevista de Guayaquil. — Los misterios de la entrevista. — Planes, ilusiones y esperanzas de San Martín al buscar la entrevista. — Declaraciones públicas de San Martín sobre los objetos de la entrevista, comprobadas por los hechos y los documentos. — Correspondencia entre San Martín y Bolívar antes de la entrevista. — Seguridades dadas por San Martín de que en la conferencia de Guayaquil quedaría fijada la suerte de América de acuerdo con Bolívar. — Bolívar en Quito. — Empieza a diseñarse su política absorbente. — Su entrada triunfal en Guayaquil. — Incorpora violentamente Guayaquil a Colombia. — Carta que dirige en seguida a San Martín. — Llegada de San Martín a Guayaquil. — Recepción de San Martín por Bolívar en Guayaquil. — Entrevista de los dos libertadores. — Lo que pasó y lo que no pasó en la entrevista. — Revelaciones anunciadas por San Martín. — Carta de San Martín a Bolívar que aclara el misterio de la entrevista. — Lo que se sabe y lo que no se sabe de la entrevista. — Actitud de San Martín después de la entrevista. — Famosa carta de San Martín a Bolívar. — Testamento político.

I

El encuentro de los grandes hombres que ejercen influencia decisiva en los destinos humanos, es tan raro como el punto de la intersección de los cometas en las órbitas excéntricas que recorren. Solo una vez se ha producido este fenómeno en el cielo, y en la tierra rarísimas veces. La masa de un cometa penetró una vez la de otro, y al dividirlo, lo convirtió en una lluvia de estrellas que sigue girando en su círculo de atracción, mientras el primero continuó su marcha parabólica en los espacios. Tal sucedió con San Martín y Bolívar, los dos únicos grandes hombres sudamericanos, por la extensión de su teatro de acción, por su obra, por sus cualidades intrínsecas, por su influencia en su tiempo y en su posteridad. Son los únicos hijos del Nuevo Mundo, que, después de Washington, hayan entrado a figurar en el catálogo de los héroes universales, cuya gloria se agranda a medida que pasa el tiempo y la obra en que fueron artífices se completa. Washington dio al mundo la nueva medida del gobierno humano, según la vara de la justicia, y legó el modelo del carácter más bien equilibrado en la grandeza, que los hombres hayan admirado y bendecido. Bolívar y San Martín fueron los libertadores de un nuevo mundo republicano, que restableció el dinamismo del mundo político por efecto de la revolución que hicieron triunfar con sus armas. Su acción fue dual, como la la de los miembros de un mismo cuerpo, y hasta su choque y su antagonismo final responden a su acción dupla, que se completa la una por la otra, aunque la más poderosa prevalezca incorporándose en una sola las respectivas fuerzas iniciales, sin que por esto se extinga la absorbida.

Los paralelos de los hombres ilustres a lo Plutarco, en que se buscan los contrastes externos y las similitudes aparentes para producir una antítesis literaria, sin penetrar en la esencia de las cosas mismas, son juguetes históricos, que entretienen la curiosidad, pero que nada enseñan. Se ha abusado por demás de este artificio respecto de San Martín y Bolívar, hasta hacerse una vulgaridad. Su paralelismo está en su obra, y su respectiva grandeza no puede medirse por el compás del geómetra ni por las etapas del caballo de Alejandro al través del continente que recorrieron en direcciones opuestas y convergentes.

Se ha dicho con más retórica que propiedad, que para determinar la grandeza relativa de los dos héroes americanos, sería necesario medir antes el Amazonas y los Andes. El Amazonas y los Andes están medidos, y las estaturas históricas de San Martín y Bolívar también, así en la vida como acostados en la tumba. Los dos son intrínsecamente grandes en su escala, más por su obra común que por sí mismos, más como libertadores que como hombres de pensamiento. Su doble influencia se prolonga en los hechos de que fueron autores o meros agentes, y vive y obra en su posteridad. Esta influencia póstuma es la que no ha sido medida aún, y la que determinará en definitiva la verdadera amplitud de sus proyecciones. La historia planta los jalones del pasado, los presentes se guían por ellos, y el futuro deducirá cuál de los dos tuvo más larga visual o acertó con mejor instinto. Hasta ahora, el tiempo que aquilata las acciones por sus resultados duraderos, dando a Bolívar más gloria y la corona del triunfo final, ha dado a San Martín la de primer capitán del Nuevo Mundo, y la obra de la hegemonía por él representada vive en las autonomías que fundó aunque no como lo imaginara; mientras el gran imperio republicano de Bolívar y la unificación monocrática de la América que persiguió se deshicieron en vida y se han disipado como un sueño uniéndose, empero, las figuras de los dos libertadores en el espacio recorrido, y marcando en los lindes del porvenir la marcha triunfal de las repúblicas sudamericanas hacia los grandes destinos que les están reservados. Si la conciencia sudamericana adoptase el culto de los héroes, preconizado por una moderna escuela histórica, resurrección de los semidioses de la antigüedad, adoptaría por símbolos los nombres de San Martín y de Bolívar, con todas sus deficiencias como hombres, con todos sus errores como políticos, porque ellos son los héroes de su independencia y los fundadores de su emancipación: fueron sus libertadores y constituyen su binomio virtual.

En todos los acontecimientos en que intervienen hombres y cosas, puede concebirse y aun demostrarse, qué hombres pudieron reemplazar a otros y cómo, con ellos o sin ellos, se hubiesen producido los hechos lógicos de que fueron autores o meros actores, sin que por esto se desconozca la acción eficiente de las individualidades conscientes con potencia propia.

Son sin duda las revoluciones las que engendran a los hombres, cuando ellas son el resultado de una evolución que tiene su origen en causas complejas; pero son los hombres los que las impulsan y las caracterizan, y a veces son factores indispensables en el enlace y en la dirección de los acontecimientos. Sin Colón, se habría descubierto más tarde la América, pero fue él quien conscientemente la descubrió. La revolución de Inglaterra habría estallado después de la resistencia cívica de Hampden; pero sin Cromwell no habría triunfado militarmente, inoculándose el principio disciplinario y religioso, que fue su fuerza y su debilidad. La emancipación de los Estados Unidos de la América del Norte habría hecho surgir de todos modos una gran república; pero sin Wáshington no tendría en el ejercicio del poder el carácter de grandeza moral que ha impreso sello típico a su democracia. La revolución francesa habría estallado, porque estaba en el orden y en el desorden de las cosas, y sin los hombres que alternativamente la dirigieran, se habría desarrollado, y tal vez mejor, porque ninguno supo fijarla.

Se concibe fácilmente con arreglo a este criterio que la insurrección sudamericana se produjera como hecho espontáneo, resultado de antecedentes históricos y efecto inmediato de las circunstancias, si San Martín y Bolívar no hubiesen existido; pero tal como se produjo y se desenvolvió, no se alcanza cómo con menos recursos pudo hacerse más, ni organizarse mejor militarmente, ni triunfar en menos tiempo y con el menor desperdicio de fuerzas en la lucha por la independencia continental. Por eso son grandes intrínsecamente y por sí mismos Bolívar y San Martín, aparte de las cosas en cuyo medio obraron y de las fuerzas preexistentes a que dieron organización, impulso y dirección convenientes.

Si se compara la ecuación personal de los dos libertadores, vese

274

que San Martín es un genio concreto, con más cálculo que inspiración, y Bolívar un genio desequilibrado, con más instinto y más imaginación que previsión y método. Sin embargo, no se puede concebir la la acción concurrente del uno sin la recíproca del otro, y los dos, sin ser providenciales, pueden considerarse necesarios, tal como la insurrección se desenvolvió hasta alcanzar su máximum de efecto. Mientras siguen la corriente de la evolución colectiva, son meros agentes. Cuando se apoderan de las fuerzas vivas, las condensan, las distribuyen, les imprimen impulso y dirección, respondiendo a un plan general que está en ellos más que en la masa; entonces son verdaderos factores, y llegan en cierto modo a ser creadores. Es la idea de San Martín la que triunfa, y es la acción eficiente de Bolívar la que la convierte en hecho victorioso.

Hemos dicho ya que, sin exagerar la figura histórica de San Martín ni dar a su genio concreto un carácter místico, pocas veces la intervención de un hombre de acción deliberada con una idea en la cabeza, fue más decisiva que la suya, así en la dirección de los acontecimientos como en el desarrollo lógico de sus consecuencias (véase capítulo II, párrafo I). Si alguno pudo tal vez entrever el camino de la victoria, fue él quien lo descubrió y lo impuso como itinerario contra la corriente de la opinión. Solo él entre sus contemporáneos era capaz de crear con los pobrísimos elementos de que dispuso, coordinándolos, un ejército compacto, animado de una pasión americana, traspasar los Andes y vencer matemáticamente como venció en Chacabuco y Maipú. Sin él, no se habría dominado el mar Pacífico, según las previsiones de su genio, ni se hubiese realizado la expedición al Perú. Elimínense estos hechos, de que fue autor, y la dilatación de la insurrección sudamericana es imposible: queda aislada en los extremos.

Por lo que respecta a Bolívar, puede decirse otro tanto; pero sin el concurso de San Martín, que ejecutó la mitad de la tarea, no habría llegado jamás al Pacfico y quizá hubiese quedado aislado en Venezuela, porque, dominado el Perú por los realistas y dueños del mar, de Quito y Nueva Granada, hubieran opuesto otra resistencia que la que encontró en Boyacá y Pichincha. A su vez, si Bolívar no triunfa en el Norte y no viene a darle la mano, la expedición del Perú, si no fracasa, se convierte en una guerra crónica y el plan de insurrección y de compaña continental, que era condición necesaria de triunfo, no se realiza. Ni el uno ni el otro, con las fuerzas de que disponían, aun triunfando aisladamente, podía llevar a buen término la obra de la emancipación del continente. Así, sin la acción concurrente de ambos, el éxito militar de la independencia sudamericana era imposible, tal como se alcanzó por el efecto de la convergencia de sus ejércitos y la concentración de sus fuerzas en el último punto de resistencia del enemigo.

Todos estos rayos convergentes de la historia que se afocan en el punto céntrico en que los dos libertadores operaron su conjunción, son los que dan sus prestigios a la conferencia de San Martín y Bolívar en Guayaquil. El escenario es el arco iluminado del Ecuador del Nuevo Mundo, con su horizonte marítimo y sus gigantescas cadenas de montañas en perspectiva, sus palmeras siempre verdes y sus volcanes encendidos. Los protagonistas son los árbitros de un nuevo mundo político. El mundo que pone el oído y no oye nada. Uno de los protagonistas desaparece silenciosamente de la escena, cubriendo su retirada con palabras vacías de sentido. El otro ocupa silenciosamente su lugar. El misterio dura veinte años, sin que uno ni otro de los interlocutores revelase lo que había pasado en la conferencia. Al fin, una parte del velo se descorre y vese, combinando las palabras escritas o habladas con los hechos contemporáneos, y los antecedentes con sus consecuencias, que el misterio consistía, únicamente, en el fracaso de la entrevista misma, y que lo que en ella se trató, así como lo sucedido o dicho, es lo que estaba ya anunciado, lo que todos sabían poco más o menos, o podían deducir, lo que necesariamente tenía que ser, y que se sabe hoy todavía más que los mismos protagonistas, porque se ha podido penetrar hasta el fondo de sus almas y leer en ellas lo que no estaba escrito en ningún papel.

A pesar de todo esto, la curiosidad se ha empeñado y se empeña en descubrir algo más, fuera del círculo de acción de los actores, como los que divisan con un poderoso telescopio las montañas de la luna, y buscan sus habitantes, que la razón les dice no existen, o en un cuadro que pone de relieve sus grandes figuras en plena luz, se quiere penetrar en el claroscuro del fondo que las realza. Lo único misterioso, en este acto, que la imaginación se ha empeñado en rodear de accidentes fantásticos —después de los documentos publicados y de las versiones desautorizadas que se han hecho—, son los móviles secretos que impulsaron al uno a ser intransigente e impusieron al otro su abdicación, los que no están consignados en ningún documento, como que tuvieron su origen en la propia conciencia en que los guardaron. El tiempo, que ha hecho caer las máscaras con que se cubrieron ambos en su primera y última entrevista, ha puesto sus almas de manifiesto, y podemos hoy leer en ellas mejor que ellos mismos.

II

Si el Protector del Perú, mejor aconsejado, hubiera obrado con más previsión y con arreglo a un plan fijo, habría puesto condiciones a su prestación de auxilios en la guerra de Quito, o por lo menos arreglado previamente bases de discusión en su proyectada conferencia con Bolívar. En vez de esto, antes de celebrar un pacto formal, unió de hecho sus armas con las de Colombia, perdiendo la preponderancia adquirida en Guayaquil. En seguida, celebró un tratado de liga americana de paz y guerra, que dejaba pendiente la cuestión de límites, y especialmente la de Guayaquil, en que las posiciones antagónicas del Perú y Colombia se definieron como una amenaza en suspenso. Por último, toma como un hecho la oferta de Bolívar de concurrir a la terminación de la guerra del Perú con las fuerzas colombianas, y procede con más sentimentalismo que sentido práctico, cuando, terminada en Pichincha la campaña de Quito, y reducida la guerra de la independencia al territorio del Perú, piensa que ese auxilio le vendrá en las mismas condiciones en que él había prestado el suyo. (Véanse capítulo XXV, párrafo VI, y capítulo XLIV, párrafo IV.)

Antes de Pichincha, Bolívar, triunfante en el Norte, era el más fuerte: después de Pichincha, era el árbitro, y podía dictar sus condiciones de auxilio al Sur. San Martín se hacía ilusión al pensar que era todavía uno de los árbitros de la América del Sur, y al contar con que Bolívar compartiría con él su poderío político y militar, y que ambos arreglarían en una conferencia los destinos de las nuevas naciones por ellos emancipadas, una vez terminada por el común acuerdo la guerra del Perú, como había terminado la de Quito. Sin más plan y con bagaje tan liviano, se lanzó a la aventura de su entrevista con el Libertador, que debía decidir de su destino, paralizando su carrera. Si alguna vez un propósito internacional librado a eventualidades futuras, fue claramente formulado, ha sido ésta; y si alguna vez se comprometieron declaraciones más avanzadas de orden trascendental sobre bases más vagas, fue también en ésta.

Aprovechando la abertura de Bolívar al tiempo de abrir éste su campaña de Pasto, y decidido ya a concurrir por su parte a la de Quito uniendo sus armas con las de Colombia en Guayaquil, buscó por sí una conferencia con el Libertador, con el designio declarado de fijar la suerte del continente hecho independiente, en el orden político y militar.

Así lo anunció públicamente, al determinar con precisión los objetos de la entrevista. "La causa del continente americano me lleva a realizar un designio que halaga mis más caras esperanzas. Voy a encontrar en Guayaquil al Libertador de Colombia; la enérgica terminación de la guerra que sostenemos, y la estabilidad del destino a que con rapidez se acerca la América, hacen nuestra entrevista necesaria, ya que el orden de los acontecimientos nos han constituido en alto grado responsables ("árbitros") del éxito de esta suplime empresa." No se podía indicar más claramente que el objeto era el arreglo de la cuestión de Guayaquil, el acuerdo de las operaciones militares para decidir de un golpe la guerra debían adoptar las nuevas naciones, una vez resuelta la cuestión de su emancipación.

Al avanzar San Martín tan categóricas declaraciones sobre los objetos de la conferencia, aún no había unido de hecho sus armas con las de Colombia en el Ecuador. (Véase capítulo XXXV, párrafo II.) Después de despachada la mal combinada expedición de Ica, San Martín, según se explicó antes, embarcóse en el Callao, a fin de celebrar la proyectada conferencia con Bolívar (8 de febrero de 1822). Sabedor a medio camino de que el Libertador, en vez de trasladarse con su ejército a Guayaquil, como había pensado, continuaría la campaña del sur de Colombia por Pasto, regresó a Lima (3 de marzo). En esta situación indecisa lo encontró la derrota de Ica, que trastornaba todos sus planes y amenguaba su influencia continental. Fue entonces cuando, al consolidar su base de poder, reorganizó un respetable ejército para responder a la expectativa que él mismo había creado y de que todos estaban pendientes. Y fue entonces, también, cuando cambiando de política, convocó el congreso peruano para entregar al pueblo sus propios destinos, pendiente el plan monarquista imaginado por él, al parecer abandonado, y reveló por la primera vez públicamente su propósito de retirarse de la vida pública, así que desapareciesen los peligros de la situación. (Véase capítulo XXXVI, párrafo VI.) Terminada felizmente la guerra de Quito con el eficaz concurso de sus armas, que estableció la alianza americana de hecho, reanudó su postergada conferencio con Bolívar, con los mismos propósitos ya declarados y poseído de las mismas ilusiones (14 de julio de 1822).

Al terminar la guerra de Quito, el Libertador se dirigía al Protector, y al agradecer el auxilio prestado por los "libertadores del sur de América" (según sus propias palabras), le significa que las tres provincias de Quito libertadas, eran colombianas, renovando con este motivo su anterior oferta en términos generales: "El ejército de Colombia está pronto a marchar donde quiera que sus hermanos lo llamen, y muy particularmente a la patria de nuestros vecinos del Sur, a quienes por tantos títulos debemos preferir como los primeros amigos y hermanos de armas." El Protector le contestaba: "Los triunfos de Bomboná y Pichincha han puesto el sello de la unión de Colombia y el Perú. El Perú es el único campo de batalla que queda en América, y en él deben reunirse los que quieran obtener los honores del último triunfo contra los que ya han sido vencidos en todo el continente. Acepto su generosa oferta. El Perú recibirá con entusiasmo y gratitud todas las tropas de que V. E. pueda disponer, a fin de acelerar la campaña y no dejar el mayor influjo a las vicisitudes de la fortuna. Espero que Colombia tendrá la satisfacción de que sus armas contribuyan poderosamente a poner término a la guerra del Perú, así como las de éste han contribuido a plantar el pabellón de la República del Sur en este vasto continente. Es preciso combinar en grande los intereses que nos han confiado los

278

pueblos, para que una sólida y estable prosperidad les haga conocer el beneficio de su independencia. Marcharé a saludar a V. E. a Quito. Mi alma se llena de gozo cuando contemplo aquel momento. Nos veremos, y presiento que la América no olvidará el día que nos abracemos." ¡Y no lo ha olvidado!, pero por causas muy diferentes de las que se imaginaba el libertador del Sur al ir al encuentro del libertador del Norte, en la creencia de que éste lo reconocería a la par suya en calidad de árbitro, "para combinar en grande los intereses de los pueblos americanos", según sus palabras. Y el gobierno del Perú, al confirmar oficialmente estas esperanzas, manifestaba al de Guayaquil y al enviado peruano cerca de él: "En la conferencia quedarán arregladas cualesquiera diferencias que pudiesen ocurrir sobre el destino de Guayaquil y arreglados todos los obstáculos para la terminación de la guerra de la independencia."

Con estas esperanzas y seguridades halagadoras, y bajo los siniestros auspicios antes señalados (véase capítulo XLV, párrafo V), iba a celebrarse entre los dos libertadores la entrevista que "la América no olvidaría".

III

Al llegar Bolívar a Quito (16 de junio de 1882), después de Pichincha, encontró, como antes se dijo, resuelto el problema de la integración de su imperio republicano. Las provincias de Quito, Cuenca y Loja, estaban incorporadas, de grado o por fuerza, a Colombia. Faltábale solo la anexión de Guayaquil, que era una consecuencia, para cuadrar su territorio de mar a mar y poner su poderosa mano sobre el Perú, "único campo de batalla que quedaba en América", según la expresión gráfica de San Martín. Él venía buscando los honores del triunfador, que consideraba atributos de su gloria, como el incienso en los altares de los dioses. Naturaleza tropical, con imaginación poética ensoberbecida por el éxito y viciada por la lisonja, estas vanas ostentaciones eran una necesidad de su temperamento y de sus ambiciones en la vida. El pueblo libertado le tributó los honores, merecidos aunque exagerados, que nunca faltaban donde él triunfaba, sabedores todos de que así satisfacían sus propensiones. Como en Bogotá, después de Boyacá, tuvo entrada triunfal, coronas, monumentos, himnos y loores que perpetuasen su victoria. Era el hombre más poderoso de la América del Sur, y el verdadero árbitro de sus destinos, y esto, a la par de los honores, exaltaba su imaginación ardiente. Según sus palabras a propósito de la cuestión de Guayaquil, "en América no había poder humano que pudiera oponerse a Colómbia". San Martín no podía ser un obstáculo a sus designios, y lo quebraría, si se atravesaba en su camino.

El delirio de grandezas, que estaba en germen en su cabeza, empezaba a fermentar activamente en su alma inquieta. Su plan de política absorbente, impura liga de su ambición personal con sus grandes designios de emancipación continental, empezó a diseñarse. Antes que los sueños de unificación americana bajo su hegemonía, antes que las presidencias vitalicias y la monocracia en su persona como coronamiento de la obra revolucionaria hiciesen su aparición, ya los perfiles de su insaciable ambición, que era su fuerza y que sería su debilidad, se proyectaban sobre las líneas de las fronteras de los nuevos Estados, cerrándose en su glorioso punto de partida.

En Quito vio por la primera vez las tropas de San Martín y pudo compararlas con las suyas. Su porte y su correcta disciplina llamaron su atención, especialmente los granaderos a caballo, argentinos, que rivalizaban con los llaneros de Venezuela, y a los que confirió, en recuerdo de su reciente hazaña, el título de "Granaderos de Riobamba". Tan valientes como fueran sus soldados, probados en veinte batallas ganadas o perdidas, pero siempre bien peleadas, eran una montonera al lado de los del Libertador del Sur. Sea emulación de gloria, sea que considerase como un obstáculo a sus aspiraciones de engrandecimiento la influencia moral de la República Argentina, alma de la hegemonía del sur de la América, desde entonces empezó a manifestarse su prevención contra los argentinos, que al fin haría su estallido.

Uno de los obsequios que el pueblo de Quito ofreció a sus libertadores, fue un espléndido banquete al que asistieron los jefes colombianos, peruanos, argentinos y chilenos de las divisiones vencedoras en Pichincha, que representaban la alianza de las armas americanas del Sur y del Norte. El Libertador, como de costumbre, pronunció varios brindis, o elocuentes o verbosos. En uno de ellos, embriagado por sus palabras, llegó a decir: "No tardará mucho el día en que pasearé el pabellón triunfante de Colombia hasta el suelo argentino." Cinco jefes argentinos se hallaban presentes: el comandante de granaderos a caballo de los Andes, Juan Lavalle, pidió la palabra para aclarar un error, se puso de pie, y dijo con reconcentrada arrogancia: "La República Argentina se halla independiente y libre de la dominación española, y lo ha estado desde el día en que declaró su emancipación, el 25 de mayo de 1810. En todas las tentativas para reconquistar su territorio, los españoles han sido derrotados. Nuestro himno nacional consagra sus triunfos." Y brindó por la independencia de América y de la República Argentina. No hubo más brindis.

A Guayaquil entró Bolívar bajo arcos de triunfo, con las leyendas: "A Simón Bolívar — Libertador de Colombia. — Al rayo de la guerra, al iris de la paz" (11 de julio). Al hacerse las salvas de honor, las cañoneras de la ría arriaron el pabellón celeste y blanco de Guayaquil,

280

y enarbolaron el de Colombia. "¿Por qué tan pronto?", exclamó en alta voz algo sorprendido, pensando que era la señal de la incorporación de la provincia disputada. Al arriar el pabellón de Colombia, después de terminadas las salvas, y ascender de nuevo el del estado mediatizado, resonó un grito unánime: "¡Viva Guayaquil independiente!" Miró de soslayo, se caló el elástico que tenía en la mano, y siguió su marcha triunfal. Este incidente fue muy comentado en el público, y especialmente en la legación peruana, como indicante de las intenciones del Libertador.

No eran un secreto para nadie las intensiones de Bolívar. Para convertirlas en hecho, se hizo acompañar de un cuerpo de ejército de 1.500 hombres, que ocupara militarmente la ciudad en actitud amenazante. —Su actitud era agresiva.— Dos incidentes análogos al de Quito vinieron a poner otra vez de relieve su orgullo, su rivalidad con los peruanos y su prevención contra los argentinos. En un banquete con motivo del aniversario de uno de sus triunfos, uno de los jefes brindó porque el Omnipotente lo conservase por siempre. Se levantó y dijo: "Sí, señores: hoy hace treinta y nueve años que he nacido tres veces: para el mundo, mi gloria y la República." En otro banquete tocóle tener a su frente al coronel argentino Manuel Rojas, secretario de la legación peruana. Rojas lo miraba de hito en hito, como si quisiere penetrarlo. Encontrándose por acaso sus miradas, el Libertador bajó los ojos. Repitiéndose el hecho por segunda vez, le preguntó con ceño: "—¿Quién es usted? —Manuel Rojas —contestó apaciblemente el interpelado. —¿Qué graduación tiene usted? —Coronel —replicó Rojas, inclinando el hombro izquierdo y mostrando la pala de su charretera. —¿De qué país es usted? —Tengo el honor de ser de Buenos Aires —dijo poniendo la mano sobre las medallas argentinas que llevaba en el pecho. —Bien se conoce por el aire altanero que representa. —Es un aire propio de los hombres libres —repuso por último el argentino, inclinándose." Aquí terminó este singular diálogo. Ambos interlocutores bajaron la cabeza. Todos permanecieron en silencio. Un frío glacial circuló por toda la concurrencia. Dos días después (13 de julio), el mismo día que San Martín le dirigía su carta, lisonjeándose de que ambos "cambiarían de acuerdo y en grande los intereses de los pueblos'", el pabellón independiente de Guayaquil era arriado y se enarbolaba el iris colombiano con esta inscripción: "La América del Sur, libre por la República de Colombia."

No habían pasado veinticuatro horas desde la entrada triunfal del Libertador en Guayaquil, cuando los partidarios de su anexión a Colombia, sostenidos por sus bayonetas, dirigieron una representación al síndico-procurador de la Municipalidad, pidiendo que se hiciese efectiva inmediatamente. La Municipalidad se negó por unanimidad, porque los representantes del pueblo estaban convocados para resolver esta cuestión. Esta resistencia irritó a Bolívar. Repetida la petición sin mejor resultado, se elevó otra enderezada directamente al Libertador (julio 12). Bolívar, tomando pie de esta tramoya, declaró a Guayaquil en estado de anarquía, y al asumir el mando político y militar, significó a la junta, por medio de su secretario, que la provincia quedaba, bajo la protección de Colombia (julio 13), intimando por medio de un edecán su voluntad a la asamblea popular. Al mismo tiempo expidió una proclama en que decía a los guayaquileños: "Os veis reducidos a la situación más falsa, más ambigua, más absurda, para la política como para la guerra. Vuestra situación era un fenómeno que estaba amenazando la anarquía. Yo he venido a traeros el arca de la salvación." Empero, tributando en la forma un homenaje al principio que sostenía San Martín, les aseguraba que su reasunción del mando absoluto, en nada coartaba la libertad del voto que pronunciase su representación; pero decretaba imperativamente de antemano que la anexión era un hecho fuera de cuestión: "Sois colombianos: vuestros votos han sido por Colombia: habéis pertenecido por tiempo inmemorial al territorio que tiene la dicha de llevar el nombre del padre del Nuevo Mundo; más, yo quiero consultaros, para que no se diga que hay un colombiano que no ama sus sabias leyes." La junta se dio por notificada y declaró que "cesaba desde luego en el ejercicio de sus funciones gubernativas". Así quedó consumada de hecho la incorporación de Guayaquil a Colombia. Bolívar hacía lo que podía, y puede decirse, lo que debía, para resolver la cuestión y prevenir un conflicto inminente; pero lo hacía mal, sin franqueza en sus palabras y con violencia en los actos.

San Martín, por su parte, se preparaba a ejecutar una maniobra análoga, consecuente con su política y sus declaraciones comprometidas de sostener el voto libre del estado mediatizado. Al efecto, se había hecho preceder por la escuadra peruana, que a la sazón se encontraba en Guayaquil bajo las órdenes de su almirante Blanco Encalada, con el pretexto de recibir la división auxiliar peruanoargentina, que desde Quito debía embarcarse en dicho puerto. Ocupada así la ciudad por agua y por tierra, el Protector contaba ser dueño del terreno, para garantir el voto libre de los guayaquileños, y tal vez para inclinarlo a favor del Perú. Pensaba que a su llegada aún se hallaría el Libertador en Quito, hasta donde era su intención dirigirse, como lo había anunciado, a fin de buscar allí el acuerdo en actitud ventajosa; pero Bolívar "le ganó de mano", según él mismo lo declaró después. Los miembros de la disuelta junta de Guayaquil se refugiaron a bordo de la escuadra peruana, a pesar de las instancias del Libertador, poniéndose como vencidos bajo la protección del vencido.

IV

Consumada de hecho la incorporación de Guayaquil, Bolívar, al contestar la carta de San Martín, que le anunciaba su visita, lo invitaba a verlo en "el suelo de Colombia" o a esperarlo en cualquier otro punto, envolviendo en palabras lisonjeras el punto capital, que era "arreglar de común acuerdo la suerte de la América". Le decía: "Con suma satisfacción, dignísimo amigo, doy a usted por la primera vez el título que mucho tiempo ha mi corazón le ha consagrado. Amigo le llamo, y este nombre será el que debe quedarnos por la vida, porque la amistad es el único título que corresponde a hermanos de armas, de empresa y de opinión. Tan sensible me será que no venga a esta ciudad, como si fuéramos vencidos en muchas batallas; pero no, no dejará burlada el ansia que tengo de estrechar en el suelo de Colombia al primer amigo de mi corazón y de mi patria. ¿Cómo es posible que venga usted de tan lejos para dejarnos sin la posesión positiva en Guayaquil del hombre singular que todos anhelan conocer, y si es posible tocar? No es posible. Yo espero a usted y también iré a encontrarlo donde quiera esperarme; pero sin desistir de que nos honre en esta ciudad. Pocas horas, como usted dice, bastan para tratar entre militares; pero no serían bastantes esas mismas para satisfacer la pasión de la amistad que va a empezar a disfrutar de la dicha de conocer el objeto caro que amaba solo por la opinión, solo por la fama."

Al firmar Bolívar esta carta, el 25 de julio de 1822, a las 7 de la mañana, se anunció que se avistaba en el horizonte una vela a la altura de un islote elevado a la boca del golfo llamado "El Muerto". Poco después, la goleta *Macedonia*, conduciendo al Protector, echaba anclas frente a la isla de Puná, y la insignia que flotaba en su mástil, señalaba la presencia del gran personaje que traía a su bordo. Anunciada la visita, el Libertador mandó saludarlo por medio de dos edecanes, ofreciéndole la hospitalidad. El pueblo, al divisar la falúa que lo conducía, lo aclamó con entusiasmo a lo largo del malecón de la ribera. Un batallón tendido en carrera le hizo los honores. Al llegar a la suntuosa casa que se le tenía preparada, el Libertador lo esperaba de gran uniforme, rodeado de su estado mayor, al pie de la escalera, y salió a su encuentro. Los dos grandes hombres de la América del Sur se abrazaron por la primera y por la última vez. "Al fin se cumplieron mis deseos de conocer y estrechar la mano del renombrado general San Martín" —exclamó Bolívar—. San Martín contestó que los suyos estaban cumplidos al encontrar al libertador del Norte. Ambos subieron del brazo las escaleras, saludados por grandes aclamaciones populares.

En el salón de honor, el Libertador presentó sus generales al Protector. En seguida empezaron a desfilar las corporaciones que iban a saludar al ilustre huésped, presente el que hacía los honores. Una diputación de matronas y señoritas se presentó a darle la bienvenida en una arenga, que él contestó agradeciendo. En seguida, una joven de dieciocho años, que era la más radiante belleza del Guayas, se adelantó del grupo, y ciñó la frente del Libertador del Sur con una corona de laurel de oro esmaltado. San Martín, poco acostumbrado a estas manifestaciones teatrales y enemigo de ellas por temperamento, a la inversa de Bolívar, se ruborizó, y quitándose con amabilidad la corona de la cabeza, dijo que no merecía aquella demostración, a que otros eran más acreedores que él; pero que conservaría el presente por el sentimiento patriótico que lo inspiraba y por las manos que lo ofrecían, como recuerdo de uno de sus días más felices. Luego que se hubo retirado la concurrencia, los dos grandes representantes de la revolución de la América del Sur quedaron solos. Los dos permanecían de pie. Se pasearon algunos instantes por el salón, cambiando palabras que no llegaban a oídos de los edecanes que ocupaban la antesala. Bolívar parecía inquieto; San Martín estaba sereno y reconcentrado. Cerraron la puerta, y hablaron sin testigos, por el espacio de más de hora y media. Abrióse luego la puerta: Bolívar se retiró impenetrable y grave como una esfinge, y San Martín lo acompañó hasta el pie de la escalera con la misma expresión, despidiéndose ambos amistosamente. Más tarde, el Protector pagó al Libertador su visita, que fue de mero aparato y solo duró media hora.

Al día siguiente (27 de junio), San Martín ordenó que se embarcase su equipaje a bordo de su goleta, anunciando que en esa misma noche pensaba hacerse a la vela, después de un gran baile a que estaba invitado. Señal que no esperaba ya nada de la entrevista. A la una del día se dirigió a la casa del Libertador, y encerrados ambos sin testigos, como la víspera, permanecieron cuatro horas en conferencia secreta. Todo indica que éste fue el momento psicológico de la entrevista. A las 5 de la tarde, se sentaban, uno al lado del otro, a la mesa de un espléndido banquete. Al llegar el momento de los brindis, Bolívar se puso de pie, invitando a la concurrencia a imitar su ejemplo, y dijo: "Por los dos hombres más grandes de América del Sur: el general San Martín y yo." San Martín, a su turno, contestó modestamente, pero con palabras conceptuosas que parecían responder a una preocupación secreta: "Por la pronta conclusión de la guerra; por la organización de las diferentes repúblicas del continente, y por la salud del libertador de Colombia." Del banquete pasaron al baile. Bolívar se entregó con juvenil ardor a los placeres del vals, que era una de sus pasiones. El baile fue asumiendo la apariencia de una reunión de campamento llanero, por la poca compostura de la oficialidad del Libertador, que a veces corregía él con palabras crudas y ademanes bruscos, que imprimían a la escena un carácter grotesco. San Martín permanecía frío espectador, sin tomar parte en la animación general, observándolo todo con circunspección; pero parecía estar ocupado por pensamientos más serios. A la una de la mañana, llamó a su edecán, el coronel Rufino Guido, y le dijo: "Vamos: no puedo soportar este bullicio." Sin que nadie lo advirtiese, un ayudante de servicio le hizo salir por una puerta excusada —según lo convenido con Bolívar, de quien se había despedido para siempre—, y lo condujo hasta el embarcadero. Una hora después la goleta *Macedonia* se hacía a la vela conduciendo al Protector. Al día siguiente se levantó muy temprano. Parecía preocupado y permanecía silencioso. Después del almuerzo, paseándose por la cubierta del buque, exclamó: "¡El Libertador nos ha ganado de mano!" Y al llegar de regreso al Callao, encargaba al general Cruz escribiese a O'Higgins: "¡El Libertador no es el hombre que pensábamos!" Palabras de vencido y desengañado, que compendiaban los resultados de la entrevista.

V

¿Qué había pasado en las conferencias secretas? Lo que estaba en el orden de los hechos, en la atmósfera política, en las almas de los dos interlocutores. Antes de la entrevista ¿quién no sabía de lo único de que podían ocuparse San Martín y Bolívar? Después de la entrevista, ¿quién no sabe cuál fue el resultado de las conferencias? En el orden físico como en el orden político, son los mismos elementos los que constituyen la esencia de los fenómenos y forman la trama de los acontecimientos necesarios. Si, conociendo la historia de la emancipación hispanoamericana, solo se supiese que San Martín y Bolívar habían celebrado una conferencia en 1822, podría determinarse *a priori* cuáles fueron los puntos que en ella se trataron: y con más certidumbre pueden determinarse *a posteriori*, conociéndose los documentos correlativos que la precedieron y la siguieron, y los hechos que la explican.

Dos grandes cuestiones dominaban la época: la terminación de la guerra de la independencia, circunscripta al territorio del Perú, y la organización política de las nuevas naciones independientes ya. Las cuestiones de alianza militar para alcanzar lo primero, y de límites para definir las soberanías territoriales, estaban comprendidas, pero eran accesorias. No había en el mundo de la política sudamericana otros problemas que resolver, "para fijar la estabilidad del destino de la América", según las palabras de San Martín al buscar la entrevista. Por consecuencia, San Martín y Bolívar, las dos grandes influencias de la época que únicamente podían resolverlos como árbitros, debieron necesariamente ocuparse de ellos. El tiempo, que ha descorrido el velo del misterio, con exhibición del documento fundamental que esparce plena luz sobre la conferencia, ha venido, como un protocolo, a revelar que lo que se trató en ella, fue lo mismo que estaba públicamente anunciado, salvo la guerra de Quito ya terminada, la cuestión de Guayaquil eliminada de hecho, y la desaparición de una gran figura de la escena sudamericana, que fue su consecuencia. La famosa conferencia de Tilsit, que solo se conoce por inducción y por sus resultados, ha sido rehecha en todas sus partes, como si el mundo entero hubiese sido testigo en ella. La de Guayaquil es más fácil de rehacer en sus partes integrantes, sin necesidad de apelar a conjeturas, con solo ordenar los puntos y los incidentes fuera de cuestión, que son del dominio de la historia documentada, sin agregar una palabra ni un gesto que no puedan ser comprobados.

La conferencia se verificó bajo malos auspicios para establecer igualdad en la participación de la influencia continental: el libertador del Norte, dueño de su terreno, que pisaba con firmeza, tenía de su lado el sol y el viento; el del Sur, se presentaba en una posición falsa, sin un plan fijo, sin base sólida de poder propio, que al pisar la playa guayaquileña había sido ganado de mano, según su expresión, en la cuestión que se proponía tratar de igual a igual. Así, los dos grandes protagonistas del drama revolucionario se presentaron enmascarados en esta escena que solo tiene de dramático lo que pasó en el alma de cada uno de ellos. La impresión que a primera vista produjo Bolívar en San Martín, fue de repulsión, al observar su mirar gacho, su actitud desconfiada y su orgullo mal reprimido. Tal vez leyó su propio destino en la mirada encapotada de su émulo, al encontrarse con otro hombre distinto del que se imaginaba a la distancia, y al chocar con una ambición con que no había contado. Sin embargo, lo penetró a través de su máscara. Bolívar, más lleno de sí mismo, miró a San Martín de abajo arriba, y solo vio la cabeza impasible que tenía delante de sus ojos, sin sospechar las ideas que su cráneo encerraba, ni los sentimientos de su corazón. Vio simplemente en él un hombre sin doblez, un buen capitán que debía sus victorias más a la fortuna que a su genio. Así se midieron mentalmente estos dos hombres en su primer encuentro.

Bolívar tenía en su cabeza un plan de consolidación americana, que, aunque confuso todavía, respondía a un propósito firme de dominación que se sentía llamado a ejecutar solo. San Martín, que no tenía el resorte de la ambición personal —y si la tuvo por acaso al provocar la conferencia, adjudicándose el papel de árbitro, se destempló al chocar con aquella voluntad férrea encarnada en un hombre, que lo consideraba como un obstáculo a la expansión de su genio atrevido—, pudo estimar su temple al encontrarse con un antagonista en vez de un aliado. "Puede decirse —son palabras de San Martín—, que sus hechos militares le han merecido con razón ser considerado como el hombre más extraordinario que haya producido la América del Sur. Lo que lo caracteriza sobre todo, y le imprime en cierto modo su sello especial, es una constancia a toda prueba a que las dificultades dan mayor tensión, sin dejarse jamás abatir por ellas, por grandes que sean los peligros a que su alma ardiente lo arrastra." El círculo en que podía moverse la voluntad de San Martín, era muy limitado: iba de buena fe y sin ambición a buscar los medios de poner pronto término a la guerra de la independencia, circunscripta a un solo punto, y a tratar como "responsable del éxito de la empresa y del destino de la América", según sus propias palabras, las grandes cuestiones americanas de la organización futura, resolviendo de paso las del presente. Y no tuvo ni cuestiones que tratar, ni encontró siquiera hombre con quien discutir. Bolívar se encerró en un círculo de imposibilidades ficticias, oponiéndole una fría resistencia que no se dejaba penetrar, a pesar de haberle insinuado antes que "entre militares pocas horas bastaban para tratar".

La única cuestión de actualidad, la que afectaba "los intereses generales del Perú y de Colombia", que era la de Guayaquil, y que, según las seguridades oficiales dadas por San Martín "quedaría transigida en la conferencia", ni se tocó siquiera; estaba resuelta de hecho, y Bolívar, al ofrecerle su hospitalidad, le había notificado que Guayaquil estaba "en el suelo de Colombia", y él la había aceptado bajo el pabellón colombiano. La gran cuestión de actualidad, que era la pronta terminación de la guerra de la independencia, por el común acuerdo y la alianza de las armas del Perú y de Colombia, fue esquivada en parte por el Libertador, y en parte resuelta por él en términos equívocos que importaban no alterar la situación militar, dándose San Martín ostensiblemente por satisfecho a más no poder con este resultado parcial que nada resolvía. La cuestión menor de las bajas de la división auxiliar que había concurrido a Pichincha, que, según lo convenido, debía reemplazar Colombia, no se tocó, porque Bolívar la había detenido en Quito, adelantándose con sus batallones para dar el golpe de estado de Guayaquil, temeroso de que su presencia pudiese alentar a los guayaquileños a pronunciarse en sentido contrario a sus planes de anexión.

La otra cuestión fundamental de orden trascendental, la que se refería a la organización futura de los nuevos Estados, no podía dejar de ser tratada, y lo fue, aunque incidentalmente, según testimonio del mismo San Martín. Los documentos hablarán en cuanto al modo como fue considerada y medio resuelta la relativa a la alianza, en el orden de los hechos; en cuanto a ésta, que se relaciona con las conciencias, a falta de ellos, la ilustrarán los antecedentes conocidos con que se liga, y las confidencias que esparcen una media luz sobre este punto, el único oscuro de la conferencia, aunque el más claro de la historia. Puede hasta fijarse la hora en que estas dos grandes cuestiones se trataron, y el momento preciso en que San Martín renunció, hasta en teoría, al proyecto quimérico del establecimiento de una monarquía americana. Cuando, después de la recepción oficial, los dos libertadores quedaron solos a puerta cerrada por el espacio de hora y media, era natural que no entrasen todavía en materia y se ocupasen de la situación general. Durante esta primera conferencia preliminar, el Libertador abrió la puerta y llamó a su ayudante de campo y secretario, el general T. C. Mosquera, y le ordenó trajese las últimas cartas del vicepresidente Santander, que instruían del estado en que se hallaba Colombia, lo que indica que se ocupaban de darse cuenta de la situación de todas y cada una de las partes de la América del Sur. En la visita de etiqueta que el Protector hizo al Libertador, que solo duró media hora, no era la ocasión ni hubo tiempo para tratar tan graves cuestiones. Por consecuencia, fue el 27 de julio, de 1 a 5 de la tarde, que hemos señalado, cuando tuvo lugar la formal y definitiva entrevista (véase párrafo IV de este capítulo). A estas horas, los dados del destino estaban tirados.

VI

Salvo el orden en que se trataron los diversos puntos conexos con la inmediata terminación de la guerra de la independencia sudamericana, todos los tópicos son conocidos, y hasta los gestos que acentuaron la interesante discusión. San Martín manifestó que no abrigaba temor alguno respecto de la suerte futura del Perú en el orden militar. Sin embargo, agregó que, aun cuando estuviese íntimamente convencido de que, cualesquiera que fuesen las vicisitudes de la guerra, la independencia de América era irrevocable, su prolongación causaría la ruina de las poblaciones, y era un deber sagrado de los hombres a quienes estaban confiados sus destinos, evitar tan grandes males. Bolívar ofreció el auxilio de tres batallones colombianos, pagando estrictamente la deuda de Pichincha; pero se reservó darles instrucciones secretas que anularan la cooperación que debían prestar, como se vio luego, complicando la oferta con la devolución del batallón Numancia, que debía agregarse a la columna colombiana. De este modo, Bolívar ponía un pie en el Perú, sin dar los medios eficientes para terminar prontamente la guerra, dejaba más o menos librado el Perú a sus propios recursos, y en el estado crónico de la lucha, o dado un suceso desgraciado, él era el árbitro, seguro de que el triunfo definitivo era cuestión de tiempo. Si Bolívar, en vez de 1.400 hombres prestados a medias, hubiese puesto a disposición del Protector tres o cuatro mil colombianos o decidídose a entrar con su ejército al Perú, contando como contaba con la cooperación eficaz del general de los Andes, la guerra de la independencia habría terminado en tres meses. No quiso hacerlo, y la lucha se prolongó por tres años más. Para persuadirlo de esto, San Martín desenvolvió entonces el plan de campaña por puertos intermedios que tenía meditado, que para producir todas sus ventajas debía ser acompañado por una poderosa invasión a la sierra; y que esto no era posible sin el auxilio del ejército colombiano; pues los tres batallones colombianos ofrecidos (además del batallón Numancia) serían apenas suficientes para mantener el orden en Lima y guarnecer los castillos del Callao.

Parece que Bolívar dio poca importancia a las últimas fuerzas que resistían en el Perú, sea por cálculo o por estar mal informado. San Martín se encargó de poner ante sus ojos los estados de fuerza, diciéndole que "no se hiciese ilusión sobre las fuerzas realistas en el Alto y Bajo Perú, que ascendían al doble de las patriotas; que se trataba de poner término a la lucha que juntos habían emprendido y en que estaban empeñados, y que el honor del triunfo final correspondía al Libertador de Colombia, a su ejército y a la república que presidía".

El momento psicológico de la conferencia había llegado. Bolívar, estrechado en sus defensas artificiales, pero resuelto a mantenerse en ellas, contestó que el congreso de Colombia no lo autorizaría para ausentarse del territorio de la república. Esto decía el que había reconquistado a Nueva Granada sin autorización del congreso, y le había impuesto la república colombiana, y que al sancionarse la constitución, se había reservado fuera de ella el absoluto poder militar en los pueblos que fuese sucesivamente libertando, como lo acababa de hacer con Quito y Guayaquil. San Martín, sin darse por entendido de que era una evasiva, le repuso, que estaba persuadido de que la menor insinuación suya al congreso sería acogida con unánime aprobación. El Libertador estaba sordo y no quería oír. San Martín tuvo la gran inspiración del momento. "Bien, general —le dijo—, yo combatiré bajo sus órdenes. Puede venir con seguridad al Perú, contando con mi cooperación. Yo seré su segundo." Bolívar, sorprendido, levantó la vista y miró por primera vez de frente a su abnegado interlocutor, dudando de la sinceridad de un ofrecimiento de que él no era capaz. Pareció vacilar un momento; pero luego volvió a encerrarse en su círculo de imposibilidades constitucionales, agregando que, aun estando resuelto a emprender formalmente la campaña del Perú, su delicadeza no le permitía jamás el mandarlo. Era significarle que, de ir él, con su ejército, iría mandando solo, como árbitro militar y político de la suerte de los pueblos, y que no aceptaba su cooperación. Si antes lo había considerado un obstáculo, ahora era más necesario suprimirlo, cuando se presentaba moralmente tan grande, que lo vencía con su abnegación. Fue sin duda entonces cuando formó de él el concepto de que era "un buen hombre", pero peligroso, aun como contraste de su ambición. San Martín comprendió que el Libertador no quería hacer causa común con él: desde ese momento, probablemente, decidió eliminarse poniendo los medios para que el Perú resolviese por sí solo, con los últimos restos de las tropas argentinas y chilenas, la lucha americana, y en todo caso, dejar la puerta abierta para que el Libertador avanzase con su poderoso ejército triunfante, y diese el golpe mortal a la dominación española en la América del Sur. No volvió a insistir sobre el punto en cuestión, sabiendo ya a qué atenerse.

VII

¿Se trató en la conferencia la cuestión capital de la organización futura de los nuevos estados sudamericanos? Es indudable. Todos los historiadores que han recibido más o menos directamente las vagas confidencias de los dos grandes protagonistas de la escena, coinciden en este punto, sin exceptuar uno solo; y aunque variando en las versiones, todos están contestes en que San Martín abogó por la monarquía y Bolívar por la república. No podía ser de otro modo, después de la solemne declaración de San Martín de que iba a tratarse en la entrevista por él buscada "de la estabilidad del destino a que con rapidez se acercaba la América, y de que él y el Libertador eran en alto grado responsables". Y necesariamente tenía que tratarla, dada la situación en que él se encontraba, con una negociación sobre monarquización del Perú, pendiente en Europa, que, aunque al parecer abandonada después de la convocatoria posterior del congreso peruano para entregar sus destinos al país libertado, podía todavía considerarla como un proyecto presentable, si Bolívar le prestaba su aprobación, o no le ponía obstáculo.

Sucede a este respecto lo mismo que en los demás tópicos de la conferencia. Conocidas las opiniones sobre forma de gobierno que profesaban ambos libertadores, públicamente declaradas en varias ocasiones, pueden ponerse en boca de los interlocutores los argumentos que hicieron valer en favor de ellos, y hasta las palabras de que se sirvieron. San Martín diría, como había dicho siempre, que, aunque republicano por convicción, y considerando la república como el gobierno más perfecto, pospońia sus principios al bien público, al optar por lo que creía posible y mejor para asegurar la paz de los nuevos estados evitando la anarquía, porque no consideraba a los pueblos de la América del Sur preparados para la democracia; y que respecto al Perú, pensaba que era la forma de gobierno más adaptable a su estado social; siendo por otra parte éste un medio de alcanzar una solución que conciliaba la política del Nuevo y del Viejo Mundo, y aun de arribar a un arreglo con la España sobre la base del reconocimiento de la independencia. En este plan quimérico y absurdo, pero patriótico a su manera, no entraba por nada la ambición personal: él no aspiraba ni siquiera a ser presidente de la república. Bolívar era republicano, a su manera también. Como presidente de una gran república, que componía un verdadero imperio, era más que un rey, y soñaba ya con la monocracia americana, y con la presidencia vitalicia que le había inoculado su maestro Simón Rodríguez, y que sostuvo en sus escritos varias veces desde sus primeros hasta sus últimos días de vida pública, como la única institución capaz de dar estabilidad a los nuevos estados, combinando la constitución monárquica de la Inglaterra con la democracia embrionaria de la América del Sur, por la eliminación de sus dos principios fundamentales: ni democracia ni rey. Precisamente por este mismo tiempo se inauguraba el nuevo e inconsistente imperio mexicano, y Bolívar, tal vez por una asociación de ideas, que se ligaba a la reciente conferencia, después de emitir sobre San Martín, en la intimidad, el juicio que había formado de él, considerándolo como un hombre bueno, agregaba: "Itúrbide se hizo emperador por la gracia de Pío, primer sargento; sin duda será muy buen Emperador. Su imperio será muy grande y muy dichoso, porque los derechos son legítimos, según Voltaire, por aquello que dice: «El primero que fue rey, fue un soldado feliz», aludiendo sin duda al buen Nemrod. Mucho temo que las cuatro planchas cubiertas con carmesí, que llaman trono, cuesten más sangre que lágrimas, y den más inquietudes que reposo. Están creyendo algunos que es muy fácil ponerse una corona, y que todos lo adoren; y yo creo que el tiempo de las monarquías fue, y que, hasta que la corrupción de los hombres no llegue a ahogar el amor a la libertad, los tronos no volverán a ser de moda en la opinión." En este manto de republicano se envolvía una ambición cesárea, incompatible con la verdadera democracia, como sus reaccionarias teorías confesadas lo manifiestan y el tiempo lo demostró. Era, pues, natural que, por principios y por instinto y hasta por interés propio, rechazase el plan monarquista de San Martín, y éste era otro motivo para eliminarlo. Era una idea muerta.

La tradición ha conservado algunas frases a propósito de monarquía, pronunciadas por los interlocutores, que uno de ellos ha confirmado. San Martín, en uno de los rarísimos momentos de expansión, comunicó en 1832 al enviado de Chile en París, don José J. Pérez, que Bolívar no creía posible la monarquía, sino a condición de que los reyes fuesen americanos. San Martín le contestó, según él, que no podían tomarse a lo serio monarcas "que habían fumado juntos el mismo cigarro, y para sus súbditos serían naranjos", aludiendo a la monja que no podía reverenciar un Cristo tallado en el tronco de un naranjo que había visto crecer en el huerto de su convento. Algunas otras confidencias parece que se hicieron los dos libertadores. San Martín aseguraba que Bolívar le dijo que "depositaba su mayor confianza en los oficiales ingleses que servían en su ejército", y pudo cerciorarse por sí mismo de que se trataba a los oficiales colombianos más bien como esclavos que como compañeros, tolerando la mayor licencia en la tropa, en que era muy popular. Al despedirse para siempre del Libertador, al parecer amigablemente, le ofreció enviarle desde el Perú un caballo de paso, para las marchas de sus futuras campañas. En seguida se sentó a la mesa del banquete, y vencido, si no convencido, alzó la copa y brindó "Por la organización" de las diferentes "repúblicas del continente." Hasta entonces, el libertador del Sur había fundado repúblicas de hecho, pero no había confesado una fe política, inclinándose en teoría a la monarquía, aunque sin pretender imponer sus opiniones. Por la primera vez reconocía que los nuevos estados sudamericanos eran "repúblicas", y debían "organizarse" como tales.

¿Hubo algo más? Tal vez. Así lo indica la reserva que uno y otro guardaron por el espacio de largos años, sin comunicar sus impresiones a sus más íntimos confidentes. San Martín, como vencido quedó mortificado, y era un asunto de que no le era grato hablar, habiéndose impuesto por otra parte el silencio como un deber de patriotismo para no dar armas al enemigo, según lo dijo él mismo al Libertador después de la conferencia. Bolívar, por su parte, no debió quedar satisfecho de sí mismo: el Protector lo había vencido moralmente con su abnegación, y su silencio mismo constituye el mayor elogio que podía hacer a su elevación de sentimientos. Parece, empero, que Bolívar hubiera ido más allá, en algunos de esos momentos de indiscreción que le eran tan habituales, y que, si no se entendieron, fue porque los planes que podían acercarlos, le repugnaban. Así lo indicarían varias confidencias de San Martín llenas de reticencias, cuando desde su ostracismo observaba a Bolívar poseído del delirio de la monocracia. "Es preciso creer —escribía después (1827)— que todos los hombres que no han empuñado el clarín para desacreditar al ex general San Martín, han sido perseguidos por el general Bolívar. La emulación no puede entrar en parte. Los sucesos que yo he obtenido en la guerra de la independencia, son bien subalternos en comparación con los que ha prestado él a la causa general de la América. Usted tendrá presente que a mi regreso de Guayaquil le manifesté la opinión que me había formado del general Bolívar, es decir, una ligereza extrema, inconsecuencia en principios, y una vanidad pueril, pero nunca me ha merecido la de un impostor."

Un año después (1827), cuando la fortuna de Bolívar declinaba, y el Perú y hasta su misma patria repudiaban al Libertador, volvía a insistir sobre el mismo tópico: "No me ha tomado de sorpresa la conducta que el general Bolívar ha observado en el Perú. Tenga presente el juicio que le dije había formado de él a mi regreso de Guayaquil. Desgraciadamente para la América, no he tenido que rectificarlo. Estoy convencido de que la pasión del mando es, en lo general, la que más domina al hombre, y hay muy pocos capaces de dominarla. No me queda duda de las sanas intenciones de este general en atacar mi opinión; pero yo sería un mal caballero, si abusase de la situación en que se halla (que estoy seguro empeorará aún más por su carácter), para publicar secretos que solo verán la luz después que deje de existir."

Es posible que San Martín se llevase a la tumba alguno de los secretos de la entrevista respecto de los planes ambiciosos de Bolívar, entonces en germen, que hoy no son un misterio para nadie, pues él mismo se ha encargado de revelarlos al mundo con sus hechos y sus escritos. Todo induce, empero, a pensar que las revelaciones anunciadas, se limitaban a la famosa carta que dirigió al Libertador después de la conferencia, que puede considerarse como el protocolo consentido de ella, y que entonces no era conocida ni sospechada siquiera. Si algún rasgo de detalle se ha perdido, la historia no necesita de él, porque posee los suficientes documentos para juzgar a ambos en el momento de prueba en que sus caracteres se contrastaron por la piedra de toque del mando supremo en el apogeo de su grandeza.

Un historiador colombiano, ministro y confidente del Libertador, ha dicho: "Afirmóse en su tiempo, que ni el Protector había
quedado contento de Bolívar, ni éste de aquél." San Martín, por su
parte, se encargó de afirmar esto mismo, dando por motivo que
"los resultados de la entrevista no habían correspondido a lo que
prometía para la pronta terminación de la guerra". Era un vencido.
Si desde entonces meditó separarse de la escena, para no ser un obstáculo a la terminación de la guerra, o si la situación que a su
regreso encontró en Lima lo determinó a ello, es un punto accesorio que no puede con precisión determinarse; pero de todos modos,
ésta fue una de las principales causas que obró en él para su resolución definitiva, además de otras que fatalmente la imponían.

La primera palabra de San Martín de regreso al Perú, fue para
abrir sus puertas a las armas auxiliares de Colombia, proclamando
la alianza sudamericana, y de alto encomio para su feliz rival: "Tuve
la satisfacción de abrazar al héroe del sur de América. Fue uno
de los días más felices de mi vida. El Libertador de Colombia au-
xilia al Perú con tres de sus bravos batallones. Tributemos todos
un reconocimiento eterno al inmortal Bolívar." San Martín sabía
bien que este auxilio era insuficiente, que su concurrencia no sería
eficaz desde que no era dado con el propósito serio de poner de un
golpe término a la guerra, y que su persona era el único obstáculo
para que Bolívar se decidiese a acudir con todo su ejército al Perú.
Fue entonces cuando, hecha la resolución de eliminarse, dirigió al
Libertador la famosa carta, que puede considerarse como su testamento político, y que la historia debe registrar íntegra en sus
páginas.

"Le escribiré, no solo con la franqueza de mi carácter, sino
también con la que exigen los altos intereses de la América.

"Los resultados de nuestra entrevista no han sido los que me
prometía para la pronta terminación de la guerra. Desgraciadamente, yo estoy íntimamente convencido de que, o no ha creído
sincero mi ofrecimiento de servir bajo sus órdenes con las fuerzas
de mi mando, o que mi persona le es embarazosa. Las razones que
me expuso, de que su delicadeza no le permitiría jamás el man-
darme, y que, aun en el caso de decidirse, estaba seguro de que el
congreso de Colombia no autorizaría su separación del territorio
de la república, no me han parecido bien plausibles. La primera se
refuta por sí misma. En cuanto a la segunda, estoy persuadido de
que, si manifestase su deseo, sería acogido con unánime aprobación,
desde que se trata de finalizar en esta campaña, con su cooperación y la de su ejército, la lucha que hemos emprendido y en que

estamos empeñados, y de que el honor de ponerle término refluiría sobre usted y sobre la república que preside.

"No se haga ilusión, general. Las noticias que tiene de las fuerzas realistas son equivocadas. Ellas montan en el Alto y Bajo Perú a más de 19.000 veteranos, que pueden reunirse en el espacio de dos meses. El ejército patriota, diezmado por las enfermedades, no puede poner en línea sino 8.500 hombres, en gran parte reclutas. La división del general Santa Cruz (que concurrió a Pichincha), cuyas bajas no han sido reemplazadas a pesar de sus reclamaciones, ha debido experimentar una pérdida considerable en su dilatada y penosa marcha por tierra y no podrá ser de utilidad en esta campaña. Los 1.400 colombianos que envía, serán necesarios para mantener la guarnición del Callao y el orden en Lima. Por consiguiente, sin el apoyo del ejército de su mando, la operación que se prepara por puertos intermedios no podrá alcanzar las ventajas que debieran esperarse, si fuerzas imponentes no llamasen la atención del enemigo por otra parte, y así, la lucha se prolongará por un tiempo indefinido. Digo indefinido, porque estoy íntimamente convencido de que, sean cuales sean las vicisitudes de la presente, la independencia de la América es irrevocable; pero la prolongación de la guerra causará la ruina de sus pueblos, y es un deber sagrado para los hombres a quienes están confiados sus destinos, evitarles tamaños males.

"En fin, general, mi partido está irrevocablemente tomado. He convocado el primer congreso del Perú, y al día siguiente de su instalación me embarcaré para Chile, convencido de que mi presencia es el solo obstáculo que le impide venir al Perú con el ejército de su mando. Para mí hubiera sido el colmo de la felicidad terminar la guerra de la independencia bajo las órdenes de un general a quien la América debe su libertad. ¡El destino lo dispone de otro modo, y es preciso conformarse!

"No dudo de que después de mi salida del Perú, el gobierno que se establezca, reclamará su activa cooperación, y pienso que no podrá negarse a tan justa demanda.

"Le he hablado con franqueza, general; pero los sentimientos que exprime esta carta, quedarán sepultados en el más profundo silencio; si llegasen a traslucirse, los enemigos de nuestra libertad podrían prevalerse para perjudicarla, y los intrigantes y ambiciosos para soplar la discordia."

Por el portador de la carta le remitía una escopeta y un par de pistolas, juntamente con el caballo de paso que le había ofrecido para sus futuras campañas, acompañando el presente con estas palabras: "Admita, general, este recuerdo del primero de sus admiradores, con la expresión de mi sincero deseo de que tenga usted la gloria de terminar la guerra de la independencia de la América del Sur."

Esta carta, escrita con aquel estilo del General de los Andes, que era todo nervios, en que cada palabra parecía una pulsación de su poderosa voluntad, es el toque de retirada del hombre de acción —el documento más sincero que haya brotado de su pluma y de su alma—, es el protocolo motivado de la conferencia de Guayaquil, que explica una de las principales causas de su alejamiento de la vida pública, y puede considerarse como su testamento político. Es un triunfador vencido y consciente que, al tiempo de completar su obra, se resigna a entregar a un rival más afortunado, glorificándolo, el honor de coronarla: "Para mí hubiera sido el colmo de la felicidad terminar la guerra de la independencia (aun bajo las órdenes de Bolívar). ¡El destino lo dispone de otro modo, y es preciso conformarse!"

La historia no registra en sus páginas un acto de abnegación impuesto por el destino ejecutado con más buen sentido, más conciencia y mayor modestia.

CapÍtulo XLVII

LA ABDICACIÓN DE SAN MARTÍN

1822

Pliego cerrado de San Martín al marchar a la conferencia de Guayaquil. —
Sublevación en Lima contra Monteagudo. — Deposición violenta de Monteagudo. — Actitud del general Alvarado y del ejército durante la revolu·
ción. — Carácter del movimiento de Lima. — Destierro de Monteagudo. —
Situación que encuentra San Martín a su regreso de la conferencia. — Su
resolución de alejarse de la vida pública. — La consigna del silencio. —
Trabajos militares que emprende. — Su último plan de campaña. — Instalación del primer congreso constituyente del Perú. — San Martín resigna el
mando. — Honores que le votó el congreso. — Proclama de despedida a
los peruanos. — Se aleja para siempre del Perú. — Su ostracismo en Chile.
— Caída de O'Higgins. — San Martín chacarero en Mendoza. — Juicio sobre
la retirada de San Martín del Perú.

I

Mientras San Martín conferenciaba con Bolívar en Guayaquil,
tenía lugar un suceso extraordinario que debía afirmarlo en la resolución hecha de separase por siempre de la vida pública. El pueblo de
Lima se había sublevado, en presencia del ejército inerte, contra el
gobierno protectoral, y aunque sin afectar su persona, puso a descubierto las bases minadas de su poder político y militar. Al tiempo de
marchar a la conferencia, el Consejo de Estado, a indicación suya,
previendo el caso de acefalía del gobierno, por muerte o impedimento
del delegado supremo Torre-Tagle. San Martín dejó en consecuencia
un pliego cerrado, en que nombraba para ejercer el mando en tal caso
a Alvarado, general en jefe del ejército unido, confiándole la conservación del orden durante su ausencia. Hasta este punto de apoyo había
fallado.

El 25 de julio —el mismo día en que San Martín era aclamado

en Guayaquil—, se reunían en Lima unos cincuenta vecinos, movidos secretamente por Riva Agüero, quien, mal avenido con la situación, se había constituido en representante del sentimiento indígena. Allí se acordó la caída del ministro Monteagudo, blanco de todos los odios, como el hombre civil más expectable de la actualidad. El delegado supremo Torre-Tagle, era generalmente despreciado, y se le consideraba como un pobre instrumento de voluntades ajenas. Monteagudo era el chivo emisario en cuya cabeza se amontonaban todos los pecados de la época. Su tirantez en el mando, que a veces rayaba en insolencia; sus tendencias monárquicas, en pugna con la opinión; sus gustos sibaríticos, que herían el sentimiento público; sus crueles persecuciones a los españoles, que recrudecieron durante la ausencia de San Martín, afectando las principales familias vinculadas con los perseguidos, y hasta sus mismas reformas adelantadas, que chocaban con las preocupaciones o excedían la medida en la represión de los vicios sociales inveterados, al autorizar hasta la delación de los criados para reprimir el juego en el seno de las familias, habían creado en torno suyo una atmósfera de impopularidad y malquerencia, que no era sino el síntoma de las resistencias latentes que la generalidad de los peruanos abrigaba contra el gobierno protectoral. No se atrevían a atacar de frente al Protector, y buscaban una víctima inmolatoria en quien herirlo. La encontraron en Monteagudo. En consecuencia, elevaron una petición al Delegado, solicitando su remoción, en que exponían que "el vecindario estaba en fermentación, hasta temerse una espantosa revolución por las tiránicas y arbitrarias providencias, que amenazaban al Perú con un despotismo que pretendía disponer a su antojo de la suerte del país." Al mismo tiempo, dirigieron una nota a la Municipalidad de la ciudad solicitando su apoyo "en vista de la opresión y despotismo que sufría, no solo la ciudad, sino todo el Estado, por el influjo del odiado ministro." Uno de los notables fue comisionado para significar al jefe del gobierno, en nombre del pueblo, su resolución de convocar un cabildo abierto, si al terminar el día no se cumplían sus votos. La Municipalidad, presidida por Riva Agüero en su calidad de presidente del departamento de la capital, apoyó decididamente la exigencia, pidiendo la inmediata prisión del ministro. El gobierno contestó por medio de dos consejeros de Estado, que al día siguiente se tomarían en consideración las peticiones.

Eran las diez y media de la noche. El pueblo se agolpaba a la puertas de la Municipalidad y alrededor del palacio de gobierno, pidiendo a grandes gritos la deposición del ministro. Monteagudo renunció. La Municipalidad exigió su prisión, a fin de responder al juicio de residencia a que debía ser sometido, y así se proveyó.

Al día siguiente la agitación acrecía, y tomaba las proporciones de una revolución. En ese mismo día aparecía un periódico con el título significativo de *El Republicano*, que se constituía en órgano del movimiento, enarbolando como bandera este epígrafe de Rousseau: "No hay negación tan completa como la que conserva las apariencias de la libertad, porque así está la misma voluntad cautiva." Las exigencias populares se renovaron. El gobierno, para satisfacerlas, declaró públicamente que el ex ministro permanecía en su casa, bajo segura custodia responsable de su persona.

Mientras tanto, el ejército (en el cual los revolucionarios tenían algunas sostenes, propalando que contaban con su neutralidad) permanecía con las armas en descanso. El hermano del general en jefe D. Felipe Antonio Alvarado, era uno de los corifeos más caracterizados de la Municipalidad, y sus relaciones íntimas con sus directores eran notorias. En el día anterior, la Municipalidad había dirigido un oficio al general, previniéndole que solo se trataba del ejercicio legal y pacífico de los derechos de los ciudadanos, en que las armas no tenían para qué intervenir. Alvarado, después de dejar pasar veinticuatro horas, contestó: "Cuando recibí anoche el pliego que se me dirigió a nombre del pueblo, me persuadí de que sus reclamaciones no llegaran a hacerse reuniones tumultuosas, que, además de trastornar el orden, desmoralizan el ejército, único apoyo de la seguridad del país. Llevar tales movimientos al grado que hoy hemos visto, es precipitarse a la ruina, dividiendo la opinión y formando facciones cuyo resultado será la disolución de la fuerza armada y los horrores de la anarquía. Si el ejército, cuyo instituto es proteger al país y crearle su independencia y libertad, fuese en esta crisis un mero espectador de los desórdenes, se haría responsable de la pérdida de esta capital; pero los jefes del ejército y yo, que comprendemos bien las consecuencias de estas asonadas, estamos dispuestos a sostenerla a toda costa, tomando las providencias necesarias a la tranquilidad pública." A pesar de esta, al parecer, categórica intimación, que le imponía por lo menos el deber de garantir el orden público y salvar el decoro del gobierno de que se hacía responsable, permaneció al frente del ejército, frío espectador del desorden, actitud que, según él mismo, "desmoralizaba la fuerza armada amenazando su disolución, y precipitaba al país a la anarquía y la ruina." Era, a la inversa del payo del centinela, una consigna bien aprendida y mal observada.

II

La agitación fue acreciendo en los días subsiguientes. Según la expresión de los mismos agitadores, "los ciudadanos parecían más bien leones de Arabia que pacíficos peruanos." El gobierno había desaparecido de hecho, la Municipalidad era un órgano automático y la revolución anónima dominaba en las calles. Era un movimiento complejo y confuso, sin objetivo claro ni plan fijo, pero que tenía su razón de ser. El sentimiento nacional contra los extraños que ejercían el poder, el sentimiento republicano contra los planes monarquistas del gobierno, la resistencia sorda contra el poder protectoral, la oposición electoral que procuraba tener representación en el próximo congreso, eran otras tantas causas concurrentes que obraban para darle impulso y significación.

Las hojas sueltas que se publicaban a manera de boletines, traducían embozadamente estos diversos sentimientos y tendencias. "Este gran paso del pueblo anuncia —decía su órgano en la prensa—, el primero majestuoso de su libertad, que puede asegurarse empieza a gozarla, porque con tal ministro al frente (Monteagudo), aunque se habían roto las cadenas de la España, se habían roto de un modo que se nos habían quebrado las manos." En otra hoja suelta de la misma procedencia se decía: "Un misántropo orgulloso consideraba esta capital (Lima) como una propiedad de conquista. Tiemblen los tiranos y desengáñense de intentar aherrojar a sus detestables cadenas a unos hombres que no ignoran que la ambición de los opresores es reinar sin trabas, franquear los límites de toda ficción legítima y erigir en ley los caprichos del poder arbitrario. La gloriosa carrera que habéis comenzado, será marcada por las generaciones futuras como la época más importante del ser político y existencia de la patria. Desde ella señalarán el principio de su libertad, y os bendecirán como fundadores de sus privilegios. Es indispensable caminar con firmeza y no desmayar un punto en aniquilar todo lo que se resienta del ominoso nombre de opresión. Un momento de resolución y energía evitará grandes desastres. Un descuido en sofocar la oposición más pequeña, hará derribar la obra comenzada, y se expondrá a que Mario vuelva sobre Roma respirando venganza, acordándose de las lagunas de Manturnio. Es imposible esperar bienes y honradez en la cueva de Caco." Estos tiros apuntados al ministro Monteagudo, herían de rebote al Protector.

El 29 volvió a reunirse la Municipalidad, y exigió del gobierno que, "para hacer cesar la exaltación de los vecinos que podía inducirlos a abrazar medios violentos", era necesario el destierro del ministro depuesto. Así se hizo. El general Alvarado, en nombre de la fuerza armada, dio su sanción a la revolución en términos tan contradictorios como equívocos: "Las reuniones tumultuosas, compuestas en mucha parte de gente sin responsabilidad, me hicieron justamente recelar que su continuación produjese la anarquía en el pueblo y la desmoralización en el ejército. Sin contrariar las resoluciones del pueblo, me resolví a contener con la fuerza de las armas cualquier desorden que atacara violenta y perpetuamente los principios fundamentales de la actual administración. El ejército destinado a la protección de los derechos de los ciudadanos, tiene también por objeto hacer respetar las autoridades establecidas, mientras que una legítima y suficiente representación no crea deber hacer innovaciones." La conclusión a que arriba el general en jefe, es sorprendente. "Enterada la Municipalidad de estos mis sentimientos, debía excusar la insinuación sobre mi asenso a que el ministro depuesto salga del territorio del Estado. Combatir el enemigo común y cimentar la libertad de los pueblos, he ahí el único blanco a que deben tender sus operaciones públicas y privadas. Trate, pues, la Municipalidad de considerarme muy ajeno de intervenir en estas materias. Conozco los deberes de los ciudadanos y me abstendré de disputar con la espada unos procedimientos que nazcan de la razón y de la justicia. Puede, por consiguiente, la Municipalidad hacer cuantas reclamaciones tenga a bien por el orden legal, segura de que las armas no serán nunca una barrera que se oponga a sus justos clamores."

Tal era la situación que encontró San Martín a su regreso de la conferencia de Guayaquil (agosto 20). El pueblo lo recibió con demostraciones de simpatía, aclamándolo con entusiasmo. Riva Agüero y los principales revolucionarios se le presentaron ofreciéndole votos de adhesión. Él no se alucinó respecto de su popularidad, ni se dejó arrastrar por el despecho al ver su autoridad moral ajada. Vio claramente que la opinión indígena no le era propicia y estaba fatigada de su dominación; que el ejército estaba desligado de él; que había cometido el error de confiar el gobierno a manos ineptas y débiles; que su ministro Monteagudo era un instrumento quebrado por la tensión que había dado a los resortes de presión; que él no era ya un hombre necesario y podía ser un obstáculo al pronto triunfo de la independencia, definitivamente asegurado: que en tales circunstancias prestaba un servicio a la causa de la América eliminándose como hombre público; y se eliminó conscientemente. Podía aún mantenerse en el poder. Tenía a sus órdenes un ejército acostumbrado a obedecerle, que le era fácil volver a dominar; contaba en el país con un partido poderoso, y con estos elementos de fuerza y de opinión, no le era difícil imponerse. Pero para esto, tenía que retemplar con mano de hierro los resortes de su autoridad adoptando una política de represión, que le repugnaba; de todos modos, al fin chocaría con el congreso que había convocado, cuyo espíritu era oposicionista, y podía producir un escándalo. Prefirió entregar a los hijos del Perú sus propios destinos políticos, para que se gobernasen por sí mismos, después de proveer a su defensa. Fue entonces cuando escribió a Bolívar "Mi partido está irrevocablemente tomado: he convocado el congreso del Perú, y al día siguiente de su instalación me embarcaré para Chile."

Fiel a la consigna del silencio que se habría impuesto, para no divulgar las verdaderas causas de su retirada, escribió al mismo tiempo a su amigo O'Higgins, cubriéndola con su cansancio y mal estado de su salud: "Me reconvendrá usted por no concluir la obra empezada. Tiene usted mucha razón; pero más la tengo yo. Estoy cansado de que me llamen tirano, que quiero ser rey, emperador y hasta demonio. Por otra parte, mi salud está muy deteriorada: la temperatura de este país me lleva a la tumba. En fin, mi juventud fue sacrificada al servicio de los españoles y mi edad media al de mi patria. Creo que tengo el derecho de disponer de mi vejez. Será la última carta que le escriba."

Veinticinco años más tarde, después de publicada su carta a Bolívar, en que daba el verdadero motivo de su retirada, explicando la lucha por que pasó su espíritu en aquel momento, decía: "Este costoso sacrificio, y el no pequeño de tener que guardar un silencio absoluto (tan necesario en aquellas circunstancias), me obligaron a dar este paso que comprometía mi honor y mi reputación, con esfuerzos que no está al alcance de todos poder calcular." El sacrificio quedó así fríamente consumado, en nombre del deber y de la necesidad, en el silencio de la propia conciencia.

III

El Protector, al decidirse a entregar al Perú sus propios destinos, se impuso el deber de proveer a su seguridad, poniendo en sus manos la espada con que debía libertarse por sí solo, si esto era posible; y por si acaso se quebraba en sus manos —como sucedió—, dejaba abiertas las fuerzas por donde debía penetrar la reserva de Bolívar, que contaba con los medios para triunfar definitivamente. Con este objeto, reasumió el mando y se ocupó con actividad en remontar su ejército, trazando el plan de campaña que hacía tiempo tenía en su cabeza y que había pensado ejecutar personalmente, solo o con la concurrencia de las fuerzas colombianas.

A fines de agosto, las fuerzas peruanas, chilenas, argentinas y colombianas, reunidas en el Perú, ascendían a más de 11.000 hombres, según su cómputo. No era una situación militarmente perdida la que entregaba. Además, una expedición de 1.000 hombres, enviada por el gobierno de Chile, debía reforzar en Arica el ejército destinado a operar en puertos intermedios. Con estas fuerzas bien dirigidas, podían emprenderse operaciones decisivas con algunas probabilidades de triunfo, y San Martín confiaba en sus buenos resultados. "El resultado de la campaña que se va a emprender, no deja la menor duda de su éxito", escribía a O'Higgins al anunciarle su resolución de retirarse. Podrá echársele en cara que con esta confianza no emprendiese él mismo la campaña. La única explicación racional de este alejamiento es que comprendía que su presencia era el "único obstáculo" que se oponía a que Bolívar concurriese con todas sus fuerzas, y pensó que su ausencia aceleraba o facilitaba el auxilio de la poderosa reserva colombiana, que a todo evento aseguraba el triunfo final. Sabía, como lo había dicho, que sus elementos no eran suficientes para fijar la victoria, aunque bastantes para probar fortuna con probabilidades de éxito. En tal situación, y en este sentido lo combinaba todo, prescindiendo de su persona. Sin duda que habría sido más heroico para San Martín ponerse al frente de su ejército y realizar por sí mismo el plan combinado en que tanto confiaba. Vencedor, tenía tiempo de retirarse legando la victoria; y vencido, cumpliría su último deber como general, corriendo la suerte de sus últimos soldados. Empero, había también su heroísmo moral, al renunciar al poder y a la gloria, exponiéndose a ser tachado de pusilánime. Por eso ha dicho él mismo, con plena conciencia de lo que hacía, que "sacrificaba su honor y su reputación por servir a la América".

El plan de San Martín, si no muy seguro, y tal vez ilusorio en algunas de sus partes, era racional, y prometía ventajas positivas sin comprometer mucho, con solo conducir las operaciones con precisión y actividad. Consistía en lanzar un ejército de 4.300 hombres por intermedios, dándole por nervio los veteranos de los Andes y de Chile, para obrar sobre la sierra del sur y el Alto Perú en combinación con la columna del guerrillero Lanza, que simultáneamente obraría en el Alto Perú, llamando a sí una parte de las fuerzas del ejército español diseminadas desde Jauja a Huancayo, Cuzco, Arequipa y Puno, hasta la frontera norte argentina. Al mismo tiempo, desprender otro ejército de igual fuerza sobre la sierra del centro, que penetraría por Pisco, para cortar la línea del enemigo, a la vez que impedir que el grueso de sus fuerzas cargase sobre la expedición de puertos intermedios, y, ganada la primera batalla, como era probable, obrar en combinación ambos ejércitos. Bolívar, anticipadamente consultado, declaró excelente el plan, reservándose ponerle obstáculos y condenarlo después del mal éxito. El hecho pareció demostrar que la victoria no debiera buscarse por ese camino y que se encontró por otro. Asimismo, tan mal ejecutado como fue el plan —y no pudo serlo peor—, viose que pudieron haberse conseguido ventajas, si no decisivas, por lo menos muy considerables. Es probable que, si el mismo San Martín lo hubiese combinado sobre el terreno, lo habría modificado, cargando con toda su fuerza sobre el punto más débil del enemigo, y limitándose a llamar la atención de una manera seria sobre el que debía ser meramente concurrente, en vez de dividir las probabilidades con dos ejércitos de igual fuerza, en que, perdiendo el uno, se inutilizaba el otro, o se perdían los dos. Pero los planes de campaña no son absolutamente buenos ni malos, cuando son racionales, sino con relación a la idiosincrasia del general que los concibe y ejecuta por sí. Napoleón, cuando pretendía dirigir teóricamente las operaciones de Moreau, se convenció de que los planes de campaña, relativamente malos o buenos, solo son bien ejecutados por el general que los concibe, según su temperamento y los recursos que tiene dentro de sí mismo.

Después de proveer a la seguridad del Perú, y organizar la victoria a todo evento, según él lo entendía, ocupóse de la suerte política del Perú, sobre la base de su irrevocable retirada; de nadie se aconsejó, a nadie confió su secreto, y tan solo interrogó su propia conciencia. Solamente comunicó su resolución a O'Higgins y Bolívar; pero antes que sus contestaciones llegaran, el hecho estaría consumado. Debió ser en un momento melancólico para el hombre que había sido durante cinco años el árbitro de la mitad de la América del Sur, y la suprema resolución, como él mismo lo ha dicho con reconcentrada emoción, costóle sin duda "esfuerzos que él solo pudo calcular", al tomarla y ponerla en ejecución.

IV

El 20 de setiembre de 1822 instalóse con gran pompa el primer congreso constituyente del Perú. San Martín se despojó en su presencia de la banda bicolor, símbolo de la autoridad protectoral. "Al deponer la insignia que caracteriza al jefe supremo del Perú —dijo— no hago sino cumplir con mis deberes y con los votos de mi corazón. Si algo tienen que agradecerme los peruanos, es el ejercicio del poder que el imperio de las circunstancias me hizo obtener. Hoy felizmente que lo dimito, pido al Ser Supremo el acierto, luces y tino que necesitan para hacer la felicidad de sus representados. Desde este momento queda instalado el congreso soberano, y el pueblo reasume el poder en todas sus partes." En seguida, depositó sobre la mesa del congreso seis pliegos cerrados y se retiró entre vivas y aplausos estruendosos. Abrióse uno de los pliegos. Era su renuncia irrevocable de todo mando futuro: "El placer del triunfo para un guerrero que pelea por la felicidad de los pueblos, solo le produce persuasión de ser un medio para que gocen de sus derechos; mas, hasta afirmar la libertad del país, sus deseos no se hallan cumplidos, porque la fortuna varia de la guerra, muda con frecuencia el aspecto de las más encantadoras perspectivas. Un encadenamiento prodigioso de circunstancias ha hecho ya indudable la suerte futura de la América; y la del pueblo peruano solo necesitaba de la representación nacional para fijar su permanencia y prosperidad. Mi gloria está colmada cuando veo instalado el congreso constituyente: en él dimito el mando supremo que la necesidad me hizo tomar. Si mis servicios por la causa de América merecen consideración al congreso, yo los represento hoy, solo con el objeto de que no haya un solo sufragante que opine por mi continuación al frente del gobierno."

El congreso votó una acción de gracias al ex Protector "como al primer soldado de la libertad", y lo nombró generalísimo de los ejércitos de mar y tierra de la república, con una pensión vitalicia de doce mil pesos anuales. San Martín aceptó el título y el beneficio; pero declinó su ejercicio, exponiendo sus razones: "Resuelto a no traicionar mis propios sentimientos y los grandes intereses públicos, séame permitido manifestar que la distinguida clase a que el congreso se ha dignado elevarme, lejos de ser útil a la nación, si la ejerciera, frustraría sus propios designios, alarmando el celo de los que anhelan por una positiva libertad; dividiría la opinión de los pueblos y disminuiría la confianza que solo puede inspirar el congreso con la absoluta independencia de sus decisiones. Mi presencia en el Perú, con las relaciones del poder que he dejado y con las de la fuerza, es inconsistente con la moral del cuerpo soberano, y con mi opinión propia, porque ninguna prescindencia personal, por mi parte, alejaría los tiros de la maledicencia y la calumnia. He cumplido la promesa que hice al Perú: he visto reunidos sus representantes. La fuerza enemiga ya no amenaza la independencia de unos pueblos que quieren ser libres, y que tienen los medios para serlo. El ejército está dispuesto a marchar para terminar por siempre la guerra. Nada me resta sino tributar los votos de mi más sincero agradecimiento y de mi protesta de que, si algún día se viera atacada la libertad de los peruanos, disputaré la gloria de acompañarlos, para defenderla como un ciudadano." El congreso insistió, pero San Martín repitió su renuncia.

En la misma noche, reunido el congreso en sesión extraordinaria, acordó que el general San Martín llevase el título de "Fundador de la libertad del Perú", con el uso de la banda bicolor de que se había despojado y el grado de capitán general —que se le asignase la misma pensión vitalicia que a Washington—; que se le erigiese una estatua sobre una columna con inscripciones conmemorativas de sus servicios, y que, mientras tanto, se colocase su busto en la Biblioteca Nacional por él fundada; por último, que en todo tiempo se le hicieran en el territorio de la república los honores anexos al Poder Ejecutivo. Así cumplió el Perú su deuda de gratitud.

Desde su retiro de la Magdalena dirigió a los peruanos su última palabra de despedida, que ha quedado estereotipada en la memoria de los americanos por su estilo lapidario, cuyos conceptos la historia debe reproducir íntegros, para examinarlos a la luz de un criterio diverso del de sus contemporáneos.

"Presencié la declaración de los Estados de Chile y el Perú: existe en mi poder el estandarte que trajo Pizarro para esclavizar el imperio de los Incas y he dejado de ser hombre público; he aquí recompensados con usura diez años de revolución y de guerra.

"Mis promesas para con los pueblos en que he hecho la guerra están cumplidas: hacer la independencia y dejar a su voluntad la elección de sus gobiernos.

"La presencia de un militar afortunado (por más desprendimiento que tenga) es temible a los Estados que de nuevo se constituyen. Por otra parte, ya estoy aburrido de oír decir que quiero hacerme soberano. Sin embargo, siempre estaré dispuesto a hacer el último sacrificio por la libertad del país, pero en clase de simple particular y no más.

"En cuanto a mi conducta pública, mis compatriotas (como en lo general de las cosas) dividirán sus opiniones; los hijos de éstos darán el verdadero fallo.

"Peruanos: os dejo establecida la representación nacional. Si depositáis en ella entera confianza, cantad el triunfo; si no, la anarquía os va a devorar.

"Que el cielo presida a vuestros destinos, y que éstos os colmen de felicidad y de paz."

V

Retirado San Martín a su habitual residencia de campo en el pueblo de La Magdalena —bautizado por él con el nombre de "Pueblo Libre"—, se encontró solo con su antiguo confidente Guido, a quien había pedido lo acompañase. Paseábase en silencio por la galería de la casa, al parecer radiante de contento. De repente volvióse a su compañero, y exclamó en tono festivo: "Hoy es un día de verdadera felicidad para mí. Me he desembarazado de una carga que no podía llevar. Los pueblos que hemos libertado, se encargarán de sus propios destinos."

Interrumpido en su soledad por las diversas diputaciones del congreso que le ofrecían sus honores o insistían en que aceptase el puesto de generalísimo, agradeció lo primero; pero respecto a lo segundo, contestó con firmeza: "Mi tarea está terminada, y mi presencia en el poder, no solo sería inútil sino perjudicial: a los peruanos toca completarla." Entrada ya la noche, prorrumpió con cierta impaciencia: "Ya que no puedo poner un cañón en la puerta para defenderme de otra incursión, por pacífica que sea, voy a encerrarme." Y se retiró a su aposento, donde se ocupó en arreglar sus papeles. Hasta entonces, a nadie había comunicado su resolución de separarse del territorio del Perú.

A las 9 de la noche hizo llamar al general Guido, invitándolo a tomar el té en su compañía. En la conversación amistosa que se siguió, le preguntó de improviso: "—¿Qué manda para su señora en Chile? El pasajero que conducirá las encomiendas, las entregará particularmente. —¿Qué pasajero es ése? —preguntó su amigo. —El pasajero soy yo —repuso—. Ya están listos mis caballos para pasar a Ancón, y esta misma noche me embarcaré." Guido, sorprendido y agitado, le observó: que cómo exponía su obra a los azares de una campaña no terminada aún, cuando nunca le había faltado el apoyo de la opinión y de las tropas; y libraba la suerte política del país a reacciones turbulentas que su ausencia provocaría sin duda; y cómo, sobre todo, dejaba en orfandad a los que le habían acompañado desde las orillas del Plata y desde Chile. "Todo lo he meditado detenidamente —replicó con emoción—. No desconozco ni los intereses de la América ni mis deberes. Abandono con pesar a camaradas que quiero como hijos, y que tan generosamente me han ayudado; pero no puedo demorar un solo día: ¡me marcho! Nadie me apeará de la convicción en que estoy, de que mi presencia en el Perú le traería más desgracias que mi separación. Por muchos motivos no puedo ya mantenerme en mi puesto sino bajo condiciones contrarias a mis sentimientos y a mis convicciones. Voy a decirlo: para sostener la disciplina del ejército, tendría necesidad de fusilar algunos jefes; y me falta valor para hacerlo con compañeros que me han acompañado en los días felices y desgraciados."

Estrechado por Guido, rompió al fin la consigna del silencio que se había impuesto, y manifestó la principal de sus razones, consignada en su carta al Libertador, que ni al mismo O'Higgins había querido comunicar. "Existe una dificultad mayor —agregó— que no podría vencer sino a costa de la suerte del país y de mi propio crédito. Bolívar y yo no cabemos en el Perú. He penetrado sus miras: he comprendido su disgusto por la gloria que pudiera caberme en la terminación de la campaña. Él no excusaría medios para penetrar al Perú, y tal vez no pudiese evitar yo un conflicto, dando al mundo un escándalo, y los que ganarían serían los maturrangos. ¡Eso no! Que entre Bolívar al Perú; y si asegura lo que hemos ganado, me daré por muy satisfecho, porque de cualquier modo triunfará la América. No será San Martín el que dé un día de zambra al enemigo."

Eran las diez de la noche. En ese momento, su asistente le anunció que todo estaba pronto para la marcha. El general abrazó a su compañero, montó a caballo y tomando al trote, se perdió en la sombra. Al día siguiente Guido encontró a la cabecera de su cama una afectuosa carta, en que recordaba los trabajos que habían pasado juntos, y le agradecía, no solo la cooperación que había prestado en ellos, sino, más que todo, "su amistad y cariño, que habían suavizado sus amarguras, haciéndole más llevadera la vida pública". Al mismo tiempo el general Alvarado recibía otra carta, en que se despedía de sus antiguos compañeros de armas, asegurándoles el triunfo: "Voy a embarcarme. Queda usted para concluir la gran obra. ¡Cuánto suavizará el resto de mis días y el de las generaciones, si la finaliza (como estoy seguro) con felicidad! Tenga la bondad de decir a nuestros compañeros de armas cuál es mi reconocimiento a lo que les debo. Por ellos tengo una existencia con honor; en fin, a ellos debo mi buen nombre."

En la misma noche del 20 embarcóse en el bergantín *Belgrano*, y se alejó para siempre de las playas del Perú. A su arribo a Chile encontró que su nombre era execrado allí como el de un verdugo, y que el gobierno de O'Higgins bamboleaba. Estaba triste y enfermo, y un violento vómito de sangre lo postró en cama por el espacio de dos meses. Al separarse del Perú, cuyo tesoro le acusaban sus enemigos haber robado, sacó por todo caudal "ciento veinte onzas de oro" en su bolsillo, y por únicos espolios, además del estandarte de Pizarro, la campanilla de oro de la inquisición de Lima. Contaba para subsistir en Chile con la chacra donada por el Estado y con un depósito de dinero que había confiado a un amigo, del que, según él mismo, solo encontró "unos cuantos reales", sin insistir más sobre este desfalco. El gobierno del Perú, noticioso de su indigencia, le envió "dos mil" pesos a cuenta de sus sueldos. Con esta plata y algunos recursos que se allegó, pudo pasar a Mendoza a principios de 1823, donde hizo la vida de un pobre chacarero. Allí recibió la noticia de la caída de O'Higgins y de que su esposa agonizaba en Buenos Aires en su solitario lecho nupcial. Solo le quedaba en el mundo un amigo proscripto, y una hija, fruto de su unión, que sería su Antígona, cuando, ciego como Belisario, solo le faltase pedir limosna en los caminos. Felicitó a O'Higgins por su caída. El ex dictador, en marcha al ostracismo, le contestó: "Recibí los parabienes por mi separación del gobierno, como una prueba de su amistad, y del más grande don de la Providencia. ¡Después de tantos años de lucha, descanso! No puedo contar con otros fondos que los de la hacienda del Perú (Montalván) que debo a su generosidad." En los mismos días, el desterrado de Mendoza le escribía: "Se me asegura que el mismo día que usted dejó el mando, se envió una partida para mi aprehensión. No puedo creer semejante procedimiento; sin embargo, desearía saberlo para presentarme en Santiago, aunque después me muriese, y responder a los cargos que quisieran hacerme." Es el caso de exclamar como el poeta: "Oh, quanto e triste!"

VI

La retirada de San Martín del Perú, en medio de la plenitud de su gloria, con elementos bastantes para mantenerse en el poder y luchar contra el enemigo, fue un misterio para los contemporáneos, excepto para Bolívar, y a última hora, para su amigo Guido. Unos la calificaron de acto de abnegación a la manera de Washington. Otros la juzgaron como acto de deserción del hombre de acción desalentado, impotente para gobernar los sucesos. El tiempo ha disipado el misterio, y habilitado a la posteridad para pronunciar con conocimiento de causa el juicio definitivo, a que él mismo apeló, en su proclama de despedida.

San Martín, con su claro buen sentido, y con su genial modestia, aunque violentándose a sí mismo, según confesión propia, se dio cuenta exacta de la situación y de sus deberes para con ella, y los cumplió con prudente abnegación. Se reconoció vencido como hombre de poder eficiente para el bien, y exclamó resignado: "¡El destino lo dispone así!" No se creyó un hombre necesario, y pensó que la causa a que había consagrado su vida podía triunfar mejor sin él que con él. Al sondear su conciencia, debió comprender que no era, como Macabeo, el caudillo de su propia patria y no tenía el derecho de exigir sacrificios al pueblo en holocausto de su predominio personal. Sin voluntad para ser déspota y sin el suficiente poder material para terminar la lucha con fuerzas eficientes, abdicó, eligiendo su hora, para descender antes de caer empujado por acontecimientos que no estaba en su mano detener. Comprendió que era un obstáculo para la reconcentración de las fuerzas continentales, y se apartó del camino abriendo paso a una ambición absorbente, que era una fuerza, y cuya dilatación era indispensable en último caso para el triunfo de la independencia sudamericana. Podía luchar, pero no estaba seguro de triunfar solo: Bolívar tenía en sus manos el rayo que a uno de sus gestos podía fulminar las últimas reliquias del poder colonial de la España en América, pero a condición de no compartir con él ni con nadie su gloria olímpica. Al reconocer el temple de sus armas, vio que le faltaban las fuerzas morales de la opinión, y que su ejército no estaba identificado con su misión de libertador como cuando en Rancagua le confiara su bandera. Al pasar revista a los 11.000 soldados libertadores por él reunidos en el último campo de batalla de la independencia, calculó que podía tentarse con ellos el último esfuerzo con probabilidades de éxito; pero en previsión de un contraste, a fin de no privar al Perú de la poderosa reserva de Colombia, que en todo caso restablecería el contraste y fijaría la victoria, se retiró, sacrificando estoicamente, como dijo, "hasta su honor militar'". Previó que en término fatal, su gran personalidad se chocaría con la gran personalidad de Bolívar, con escándalo del mundo, retardando el triunfo de la América con mayores sacrificios inútiles, y se eliminó. Como el centinela que ha cumplido su facción, entregó al vencedor de Boyacá y de Carabobo la espada de Chacabuco y Maipú, para que coronase las grandes victorias de las armas redentoras de las dos hegemonías sudamericanas.

Tal es el significado histórico y el sentido político y moral de lo que se ha llamado la abdicación de San Martín. No fue un acto espontáneo como el de Washington, al poner prudente término a su carrera cívica. No tuvo su origen, ni en un arranque generoso del corazón, ni en una idea abstracta. Fue una resolución aconsejada por el instinto sano y un acto impuesto por la necesidad, ejecutado con previsión y conciencia. Resultado lógico de una madura reflexión, con el conocimiento de sí mismo y de los hombres y las cosas de su tiempo, lo que tiene de grande, es lo que tiene de forzado y de deliberado a la vez. Si no una abdicación voluntaria, fue una cesión de destinos futuros para asegurar mejor el beneficio de los trabajos de ambos libertadores, y ahorrar a la América sacrificios innecesarios, a costa del sacrificio de una ambición personal, que no era ya un factor necesario.

Aquí se ve lo falible que es el juicio y lo pobre del criterio de los pueblos, ofuscados por los hechos aparentes o las palabras vacías de sentido. Solo el tiempo, gran clasificador de los hechos y revelador de las verdades más ocultas, enseña a comprender y juzgar los actos y los documentos de la historia. ¡Ha sido necesario que transcurriese un cuarto de siglo, para que la famosa proclama de San Martín dejase de citarse a la letra, como un monumento histórico, y como la manifestación del alma de un grande hombre en un momento supremo!

Si San Martín hubiese abdicado el mando por los motivos consignados en su proclama de despedida, sería indigno de su fama, y merecería, después de la injusticia de sus contemporáneos, el desprecio de los venideros. Si en la plenitud del poder y con medios suficientes para llevar adelante su obra, hubiese dejado una página inacabada y una misión por llenar, habría sido un poltrón y un desertor de su bandera, que retrocedía ante el trabajo y el peligro. Si hubiese abdicado, como lo dijo, "porque estaba aburrido de oír decir que quería hacerse soberano", habría cedido a un arranque caprichoso de pueril enojo, indigno de las acciones reflexivas de un varón fuerte. Si la consideración de que "la presencia de un militar afortunado era un peligro para un Estado que de nuevo se constituía" —repetición de lo que había dicho Bolívar antes— obrara en su ánimo, sería un héroe de papel, henchido de humo y de vanidad, revestido de una falsa magnanimidad, que otorgaba favores imaginarios cuando aún era un problema la existencia del nuevo Estado de que se consideraba supremo dispensador. Para honor suyo había consignado los verdaderos motivos de su retirada en su carta a Bolívar, que explanó con intimidad en las confidencias de su última noche peruana. La proclama de despedida que lleva su nombre, y que ha contribuido a extraviar el juicio de la posteridad, o fue un disfraz de circunstancias para cubrir su retirada, fiel a la ley del silencio que se impuso, o un manto de oropel que se dejó echar con indiferencia sobre sus hombros. Lo único que

310

hay de él en ese documento es su espíritu de desinterés y su apelación al fallo de la posteridad.

La vida pública de San Martín termina aquí: pero su acción se prolonga todavía en la historia, acompañando, aunque ausente, la lucha de la emancipación sudamericana hasta su triunfo final, con la desaparición de los últimos restos del ejército argentino de los Andes, libertador de Chile y del Perú.

Capítulo XLVIII

TORATA Y MOQUEGUA. — ZEPITA. — PRIMER ENSAYO DE GOBIERNO NACIONAL DEL PERÚ

1822-1823

Un salto en las tinieblas. — El congreso peruano. — Organización de un nuevo Poder Ejecutivo en el Perú. — Bolívar ofrece todos sus recursos al Perú y son rehusados. — Actitud de los auxiliares colombianos. — Manifestaciones del nacionalismo peruano. — Plan de campaña trazado por San Martín. — Expedición a puertos intermedios. — Presagios de mal éxito. — Distribución de las fuerzas españolas. — Operaciones preliminares. — Batalla de Torata. — Derrota de Moquegua. — Destrucción del ejército del Sur. — Fracaso de la expedición del centro al mando de Arenales. — Los auxiliares colombianos se retiran. — Desorganización y anarquía. — Riva Agüero presidente del Perú. — Trabajos de la nueva administración. — Nueva expedición a puertos intermedios. — Designios secretos de Bolívar. — Ocupación de Lima por Canterac. — Desorganización política del Perú. — Sucre, dictador militar. — Expedición de Sucre al sur. — Campaña de Santa Cruz al Alto Perú. — Batalla de Zepita. — Derrota de la expedición de Santa Cruz. — San Martín es llamado al Perú. — Contestación de San Martín. — Bolívar en el Perú. — Es nombrado dictador del Perú. — Caída de Riva Agüero. — Bolívar, árbitro del Perú.

I

Uno de los más graves cargos que los contemporáneos hicieron a San Martín por su retirada del Perú, y que la historia ha repetido, es la manera precipitada en que la efectuó, al dejar huérfano su ejército al mando de un general sin prestigio, y confiados los destinos del país que abandonaba a un congreso sin autoridad moral, ni más base de poder que el ejército mismo, odiado como todo ejército libertador en tierra extraña que pesa sobre ella, sin proveer nada para la organización de un gobierno eficiente. Es probable que, si el Protector hubiese postergado su retirada hasta arreglar todo esto a fin de coordinar voluntades dispersas, no lo habría efectuado jamás; pero el hecho es que dejó todo en verdadera acefalía, ejército y gobierno, sin rumbo y sin coherencia; mientras él daba un gran salto en las tinieblas. Fue, más que una abdicación, un abandono del mando.

El congreso peruano se apoderó del poder abandonado en sus manos, y no sabiendo cómo organizarlo, reasumió en sí todas sus facultades y funciones, dando por razón que, "distribuir y separar los poderes, sería lo mismo que reformar la constitución, y no podía, por lo tanto, desprenderse de ellos". Con arreglo a esta teoría, en vez de constituir un Poder Ejecutivo eficaz, nombró una junta de gobierno, compuesta de tres individuos de su seno, para que, bajo su inmediata dirección, lo desempeñase. Recayó el nombramiento en dos extranjeros y un peruano: el general La Mar, con el título de presidente, quiteño (de Cuenca); D. Felipe Antonio Alvarado, argentino (de Salta) y hermano del general, que no tenía más título que éste y su participación en la pueblada contra Monteagudo; y D. Manuel Salazar y Baquijano, conde de Vista-Florida, natural de Lima, que no pasaba de ser un gran figurón de buen tono. Este triunvirato, forastero y a pupilo, no satisfizo a nadie. La opinión pública, que anhelaba un gobierno propio, fatigada del mando de los extraños, lo recibió con tibieza y desconfianza. El partido de Riva Agüero, que era el más activo y populachero, se consideró defraudado en sus aspiraciones, y empezó a conspirar. En realidad, el nuevo gobierno, sin títulos personales, sin autoridad en el país y sin punto de apoyo en la fuerza pública, no tenía más sostén que la mayoría del mismo congreso constituido desde su origen en camarilla política. El Perú no estaba todavía bien preparado para gobernarse a sí mismo, ni salvarse solo sin el auxilio extraño. Faltando el Protector, vendría el Libertador. Dos dictaduras sucesivas bajo hegemonía extraña.

Bolívar, que en su entrevista con San Martín se había ya manifestado irresoluto para abrir campaña sobre el Perú, y declinado el ofrecimiento del mando en jefe, bajo el pretexto de que el congreso no lo autorizaría para ausentarse del territorio de Colombia, así que vio desaparecer al Protector de la escena, se apresuró a ofrecer, sin reserva, todos los recursos militares para poner término a la guerra de la independencia. Por medio de una nota, firmada por su secretario, significó al nuevo gobierno: "Aunque el Protector del Perú en su entrevista en Guayaquil no hubiese manifestado temor de peligro por la suerte del Perú, el Libertador se ha entregado desde entonces a la más constante meditación, aventurando conjeturas que mantienen en la mayor inquietud su ánimo. Ofrece desde luego todos los servicios de Colombia. Se propone mandar al Perú 4.000 hombres más de los que se han remitido, si el gobierno del Perú acepta este nuevo refuerzo. En caso de remitirse esta fuerza el Libertador desearía que la campaña del Perú se dirigiese de un modo que no fuese decisivo y se esperase la llegada de los nuevos cuerpos de Colombia, para obrar inmediatamente, incorporados al ejército aliado. Son sus designios ulteriores (los del Libertador), en caso de que el ejército aliado no venga a ser vencedor, se retire hacia el norte, de modo que pueda recibir seis u ocho mil hombres de refuerzo que irían inmediatamente. De todos modos, es el ánimo del Libertador hacer los mayores esfuerzos para rescatar al Perú del imperio español."

Al negarse Bolívar por ambición a compartir su gloria con San Martín y declinar hasta la sumisión de su rival en el mando superior de las armas, no comprendió que éste le allanaba el camino. San Martín, al retirarse, para abrir a Bolívar las puertas del Perú, no previó que, al proveer a la seguridad militar del país y despertar el espíritu nacional, se las cerraba por el momento, y lo obligaría al fin a forzarlas, venciendo las resistencias de los mismos peruanos. El gobierno del Perú, poseído de un sentimiento de nacionalismo, que desconfiaba de las intenciones de Bolívar, que veía en el nuevo ofrecimiento una amenaza de dominio extraño sostenido por un poder militar sin contrapeso, lo declinó con frialdad y contestó tardíamente que "haría uso oportunamente del auxilio, y que entre tanto, solo necesitaba fusiles por su justo precio". El retardo de la contestación puso en alarma a Bolívar, impaciente por dominar en el Perú, y para hacerla forzosa a fin de que su ofrecimiento fuese aceptado, dictó órdenes preventivas, en el sentido de neutralizar el auxilio prestado: "Parece —escribió al jefe de la división colombiana en el Perú— que el Perú, o tiene demasiadas fuerzas sobre qué contar, o quiere ver perecer su libertad; y pues parece que se duda de la rectitud de los deseos del Libertador, previene que la división colombiana no sea comprometida en ningún caso sin probabilidad de buen suceso, y en el de revés, o de no creer que deba comprometerse, se repliegue al territorio de Colombia." Al recibir la contestación retardada, el Libertador, ofendido, reiteró sus órdenes a fin de que la división prestada no "se comprometiese en ningún caso, sin la más absoluta probabilidad de buen suceso, y salvarla a todo trance, avisándolo así al gobierno del Perú". Esto, y negar todo concurso, era todo uno. La actitud del jefe de la división de Colombia —el general Juan Paz del Castillo— era, en consonancia de estas instrucciones, más bien la de un neutral hostil que la de un auxiliar, y la arrogancia de sus tropas irritaba la susceptibilidad peruana.

El congreso se hizo el órgano de todas estas desconfianzas y susceptibilidades a que dio la importancia de una cuestión nacional, y las convirtió en ley. "¿Hasta cuándo, exclamó un diputado, existirá el Perú bajo la tutela de sus tropas auxiliares? ¿Hasta cuándo carecerá de una fuerza propia? ¿Por qué han de ser enrolados los peruanos para llenar el déficit de las tropas auxiliares?" Otro diputado decía: "El Perú necesita levantar una fuerza armada capaz por sí sola de destruir las legiones enemigas que ocupan parte de su suelo; necesita un ejército, suyo en todo sentido, para asegurar su independencia política." En armonía con estas inspiraciones se dispuso que todas las vacantes civiles se proveyeran de preferencia con peruanos, y las del ejército y marina con solo oficiales peruanos (17 de noviembre de 1822). Esta ley fue votada con grandes aplausos. En seguida, dictó el congreso las bases de la constitución política, haciendo por la primera vez su confesión republicana. Dio a la nación la denominación de "República Peruana", sobre la base fundamental de que la soberanía residía esencialmente en el pueblo y que su gobierno sería popular representativo, sin que el Poder Ejecutivo pudiese ser nunca vitalicio ni hereditario (16 de diciembre de 1822). Esta cláusula iba contra la presidencia vitalicia de Bolívar, que, rechazada en Colombia, era una amenaza para la América.

Ésta era la situación moral, política y militar del Perú, a los tres meses de la separación del ex Protector, en vísperas de abrirse la campaña por él preparada.

II

El plan de campaña de San Martín —último destello de su genio militar al apagarse—, bien que complicado en su desarrollo, reposaba sobre ideas muy sencillas, aun cuando adoleciese del defecto capital de no ser decisivo. Dada la extensión de la línea española desde Pasco hasta Potosí a lo largo de la cordillera central, y dueños los independientes del punto de ataque por agua o por tierra —circunstancia que equilibraba las fuerzas en acción—, la solución del problema consistía en atacar el punto más débil, y batir en detalle sus divisiones fraccionadas dentro de esta zona, antes de que pudiesen operar su reconcentración. Al efecto, un cuerpo de ejército debía amagar seriamente la derecha enemiga para impedir que reforzase su centro, y hacer una poderosa diversión por su izquierda mientras el cuerpo principal cortaba la línea de operaciones de los realistas, interceptando sus comunicaciones. En ejecución de este plan, el ejército del Sur, mandado por Alvarado, debía desembarcar en puertos intermedios, reforzarse allí con una división chilena, que le llevaría los caballos necesarios, y penetrar al interior del país como una cuña. Su objetivo inmediato eran Arequipa y el Cuzco, y su objetivo ulterior el Alto Perú, contando con la cooperación del guerrillero Lanza, y una diversión que se verificaría al mismo tiempo desde el territorio argentino por la frontera de Salta. El ejército del centro, al mando de Arenales, debía marchar sobre Jauja, con poder suficiente para neutralizar las fuerzas que ocupasen el valle, o destruirlas si eran más débiles. En el caso de que el enemigo se replegase para operar su reconcentración más a retaguardia, ocupar sólidamente la sierra del sur y del centro, promover la insurrección en toda la región andina y remontar el ejército invasor, obrando en combinación y simultáneamente ambos ejércitos.

Tal era el plan de campaña trazado por San Martín al retirarse del Perú, y que el gobierno que le sucediera se decidió a poner en ejecución. La combinación era relativamente buena, pero contingente; aun en el caso de buen éxito, no hería el poder enemigo en el corazón. Si bien cada uno de los dos cuerpos de ejército podía prometerse ventajas parciales, el éxito de la campaña dependía de la simultaneidad de sus movimientos, a fin de impedir la reconcentración del enemigo en un punto de ataque, y aun obrando en combinación en el punto de convergencia, la cuestión tenía que decidirse por una batalla ulterior en otras condiciones.

El grueso del ejército realista, al mando de Canterac, estaba establecido en la sierra del centro, desde Jauja a Huancayo. Arequipa estaba débilmente guarnecida por el general Santos La Hera, en reemplazo del general Ramírez Orozco, que se había retirado a España, dando por perdida la América. El virrey La Serna tenía su cuartel general en el Cuzco con una reserva lejana en Puno. El ejército de Olañeta se hallaba en Potosí, y la división de Valdés estaba a la sazón ocupada en pacificar el norte del Alto Perú, conmovido por el guerrillero Lanza. Por consecuencia, el ataque simultáneo por el sur y el centro obligaba al ejército realista en la sierra del centro a cubrir su izquierda y proteger su retaguardia, y en caso de no hacerlo así, perder sus comunicaciones y quedar aislado en el valle de Jauja, contra dos ejércitos, uno sobre su frente y otro sobre su único flanco de retirada.

El núcleo sólido del ejército del Sur, que debía operar por puertos intermedios, lo componían los cuerpos veteranos vencedores de Chacabuco y Maipú: el regimiento Río de la Plata, el batallón número 11 y los Granaderos a caballo de los Andes; los batallones números 2, 4 y 5 de Chile, y el batallón número 1 de la Legión Peruana, en todo 4.490 hombres, de los cuales 1.900 soldados argentinos, 1.200 chilenos y el resto peruanos, con una dotación de 10 piezas de montaña. Embarcada la expedición en el Callao, en los transportes que había dejado preparados San Martín, demoróse su salida (fines de setiembre de 1822). El general dirigió con este motivo una especie de intimación al gobierno: "El ejército de los Andes y el de Chile están resueltos a expedicionar. Convencidos de lo ventajoso y necesario de esta marcha, desde el jefe hasta el último soldado no aspiran sino a marchar y buscar al enemigo por el sur. Yo aseguro que, si se le trastorna su salida, si se varía de plan, un descontento general va a tomar el lugar del entusiasmo; la desmoralización será el primer resultado, y un desorden total será el término. El ejército expedicionario se pierde, si no se le deja marchar. Lo aseguro una y otra vez, y su pérdida va a ser el último golpe. Antes que suceda esta catástrofe, y si es que se resuelve no mandar o demorar siquiera la expedición, hago la renuncia de mi cargo de general en jefe del ejército expedicionario."

El general Alvarado, antes de embarcarse, llamó al jefe de la división colombiana, Juan Paz del Castillo —el mismo que, como se ha dicho, había servido en el ejército de los Andes— y le manifestó que, reunidos en las fuerzas bajo sus órdenes los pabellones del Perú, Chile y la República Argentina, le sería grato llevar por lo menos un cuerpo que uniese a ellas la bandera de Colombia. Paz del Castillo contestó que no estaba autorizado para ello. Alvarado le exhibió entonces una carta del Libertador, en que le recomendaba la división y la ponía en cierto modo bajo sus órdenes. El jefe colombiano se negó absolutamente a cooperar a la empresa de puertos intermedios.

Bajo estos desfavorables auspicios zarpó la expedición del puerto del Callao en la primera quincena de octubre (1º a 15 de octubre de 1822). Retrasada en su viaje por las calmas de la estación y algunos accidentes de los transportes, tardó cincuenta y siete días en avistar los puertos intermedios del sur. Aún era tiempo, obrando con actividad; pero por otras causas, la campaña se abrió tardíamente, bajo auspicios más desfavorables, sin plan fijo y sin resolución. Todo auguraba una catástrofe.

III

El general Alvarado se dirigió con el primer convoy de la expedición al puerto de Iquique, al sur de Arica, que comunica con los valles de Tarapacá, Azapa y Lluta, y también con Tacna y el Alto Perú. Allí echó a tierra el batallón número 2 de Chile que se hallaba muy bajo (160 plazas) con el objeto de que se remontase y promoviese la insurrección en los valles, a la vez de reunir elementos de movilidad de que carecía (7 de diciembre). Parece también que su objeto era abrir comunicaciones con la división de Lanza, y en efecto se dirigió oficialmente por esta vía, haciéndole saber su presencia sobre las costas, pero sin darle instrucción alguna respecto de ulteriores operaciones combinadas.

El 3 de diciembre hallábase reunido todo el convoy de la expedición en el puerto de Arica. Desde este momento, todos los movimientos del general en jefe independiente empiezan a resentirse de vacilación y lentitud. Parece que la responsabilidad le pesaba y que no encontraba dentro de sí mismo inspiraciones para dar impulso a la empresa que le estaba encomendada, en que la actividad y la resolución era la primera condición de éxito. "Emprenderé bien pronto la marcha que me indican el honor y la necesidad —decía con desmayo—. El general San Martín cargó sobre mis hombros un peso que solo él podía soportar. La empresa me parece demasiado penosa, y conozco debo llamar a mi favor toda la firmeza posible para arrostrar tamañas dificultades. Con todo, no desfallece mi espíritu, y tengo una esperanza del triunfo." Su primera idea fue desembarcar en Arica; pero después pensó en dirigirse más al norte, en la suposición de que un ataque de flanco sería más ventajoso que uno de frente. El itinerario de la expedición estaba sin embargo trazado histórica y geográficamente. Conocemos ya la comarca que iba a ser el teatro de la guerra, donde Miller, en la primera campaña a puertos intermedios, había ejecutado con tan pequeñas fuerzas operaciones tan notables, eficazmente auxiliado por los recursos del país y la decisión de sus habitantes por la causa de la independencia (véase capítulo XXXI, párrafos III y IV). Con un ejército muy superior al que el enemigo podía presentarle, Alvarado permaneció durante tres semanas en inacción en Arica, sin decidirse a tomar un partido. Llamó a Miller para aconsejarse, quien le manifestó francamente que, "estando esparcidas en puntos tan distantes las divisiones del enemigo, y siendo tan favorable la posición de los patriotas, cualquier plan que se adopte, sería bueno, con tal de que se tomase la ofensiva sin perder tiempo, ya con dirección a Arequipa, ya sobre La Paz o Potosí". El general convino en todo; pero luego encomendó a Miller una diversión más al norte, con 120 hombres, con el objeto de llamar la atención del enemigo por el flanco izquierdo.

El general Alvarado ha disculpado su inacción por la falta de elementos de movilidad, a causa de haberlos retirado con anticipación el enemigo, y porque, de los 700 caballos conducidos desde Chile solo 400 llegaron, con retardo y en muy mal estado. La explicación podría ser atendible, si después de los dos meses perdidos en la navegación, las tres semanas de inacción no hubiesen sido de vida o muerte. En la ofensiva estaba la victoria probable. En la detención, por cualquier causa que fuese, estaba la derrota segura. No había que vacilar. Con caballos o sin ellos, debía abrirse la campaña. Cuando se recuerda el desembarco de San Martín en Huacho, con solo 3.500 hombres, al frente de un ejército enemigo dos veces superior en número para ir a tomar la línea de Huaura con solo 25 caballos, vese que lo que faltaba no eran elementos de movilidad, sino una cabeza y una voluntad firme que diese impulso vigoroso a las operaciones ofensivas (véase capítulo XXVII, párrafo V).

Las divisiones españolas posesionadas de la sierra, se hallaban diseminadas —según antes se apuntó— en una extensa línea de más de 2.000 kilómetros, desde Pasco hasta Potosí. El grueso de su ejército, al mando de Canterac, fuerte como de 5.000 hombres, hallábase situado en la sierra del centro desde Jauja hasta Huancayo. Arequipa estaba débilmente guarnecida por el general Santos La Hera, según queda dicho. El Virrey estaba en el Cuzco, con una pequeña guarnición. La reserva, que no pasaba de 1.000 hombres, estaba en Puno al mando de Carratalá. Valdés, con su división, se hallaba en La Paz, ocupado en la pacificación del sur del Desaguadero, después de haber obligado a Lanza a replegarse a las inaccesibles montañas de Ayopaya. Olañeta estaba en Potosí con poco más de 2.000 hombres. Pisco y el valle de Ica estaban defendidos por una pequeña división al mando de Rodil. Todos los puntos intermedios desde Quilca hasta Iquique estaban tan solo ocupados por algunos destacamentos de mera observación. Entre las divisiones mediaban centenares de kilómetros, de caminos escabrosos y desiertos al través de la montaña. Se necesitaba un mes, por lo menos, para reunir un ejército respetable en el punto de ataque. Para todo dio tiempo la lentitud con que se desarrolló la expedición a puertos intermedios y la inacción de ella en Arica.

Al anuncio de la invasión, el Virrey dispuso que una parte del ejército de Jauja se reconcentrase en el Cuzco, dejando el valle cubierto con el resto, y que Carratalá avanzase a su frente para cubrir la posición de Arequipa, permaneciendo a la expectativa hasta que los independientes señalaran decididamente su plan de internación a la sierra. Ordenó a Olañeta que con el grueso de su fuerza marchase sobre la costa por las altiplanicies del Alto Perú en dirección a los valles de Azapa y Tarapacá. Dispuso que Valdés, con su división, acudiera a marchas forzadas a cubrir a Arequipa, como el punto céntrico que debía recibir el primer ataque y avanzara sobre las vertientes occidentales de la cordillera en observación de los invasores. Canterac se movió en consecuencia de Huancayo con dos batallones y cuatro escuadrones que sumaban 2.400 hombres, dejando otros tantos en Jauja a cargo de Loriga. Valdés, poniendo alas en los pies de sus ágiles soldados serranos, fue el primero que se presentó a cubrir el punto amenazado. Cuando las primeras velas de la expedición se avistaron en Arica, ya el activo general español coronaba las alturas de Moquegua en la sierra, con 1.750 infantes, 750 hombres de caballería y 4 piezas de artillería. A pesar de la relativa inferioridad numérica, resolvióse a disputar el terreno, fiando en lo fuerte de sus posiciones —que conocía bien— y en el apoyo del ejército de Canterac, que avanzaba a marchas forzadas en su sostén.

IV

La primera señal de vida que dio el general invasor, fue la ocupación de Tacna, por el regimiento Río de la Plata y los Granaderos a caballo de los Andes, con 4 piezas de artillería (24 de diciembre). Ocho días después (1º de enero de 1823), esta vanguardia, destacada a 72 kilómetros de la reserva, con un desierto intermedio, era reforzada con los batallones número 5 de Chile y número 11 de los Andes, a órdenes del general Enrique Martínez, segundo jefe del ejército. En el mismo día, señalóse la presencia del enemigo en Calana, a diez kilómetros al NE. Era el general Valdés, que suponiendo que la fuerza allí situada no pasaba de 1.000 hombres, había pensado sorprenderla con 400 infantes montados en mula, 400 hombres de caballería y 2 piezas de artillería. Con tal intento habíase movido desde Sama en la tarde del 31, al través de un árido arenal de 50 kilómetros sin agua. Extraviado por los guías en la oscuridad de la noche, al amanecer del día siguiente (1º de enero de 1823) no estaba ya a la vista de Tacna. Viendo que la sorpresa no era ya posible, inclinóse sobre su izquierda, y acampó en Calana, sitio abundante en agua y forrajes, a 17 kilómetros de la ciudad. Su situación era peligrosísima. No podía desandar el camino hecho (que solo es transitable en la noche) sin exponer su tropa a perecer en la travesía. Sus cabalgaduras estaban fatigadísimas por una rápida y penosa marcha de doce horas. La fuerza de que disponía no alcanzaba ni a la mitad de la que tenía a su frente.

El general Enrique Martínez se hallaba a 10 kilómetros de Tacna con los batallones 4 de Chile y 11 de los Andes al amanecer del día 1º, después de una marcha de 50 kilómetros al través de otro arenal. Señalada la presencia del enemigo en Calana, dispuso que la fuerza que ocupaba la ciudad (1.200 hombres), eligiese una buena posición y esperase su incorporación. A las 11 de la mañana recibió parte de que los realistas avanzaban en son de ataque. Adelantóse personalmente para reconocer el campo. El enemigo ocupaba el camino que conduce a la cordillera, parapetado por su izquierda con zanjas y tapiales, y una altura sobre su derecha. Parecía dispuesto a la pelea. Era un ardid de Valdés, que, considerándose perdido —como lo confesó después—, hacía cara fea al enemigo, para ganar tiempo y salvarse. Martínez no se decidió a atacarlo. Limitóse a hacer observar sus movimientos con un batallón del Río de la Plata y el regimiento de Granaderos a caballo, a la espera del resto de su fuerza. A la 1 del día estaba reunida toda la vanguardia argentinochilena en número de más de 2.000 hombres, de las tres armas, contra 800. En vez de ganar el tiempo perdido, el general independiente dispuso que un batallón y un escuadrón marchasen a tomar la altura de la derecha del enemigo con el objeto de flanquearlo, y avanzó algunas guerrillas a la vez que su artillería disparaba algunos tiros perdidos. Los realistas, al observar el lento movimiento envolvente, reconcentran sus fuerzas y se ponen en retirada. Entonces se adelanta toda la caballería independiente para comprometer el ataque. Ya era tarde. El sol se ponía en el horizonte. La columna de Valdés había ganado el día. Después de sostener algunas guerrillas de retaguardia y cambiar algunos tiros de cañón, se replegó a Pachía, diez kilómetros más al NE, donde pasó la noche sin ser hostilizada. Al día siguiente, continuó la retirada por el pie de la sierra y volvió a ocupar su anterior posición de Moquegua.

El general Alvarado permanecía mientras tanto en Arica con el resto de sus fuerzas. Al fin se decidió a abrir la campaña. El 13 de enero ocupó el valle de Locumba, con la resolución de marchar sobre Moquegua. Era precisamente lo que Valdés se proponía: atraerlo al camino de antemano por él reconocido, donde le era fácil oponerle una eficaz resistencia por el frente, y por donde esperaba a su retaguardia el apoyo de Canterac, que le aseguraba la victoria. Empero, tan ignorante del avance de Alvarado como éste lo estaba de sus movimientos, destacó al coronel Ameller con tres compañías de infantería y 125 caballos, con el objeto de sorprender la vanguardia independiente, que consideraba muy débil. Después de una larga y fatigosa marcha por caminos de travesía, se encontró Ameller, al amanecer del día 14, a tiro de cañón de todo el ejército independiente. El jefe español emprendió en orden su retirada hacia el norte de Locumba, disputando el terreno; y débilmente perseguido por el espacio de 15 kilómetros, consiguió reunirse a la división de Valdés, en Moquegua. También se malogró esta oportunidad brindada para dar un golpe al enemigo, que estableciese por lo menos el predominio moral al abrir la campaña. Todo indicaba que este predominio estaba del lado de los realistas, que no se economizaban y se movían, y cuando se veían en apuros, sabían hacer frente con serenidad a los peligros, y salvar intactas sus tropas de lances en que, vigorosamente atacadas, habrían seguramente sucumbido.

Después de este segundo fracaso negativo, que muy poco prometía, penetró Alvarado con su ejército en masa en la amena quebrada de Moquegua, por cuyo centro corre el río de Ilo. El 17 estaba en la Rinconada, a 25 kilómetros del pueblo de Moquegua, donde el río Torata se derrama en el Ilo, y empiezan los viñedos que constituyen la riqueza de la comarca. El mismo día, Valdés escribía a Canterac: "Hasta ahora todo ha salido a medida de mis deseos. El enemigo, sin advertirlo, marcha a su total destrucción." Efectivamente, la campaña de intermedios estaba perdida. El cuerpo de ejército de Canterac se hallaba a tres jornadas de Torata, y el de Valdés convergía al mismo punto, de antemano elegido para dar allí, a hora fija, la batalla decisiva con la ciencia y conciencia del triunfo.

V

El 18 ocupó sin resistencia el ejército independiente la ciudad de Moquegua, después de un ligero tiroteo de avanzadas. Esta ciudad, situada en una hondonada más abajo de la confluencia de los ríos Ilo y Torata, está dominada al este por una montaña cortada a pico que se levanta 300 metros sobre el nivel del valle y solo tiene una salida accesible. Desde este punto resolvió Valdés disputar el terreno palmo a palmo. La naturaleza lo favorecía. Desde Moquegua, el terreno forma una serie de alturas sucesivas y encajonadas, fáciles de defender contra fuerzas muy superiores, y que se prolongan hasta los altos de Vadivia, a espaldas del pueblo de Torata. Los realistas coronaron de guerrillas todas las alturas, estableciendo emboscadas en las escabrosidades laterales. El ejército independiente marchó de frente en guerrillas y desalojó sucesivamente a los realistas de sus posiciones, que perdieron como 300 hombres en esta valerosa y bien conducida retirada. En Torata hizo pie firme y tendió Valdés su línea de batalla, en las faldas de los altos de Valdivia, sobre el camino de Puno, a la espera del cuerpo de ejército de Canterac, que se hallaba a poco más de una jornada de distancia. El 19, a las 4 de la tarde, los dos ejércitos estaban frente a frente. Los independientes llevaron sobre la marcha el ataque sobre la falda del cerro, empeñándose un vivo fuego de fusilería. En ese momento desplegó en tiradores un batallón español y cubrió el centro al grito de: "¡Aquí está Gerona!" Simultáneamente apareció coronando los altos de Valdivia una parte del refuerzo de Canterac, y lanzó otro estruendoso grito: "¡Viva el Rey!", que repercutió en todas las concavidades de la montaña. La batalla cambió de aspecto. La victoria se decidía por las armas del rey de España, merced a la pericia de sus esforzados generales y ágiles soldados. Canterac, que se había adelantado con un destacamento, dispuso reforzar su flanco derecho, por donde la izquierda independiente avanzaba en columna, sostenida por la caballería y ganando terreno. La derecha realista rechazó este "temible ataque", como lo llama Canterac. Inmediatamente toda la línea realista cargó de frente sobre la infantería de los independientes, que, agotadas sus municiones, volvió caras, y fue fusilada por la espalda, dejando el campo sembrado de cadáveres. El sol se ocultaba en esos momentos en el horizonte. El mismo día y en las mismas horas de esta triste derrota, el congreso del Perú decretaba un monumento en Arica, ¡en honor del ejército libertador del Sur!

Tal fue la batalla de Torata, en que se peleó con valor por una y otra parte, pero sin concierto por parte de los independientes; distinguiéndose por su firmeza y resistencia el primer batallón de la Legión peruana, que por la primera vez entraba al fuego. La pérdida del ejército argentinochilenoperuano pasó de 500 hombres entre muertos y heridos. Los españoles confesaron una pérdida total de 250 hombres entre muertos y heridos, que se cree fue mayor.

Los derrotados batallones independientes se replegaron a su reserva, sostenidos por los certeros fuegos de su artillería, donde se rehicieron en una altura frente al pueblo de Torata. El enemigo se contuvo. El general Alvarado ordenó la retirada, protegida por las sombras de la noche. El 20 estaba otra vez en Moquegua, a 25 kilómetros del campo de batalla. Pasóse una revista de municiones, y se encontró que no se contaba sino con ocho tiros por plaza en las cartucheras. El general reunió una junta de guerra para aconsejarse. Unos fueron de opinión de replegarse a Arica por el camino de Tacna, y otros de reembarcarse por el puerto de Ilo. Parece que la mayoría estuvo por que se eligiese una posición ventajosa para resistir; que se mandasen traer municiones de Tacna, y que, si antes de recibirlas eran atacados, se llevase una carga brusca a la bayoneta al enemigo para vencer o morir. El general en jefe dijo que, si no contase más que con cincuenta soldados, con ellos se batiría contra los españoles. Después de tantos retardos y vacilaciones, esta resolución, inspirada por el despecho, era una temeridad sin esperanzas. La salvación estaba en una pronta retirada. No se supo o no se quiso aprovechar el tiempo, y el 21, al amanecer, cuando el ejército enemigo se presentó a la vista de Moquegua, todavía permanecían los independientes allí.

La posición elegida por Alvarado en Moquegua era fuerte y se prestaba a una batalla defensiva, que prometía ventajas con tropas resueltas, pero bien municionadas, y sobre todo, bien montadas. Apoyaba su izquierda en los suburbios de la ciudad sobre el cementerio. Extendía su línea sobre el perfil de una planicie en la prolongación de un barranco escarpado que cubría su frente, con un camino de herradura en el centro que barrían los fuegos de la artillería. Sobre la derecha se elevaba una árida altura formando una larga cuchilla. Observando el general español que se había descuidado este punto culminante, que podía considerarse la llave de la posición, ordenó que Valdés con dos batallones y dos escuadrones lo ocupase y llevase un ataque decidido sobre la derecha independiente, mientras él con el resto de su infantería cargaba por el frente, salvaba el barranco, apoyado por su artillería, y la caballería amagaba el flanco izquierdo de los independientes. Así se hizo, y la victoria coronó por segunda vez las armas realistas en el espacio de cuarenta y ocho horas. El ejército independiente, flanqueado y atacado de frente, formó martillo sobre su derecha, y después de una corta y valerosa resistencia a sable y bayoneta, se dispersó completamente, dejando en el campo 700 muertos y heridos con 1.000 prisioneros, según los españoles, quienes por su parte declararon una pérdida de solo 400 hombres en las dos jornadas, no obs-

323

tante confesar que algunos de los cuerpos perdieron la mayor parte de su gente en Moquegua. Los Granaderos a caballo de los Andes, mandados por Lavalle, dieron dos valientes cargas para cubrir la retirada de los dispersos; pero, cargados nuevamente por la caballería enemiga vencedora, se dispersaron a su vez. Las reliquias de los derrotados en Torata y Moquegua se embarcaron en Ilo. De los 4.000 hombres que componían el ejército expedicionario de puertos intermedios, poco más de 1.000 hombres regresaron a Lima a las órdenes del general E. Martínez.

El general Alvarado se dirigió a Iquique, para recoger el cuadro del número 2 de Chile, dejado allí con un transporte de refugio. Olañeta, que había acudido con parte de su ejército desde Potosí, ocupaba ya los valles Lluta, Azapa y Tarapacá. Con tan poca previsión en lo pequeño como en lo grande, el general dispuso que un corto destacamento bajase a tierra con el objeto de practicar un reconocimiento (14 de febrero). Olañeta, que se hallaba emboscado en el pueblo, cayó sobre él con dos batallones, y todo el destacamento fue sacrificado peleando valientemente. En seguida, bajo el pretexto de hacer llegar algunos auxilios pecuniarios a sus prisioneros y recomendarlos a la humanidad del vencedor, Alvarado invitó a una entrevista al general español. Éste le manifestó sin empacho que estaba muy lejos de entregar los prisioneros a una autoridad ilegítima creada por una revolución de jefes liberales; y exaltado por grados, los calificó de "traidores liberales", manifestando su resolución de separarse del Virrey, y limitarse a la defensa del territorio del Alto Perú en nombre del Rey absoluto. Esta declaración fue una de las ventajas más señaladas de la segunda expedición a puertos intermedios, de la que tanto se prometía San Martín en su plan póstumo. La otra, fue la que alcanzó Miller, quien, con sus 120 hombres, hizo más que todo el ejército expedicionario, al poner en alarma a todo el Sur, distrayendo la división de Carratalá.

VI

¿Qué era entre tanto del cuerpo de ejército que, según el plan convenido, debía invadir por Jauja en combinación con el del Sur? Sin esta cooperación, la expedición era una aventura peligrosa. Arenales, encargado de la operación de la sierra, penetrado de su importancia, había urgido por la organización y apresto de su ejército; pero todos los empeños se escollaron contra la falta de concurrencia de los auxiliares colombianos. El ejército, a la sazón existente en Lima (diciembre de 1822), constaba de 460 artilleros, 4.900 infantes y 950 de caballería, de los cuales 280 chilenos, 2.000 colombianos y 4.000 peruanos; pero de estos últimos apenas dos mil en estado de ponerse en campaña.

Contábase con los batallones de Colombia para completar el número de 4.000 hombres, necesario para emprender la marcha a la sierra. El jefe colombiano, Paz del Castillo, que antes se había negado a unir su bandera con el ejército del Sur, bajo el pretexto de no fraccionar su división, negóse igualmente a tomar parte en la operación, por no considerarla segura, invocando instrucciones de Bolívar. Instado a exponer sus planes, los ocultó con la pretensión de cooperar independientemente, según su criterio, lo que importaba negar de hecho su cooperación y reservarse la dirección de la guerra. En seguida, exigió que el jefe que mandase la expedición de la sierra, fuera un general, hijo del Perú, con el objeto de excluir a Arenales, único capaz de llevarla a cabo con éxito. Por último, hizo exigencias tales, formulando a la vez quejas tan sin fundamento, que el gobierno viose obligado a denegarlas. Paz del Castillo pidió entonces regresar a su país. El gobierno, por librarse de auxiliares tan incómodos, cuya mala voluntad era notoria, le proporcionó los transportes necesarios para trasladarse a Guayaquil. La división de Colombia se retiró del Perú, llevándose el batallón Numancia, fuerte de 600 plazas, que se había incorporado a ella después de causar al erario un gasto como de 190.000 pesos, de manera que este auxilio debilitó y empobreció al país sin prestarle en esta ocasión ningún servicio.

A pesar de estos contratiempos, comprendiendo Arenales que el ejército del Sur podría ser sacrificado, si faltaba la combinación acordada, estaba resuelto a expedicionar con poco más de 2.000 hombres. Su plan consistía en dirigirse a Nazca por agua, desembarcar allí a fin de cubrir el flanco izquierdo de Alvarado, y cortar o flanquear las fuerzas que había dejado Canterac en Jauja. "Con tan débiles elementos —dice él mismo—, resolví mi embarco, para emprender una marcha cuyo triunfo consistía más en la celeridad que en la importancia de la fuerza, cuando llega la funesta nueva de la derrota de Moquegua, y aparecen los tristes restos que se salvaron, y a su cabeza el brigadier D. Enrique Martínez."

Las derrotas de Torata y Moquegua produjeron más irritación que desaliento en el pueblo. El triunfo definitivo de la independencia era un hecho que estaba en la conciencia de los peruanos. La opinión hizo responsable al gobierno del mal éxito de la campaña. El ejército de Lima, situado en Miraflores, se puso en verdadero estado de insurrección contra el congreso, y especialmente contra el triunvirato, movido por el partido de Riva Agüero. Arenales fue invitado a ponerse a la cabeza del movimiento; pero este austero general, que no tenía más ley que la ordenanza militar, prefirió entregar el mando a su segundo, el general Santa Cruz, y se alejó por siempre del Perú. Los jefes del ejército unido —incluso los de los Andes y Chile, encabezados por el general E. Martínez—, dirigieron una representación al congreso, en que, protestando sus respetos y obediencia al cuerpo representativo, pedían que Riva Agüero fuera colocado a la cabeza del gobierno (26 de febrero de 1823). Las milicias de Lima apoyaron esta representación. El congreso tenía que optar entre su disolución o acceder a las exigencias de la fuerza armada, que era su único apoyo, faltándole hasta el de la opinión pública. Riva Agüero fue nombrado presidente pretoriano de la República Peruana (27 de febrero). El primer acto del congreso fue nombrar Gran Mariscal de los ejércitos del Perú a Riva Agüero, coronel nominal de milicias, que no había asistido ni siquiera a una guerrilla.

La organización del Poder Ejecutivo era una necesidad de la época. Riva Agüero, rodeado de la popularidad, representaba el sentimiento nacional, y en él estaban depositadas todas las esperanzas de los aliados. El nuevo presidente, favorecido por las circunstancias y por el desprestigio de la administración anterior, correspondió a la expectativa en los primeros momentos, por su actividad y por las acertadas medidas que el instinto de conservación indicaba. Su primer cuidado fue organizar el ejército, dándole una base nacional, según la idea de San Martín. Santa Cruz fue nombrado general en jefe, y Martínez de la división de los Andes y Chile. Reanudó las relaciones con Chile y se dirigió a Bolívar aceptando su auxilio antes rehusado por el congreso. Ajustóse en consecuencia un tratado por el cual el Libertador se comprometía a concurrir a la terminación de la guerra con 6.000 hombres que debían ser equipados y pagados por el Perú, quedando a su cargo el reemplazo de las bajas (12 de abril). El gobierno de Chile se prestó a dar un auxilio de 2.000 a 2.500 hombres equipados y listos y 1.500 fusiles además de la división chilena que existía en el Perú (abril 26). San Martín desde Mendoza activaba la organización de la división argentina, que debía operar en combinación por la frontera de Salta al mando de Urdininea. Al mismo tiempo llegaba la noticia de que los enviados del ex Protector, García del Río y Paroissien —abandonando el plan de monarquización—, habían realizado en Londres un empréstito de "un millón doscientas mil libras esterlinas" (valor nominal), que fue aprobado por el congreso.

"El nuevo presidente —dice el más autorizado y bien informado historiador peruano— se encontraba, por solo el natural desenlace de los planes de San Martín, en capacidad de disponer de dos ejércitos auxiliares, y con suficientes recursos para facilitar la marcha de los negocios. Él lo atribuía todo a sus combinaciones y cálculos; y como el vulgo solo ve los resultados, creía que a Riva Agüero se debía el mérito del buen aspecto que tomaban las cosas públicas. La vanidad dominaba a este mandatario y ésta lo derribó bien pronto."

VII

Antes de transcurrir dos meses, el Perú contaba con un ejército nacional de 5.000 hombres, pronto a entrar en campaña, además de las divisiones auxiliares de Chile y la República Argentina, que alcanzaban como a 2.500 hombres. Esto demuestra que la confianza de San Martín en los recursos del país para salvarse por sí, al tiempo de su retirada, no era ilusoria, y que, movidos oportunamente y con acierto, sobre la base de 11.000 hombres que dejó organizada, habrían bastado para cambiar el aspecto de la guerra; quedando además la reserva de Colombia para reparar cualquier contraste. Con igual confianza resolvió Riva Agüero repetir la operación de puertos intermedios con arreglo al mismo plan, pero en más grande escala, contando con la eficaz cooperación de Chile y de Colombia. El objeto era ocupar a Arequipa y Puno, para llamar el grueso de las fuerzas realistas hacia el ejército de operaciones unido, y batirlas en detalle, mientras otro ejército compuesto de las tropas de las cuatro naciones aliadas invadía por Jauja, y ocupaba Huamanga, con el triple propósito de posesionarse de la sierra del centro, destruir la fuerza enemiga que allí quedase o perseguirla en su retirada y obrar de este modo en combinación con el ejército expedicionario. Bolívar, consultado, aprobó el plan, y se comprometió a enviar los 6.000 hombres ofrecidos. Chile prometió poner en las costas del sur del Perú el contingente de 2.000 hombres convenido, facilitando el envío de los caballos necesarios para la expedición. Los realistas, que después de sus triunfos en Torata y Moquegua habían vuelto a sus anteriores acantonamientos, ignorantes de estos planes y de esta aglomeración de nuevos elementos, se preparaban mientras tanto a atacar a Lima.

La expedición de intermedios, fuerte de siete batallones, cinco escuadrones y ocho piezas de artillería, que sumaban más de 5.000 hombres, zarpó del Callao en los últimos días de mayo (14 al 25 de mayo). Componíase exclusivamente de elementos nacionales, para darle más cohesión, y evitar la rivalidad que se había despertado entre los cuerpos auxiliares y los del país. Su mando fue confiado al general Santa Cruz, llevando por jefe de estado mayor al coronel Gamarra. Por la primera vez el Perú tenía un ejército suyo, fuerte y compacto, mandado por generales peruanos. Esto exaltaba el sentimiento nacional, que era una nueva fuerza moral incorporada en sus filas. El general expedicionario, al tiempo de abrir su campaña, se presentó ante el congreso, y juró volver triunfante o morir en la demanda. Ni triunfó ni murió.

Las primeras operaciones de Santa Cruz fueron más activas y acertadas que las de Alvarado. No se perdió tiempo. A mediados de junio (17 de junio), estaba dominada toda la costa de Iquique a Ilo, y el convoy expedicionario reunido en Arica. El mismo día, Canterac, con un ejército de 9.000 hombres, bajaba de la sierra y se apoderaba sin resistencia de la capital. Todas las combinaciones quedaron así trastornadas por una y otra parte. El ejército del Sur encontraría menor resistencia; pero tendría que obrar aisladamente como en la anterior campaña. La expedición a la sierra no era posible; pero, en cambio, los realistas ejecutaban un movimiento falso que no les proporcionaba ninguna ventaja militar, y daba tiempo a los independientes para rehacer sus planes sobre la base de dos ejércitos dueños de las comunicaciones marítimas, que podían transportarse rápidamente de un punto a otro a lo largo de las costas. Quedaba todavía el refuerzo de Colombia y el auxilio de Chile, que inclinaba la balanza del lado de los independientes.

Bolívar no participaba de la confianza general. Sea que se diese mejor cuenta de la situación militar o que no viese la victoria allí donde él no estaba presente, el hecho es que veía más claro que todos, y que sus pronósticos se cumplieron al pie de la letra, si bien es verdad que preparando él los acontecimientos en el sentido de sus designios. Después de la desgraciada campaña de puertos intermedios, escribió a Alvarado —a quien procuraba atraerse por la importancia que le suponía—: "La derrota de las tropas en Moquegua es una consecuencia del estado anterior de las cosas. No podía ser menos. Prueba de que yo había previsto este suceso, es que ofrecí anticipadamente 4.000 hombres, y mandé retirar nuestras tropas, porque las creía perdidas en Lima. La revolución es un elemento que no se puede manejar. Es más indócil que el viento. Usted ha sido víctima de ella." Combinada la nueva expedición, cuyo plan aprobó como el anterior formado por San Martín, dirigía a Sucre una de sus más notables cartas: "No son Canterac y Valdés los temibles; sus recursos, posiciones y victorias, les dan una superioridad decisiva, que no puede contrarrestarse de repente, sino lenta y progresivamente. La expedición de Santa Cruz es el tercer acto y la catástrofe de la tragedia del Perú. Canterac es el héroe, y las víctimas Tristán (en Ilo), Alvarado (en Torata y Moquegua), y ahora Santa Cruz. Los hombres pueden ser diferentes, pero los elementos son los mismos, y nadie cambia los elementos. No debemos contar más con la expedición de Santa Cruz. La división de Santa Cruz no puede tomar el Perú, y la que está en Lima no puede batir a Canterac. Necesitamos reunir nuestras fuerzas para dar un golpe capaz de variar la suerte del país. Se me dirá que esto no puede ser, porque no hay recursos ni movilidad. Replicaré que, si no puede ser, no se haga nada. Conviene hacer un movimiento general con todas nuestras tropas reunidas, y yo a su cabeza; de otro modo, las disensiones intestinas serán nuestros vencedores. Este movimiento no deberá efectuarse sino después de saberse que los españoles no reconocen la independencia del Perú; porque este caso único es el que debe imponerse la necesidad de arrancar con las armas una decisión ya dada por la política. Lo diré más claro: perdida la esperanza, debemos buscar la salud en la desesperación de un combate, que, perdido, no habrá añadido ni quitado nada al Perú; y ganado, le habrá dado la esperanza de ser independiente." Tenía la visión clara del porvenir.

Guiado el Libertador por estas luces o procediendo en el sentido de la previsión de los sucesos que él mismo preparaba, seguro como estaba de triunfar al fin de cualquier modo, apenas tuvo noticias de las derrotas de Torata y Moquegua, que ponían en peligro la existencia del Perú, despachó desde Guayaquil una expedición de 3.000 hombres, que ya tenía lista, la que debía ser seguida por otra de igual número, aun antes de celebrar el tratado de auxilios de que ya se hizo mención. Su objeto era dominar militarmente el Perú y tener la gloria de terminar por sí la guerra de la independencia. Por eso había rehusado el concurso de San Martín y retirado antes sus fuerzas del Perú; y por eso permanecía en Guayaquil, reconcentrando allí su ejército. Las instrucciones secretas que dio en consecuencia al jefe de las tropas auxiliares, estaban concebidas en este sentido. Poca importancia daba a la pérdida o a la posesión de Lima; pero consideraba que el Callao era la llave del Perú, y encargaba muy especialmente apoderarse a toda costa de sus fortalezas (ocupadas por los aliados), empleando en último caso cualquier estratagema militar, por ser base indispensable de todas las operaciones futuras, y el único medio de alejar la guerra del territorio de Colombia.

Para seguir de cerca el desarrollo de estos meditados planes, envió al Perú "su brazo derecho" —como él llamaba a Sucre— con la investidura de ministro plenipotenciario. Su misión era tomar la dirección del ejército auxiliar y hacerse de hecho el árbitro de la guerra; preparar el terreno en el sentido de los designios secretos del Libertador, de acuerdo con los partidarios de la intervención colombiana, y realizadas las calculadas previsiones, restablecer el equilibrio militar y hacer que fuese él llamado como un salvador. Los sucesos así preparados, le sirvieron aun más allá de sus previsiones.

Tal era la situación militar y la perspectiva general al tiempo de la ocupación de Lima por Canterac. La situación política era más complicada aún.

VIII

La ocupación de Lima por los realistas fue un error, y no podía ser sino muy precaria. No les proporcionaba ninguna ventaja militar, desde que no tuviesen el dominio de las fortalezas del Callao o de la marina. Además, facilitaba el desarrollo del plan de campaña por puertos intermedios. Era, por otra parte, un hecho previsto, fácil de neutralizar, que precipitó la crisis política, y al centralizar el poder militar en una sola mano, dio nuevo temple a las armas independientes. El gobierno se refugió en los muros del Callao, y el ejército de Lima se situó al amparo de sus fuegos. Sucre fue nombrado general en jefe. El congreso, compuesto heterogéneo de patriotas, godos y colombianos, se dispersó en parte, pasándose algunos de sus miembros al enemigo. La minoría parlamentaria, hostil a Riva Agüero, asumió la representación soberana, y llamó a Bolívar, con la investidura de generalísimo, confiriéndole amplias facultades para la salvación del país (19 de junio). Declaróse cesante, en consecuencia, la autoridad del presidente de la República en el teatro de la guerra, para facilitar la acción militar, y Riva Agüero fue relegado a Trujillo como un fantasma de poder. Bolívar aceptó el nombramiento, declarando que, "hacía mucho, su corazón lo llamaba al Perú". A la espera del Libertador, Sucre fue investido en su representación con las facultades políticas y militares que le eran atribuidas (20 de junio). Los anhelos secretos de Bolívar estaban cumplidos: era dueño del Perú.

Santa Cruz, mientras tanto, había iniciado sus operaciones por puertos intermedios. Advertido el Virrey del error cometido, mandó retrogradar el ejército que había ocupado a Lima, y se puso personalmente en campaña para contrarrestar la invasión. En consecuencia, Canterac evacuó la capital y se retiró a la sierra sin ser hostilizado (16 de julio). Sucre, por su parte, se puso inmediatamente en campaña, en dirección al sur, con un ejército de las tres armas, compuesto de 3.000 colombianos y chilenos, con un escuadrón peruano (20 de julio). En Lima quedó un ejército compuesto de tropas peruanas, argentinas y colombianas, que debía ocupar Jauja y Huamanga, y dominar la línea del Apurimac. El plan de Sucre era combinar los movimientos de los tres ejércitos de operaciones, tomando por base a Arequipa, y avanzar en seguida hasta el Cuzco, para obrar con una masa de 12.000 hombres, o de 8.000 por lo menos; pero cuando arribó a las costas del Sur, ya Santa Cruz se había internado. Entonces resolvió desembarcar en Quilca y avanzar hasta Arequipa, buscando la incorporación del ejército expedicionario, para salvarlo, pues consideraba que en la situación en que se había colocado, estaba expuesto a perderse.

El mismo día que Sucre se ponía en marcha sobre Arequipa, el ejército del Sur libraba en el Alto Desaguadero, sobre el lago Titicaca, una batalla de dudoso resultado, que debía decidir del éxito de la expedición. Santa Cruz había variado el plan de campaña acordado. En vez de maniobrar con su ejército reunido, con arreglo a sus instrucciones, lo dividió en dos cuerpos, y les trazó itinerarios divergentes, que tenían por objetivo el Alto Perú. Con el primer cuerpo, desembarcó cerca de Ilo y avanzó hasta Moquegua. El segundo cuerpo, al mando de Gamarra, desembarcó en Arica y ocupó Tacna. En esta actitud permaneció en inacción hasta mediados de julio, a la espera de la división auxiliar chilena, que habría elevado su fuerza a 7.000 hombres; pero no apareciendo ésta, decidióse a abrir la campaña con los 5.000 hombres con que contaba (13 de julio). Santa Cruz, con la mitad de su ejército, trasmontó la cordillera, atravesó el Desaguadero por el puente del Inca sin encontrar resistencia, y se posesionó de La Paz (8 de agosto). Gamarra, con la otra mitad, marchó por el camino de Tacora, y atravesando más abajo el Desaguadero, ocupó casi simultáneamente la ciudad de Oruro, a 250 kilómetros de La Paz.

El general Olañeta, que después de su expedición a Tarapacá se retiraba con 1.500 hombres hacia Potosí, quedó sorprendido por la aparición de la columna de Gamarra, cuya marcha ignoraba, y reconociéndose débil, se replegó hacia el sur. En Oruro se incorporó a Gamarra con 600 hombres el famoso guerrillero Lanza. Allí pudo saber también que la división argentina al mando de Urdininea, preparada antes por San Martín, se había hecho sentir por la frontera de Salta. El jefe independiente, inerte e incapaz, como siempre, al frente de más de 3.000 hombres, dejó escapar esta oportunidad de destruir a Olañeta, y permaneció en inacción en Oruro.

El plan de Santa Cruz —según él mismo— era interponerse entre las tropas realistas al norte del Desaguadero y el ejército de Olañeta, batir a éste y hacer frente en seguida al enemigo que dejaba a su espalda. No hizo sino robar la vuelta. Sabedor de que el Virrey reunía en Puno sus divisiones diseminadas, abandonó su estéril conquista, y retrogradó con el objeto de cubrir la línea del Desaguadero amenazada, estableciéndose en su margen izquierda sobre el puente del Inca. Las primeras divisiones españolas que se concentraron en Puno, fueron las de Valdés y Carratalá, que reunidas, alcanzaban a poco más de 2.000 hombres. Valdés tomó el mando en jefe, y avanzó sobre el puente; pero, hallándolo defendido con artillería, desistió del intento de forzarlo, y retrogradó al norte del inmediato pueblo de Zepita. Santa Cruz pasó el puente y tomó la ofensiva. Encontró a Valdés establecido en una fuerte posición, a cuyo pie se extiende un llano, limitado al oeste por la montaña y al este por el gran lago de Titicaca. El general republicano, por un amago de flanco sobre las alturas y una aparente fuga de su frente, consiguió hacer descender a Valdés al llano, donde únicamente podía obrar su caballería. Dos escuadrones peruanos pusieron en derrota toda la caballería española. Siguióse un encuentro de la infantería, de una y otra parte, sin resultado decisivo. La noche que sobrevino puso término al combate. Los dos generales se atribuyeron los honores del triunfo. Valdés emprendió su retirada. Santa Cruz quedó dueño del campo de batalla;

pero, asustado de su semivictoria, se replegó de nuevo al Desaguadero. Esta jornada fue la primera y última de la expedición. La campaña —como lo había previsto Bolívar, y lo temía Sucre— estaba
perdida, desde que los dos ejércitos del Sur no obrasen unidos o en
combinación.

El Virrey, reunido a Valdés en Zepita, atravesó el Desaguadero
al frente de 4.500 hombres. Santa Cruz, amedrentado, no pensó sino
en buscar la incorporación con Gamarra. Reunidos ambos cuerpos
de ejército al sur de Oruro, alcanzaban a cerca de 7.000 hombres
(8 de setiembre). En esta situación ventajosa, en vez de hacer frente,
intentó interponerse entre el Virrey y Olañeta, que, desde Potosí,
se había movido con un ejército de 2.500 hombres. La Serna por
una simple marcha lateral al oeste de Oruro por las alturas, con
solo 4.000 hombres, operó sin dificultad su conjunción con Olañeta
(14 de setiembre). Santa Cruz se consideró perdido, y sin probar
la suerte de las armas, en que las probabilidades estaban de su lado,
se puso en precipitada retirada, que muy luego se convirtió en desastrosa fuga, y al fin en dispersión casi total, con abandono de armas
y bagajes. Así repasó el Desaguadero, derrotado sin combatir, ni
ver la cara del enemigo. Confió la defensa del puente a una compañía de infantería con dos piezas de artillería, que a la aparición
de la vanguardia española, capituló, poseídos sus oficiales del pavor
que la timidez del General había infundido a sus tropas. De los 5.000
hombres de la expedición desembarcada en Ilo y Arica, apenas 1.000
regresaron a la costa. Al tiempo que esto sucedía, llegaba la división
auxiliar de Chile, compuesta de tres batallones y un regimiento de
coraceros de caballería, que al tener noticia del desastre, regresó a
su país sin tomar parte en la guerra.

Sucre, en su empeño de buscar su reunión con Santa Cruz, para
salvarlo o emprender junto con él operaciones decisivas con fuerzas
superiores, había procedido en su peligrosa campaña con tanta prudencia como habilidad, revelando las cualidades de un eximio capitán, tan metódico como San Martín en sus empresas, y tan inspirado
como Bolívar en el campo de la acción, pero con más ciencia militar
que éste. Al llegar a Arequipa, tuvo noticias de la batalla de Zepita.
Estaba en marcha en dirección a Puno, con el objeto de buscar su
incorporación con Santa Cruz, suponiendo racionalmente que éste
mantendría el terreno, cuando tuvo noticia de su completa destrucción. Los realistas convergían sobre Arequipa con todas sus fuerzas
de reserva desocupadas. En tan crítica situación, emprendió su retirada, pero de modo de no proteger la de los restos del destrozado
ejército expedicionario del Sur. Reembarcóse en Quilca, y dio por
terminada la campaña, que sería la última del Sur.

El plan póstumo de campaña de San Martín por puertos intermedios quedó desde entonces abandonado y desacreditado, o por las faltas cometidas por sus ejecutores, o porque tal vez no era ése el camino de la victoria final, como el hecho pareció demostrarlo después. Pero por una de esas combinaciones caprichosas del acaso, en que intervienen más las impresiones individuales que el encademiento lógico de los hechos, al mismo tiempo que el último plan de campaña del gran capitán sudamericano, ejecutado por manos ajenas, era enterrado por dos derrotas sucesivas, el libro de su destino, para siempre sellado, pareció reabrirse ante sus ojos en la página interrumpida.

Poco después de separarse del Perú, los votos de Guayaquil, expresados por dos de sus hijos más expectables, lo llamaban a volver a la vida pública.

"Solo la mano de San Martín puede perfeccionar la grande obra de la libertad del Perú —le decían— y los guayaquileños lo miramos también como el áncora de nuestra esperanza. No es posible que el Fundador y el Protector de la libertad deje de conmoverse, ni es honor del Libertador de Chile y del Perú que mire con indiferencia un pueblo que tiene fijos sus ojos en él. Ya es tiempo que, cubierto de la gloria que le ha dado su filantropía, vuelva en alas de nuestros deseos, a llenar los destinos de estos pueblos. Las resoluciones y planes del héroe que lleva siempre en su alma la libertad de los pueblos, deben sernos muy respetables; la convocación del cuerpo representativo del Perú y su voluntaria separación del manejo de los negocios elevan su persona al más alto punto de gloria; pero también es verdad que no puede desdeñarse de escuchar el clamor de los buenos patriotas que ansían por su presencia, y que la posteridad no hallaría tal vez disculpa, si su excesiva generosidad atrajese a estos pueblos desgracias que no están lejos de sobrevenirles. Los destinos de estos pueblos necesitan un genio que los impulse." El mismo Riva Agüero, que había conspirado contra el ex Protector, y que muy luego se puso en pugna con el congreso, le escribía: "San Martín es necesario a la América, y sus verdaderos amigos no podrían más sobrellevar, sin continuas lágrimas, la pérdida de un héroe a quien se debe la independencia, y en quien tienen fijos los ojos las naciones civilizadas. Sea cuanto antes el día en que tenga el placer de darle un abrazo." Después de los desastres de Torata y Moquegua, todos los ojos se volvieron hacia él. Uno de sus amigos, al trasmitirle en multitud de cartas los votos de los peruanos, le decía: "Es general el clamor de Lima por su regreso, y creen que si no lo hace, se pierde todo el Perú. Yo estoy tan aturdido por todo, que se me daría muy poco el que me tirasen un balazo." El gobierno de Chile, que había sucedido a O'Higgins, solicitaba oficialmente su cooperación, impulsándolo a abrir nueva campaña: "El Libertador del Perú y de Chile se ha impuesto tan sagrados deberes con respecto al Perú, que el juicio severo de los hombres presentes y de la posteridad olvidaría sus inmensos servicios para no perdonarle si rehusara algún sacrificio dirigido a terminar su obra."

La destrucción de la segunda expedición a puertos intermedios y la resistencia de una parte de la opinión contra la intervención colombiana volvieron a hacer revivir la idea de llamar al ex Protector, como la última esperanza del Perú en las críticas circunstancias que atravesaba. Una junta de jefes de mar y tierra, presidida por el general Portocarrero y el almirante de la escuadra Guise, con autorización de Riva Agüero, levantó un acta declarando: "Los votos del pueblo, como los del ejército; como los del presidente de la República; como los del último ciudadano; los de los jefes, como los del último defensor de la causa; en fin, los votos del Perú entero, llaman al Protector San Martín, para que vele en auxilio del país, cuya existencia peligra." Esta resolución fue comunicada a San Martín en un oficio firmado por los jefes promotores del movimiento: "Hay ciertos hombres elegidos por el destino, cuyos nombres pertenecen a la historia, y cuya existencia consagrada a la felicidad de los pueblos, es reclamada por ellos, principalmente cuando cae en la desgracia. Entonces los hombres viles que en tiempo de prosperidad han insultado al genio y al valor, desaparecen de la escena, y todos los corazones llaman al héroe que solo puede salvar al Estado. El Perú, que debe a San Martín sus esperanzas de independencia; que acaba de sufrir una dispersión en el ejército que había nacido de su seno, hoy reclama el regreso del fundador de su libertad, que ha cimentado, y a quien está reservado el acabar de consolidarla. El pueblo volverá con entusiasmo al héroe que ha roto sus cadenas. El ejército se reunirá con energía bajo los estandartes del vencedor de San Lorenzo, Chacabuco y Maipú, quien tendrá la gloria de haber asegurado la independencia de un Estado que siempre le estará reconocido, y de haber terminado una obra que tan gloriosamente ha principiado, volviendo a fijar la fortuna bajo nuestras banderas y la prudencia de nuestros consejos." Riva Agüero, en pugna con el congreso y con la intervención bolivariana, llegó hasta a ofrecerle, por medio de un comisionado especial, entregarle el mando supremo del Perú. Guido le escribía al mismo tiempo: "Los patriotas que no especulan con el país y que sinceramente desean verlo libre, vuelven los ojos a usted. Una semana ha, circuló una representación en la que se recogían firmas, pidiendo su regreso como único mediador y término de todos los partidos. Su nombre renace en el seno de estas desgracias."

El ex Protector sentía repulsión hacia la personalidad de Riva Agüero y no fiaba en su lealtad: no quería prestarse a ser instrumento de ambiciones bastardas, ni caudillo de conjuraciones pretorianas; no podía provocar un conflicto estéril, pero no podía desoír estos llamamientos hechos en nombre del interés de la América. Sintió reanimarse en su alma el fuego sagrado de la acción continua que creía apagado, y entrevió, por un momento, la posibilidad de retornar al Perú.

Próximo a emprender viaje a Buenos Aires en busca de su hija, que había quedado huérfana de madre, contestó a Riva Agüero desde Mendoza: "El Perú se pierde irremediablemente y tal vez la causa general de América. Un solo arbitrio hay para salvarlo. Sin perder un momento, cedan de las quejas o resentimientos que puedan tener; reconózcase la autoridad del congreso, malo o bueno, o como sea, pues los pueblos lo han jurado. Únanse como es necesario, y con este paso desaparecen los españoles del Perú. Después, matémonos unos contra otros, si éste es el desgraciado destino que espera a los patriotas. Muramos, pero no como viles esclavos, que es lo que irremediablemente va a suceder. He dicho mi opinión. Si ella es aceptable, estoy pronto a sacrificar mi vida privada. Venga sin pérdida de un solo momento la contestación de haberse reconocido la autoridad del congreso. La espero para decidir de mi destino."

Riva Agüero, en vez de seguir los consejos de San Martín, disolvió el congreso —como se verá después— y lo invitó nuevamente a trasladarse al Perú: "Si dentro de tres días no ha llegado el Libertador de Colombia, me pondré en camino para ponerme a la cabeza del ejército. Entraré en Lima el día que se me antoje. Ha llegado el caso de que se cumpla su oferta de venir a prestar sus servicios." El General, indignado, se olvidó de su dignidad, y le contestó en términos tan duros como insultantes: "Me invita usted a que me ponga en marcha, asegurándome que el horizonte público es el más halagüeño. Sin duda olvidó que escribía a un general que lleva el título de Fundador de la libertad del Perú, que usted ha hecho desgraciado. Si ofrecí mis servicios con la precisa condición de estar bajo las órdenes de otro general, era en consecuencia de cumplir con el Perú la promesa que le hice a mi despedida, de ayudarle con mis esfuerzos si se hallaba en peligro, como lo creí después de la desgracia de Moquegua. ¡Pero cómo ha podido persuadirse de que los ofrecimientos del general San Martín fueran jamás dirigidos a emplear su sable en la guerra civil! ¡Y me invita a ello al mismo tiempo que proscribe al congreso y lo declara traidor! ¡Eh! ¡Basta! Un pícaro no es capaz de llamar por más tiempo la atención de un hombre honrado."

El destino de San Martín estaba irrevocablemente decidido. Bolívar era el árbitro del Perú. El Libertador del Norte terminaría la tarea del Libertador del Sur y coronaría la obra de los dos.

<h2 style="text-align:center">X</h2>

Riva Agüero, relegado a Trujillo como un mueble inútil, y despojado de los atributos del poder real por el voto del congreso, cuya mayoría le era hostil, no se conformó con su situación. Disolvió el congreso y nombró por sí un senado de amaño, compuesto de diez de los diputados, cesantes por su orden (19 de julio de 1823). Fue entonces cuando llamó por segunda vez a San Martín para apuntalar su vacilante autoridad. La opinión se pronunció contra el presidente usurpador. Un grupo de trece diputados se reunió en Lima, llamó a los suplentes, y aunque en minoría, reasumió la potestad legislativa y constituyente (6 de julio); invistió a Torre-Tagle, delegado de Sucre, con la autoridad ejecutiva, y declaró a Riva Agüero reo de alta traición y fuera de la ley (8 de agosto). Riva Agüero, a su vez, calificó a los congresales de traidores y declaró nulos todos sus actos. Para sostener su actitud, ordenó a Santa Cruz que acudiera con todas sus fuerzas al Norte, abandonando las operaciones del Sur en cualquier estado en que se encontraran; pero ya el ejército del Sur no existía. Sin retroceder ante ningún medio ni ante la guerra civil para la conservación de su mando personal, formó en torno suyo un ejército, y procuró abrir negociaciones con los españoles sobre la base de un armisticio, comprometiéndose a hacer salir del país las tropas auxiliares. Los auxiliares, y sobre todo los colombianos, que hasta entonces habían reconocido la autoridad constitucional del presidente, se pronunciaron abiertamente contra él y le intimaron su cesación en el mando, para "no ocasionar con su obstinación males a la América".

En medio de esta situación agitada y confusa, pareció Bolívar en el Perú. Los castillos del Callao anunciaron su presencia en el puerto con una triple salva. Las banderas aliadas de las cuatro repúblicas independientes en que entonces estaba dividida la América del Sur, se izaron en todos los edificios, con leyendas en su honor. Al poner el pie en tierra, fue recibido en triunfo con grandes aclamaciones. Las tropas del Perú y las auxiliares de las Provincias del Río de la Plata, Chile y Colombia, le hicieron los honores (1º de setiembre). Jamás ningún americano había recibido una ovación más entusiasta ni más merecida. Era la gloria y era la esperanza personificada de la América.

Bolívar, al dirigirse al Perú, después de un año de espera en sus fronteras, negando, ofreciendo, retirando o prestando a medias sus auxilios, sabía que iba a ser investido con la suma del poder, que era lo que buscaba, y desgraciadamente lo que el país necesitaba en la revuelta y peligrosa situación que atravesaba. El congreso le consultó por mera forma el proyecto de ley que lo investía con la omnipotencia política y militar. El Libertador contestó, como de costumbre, como en Caracas, como en Angostura, como en Nueva Granada, como en Cúcuta, cuando renunciaba de antemano el poder que exigía implícitamente sin condiciones, y que él solo podía ejercer. "Mi repugnancia a emplearme en la administración supera con mucho toda exageración, y así, he renunciado para siempre el poder civil que no tiene una íntima conexión con las operaciones militares; mejor diré, he conservado solo aquella parte del gobierno que contribuye como el cañón a la destrucción de nuestros enemigos. En este concepto, vuelvo a ofrecer al congreso del Perú mi activa cooperación a la salvación de su patria; pero esta oferta no puede extenderse a más que al empleo de mi espada." Era ésta una farsa que comprometía la gran expectabilidad del personaje, repetida con tanta frecuencia y tan inoportunamente con mengua de la dignidad de los pueblos ante quienes hablaba. Los diputados peruanos, sin darse por entendidos de estas protestas de aparente desinterés, y sabiendo a qué atenerse sobre su sinceridad, dictaron la ley en que, "bajo la denominación de Libertador, se depositaba en él la suprema autoridad militar con facultades ordinarias y extraordinarias, igualmente que la autoridad política dictatorial como conexa con las necesidades de la guerra, con la latitud de poder exigida por la salvación del país". Y para que su omnímoda autoridad no tuviese embarazo alguno, se sometía a ella la autoridad del presidente de la república del Perú, que lo era el comodín Torre-Tagle. Votóle además, un sueldo de "cincuenta mil" pesos anuales; que él rehusó con el noble desinterés que lo caracterizaba.

En un banquete dado en el palacio de gobierno en honor del nuevo dictador, todos los brindis fueron dirigidos a él, olvidando estudiadamente al fundador de la independencia y de la libertad del Perú. Bolívar, o para dar una lección que lo engrandecía moralmente, u obedeciendo a un sentimiento generoso de justicia, al contestar a todos los brindis, dijo, levantando en alto su copa: "Por el buen genio de la América que trajo al general San Martín con su ejército libertador, desde las márgenes del Río de la Plata hasta las playas del Perú; por el general O'Higgins que generosamente lo envió desde Chile." El sentimiento espontáneo estalló en dobles aplausos, confundiéndose por un momento la gloria de los dos libertadores: el uno en el ostracismo voluntario; el otro en la aurora de su grandeza continental. Su segundo brindis fue: "Por el campo en que reúna las banderas del Plata, Perú, Chile y Colombia, y sea testigo de la victoria de los americanos, o los sepulte a todos." Y al terminar el banquete, como complemento a su primer brindis y para declinar toda solidaridad con las opiniones monárquicas manifestadas por San Martín, dijo: "Por que los pueblos de la América no consientan jamás elevar un trono en su territorio, y que, así como el de Napoleón fue sumergido en la inmensidad del Océano, y el de Itúrbide derrocado en México, caigan los usurpadores de los derechos americanos, sin que uno solo quede triunfante en toda la dilatada extensión del Nuevo Mundo." —La última parte de su sentencia se cumpliría en cabeza propia. — En la noche, al presentarse en el teatro, toda la concurrencia se puso de pie, y lo saludó con muestras de respeto y simpatía. El palco que ocupaba junto con el presidente de la República, estaba adornado con las banderas del Perú y de Colombia, unidas. Un viajero europeo que asistió al espectáculo, deseoso de conocer al héroe que llenaba un mundo con su fama, ha conservado las impresiones de este momento psicológico, reflejadas en la fisonomía del Libertador: "Es muy delgado; pero toda su persona revela gran actividad. Sus facciones son bien formadas, pero su rostro está surcado por la fatiga y la ansiedad. El fuego de sus ojos negros es muy notable. Después de observarlo, puedo decir que jamás un aspecto exterior podía dar más exacta idea de un hombre. Ensimismamiento, determinación, actividad, intriga, y un espíritu perseverante, son rasgos claramente marcados en su apostura y expresados en cada uno de los movimientos de su cuerpo."

Bolívar, especialmente autorizado por el congreso para resolver las cuestiones con Riva Agüero, ensayó los medios conciliatorios. Todos sus esfuerzos se estrellaron contra la ciega obstinación del mal aconsejado gobernante. Después de largas y estériles negociaciones, en que uno proponía la cesación de todos los poderes en que reposaba la dictadura y otro sostenía su mantenimiento, Bolívar pronunció su ultimátum, por boca de sus negociadores, en términos intemperantes, nunca oídos en el lenguaje de la diplomacia, ni aun entre enemigos: "El Libertador ha concedido a Riva Agüero un perdón a que no es acreedor, en vista de su obcecada ceguedad en seguir las banderas de la traición, del crimen y de la maldad; sin embargo, repite de nuevo su generoso perdón, y no da más plazo para aceptarlo que el que gasten las tropas libertadoras en llegar a los campamentos de la facción. El Perú llorará siempre la perfidia de los cómplices de Riva Agüero, que han entrado en infames relaciones con los tiranos españoles, para perseguir a los libertadores y entregar su patria a las cadenas. Si no fuese por la necia ceguedad de los tiranos, el Libertador estaría con el Ejército Unido en Huamanga. Pero cualesquiera que sean los resultados de la presente guerra, el Libertador protesta ante toda la América, que son sus compañeros de perfidia los responsables ante la sagrada causa de la humanidad y

de las leyes, de la sangre, de la muerte y de la esclavitud del Perú."
La guerra civil estaba próxima a estallar. La caída de Riva Agüero
la previno felizmente. Una revolución pretoriana, como la que lo había
levantado, lo derribó del poder. Así desapareció para siempre de la
escena histórica este hombre, que en un tiempo prestó algunos servicios a su patria durante su esclavitud, fue el iniciador de la anarquía
en los primeros días de su independencia, su esperanza por un momento como representante del sentimiento nacional, y por último, un
fantasma de poder, que llegó hasta los límites de la traición a su
causa, arrastrado por el viento de la vanidad, sin más objetivo que la
satisfacción de una insensata y estéril ambición personal.

Bolívar quedó dueño absoluto del Perú. Pensó que toda la América era suya.

CAPÍTULO XLIX

POLÍTICA SUDAMERICANA. — SUBLEVACIÓN DEL CALLAO, JUNÍN Y AYACUCHO

1823-1824

El sueño de un gran hombre. — Primera idea de confederación americana. — Bolívar y Rivadavia. — La nueva hegemonía argentina. — Tratado entre Colombia y Buenos Aires. — Convención de Buenos Aires con los comisionados españoles en 1823. — Situación de la guerra en el Perú. — Sublevación de la guarnición del Callao. — Disolución del ejército de los Andes. — Traición de Torre-Tagle. — Bolívar, dictador. — El sorteo de Matucana. — Fortaleza de Bolívar. — Se repliega a Trujillo. — Forma un ejército en Pativilca. — Organización y composición del ejército independiente. — Olañeta se subleva en el Alto Perú contra el Virrey. — Bolívar abre campaña sobre la sierra. Su proclama en Pasco. — Movimientos de Canterac contra la invasión de Bolívar. — Marchas estratégicas de los dos ejércitos. — Batalla de Junín. — Desastrosa retirada de Canterac. — Los independientes avanzan hasta la línea del Apurimac. — Bolívar se retira del ejército y delega el mando en Sucre. — Primer síntoma de resistencia contra la dictadura de Bolívar. — Situación general. — Iniciativa del congreso de Panamá. — Los realistas toman la ofensiva. — Disconformidad sobre operaciones de guerra entre Bolívar y Sucre. — Errores y hábiles maniobras de Sucre. — Marchas estratégicas de los dos ejércitos beligerantes. — Descalabro de Corpahuaico. — Batalla de Ayacucho. — Fin de la guerra de la independencia sudamericana.

I

Un ensueño suele ser el hilo fijo en la trama de la vida de un hombre. El de Bolívar fue la unificación de la América meridional. De este ensueño sacó sus fuerzas morales para crear una gran potencia militar, y llevar sus armas triunfantes por todo el continente, como Alejandro al través del Asia. Su primera intuición fue la creación del imperio colombiano. La segunda visión fue el establecimiento de una confederación sudamericana, sobre la base de una liga política y militar, regida por una asamblea internacional de plenipotenciarios, a la manera de la liga aquea en la Grecia. La última sería la monocracia, bajo la protección de las bayonetas de la hegemonía colombiana, cuando el sueño se convirtiese en delirio.

En 1815, errante de isla en isla en el mar de las Antillas, Bolívar personificaba como el héroe de la Odisea en los tiempos antiguos, la política, la guerra y la astucia del moderno mundo sudamericano. Por entonces, solo soñaba con Colombia. "La formación de una sola nación de todo el Mundo Nuevo, con un solo vínculo que ligase las partes entre sí", lo atraía como una "idea grandiosa" de que apartaba los ojos, por considerarla imposible, y declaraba que en el continente había espacio para diecisiete naciones (véase capítulo XL, párrafo II). En 1817, al dirigir la palabra al pueblo argentino, diciendo de él, que "era la gloria del hemisferio de Colón y el baluarte de la independencia americana", le anunciaba que, "extinguidos los últimos tiranos, lo convidaría a formar una sociedad con la «Unidad» por divisa en toda la América Meridional" (véase capítulo XLII, párrafo II). En 1822, triunfante en Boyacá y Carabobo, y consolidada militarmente la gran república colombiana, organizaba diplomáticamente la confederación sudamericana y bosquejaba las bases aéreas de su futuro gobierno internacional. En los tratados ajustados con el Perú y con Chile, al convenir en una liga ofensiva y defensiva en paz y en guerra, para garantir la recíproca independencia y un pacto de unión perpetua, se estipuló "la reunión de una asamblea general de los Estados americanos compuesta de plenipotenciarios, con el encargo de cimentar de un modo sólido y estable la relaciones íntimas entre todos y cada uno de ellos, que les sirva de consejo en los grandes conflictos, de punto de contacto en los peligros comunes, de fiel intérprete en sus tratados públicos, cuando ocurran dificultades, y de juez árbitro y conciliador en sus disputas y diferencias". El istmo de Panamá, parte integrante de Colombia, era el punto designado para la reunión de esta nueva dieta republicana.

En este terreno diplomático se encontraron por la primera vez —y no sería la última— la gran figura guerrera y política del Libertador de Colombia y el genio civil de don Bernardino Rivadavia, la más alta personificación del liberalismo sudamericano en la época de la emancipación, según el consenso universal. El uno era el árbitro de cuatro grandes pueblos. El otro era el ministro constitucional de una provincia. Bolívar aspiraba a la corona de laurel del César americano. Rivadavia quería alcanzar por una victoria incruenta (un Ayacucho diplomático, como se ha dicho) la corona del libertador pacífico. Él era entonces el alma y el cerebro de las Provincias del Río de la Plata, dispersas como astillas después de un naufragio. La tempestad en que las dejó envueltas San Martín en 1820, se había apaciguado. La República Argentina, con sus fuerzas casi agotadas por sus grandes sacrificios en pro de la independencia americana y postrada por la guerra civil, estaba desarmada en la lucha continental; pero sus últimos soldados peleaban por ella en lejanas tierras, llevando sus armas hasta el Ecuador. Sus partes integrantes, no obstante su aislamiento, conservaban su cohesión, y tendían a reunirse en cuerpo de nación, para fundar el orden interno. Faltaba un centro de atracción a esta constelación de catorce estrellas errantes, y Buenos Aires se lo dio. Rivadavia constituyó la provincia de Buenos Aires como Estado autónomico, y ésta fue la célula orgánica de la futura vida nacional, el molde típico en que se vaciaron las instituciones, animadas al soplo vital las partes rudimentarias del conjunto, respondiendo al instinto de conservación a la vez que al progreso gradual en el orden político.

Por la primera vez se vio funcionar en el pequeño teatro de una provincia el sistema republicano representativo, armado con todas sus grandes piezas: con cuerpo electoral, poderes coordinados, emanación del voto público, tribuna parlamentaria, gobierno limitado y responsable, presupuesto votado anualmente, rendición de cuentas, sin facultades extraordinarias, sin secretos de Estado y sin camarillas. Ésta era la nueva hegemonía que la República Argentina iniciaba con los elementos de una de sus provincias. El impulso de la propaganda no se detendría en los límites nacionales: con el vuelo de sus robustas alas, esas instituciones —que eran una novedad en el mundo con excepción de los Estados Unidos y parcialmente Inglaterra— después de crear un nuevo vínculo en la familia dispersa y reanimar su organismo rudimental, empezarían a enseñar a los pueblos y gobiernos sudamericanos lo que era el orden republicano representativo, demostrando con su ejemplo cómo se cierran las revoluciones bajo los mismos principios que las inauguran. Éste era el complemento pacífico de la revolución americana, que tuvo por objeto fundar gobiernos justos y pueblos libres. Estas instituciones darían la vuelta a la América meridional; irían más lejos que las armas redentoras de las Provincias Unidas del Río de la Plata: triunfarían moralmente de las dictaduras, de las oligarquías, de los planes de organización artificial fundados en la fuerza y el personalismo, en definitiva harían prevalecer los principios constitutivos de la hegemonía argentina, con el programa de organización con que San Martín pasó los Andes y fundó las repúblicas de Chile y del Perú, respetando los particularismos nacionales de los nuevos Estados, sin violentar sus tendencias espontáneas.

Esa actitud pacífica del Estado de Buenos Aires no excluía la fortaleza para encarar de hito en hito los problemas internacionales, sin retroceder ante la guerra en salvaguardia de los derechos argentinos y del predominio de los principios democráticos en la América del Sur. La República Argentina estaba amenazada de una guerra inminente que estalló dos años después, y se preparaba a afrontarla.

El imperio del Brasil recientemente fundado mantenía por este tiempo (mayo de 1823) la ocupación militar de la Banda Oriental, parte integrante de las Provincias Unidas del Río de la Plata. El gobierno de Buenos Aires, inspirado por Rivadavia, afrontaba la cuestión con todas sus consecuencias. "La emancipación del Brasil, decía a su legislatura, ha completado la independencia de nuestro continente; pero las ideas que parecen dominar en el gabinete de Río de Janeiro con respecto a la provincia de Montevideo, ponen obstáculos a la buena y cordial amistad que debiera existir entre naciones que, siendo vecinas, están empeñadas igualmente en la causa de su independencia. Un enviado está pronto a partir a la corte del Brasil, con el objeto de restablecer las relaciones entre ambos gobiernos, y salvar la integridad del territorio de estas provincias. De todos modos, la libertad de la provincia de Montevideo, tanto de la violencia extranjera como de la tiranía doméstica, será siempre un objeto de atención preferente."

II

Éste era el estado político interno y externo de la República Argentina cuando el plenipotenciario de Colombia llegó a Buenos Aires para proponer el ajuste de un tratado de unión, liga y confederación perpetua, idéntico al celebrado ya con el Perú y Chile, sobre la base de un congreso supremo de plenipotenciarios. El negociador era el mismo don Joaquín Mosquera, a quien hemos visto figurar en el Pacífico (21 de enero de 1823). Rivadavia estaba encargado accidentalmente del gobierno, y tomó sobre sí dirigir la negociación. Desde luego rechazó *in límine* la idea de un congreso en cierto modo soberano, árbitro en las cuestiones internacionales, como una imitación inútil y peligrosa del consejo anfictiónico de la antigua Grecia. Esta idea quedó para siempre muerta, y no volvió a reaparecer en lo sucesivo. Redújose el tratado a un pacto de amistad y alianza defensiva en sostén de su independencia de la nación española y de cualquiera otra dominación extranjera, el que sería reglado por convenios especiales.

Interpelado el ministro en la Legislatura respecto de la supresión de algunos artículos que figuraban en los tratados análogos celebrados con el Perú y Chile, contestó con reserva diplomática, pero esparciendo bastante luz sobre la cuestión: "Un documento, en que por la primera vez los Estados de la América intervienen, dando la primera base de sus derechos, debe ser un documento del juicio con que penetran y calculan el porvenir. El proyecto de tratado de

Colombia no llenaba las condiciones apetecibles, por cuanto solo fundaba la existencia de hecho de los gobiernos y no su legitimidad, sin acordarse de la libre representación de cada país. Los tratados de alianza, al aire, no reglados por un tratado especial, han sido siempre inutilizados de hecho por los *casus foederis*. Es preciso detenerse en el régimen representativo, en los intereses generales y recíprocos de Estado a Estado, y no en alianzas de familia."

Esta actitud teórica y expectante del gobierno de Buenos Aires respondía al plan imaginado por Rivadavia, de hacer triunfar la revolución sudamericana por un acuerdo pacífico con la madre patria, uniformando la política internacional de los Estados independientes de la América española en este sentido. En cuanto a la política respecto de la España, ella estaba netamente definida por antecedentes diplomáticos, que determinaban sus rumbos. Cuando por la primera vez, en 1820, el rey Fernando VII envió una comisión regia al Río de la Plata, con el objeto de "poner término a las diferencias existentes entre individuos de la misma familia", el gobierno de Buenos Aires contestó que no podía oír proposiciones sino sobre la base preliminar del reconocimiento de la independencia. Esta negociación no tuvo ulterioridad; pero quedó establecido el precedente.

Casi simultáneamente con el enviado de Colombia, llegaron a Buenos Aires dos nuevos comisionados del rey de España, para abrir negociaciones pacíficas con los gobiernos sudamericanos, y fueron reconocidos en el carácter de tales (30 de enero de 1822). Las Cortes españolas, reinstaladas en Cádiz en 1820, en que predominaba el espíritu liberal de la metrópoli, convencidas de que no podrían ser sometidas por la fuerza sus antiguas colonias, encararon desde este punto de vista la cuestión hispanoamericana, y resolvieron enviar comisionados a los diversos Estados hechos independientes para tentar el terreno (13 de febrero y 18 de junio de 1822). Los nombrados para el Río de la Plata fueron: don Luis La Robla, hijo de Montevideo, y don Luis Antonio Pereira, conocedor de la América del Sur, que había hecho la guerra en ella bajo las banderas realistas en Chile y el Perú, y presentado en 1821 una Memoria a las Cortes, abogando por la independencia absoluta de las colonias hispanoamericanas. Los comisionados no traían una credencial en debida forma, sino un simple nombramiento del Rey, expedido de mala gana, bajo la presión del ministerio liberal, por el cual se les autorizaba para oír proposiciones y celebrar tratados provisionales de comercio.

La comisión española, además de su encargo ostensible, tenía por objeto dividir las repúblicas que combatían contra la España, y como Buenos Aires era considerada como el centro del pensamiento revolucionario, los comisionados traían instrucciones reservadas para reconocer la independencia argentina, según ellos lo insinuaron, a fin de separarla de la lucha que sostenían el Perú y Colombia. Rivadavia, al saberlo, quiso definir netamente la situación, y presentó a la Legislatura un proyecto de ley que fue sancionado por aclamación. "El gobierno no celebrará tratados de neutralidad —se declaró por esta ley— de paz ni de comercio con la España, sino precedida la cesación de la guerra en todos los nuevos Estados del continente americano, y el reconocimiento de su independencia." Bajo estos auspicios se iniciaron las negociaciones entre los comisionados españoles y el gobierno de Buenos Aires.

La forma que se dio al arreglo entre las Provincias Unidas por una parte, y el rey de España por la otra, fue la de una convención preliminar de paz sobre la base, expresamente establecida por la ley argentina, de la previa cesación de la guerra y reconocimiento simultáneo de la independencia de los nuevos Estados americanos, y así se consignó en su preámbulo. Estipulóse una suspensión condicional de hostilidades por el tiempo de dieciocho meses, contados dos meses después de las ratificaciones, durante el cual la provincia de Buenos Aires negociaría la aquiescencia de los demás gobiernos americanos. Mientras tanto, las relaciones de comercio quedarían restablecidas entre la monarquía española y los Estados americanos, con la sola excepción del contrabando de guerra, y en consecuencia, los pabellones de unos y otros Estados serían recíprocamente respetados y admitidos en sus puertos. Estos preliminares, como los observa un historiador español, "debían producir el reconocimiento sucesivo de la independencia americana, desde que se reconocía la independencia en la parte comercial, al estipular una perfecta armonía en esta clase de relaciones, y la admisión en los puertos de España de las banderas insurgentes". Pero era una ilusión de Rivadavia la esperanza de que la cuestión hispanoamericana pudiese resolverse de otro modo que por las armas.

La convención preliminar tuvo por complemento una ley, tendiente a identificar la causa del liberalismo español con la de la independencia sudamericana. Como la Francia hubiese votado veinte millones de pesos para auxiliar la restauración del rey absoluto en España, de conformidad con las decisiones de la Santa Alianza, de que se había separado la Inglaterra, el gobierno de Buenos Aires fue autorizado para negociar igual suma entre todos los Estados americanos, "para el sostén de la independencia de España bajo el sistema representativo". En consecuencia, fue nombrado don Félix Álzaga como plenipotenciario, para negociar con los gobiernos de Chile, Perú y Colombia, la aquiescencia a la convención y exhibir las leyes de su referencia. Designóse al mismo tiempo como comisionado cerca de las autoridades realistas del Perú al general Las Heras, con el objeto de arreglar lo concerniente al armisticio, y como jefe de línea militar divisoria de ocupación con aquéllas, al general Arenales.

Esta ruidosa negociación, que no pasó del papel, fue en su época tan deprimida como ensalzada, así en Europa como en América, y pro-

345

dujo efectos tan extraños como contradictorios. Algunos historiadores la han interpretado después de una manera siniestra, así por parte de los independientes como de los ultrarrealistas, mientras otros piensan que deben consignarse en letras de oro las leyes complementarias que le dan su significación. La verdad es que descartando del plan lo que tenía de ilusorio, la provincia de Buenos Aires hacía en su situación cuanto era posible y lo hacía bien y correctamente. Amenazada de una guerra inminente contra un vecino poderoso en nombre de la república contra la monarquía, guerra en que no contaba, ni contaría, con aliados, cuando sus últimos veteranos combatían por la emancipación del continente, al lado de los soldados del Perú, Colombia y Chile, cumplía para con la América, haciendo solidaria su causa con la suya, al comprometerse espontáneamente, cuando se le brindaban ventajas parciales, a no tratar sino de común acuerdo con los demás pueblos, sobre la base de la cesación previa de la guerra y el reconocimiento de su independencia por España; y al ponerse sola frente a frente de la Santa Alianza de los reyes absolutos, cumplía sus deberes para con el mundo libre, con honor para el Nuevo Mundo. Bien que fuera una ilusión de Rivadavia esperar que la cuestión hispanoamericana pudiera resolverse de otro modo que por las armas —si es que no entró también por parte el cálculo, para propiciarse la opinión de la Inglaterra, como sucedió— la negociación en sí es una grande concepción ideal que honra al hombre de Estado y los propósitos elevados que la inspiraron.

En Europa la convención, con sus leyes complementarias, produjo el efecto de propiciarse la buena voluntad de la Inglaterra. En América, presentada por el plenipotenciario de Buenos Aires al gobierno de Chile, fue rechazada de acuerdo con el ministro colombiano cerca de él. Álzaga pasó en seguida al Perú, y la comunicó a los presidentes Torre-Tagle y Riva Agüero. El primero la hizo servir a un plan de traición que tenía premeditado, abriendo con este motivo correspondencia en tal sentido con los realistas. El segundo se utilizó de ella para proponer a los realistas un armisticio, sobre la base de la expulsión de las tropas colombianas. Lo más singular es que Bolívar, por cuya influencia había sido rechazada en Chile, y la calificó después de acto imprevisor de política mezquina, la acogió con favor, como un medio de salvarse de la situación embarazosa en que se encontraba. El congreso peruano, que procedía bajo la influencia de la intervención colombiana, resolvió no se tomara ninguna determinación sin previo acuerdo de Bolívar. El Libertador, consultado, contestó por el órgano de su secretario, que podía tener lugar sobre esa base un armisticio de seis meses, que pusiera a cubierto a los independientes de ser invadidos por el ejército español, cuya preponderancia numérica sobre el de Colombia era un hecho. "Al efecto, agregaba, el Libertador desea que la convención de Buenos Aires sea ratificada antes por los españoles, porque sería un medio de obtener un partido favorable, y opina que se dirija un parlamentario al Cuzco, que tenga por base al armisticio. Luego que lleguen los auxilios de Colombia, se disiparán los temores que al presente nos arredran. El presidente debe escribir al virrey La Serna, que ha llegado a su noticia que éste deseaba terminar la guerra de América por una negociación pacífica. Que el mundo liberal está escandalizado de una contienda fratricida. Que el gobierno peninsular, las Cortes y el Rey, han reconocido la independencia de toda la América. Que Buenos Aires ha concluido ya sus tratados, México lo mismo, y Colombia ha entablado ya su negociación en Bogotá con los agentes españoles sobre un armisticio y preliminares de paz. Solo el Perú no goza de paz por no haberse entendido aún las partes contendientes. Que con motivo de la negociación del señor Álzaga por el gobierno de Buenos Aires, y de haber propuesto la convención celebrada con los comisionados españoles, invita al general La Serna a que pronuncie explícitamente sus disposiciones, su avenimiento o su repulsa a estos tratados." Jamás se hizo un elogio más cumplido de la oportunidad y alcance del plan de Rivadavia en sus relaciones con la política general y los intereses americanos, por el mismo que más amargamente lo ha criticado.

III

La situación que en los comienzos del año de 1824 atravesaban los independientes en el Perú, era precaria. Apenas conjurado el peligro de la guerra intestina, la traición minaba sus elementos y los enemigos estaban militarmente preponderantes. El ejército realista constaba de 18.000 hombres disciplinados, poseídos del legítimo orgullo que les daban sus recientes triunfos —4.000 hombres ocupaban con Olañeta el Alto Perú; 3.000 formaban el ejército del Sur acantonado en Puno y Arequipa; 8.000 el del Norte, situado en la sierra del centro y norte; 1.000 en el Cuzco y como 3.000 diseminados en diversas guarniciones—. El ejército independiente de las cuatro naciones aliadas, apenas pasaba de 9.000 hombres, de los cuales, 3.000 peruanos, 4.000 colombianos, 1.100 chilenos y 1.300 argentinos. Bolívar urgía por nuevos refuerzos de Colombia y reconcentraba su ejército en Pativilca, a 187 kilómetros al norte de Lima, con ánimo de abrir campaña sobre la sierra del centro, buscando la victoria por el camino trazado por Arenales.

En medio de esta incierta situación tuvo lugar un acontecimiento desastroso que hubo de decidir —al menos por el momento— de la suerte del Perú. Los independientes perdieron las fortalezas del Callao, ganadas por el genio estratégico de San Martín, en momentos en que la España hacía esfuerzos por reconquistar su perdido dominio en el mar Pacífico. Casi simultáneamente, el presidente titular del Perú, Torre-Tagle, se pasaba a los españoles, arrastrando tras sí una parte de las fuerzas nacionales, y los españoles ocupaban a Lima.

Guarnecía los castillos del Callao un batallón de Colombia. Queriendo reconcentrar en el norte todas las fuerzas colombianas que constituían el nervio del ejército aliado, dándole por base la frontera de Quito, de donde esperaba mayores auxilios, dispuso que fuesen cubiertos por los batallones argentinos que a la sazón guarnecían a Lima. La división de los Andes se había puesto bajo la protección del gobierno de la provincia de Buenos Aires, como representante de la Nación Argentina. "Nos hallamos en circunstancias dolorosas —decían sus jefes— al ejecutar este acto. Desde la disolución de las Provincias Unidas no tenemos un gobierno central que nos ampare y regle la conducta militar y política que debemos observar en la guerra que hacemos en el Perú a los enemigos de la libertad de la América, y que recomiende alguna vez a la posteridad los marcados y señalados servicios de nuestro ejército." Su situación era en verdad triste, como lo dice el acta. Lejos de la patria, después de diez años de campañas en tierras extranjeras; los soldados argentinos, desnudos, impagos y sufriendo hasta hambre; odiados por los peruanos, como lo eran los chilenos y colombianos, y lo son siempre los soldados libertadores que pesan sobre un país; huérfanos del gran general que los había conducido a la victoria, relegados a retaguardia con humillación, después de haber ocupado la cabeza de la columna revolucionaria, y sin un gobierno que los amparase, la división de los Andes en 1824 era un cuerpo sin alma. Además, sus bajas en este largo lapso habían sido reemplazadas con negros libertos del Perú, lo que le había hecho perder su antiguo espíritu.

En cumplimiento de lo dispuesto por Bolívar, el regimiento Río de la Plata, el batallón número II de los Andes y una brigada de artillería de Chile, pasaron a ocupar el Callao. El general Alvarado fue nombrado gobernador de los castillos. El jefe colombiano negó la entrada a la división como a tropa sospechosa, y tuvo que acampar durante seis días al raso, al pie de las murallas, hasta que una orden terminante de Bolívar la hizo penetrar al recinto fortificado para deshonor de ella y de su patria (11 de enero de 1824). Formaban parte de la guarnición, además de la artillería de Chile, una compañía colombiana y el cuadro de un batallón peruano.

En la noche del 4 al 5 de febrero se sublevó silenciosamente la guarnición del Callao, cuyo mayor número lo formaban las tropas argentinas, como queda dicho. La causa más inmediata del motín (además de las ya apuntadas), fue la falta de pago en más de cinco meses, a lo que se agrega, que en el día anterior habían sido abonados los sueldos de los jefes y oficiales, sin que se acordasen de la tropa. Operada la sublevación, aparecieron a la cabeza de ella los sargentos Dámaso Moyano y N. Oliva, pertenecientes ambos al regimiento Río de la Plata, que formaba su núcleo. Uno de ellos era natural de Mendoza y el otro de Buenos Aires; habían hecho todas las campañas del ejército de los Andes, distinguiéndose por su valor más que por su inteligencia. El primer paso de los sublevados fue apoderarse de la persona del gobernador Alvarado, y de todos los jefes y oficiales de la guarnición, que fueron puestos presos. Los amotinados no tenían plan: no acertaban a dictar una medida, ni a dar dirección al movimiento. Una parte de la tropa, arrastrada por la sorpresa, y otra, arrepentida tal vez, volvía instintivamente sus ojos hacia los jefes que por tantos años estaba acostumbrada a obedecer. El motín no tenía un objetivo declarado que pudiese mantener unidos 1.500 soldados mandados por dos sargentos sin cabeza. Al principio se contentaban con recibir cien mil pesos a cuenta de sus haberes y regresar a su país. Más tarde pidieron plazo para resolver. El gobierno perdió mucho tiempo en satisfacer estas demandas, y cuando accedió a ellas, ya era tarde. La soldadesca, emancipada del freno de la disciplina, se entregaba a los mayores excesos, no bastando ya a contenerla la autoridad de los nuevos caudillos. Moyano, que como más audaz, asumió el mando superior, se encontraba desmoralizado en medio de su triunfo; veía desorganizarse los elementos que había desencadenado y tenía delante de sí la perspectiva del cadalso. Oliva, menos arrojado, pero más sagaz, tuvo en aquel momento la inspiración funesta que decidió la suerte del Callao.

Hallábase entre los prisioneros españoles encerrados en las casamatas del Callao el coronel José María Casariego, hombre de carácter firme y de gran presencia de espíritu. Habíale conocido en Chile con el sargento Oliva, y persuadió a Moyano de que debían dirigirse a él para que los aconsejase en aquel difícil trance. Moyano acogió la idea, y ambos se dirigieron en silencio a los profundos calabozos donde descansaba Casariego, ajeno a la revolución que se operaba en su destino. Comprendió desde luego todo el partido que podía sacarse en favor de la causa del Rey de aquel suceso y de aquellos hombres ignorantes; pero se guardó de manifestarles todo su pensamiento. Limitóse a aconsejarles que trasladasen todos los prisioneros españoles, de quienes nada tenían que temer, al cuartel de la puerta del Socorro, que estaba en contacto con los amotinados, y encerraran en las casamatas a los oficiales patriotas, aislando así la tropa para prevenir una reacción. Casariego fue desde este momento el verdadero jefe del movimiento.

La indisciplina y el desorden subían de punto. Mientras tanto, el astuto Casariego, que se había insinuado con Moyano y Oliva respecto de la necesidad de dar al movimiento un carácter reaccionario, y los encontró vacilantes, se aprovechó con habilidad de aquel momento. Pintóles con negros colores lo que tenían que temer de los patriotas, después del paso que habían dado, presentándoles del modo más halagüeño las recompensas que debían esperar del Rey, si levantaban en los castillos la bandera de España. Persuadidos los dos caudillos de que no tenían otro camino de salvación y encendida de súbito en sus almas la ambición de la grandeza, insinuaron artificiosamente a la tropa que éste era el único medio de regresar a Buenos Aires y a Chile. Los prisioneros españoles fueron puestos en libertad. Moyano se declaró jefe superior con el grado de coronel en nombre del Rey. Oliva fue nombrado teniente coronel. Casariego quedó asociado al mando político y militar. Diose nueva forma a los cuerpos y los oficiales españoles se pusieron a su cabeza. Se hizo una promoción general de oficiales entre los cabos y sargentos y se ofició al general Canterac, poniendo a su disposición las fortalezas y la guarnición del Callao. La bandera española fue enarbolada en el torreón *Independencia,* con una salva de los castillos (7 de febrero). Un negro, soldado del regimiento Río de la Plata, nacido en Buenos Aires, llamado Antonio Ruiz (por sobrenombre "Falucho"), que se resistió a hacerle los honores, fue fusilado al pie de la bandera española. Murió gritando: "¡Viva Buenos Aires!", grito que repetirían todas las víctimas de esta catástrofe.

El regimiento de Granaderos a caballo de los Andes, que se hallaba en Lurín, en el valle de Cañete, contaminado por el ejemplo, se sublevó también y marchó a incorporarse al Callao, sin darse cuenta de la trascendencia del movimiento (14 de febrero). Al ver flotar el pabellón español en las murallas, los soldados volvieron sobre sus pasos, y pusieron en libertad a sus jefes depuestos. Los más comprometidos persistieron en su propósito, y volvieron las armas contra sus antiguos compañeros. Quedó, empero, un núcleo de 120 granaderos fieles, que, en representación de la República Argentina, asistirían a las últimas batallas de la independencia sudamericana. Así quedó disuelto por el motín y la traición, el memorable ejército de los Andes, libertador de Chile y del Perú.

IV

Canterac, inmediatamente de recibir la noticia de la sublevación del Callao, desprendió de la sierra una fuerte división de las tres armas, al mando de Monet, la que, unida a la división de Rodil, que ocupaba el valle de Ica, sobre la costa, debía apoyarla y ocupar a Lima. La capital fue evacuada por los independientes. El presidente del Perú, Torre-Tagle, que, complotado con su ministro de Guerra, había entablado correspondencia secreta con los españoles, para reaccionar contra la intervención

350

colombiana, sirviéndole de pretexto la negociación del armisticio proyectado en Buenos Aires, se pasó a los realistas con algunas fuerzas peruanas que le obedecían, y dio un manifiesto contra Bolívar.

Los españoles eran dueños de toda la sierra, y de todo el centro y sur del Perú, e iban a tener el dominio del mar. Una parte de la escuadra independiente se hallaba surta en el Callao. Guise recibió orden de recuperarla a todo trance. El almirante peruano, con la fragata *Protector* y cuatro botes armados en guerra, penetró al puerto bajo los fuegos de los castillos y fuerzas sutiles de la bahía. Abordó la fragata *Guayas* (antes *Venganza*), y no pudiendo sacarla, la incendió. Lo mismo hizo con la *Santa Rosa*, y con los demás buques mercantes (25 de febrero). Salvóse tan solo el bergantín de guerra *Balcarce*. Los españoles esperaban dos fragatas de guerra, que encontrarían un puerto de refugio, bajo el amparo de fortificaciones inexpugnables para los independientes.

Bolívar ordenó la evacuación de Lima, dictando órdenes terribles, que encontraron resistencias pasivas en los peruanos. "Imagínese —escribía el encargado de cumplirlas— perdido el país. Se han roto ya los vínculos de la sociedad. No hay autoridad, no hay nada que atender sino privar a los enemigos de una inmensidad de recursos de que van a apoderarse." En el mismo día en que Bolívar fulminaba esta orden, el congreso supremo lo investía con la dictadura absoluta, declarando cesante al presidente de la República, por "ser incompatible el régimen constitucional con la salud pública, y se disolvía hasta tanto el Libertador estimase convocarlo para un caso extraordinario" (10 de febrero de 1824). Abandonada la capital, Monet la ocupó sin resistencia, y se hizo cargo de los prisioneros del Callao. No entraba en el plan de los españoles ocupar permanentemente la ciudad. Rodil tomó el mando del Callao, y Monet se replegó a la sierra.

Los oficiales patriotas prisioneros, en número de 160, fueron dirigidos a pie al valle de Jauja, custodiados en dos partidas, por la división de Monet, de regreso a Jauja, por el camino de San Mateo (8 de marzo). En la primera jornada pernoctaron a 36 kilómetros de Lima. Dos de ellos, el mayor Juan Ramón Estomba, y el capitán Pedro José Luna, se tendieron fatigados en el suelo, uno al lado del otro, y antes de entregarse al sueño, se concertaron para fugarse en la primera ocasión propicia, comunicando su proyecto al mayor Pedro José Díaz y a los oficiales Juan Antonio Prudán y Domingo Millán. Al tercer día de marcha (21 de marzo) llegaron a una estrecha ladera. Marchaban los presos en desfilada. Estomba y Luna iban entre Millán y Prudán. Al descender al fondo la quebrada y pasar uno de sus puentecillos, Estomba y Luna se deslizaron a lo largo de una acequia como por un camino cubierto. Millán y Prudán cerraron el claro, renunciando a la salvación para burlar la vigilancia de la custodia. Esta abnegación debía costarles la vida.

Informado Monet de la evasión, así que llegó al pueblo de San Juan de Matucana (19 de marzo), a 47 kilómetros de Lima, ordenó que dos de los prisioneros fueran ejecutados a la suerte en reemplazo de los dos fugados Presentóse al grupo el general García Camba, jefe de estado mayor de la división, y haciéndolos formar en ala, les intimó la sentencia. El Dr. José López Aldana, auditor del ejército independiente, protestó contra la bárbara ley, violatoria del derecho de gentes, que constituía a la víctima en guardián de la víctima, bajo pena de la vida. —"Bastante se ha observado el derecho de gentes con ustedes, pues tienen aún la cabeza sobre los hombros" —fue la contestación del jefe español. El coronel José Videla Castillo (argentino), que por su elevada graduación formaba a la cabeza, dijo con tranquila entereza: —"Es inútil la suerte. Aquí estamos dos coroneles: elíjase cuál de los dos ha de ser fusilado, o los dos juntos, si se quiere, y hemos concluido." —¡No! ¡No! La suerte!" —gritaron los prisioneros a una voz. El general Pascual Vivero, anciano de 60 años, el mismo que había perdido la plaza de Guayaquil y simpatizado después con la causa sudamericana, por tener dos hijos sirviendo en las filas independientes, estaba exceptuado del sorteo. Espontáneamente se puso a la cabeza de la fila. —"Señor D. Pascual, con usted no reza la orden." —le dijo García Camba—. —"¡Sí reza!" —replicó el anciano con noble laconismo. En seguida se procedió al sorteo a muerte. Las cédulas, escritas por García Camba, sobre una caja de guerra que la tenía un tambor de órdenes, fueron dobladas por su mano, y arrojadas en el morrión cónico de un soldado del regimiento de Cantabria, que daba la escolta del suplicio, y acto continuo se pasó nominalmente la lista fúnebre.

La primera cédula, que tomó Videla Castillo, era blanca. Las cuatro que siguieron fueron también blancas. Al llegar su turno al sexto, en el orden de la fila, que lo era un mayor, Tenorio, exclamó: —"Yo no tomo la cédula. El señor —agregó señalando al capitán Ramón Lista— sabe quiénes protegieron la fuga." —"Yo no sé nada —interrumpió Lista—. ¡Venga la suerte!" —"¡Usted me lo ha dicho!" "¡Es usted un infame!" En aquel momento salió un joven de entre las filas, y adelantándose cuatro pasos, prorrumpió con voz vibrante: —"¡Yo soy uno!" —"¡Yo soy el otro!" —exclamó inmediatamente un oficial, que imitó la acción de su compañero. —"¡Venga la suerte!" —gritaron todos, con excepción de Tenorio. —"¡Es inútil!" —contestaron los dos oficiales que se ofrecían como víctimas propiciatorias de sus compañeros de armas. Uno de ellos llamábase Manuel Prudán, era hijo de Buenos Aires, había hecho las primeras campañas del Alto Perú, y, prisionero en Vilcapujio, permaneció en las casamatas del Callao durante siete años. Contaba 24 años de edad. El otro, Domingo Millán, de edad provecta, que era natural de Tucumán y prisionero en Ayohuma, había sido compañero de infortunio de Prudán. Los prisioneros pidieron que se continuase el sorteo: —"¡Es inútil! —interrumpió Millán—; en prueba de que soy yo quien debo morir, aquí está una carta de Estomba." —"En mi maleta se encontrará la casaca de Luna —agregó Prudán"—. —"No hay que afligirse —dijeron a sus compañeros—; verán morir dos valientes." —"No hay para qué seguir la suerte —dijo entonces con frialdad García Camba—; habiéndose presentado los dos culpables serán fusilados." —"Prefiero la muerte —prorrumpió Millán—, a ser presidiario de los españoles."

Puestas en capilla las dos víctimas inmolatorias, los confesó el cura de Matucana. Millán pidió como última gracia, que le dejaran vestir su uniforme. Se lo puso, sacó del forro de la casaca las medallas de Tucumán y Salta, las colgó del pecho, y dijo: —"He combatido por la independencia desde joven; me he hallado en ocho batallas; he estado prisionero siete años y hubiera estado setenta antes que transigir con la tiranía española. Mis compañeros de armas vengarán este asesinato." Los ejecutores quisieron vendarles los ojos; pero ambos se resistieron. Millán, que era calvo, con una orla de cabellos negros que le circundaban el cráneo, lo que le daba un aspecto imponente, al tiempo de apuntarle, dijo: —"¡Compañeros! ¡La venganza les encargo!"— Y desabrochándose la casaca, gritó con voz firme: —"¡Al pecho! ¡Al pecho! ¡Viva la Patria!" Prudán murió con la resignación de un mártir, gritando también: "¡Viva Buenos Aires!" ¡Los verdugos hicieron en seguida desfilar a los prisioneros por delante de los dos cadáveres!

V

Al tiempo de desarrollarse estos acontecimientos desastrosos, Bolívar se hallaba en su cuartel general de Pativilca. Devorado por la fiebre que trabajaba su cuerpo y su espíritu, fue acometido de una grave enfermedad que hizo temer por su existencia. Durante seis días permaneció sin conocimiento. En los templos se hacían rogativas por la vida del Libertador. Apenas convaleciente, le llegaron las primeras noticias de la sublevación del Callao, y sucesivamente la de la ocupación de Lima y la traición de Torre-Tagle. En tal ocasión, su amigo el ministro Joaquín Mosquera, fue a visitarlo. Lo encontró en el huerto de la casa que habitaba, sentado en una pobre silla de baqueta, recostado contra una pared, atada la cabeza con un pañuelo blanco. Estaba meditabundo. Su faz era cadavérica, su boca cavernosa, su voz hueca y débil. Vestido con ropa ligera de dril, sus miembros enflaquecidos acusaban las aristas secas del esqueleto. —"¿Qué piensa usted hacer ahora?" —le preguntó Mosquera. —"¡Triunfar!" —repuso el Libertador. Su alma heroica se templaba en los contrastes.

En la impotencia de hacer frente a los realistas, se replegó con todas sus fuerzas a Trujillo, tomando por base de operaciones las provincias de Guayaquil, Jaén y Cuenca. Se hallaba en la misma situación que San Martín al tiempo de ocupar con 4.000 hombres la línea de Huaura, con la diferencia de que contaba con cerca de 7.000 hombres, y tenía a su espalda la poderosa reserva de Colombia, triunfante. Tocaba ahora a Colombia completar la obra de San Martín en el Sur, con el auxilio de los elementos del Perú, después de haber terminado gloriosamente la suya en el Norte. Las Provincias Unidas estaban fuera de combate. Chile, cuyo auxilio solicitó Bolívar, no podía o no quería tomar parte en la lucha. Los últimos restos de los ejércitos libertadores de estas dos repúblicas, incorporados a las divisiones peruanocolombianas, formaban parte del ejército que era la última esperanza de la América independiente. El Libertador no cesaba de exigir auxilios del gobierno de Colombia. "Si los intereses que van a decidirse en el Perú —le decía— tuvieran solo relación con este pueblo, el ejército que tenemos podría aventurarse contra el enemigo; pero, versando sobre la de toda la América, nada debe librarse a las probabilidades, y menos aún a la casualidad o a la fortuna." El vicepresidente Santander, al responder a este llamamiento, exageró la nota, recabando del congreso de Colombia autorización para hacer una leva de 50.000 hombres, además de las tropas existentes (11 de mayo de 1824). Sucesivamente fueron llegando los refuerzos pedidos a Colombia, hasta el número de 3.000 hombres. Con estos elementos formó Bolívar un ejército de cerca de 10.000 hombres, en Pativilca (provincia de Huaras), al pie de la cordillera del Norte, sin que el enemigo lo sospechara. Lo dividió en cuatro grandes divisiones: dos colombianas, a órdenes de los generales José María Córdoba y Jacinto Lara, y una peruana, al mando de La Mar; las tres de infantería. La caballería, compuesta de los llaneros colombianos, mandada por el coronel Lucas Carvajal; los jinetes peruanos por Miller, asistido por los comandantes Manuel Isidoro Suárez y José Olavarría (ambos argentinos); los restos de los Granaderos a caballo de los Andes, compuestos de gauchos del Río de la Plata y algunos huasos de Chile, a órdenes del coronel Alejo Bruix (francés) —hermano del muerto en el Bío-Bío—, formaban la cuarta división, bajo el mando superior del general Mariano Necochea (argentino). Sucre era el jefe de estado mayor y la cabeza organizadora. Las cuatro repúblicas de la América meridional, existentes entonces, estaban representadas (con excepción de México), en un solo ejército continental.

Un acontecimiento extraordinario vino por este tiempo a equilibrar las fuerzas beligerantes y permitir a Bolívar emprender operaciones decisivas. El general Olañeta se sublevó en el Alto Perú con un ejército de 4.000 hombres, y sin separar su causa de la de los realistas, se sustrajo a la obediencia del Virrey, como lo había anunciado a Alvarado en 1823 en su conferencia de Iquique (véase cap. XLVIII, párrafo IV). Por su calidad de americano y por sus opiniones absolutistas, Olañeta era enemigo declarado de los generales españoles que profesaban ideas liberales y habían levantado a La Serna en Asnapuquio. En 1824 le llegó por la vía de Buenos Aires la noticia de que Fernando VII, sostenido por la intervención francesa, había abolido la constitución de 1820 y restablecido el antiguo régimen. Sin esperar órdenes, procedió por sí a hacer la proclamación del Rey absoluto. El Virrey desaprobó su conducta. Él contestó despidiendo a los generales españoles La Hera y Maroto, que ocupaban altos puestos en el Alto Perú, reconcentró su ejército y se preparó a la resistencia armada. El general Jerónimo Valdés, con cuatro batallones, cuatro escuadrones y dos piezas de artillería, fue encargado de someterlo a la obediencia. Después de algunos alardes militares y negociaciones confusas, no obstante que ambas partes conviniesen en reconocer el absolutismo español, se rompieron las hostilidades. Los realistas tuvieron también su guerra civil. Se libraron varios combates sangrientos, en que Valdés tuvo la ventaja, y habría acabado al fin por destruir a Olañeta, cuando recibió orden terminante del Virrey de abandonar el Alto Perú y reconcentrarse al Cuzco. Los independientes habían triunfado en Junín.

Bolívar, aprovechando la coyuntura de la sublevación de Olañeta y el alejamiento de la división de Valdés, que le quitaba de encima como 7.000 enemigos, abrió su nueva campaña, sin plan determinado, pero con la resolución de buscar al enemigo, y posesionarse del valle de Jauja, siguiendo las huellas de Arenales, que había trazado dos veces el camino de la victoria. Su invasión a la sierra fue precedida por un movimiento general de las guerrillas peruanas, desde Yauly hasta Pasco, que estrecharon el círculo de los realistas en la montaña. Cubierto por esta cortina de partidarios, Sucre, con la previsión de San Martín, reconoció los caminos de la cordillera, cuyo croquis levantó él mismo como ingeniero; estableció depósitos de víveres, leña y forrajes a lo largo del trayecto que el ejército debía recorrer, y marcó punto por punto el itinerario, midiendo las distancias. Bolívar trasmontó los Andes por la parte más fragosa y elevada, con dirección a Pasco, a fin de ocultar su movimiento y sorprender al enemigo. Mientras tanto, Canterac permanecía en inacción en el valle de Jauja, con 8.000 infantes, 1.300 caballos y 8 piezas de artillería, ignorante del avance de los independientes.

El 2 de agosto (1824) el Libertador pasó revista a 9.000 hombres sobre las armas, formados en el llano Rancas, a 36 kilómetros de Pasco, y les proclamó con su genial elocuencia: "Vais a completar la obra más grande que el cielo ha encargado a los hombres: la de salvar un mundo entero de la esclavitud. El Perú y la América toda aguardan de nosotros la paz, hija de la victoria, y aun la Europa os contempla con encanto; porque la libertad del Nuevo Mundo es la esperanza del universo." O'Higgins, el héroe de Chile, proscripto de su patria, y Monteagudo, levantado de hecho su destierro, acompañaban a Bolívar en esta gran revista americana. Al día siguiente, 700 montoneros peruanos se reunieron a la caballería, después de haber explorado el país al oriente de la cordillera. El día 4 Miller, destacado con una vanguardia de caballería al oeste de Jauja, daba parte de que Canterac avanzaba sobre Pasco con su ejército en masa. El Libertador aceleró su movimiento.

VI

Al sur de Pasco y en las nacientes del río Grande, comienza el gran lago de Reyes, situado entre la cordillera occidental y la oriental, que llena toda la depresión del terreno, hasta la entrada del valle de Jauja. El camino que desde Tarma conduce a Pasco, orillando su margen oriental, es el más llano: el del occidente, que va desde Pasco a Junín, es el más escabroso. En su extremidad meridional se encuentra el llano de Junín, quebrado por colinas, en medio de riachuelos y pantanos formados por los desagües del lago. Canterac, que se había reconcentrado en Jauja, informado tardía y vagamente del movimiento de los independientes, tomó con su caballería el camino oriental del lago, con el objeto de practicar un reconocimiento (1º de agosto). En Carhuamayo, a 26 kilómetros de Pasco, supo con sorpresa que Bolívar se había movido por la margen opuesta en dirección a Jauja. Los ejércitos efectuaban alternativamente una marcha paralela, en sentido contrario, lago por medio, tan ignorante el uno como el otro de sus movimientos. El general español, con su retaguardia amenazada, temeroso de perder su base de operaciones y su línea de comunicaciones, emprendió inmediatamente su retirada por el camino que había llevado para reunirse con su infantería (5 de agosto). En veinticuatro horas anduvo 88 kilómetros, y el 6, a las 2 de la tarde, se hallaba en la extremidad austral del lago, en la pampa de Junín, y a su frente por la parte del oeste, aparecía al mismo tiempo el ejército independiente, con su infantería establecida en las alturas y su caballería que descendía al llano en aire de carga.

Bolívar había marchado por las faldas orientales de la cordillera occidental, con el lago a su pie sobre su izquierda, a fin de salir a la

356

derecha del río Grande de Jauja, apoyándose siempre en posiciones inexpugnables, lo que indicaba una prudencia que no le era habitual. Al avistar frente a Junín al ejército realista, hizo avanzar su caballería al mando de Necochea, fuerte de 900 hombres, permaneciendo con su infantería en el terreno fragoso, como 8 kilómetros a retaguardia. La componían seis escuadrones de Granaderos montados y Húsares de Colombia, un escuadrón de Granaderos a caballo de Buenos Aires, y dos del Perú. La caballería española alcanzaba a 1.300 hombres, y se consideraba invencible.

La caballería republicana, formada en columna sucesiva por mitades, se comprometió en un terreno desventajoso, por un desfiladero entre un cerro y un pantano, cortado por un riachuelo, ramal del lago que obstruía sus despliegues antes de salir a la pampa. Solo tuvo tiempo de presentar en batalla dos escuadrones de Granaderos montados de Colombia. Eran las 5 de la tarde. A Canterac le pareció propicia la oportunidad. Fiado en el número y calidad de su arma favorita, que creía saber manejar, no quiso hacer uso de la artillería ligera ni de las compañías de cazadores que tenía a la mano; se puso personalmente al frente de su caballería, desplegó su línea, reforzando las alas con escuadrones doblados, y ordenó la carga con aires violentos a una distancia desproporcionada, sin darse cuenta exacta del terreno, error reconocido por sus mismos compañeros de armas, y a que se atribuye en parte su merecido contraste. Su ánimo era flanquear con su derecha la izquierda de la columna republicana en marcha; pero antes de alcanzar su objetivo, se encontró embarazado por el pantano, y se detuvo en confusión. Su izquierda y parte de su centro se desordenaron un tanto por el largo trayecto recorrido a gran galope, chocaron con los dos escuadrones colombianos que con sus largas lanzas recibieron con firmeza la impetuosa carga; pero fueron éstos arrollados y perseguidos por la espalda, envolviendo en su fuga la cabeza de la columna independiente, que en ese momento salía del desfiladero.

Canterac, además del error técnico ya indicado, cometió otro más grave aún, y fue comprometer de golpe toda su fuerza, sin prevenir una reserva que acudiese a las partes débiles o completase el triunfo. De aquí resultó que, lanzados los escuadrones en desorden a la persecución, se comprometieron a su vez en el desfiladero, acuchillando a los fugitivos. Necochea, traspasado de siete heridas de lanza, fue pisoteado por los caballos de vencidos y vencedores, y quedó prisionero de los españoles. El acaso dio la victoria a los independientes. La reserva estaba emboscada a la orilla del pantano. El comandante Manuel Isidoro Suárez, que con el primer escuadrón Húsares del Perú se hallaba situado en uno de sus recodos, dejó pasar por su flanco el tropel de perseguidos y perseguidores, y despejado el terreno, cargó por retaguardia a los vencedores, que a su vez se pusieron en precipitada fuga.

Los escuadrones patriotas reaccionan con Miller a la cabeza, vuelven caras y quedan dueños del campo. Canterac, que consideraba seguro su triunfo, no quería dar fe a sus propios ojos al presenciar su derrota. "Sin poder imaginarme cuál fue la causa, volvió grupas nuestra caballería y se dio a una fuga vergonzosa. Parecía imposible en lo humano que una caballería como la nuestra, tan bien armada, montada e instruida, con tanta vergüenza, huyese de un enemigo sumamente inferior bajo todos respectos, que ya estaba casi batido, echando un borrón a su reputación antigua y puesto en peligro al Perú todo." Todo fue obra de 45 minutos. Fue un combate al arma blanca: no se disparó un solo tiro. Quedaron en el campo 250 realistas muertos a sable y lanza. La pérdida de los republicanos no pasó de 150 entre muertos y heridos, entre ellos Necochea, gloriosamente rescatado. Los derrotados fueron perseguidos hasta guarecerse bajo los fuegos de su infantería, que se puso inmediatamente en retirada. El nervio del ejército realista quedó para siempre quebrado en este memorable combate, precursor del triunfo definitivo.

Bolívar, que con su estado mayor presenciaba el combate desde lo alto de una colina, al ver doblados los escuadrones de Colombia y en fuga los que formaban la columna sucesiva, lo dio todo por perdido, y se replegó rápidamente a su infantería, donde lo alcanzó más tarde el parte de la victoria dado por Miller. Esto no ha impedido que la musa americana le haya consagrado el más inspirado de sus cantos, glorificándolo como a un héroe de Homero, en un combate decidido por el acaso y el valor de los soldados, en que no tomaron parte ni su inteligencia ni su persona, aun cuando el honor del triunfo le correspondía como general en jefe que dio la orden de pelear, y sea merecedor a sus encomios por otras batallas peleadas y ganadas por su genio militar. Sobre el campo de batalla saludó a los vencedores, y dio al primer escuadrón, mandado por el argentino Suárez, el glorioso nombre de "Húsares de Junín", con que ha pasado a la historia, como antes había dado a los Granaderos de los Andes, mandados por el argentino Lavalle, el de "Granaderos de Riobamba".

VII

Canterac, desmoralizado por un contraste que consideraba "imposible en lo humano", emprendió una retirada que más se parecía a una fuga, sin más propósito que ponerse fuera del alcance de las armas libertadoras, para prevenir una derrota. Evacuó el valle de Jauja, y emprendió su marcha con tanta precipitación, que a los dos días se hallaba a 160 kilómetros del campo de batalla, destruyendo así por el cansancio su infantería, que era lo único que le quedaba. Abandonó sucesivamente los distritos de Tarma, Cajatambo, Huaylas, Huanuco, Huamanga, Huancavelica, Cangallo, Huanta, Pampas y Andahuailas, sin detenerse en las posiciones ventajosas a lo largo de su trayecto, ni cuidarse de los repuestos y convoyes que dejaba a su retaguardia; pidiendo con insistencia 5 ó 6.000 hombres para "no sucumbir y perder el Perú sin remedio", según sus propias palabras, y no paró hasta considerarse en salvo al oriente del Apurimac, a 750 kilómetros de su punto de partida. En esta retirada, perdió como 2.000 hombres, según unos, y 3.000 según otros, entre rezagados y desertores, más de lo que le habría costado una gran batalla. Se perdió algo más: el crédito del general en jefe español, la moral del ejército realista y hasta la esperanza de su victoria. El Virrey lo reforzó con 1.500 hombres del Cuzco, con los que se estableció sólidamente en la línea inexpugnable del Apurimac. Fue entonces cuando La Serna ordenó que la división de Valdés, ocupada en la guerra con Olañeta al sur, se concentrase al Cuzco. Sin embargo, nadie perseguía a Canterac, sino su propia sombra.

El ejército independiente descansó tres días en el campo de batalla, y solo destacó alguna caballería con infantes montados para picar la retaguardia del enemigo. Empleó diez días en posesionarse de Jauja. Permaneció cerca de un mes en Huamanga. A mediados de setiembre atravesó el río Pampas, poderoso tributario del Apurimac, que corre en esta región de occidente a oriente, cuyo puente de maromas halló cortado. Se estableció en seguida en Andahuailas, y avanzó hasta Challhuanca al sur del Pachachaca (otro afluente del Apurimac), amagando el Cuzco sobre la línea del Apurimac a la altura de sus nacientes, con el flanco derecho cubierto por la cordillera de Huanzo, que forma el nudo andino en que las dos cordilleras se reúnen, y que lo separaba de Arequipa. En este punto, Bolívar dio por terminada su campaña por el momento. No se consideraba con fuerzas suficientes para tomar la ofensiva. Además, la estación de las lluvias iba a empezar, y no parecía probable que los realistas emprendiesen operaciones. Sabedor, por otra parte, de que el empréstito mandado negociar por San Martín en Londres se había realizado, y que debía recibirse inmediatamente un millón de pesos, delegó el mando del ejército en Sucre, con instrucciones de acantonarse en Andahuailas, entre el Pampas y el Pachachaca (ambos tributarios del Apurimac), prometiéndole enviarle inmediatos refuerzos desde la costa; y él se retiró a Lima por el camino de Jauja (fines de octubre). Aquí termina la carrera del Libertador como general, en la guerra de la independencia sudamericana.

En Huamanga recibió Bolívar una ley del congreso de Colombia (de 28 de julio de 1824), derogatoria de la que le había conferido facultades extraordinarias como presidente de la república en campaña, con el dominio absoluto en lo militar y fuera de la constitución en los países que libertase o fuesen el teatro de la guerra (9 de octubre de 1821). Por ella se disponía que tales facultades correspondían al encargado del Poder Ejecutivo, quien podía delegarlas, como ya lo había hecho, en los departamentos meridionales de Colombia (Patía, Pasto y Quito). En consecuencia, él no podía ya mandar directamente esos departamentos desde país extranjero, y debía solicitar del gobierno los auxilios que necesitase en ellos, y solo en el caso de restituirse al territorio de la república, podía tener el mando de algunos de sus ejércitos. Era ésta la primera señal de la resistencia del parlamentarismo liberal de Colombia contra las tendencias dictatoriales de Bolívar. Ya los congresos de Angostura y de Cúcuta habían rechazado, en nombre de los principios, las teorías constitucionales del Libertador sobre gobierno oligárquico con presidencias vitalicias y senado hereditario, deplorable adaptación de las instituciones africanas de Haití y de la aristocracia inglesa, que eran un bastardeo de la república democrática. El sentimiento liberal se había encarnado en el congreso de Bogotá y constituía un poderoso partido político, a cuyo frente estaba el vicepresidente Santander, que además representaba el particularismo de Nueva Granada, centro del gobierno general. Esto da la filiación de la ley.

Bolívar sintió el golpe; pero lo recibió con dignidad. Aunque consideró como un ataque directo a su influencia la prohibición de mandar en persona el ejército colombiano en el Perú, comprendió que era la consecuencia de la posición anómala que se había hecho él mismo al encargarse del gobierno de un país extraño, no sometido a la ley de su patria. Nombró a Sucre general en jefe del ejército, en obediencia a la ley, previniéndole que en lo sucesivo no tendría más intervención en las operaciones militares que la que le correspondía como jefe de la república peruana. Sucre, que aunque superior como general a Bolívar (y él lo sabía) no tenía ambición, y estaba identificado a su destino y a su gloria, le aconsejó prescindir de la ley, promovió una representación de los jefes al congreso para que fuese revocada, y aceptó al fin el cargo, pero declarando que no abriría relaciones directas con el gobierno de Colombia, y solo obedecería las órdenes del Libertador. Los dos cumplieron con su compromiso: Bolívar, dejando completa libertad de acción a Sucre, y éste, ajustándose a las instrucciones del Libertador, en cuanto no comprometieran el éxito de sus operaciones.

A su llegada a la costa, Bolívar estableció su cuartel general en Pativilca. La situación había cambiado, empeorándose. La llegada del navío *Asia*, de 72 cañones, y del bergantín *Aquiles*, de 20, había dado la preponderancia marítima a los españoles. Reunidos estos buques a los que antes poseían bajo la protección de los puertos fortificados de Chiloé y del Callao, había formado una escuadra de un navío, una corbeta y tres bergantines que montaban 154 cañones. La escuadra peruanocolombiana, al mando de Guise, la provocó al combate, y aunque el honor de la bandera se mantuvo, su inferioridad quedó evidenciada, y tuvo que refugiarse en Guayaquil. Una división de los independientes, destacada sobre Lima en observación del Callao, había experimentado un serio y vergonzoso revés. Chile no concurría ni con sus fuerzas marítimas ni de tierra a la guerra del Perú. Mientras tanto, Bolívar preparaba en Pativilca elementos para el caso posible de un contraste que temía, aunque sin desesperar del triunfo final, y pedía con exigencia un auxilio de 6.000 hombres a Colombia, para reforzar a Sucre, a quien consideraba comprometido, como en efecto lo estaba.

Bolívar, en Pativilca, como Napoleón en medio del incendio de Moscú dictando decretos sobre teatros, se ocupaba de la exhibición teatral de sus planes de engrandecimiento, para el día del triunfo final, que ya lo veía cercano. Volvió a ocuparse de su antiguo proyecto de congreso americano. Dirigió una circular a los gobiernos de América, invitándolos a enviar sus representantes al istmo de Panamá, en que encarecía la necesidad de la reunión de la gran dieta (7 de diciembre de 1824). "Es tiempo —decía— de que los intereses y las relaciones que unen entre sí a las dos repúblicas americanas, antes colonias españolas, tengan una base fundamental que eternice, si es posible, la duración de estos gobiernos. Las repúblicas americanas, de hecho, están ya confederadas. Parece que si el mundo hubiese de elegir su capital, el istmo de Panamá sería señalado para este augusto destino, colocado, como está, en el centro del globo, viendo por una parte el Asia, y por la otra el África y la Europa. El día que nuestros plenipotenciarios hagan el canje de sus poderes, se fijará en la historia diplomática de América una época inmortal. Cuando, después de cien siglos, la posteridad busque el origen de nuestro derecho público, y recuerde los pactos que consolidaron su destino, registrará con respeto los protocolos del Istmo. En él encontrarán el plan de las primeras alianzas que trazaron la marcha de nuestras relaciones con el universo. ¿Qué será entonces del istmo de Corinto con el de Panamá?"

En medio de estas contrariedades y grandiosos sueños, lo sorprendió la noticia de que los españoles habían abierto su campaña desde el Cuzco, y maniobraban en el sentido de cortar la retirada a Sucre. Al principio pensaron, tanto Sucre como Bolívar, que este movimiento tenía por objeto abrir operaciones sobre la costa, contando con la base del sur del Perú y con el apoyo del Callao. Después se hizo el silencio. Las comunicaciones entre Lima y el ejército independiente estaban interrumpidas. Bolívar, a oscuras, recomendaba a Sucre "no dividir su ejército y conservarlo a todo trance" (noviembre 24). Últimamente, y con la conciencia de que Sucre sobre el terreno haría las cosas mejor que él, lo autorizó a no esquivar una batalla en el caso necesario, y en todo caso, mantenerse en la sierra. Ocho días después, la suerte de la América estaba decidida: Sucre triunfaba en Ayacucho.

VIII

Solo en un punto estaban disconformes Bolívar y Sucre. El Libertador, así en las instrucciones que dejó, como en su correspondencia oficial y confidencial, prevenía acantonar el ejército en Andahuailas, sobre el Pampas, y mantenerlo reunido. El general en jefe, por el contrario, pensaba que esta posición era peligrosa o nada prometía, y diseminó sus divisiones en la comarca, con ánimo de ganar terreno. Bolívar tenía la razón, como el hecho lo demostró, pero Sucre tenía también la suya, y el éxito se la dio en definitiva. Según Miller, a los pocos días de la partida del Libertador, Sucre reunió una junta de guerra, y las opiniones se dividieron. Unos pensaban que la situación del ejército podría ser muy crítica si los enemigos avanzaban con fuerzas superiores, y que en tal situación, no debía vacilarse en tomar la ofensiva antes que la división de Valdés se concentrase en el Cuzco y diese la preponderancia a los realistas. Otros, aunque convenían en lo peligroso de la posición —que era una consecuencia del largo avance de Bolívar sin ánimo de tomar la ofensiva—, vacilaban ante la responsabilidad de obrar contra las precisas instrucciones del Libertador. Sucre tomó sobre sí avanzar, y se adelantó en dirección al Cuzco con una división ligera hasta Mamará, al sur del río Oropesa. Desde este punto desprendió a Miller con los Granaderos de los Andes con el objeto de practicar un reconocimiento del país.

Así que Bolívar tomó conocimiento de este plan aventurado y sin alcance, lo reprobó con amistosa severidad: "Desde luego digo rotundamente, que no creo conveniente la operación. De las cosas más seguras, la más segura es dudar. Si la ha ejecutado, habrá obrado en un sentido opuesto a lo que tantas veces le he dicho: la unión hace la fuerza. No divida nunca el ejército y procure conservarlo a todo trance. Rodee todo lo que quiera con tal de conservar el buen estado del ejército, que es objeto primario de todas nuestras operaciones, porque mientras lo conservemos, seremos invencibles. Dividiendo el ejército se exponía a un riesgo conocido y exponía los grandes intereses de la América por un bien comparativamente pequeño. Se exponía a ser inferior a sus enemigos y perder una batalla por ocupar algunas leguas más del país. La libertad del Perú no ha de venir por la ocupación material del terreno, sino que está en el mismo campo en que obtengamos una victoria contra los enemigos." Sucre le contestaba: "Queda sin efecto el movimiento que se iba a ejecutar. Yo creía que podíamos hacer algo útil; pero, puesto que usted lo considera peligroso, renunciaré a mi deseo y haré lo que me manda. No me atreveré a decir que debemos continuar las operaciones. Dando tiempo al enemigo, puede organizarse. La cuestión más importante es si debemos o no pasar el Apurimac. A usted toca resolverlo. Aunque mi deseo es adelantar, me conformaré en acantonarme en Andahuailas." Apenas despachaba esta carta, Sucre recibió parte de Miller de que el enemigo se hallaba a 37 kilómetros de Mamará, y avanzaba en masa.

Sucre tenía su ejército diseminado en una extensión de 130 kilómetros, y antes de reunirlo, los realistas podían cortarle la retaguardia. Felizmente ya era tarde para enmendar el error, de que el general republicano supo sacar partido maniobrando con la habilidad y precisión de un Turenne. "Está bien castigada mi culpa —decía Sucre al replegarse—, cuando he acantonado las divisiones separadamente, distrayéndome de los consejos de un viejo militar y de un buen amigo, que tan recientemente me ha escrito sobre esto" (7 de noviembre). Tres días después, escribía al Libertador: "Sentiré que me tomen la espalda; pero esto no me da cuidado, porque tengo tan absoluta confianza de este ejército, que me importa poco que los enemigos se pongan en cualquier otra parte; en cualquiera parte debemos derrotarlo." En retirada, recibió la autorización de Bolívar para librar la batalla. Al día siguiente contestaba con el parte de la victoria.

Sucre estaba mal informado respecto de la verdadera fuerza de los realistas; no les daba sino 8.000 hombres desmoralizados, y de ellos 3.000 reclutas. Mientras tanto, el Virrey, concentradas las divisiones de Canterac y Valdés, atravesaba el Apurimac y abría resueltamente su campaña al frente de 10.000 hombres bien organizados (24 de octubre). El ejército español, que constaba de 14 batallones y dos brigadas de caballería con 10 piezas de artillería, se repartió en cuatro divisiones: tres de infantería, a órdenes de los generales Canterac, Valdés y Monet, y una de caballería bajo el inmediato mando del Virrey. Valdés tomó la vanguardia, con su división compuesta de cuatro batallones. El ejército republicano no pasaba de 7.000 hombres, con dos piezas de artillería.

El virrey La Serna inició sus operaciones contorneando las posiciones de los independientes, apoyada su izquierda sobre la cordillera de Huanzo, y se situó sobre el flanco de Sucre, avanzando en masa. Al principio, el general republicano no atinó a explicarse este movimiento; pero bien pronto se dio cuenta de su objeto, cuando vio que el enemigo rebasaba su derecha y maniobraba para establecerse a su retaguardia, a fin de cortarle su línea de comunicaciones y dejarlo sin base de operaciones. Los enemigos describían un semicírculo, dentro de cuyos radios tenía él que moverse. Esto le daba algunas ventajas de que supo aprovecharse hábilmente con gran resolución y serenidad. Podía efectuar su reconcentración, por líneas rectas, dos veces más cortas que las curvas del enemigo, con economía de las fuerzas físicas de su tropa; prevenir el movimiento envolvente, anticipándose tal vez a él, y en todo caso, trazar su itinerario para marchar en posición y elegir su campo para provocar o aceptar una batalla en condiciones relativamente ventajosas. Para esto tendría que recoger su derecha, concentrarse sobre el promedio de la línea de Pachachaca, replegarse a Andahuailas y establecerse en la línea del Pampas, a fin de abrir sus comunicaciones, o recuperar su base de operaciones continuando su retirada en dirección a Huamanga. Esto fue lo que hizo; pero al llegar al Pampas, encontró al enemigo que a marchas forzadas se había anticipado a ocupar su margen izquierda, cortándole la retirada hacia el norte (24 de noviembre). Por primera vez se avistaron los beligerantes. Lo fragoso del país permitía a los dos ejércitos maniobrar sobre ambas márgenes del río con seguridad, y durante tres días ejecutaron alternadas y simultáneas contramarchas, sin que ni uno ni otro se atreviera a atacar en las fuertes posiciones elegidas. Sucre atravesó definitivamente el Pampas en dirección a las fronterizas alturas de Matará: pero al llegar a su pie, las halló coronadas por el ejército español (2 de diciembre). Entonces se inclinó sobre su derecha (este), con el propósito de continuar su retirada, faldeando la cordillera oriental. Para efectuar esta operación, tenía que atravesar la inmediata quebrada de Corpahuaico, distante como seis kilómetros, que da acceso al valle de Acrocos en dirección a Huamanga. Ésta era la zona peligrosa.

Los españoles, al observar el movimiento lateral de Sucre, se corrieron sobre su izquierda para cerrarle el camino; pero cuando llegaron a la boca meridional de la quebrada, ya las divisiones de vanguardia y centro del ejército unido habían franqueado el mal paso. La retaguardia, compuesta de tres batallones colombianos al mando del general Lara, fue atacada en ese momento por la división de Valdés, a tiempo de ponerse el sol (3 de diciembre). Uno de los batallones fue en su mayor parte sacrificado, sosteniendo la retirada; los otros ganaron las alturas en dispersión, con abandono de parte del parque y una pieza de artillería que custodiaban; pero hicieron pie firme allí. Sucre se apresuró a tomar posiciones al norte de la profunda quebrada de Corpahuaico, y las sostuvo con los fuegos de su infantería hasta entrada la noche. Los beligerantes acamparon en las cimas de los dos lados de la quebrada, barranco de por medio. Sucre confesó en este descalabro parcial una pérdida de 300 hombres, una pieza de artillería y parte de sus municiones. Los españoles no dudaron desde este momento de su victoria, pero Sucre no perdió la esperanza.

Desde Corpahuaico se inició una doble marcha, táctica y estratégica, de que la historia militar del mundo no presenta ejemplo, y que solo puede explicarse por la naturaleza montañosa del terreno. Los dos ejércitos beligerantes marcharon a la vista uno de otro: los realistas por las alturas de uno de los ramales de la cordillera oriental; interceptados ambos por un abismo. Al desembocar al valle de Acrocos, Sucre presentó batalla; pero no fue aceptada (4 de diciembre). En este punto, los realistas se inclinaron sobre su izquierda (oeste) haciendo un rodeo para ocupar con anticipación el camino de Jauja. El Virrey quería empeñar la batalla en condiciones de que no se escapase un solo hombre. Siguió en dirección a Huamanguilla (al sur de Huanta), contorneando el flanco izquierdo de los independientes, hasta cortarle por segunda vez la retirada. Mandó cortar todos los puentes y cerrar todos los desfiladeros a su retaguardia, y empezó a maniobrar en el sentido de trabar la pelea en palenque cerrado. Las poblaciones entre Jauja y Huamanga se sublevaron en favor de los realistas. Una columna salida de Jauja para reforzar a Sucre, fue rechazada, y todos los convoyes de los independientes en este trayetco fueron interceptados, y los enfermos de sus hospitales degollados. La posición de Sucre era crítica: estaba entre la victoria o la muerte. En la retirada había perdido más de 600 hombres, y el efectivo de su ejército no alcanzaba a 6.000 plazas. Los españoles peruanos contaban con más de 9.000 hombres. Situado el ejército unido entre Huamanga y Huamanguilla, con la cordillera oriental y occidental sobre sus flancos, en un valle abierto, aunque desigual por colinas y barrancos profundos, podía ser atacado por su frente o por su izquierda. Este lugar se llamaba Ayacucho, y debía ser el último campo de batalla de independientes y realistas en la América del Sur.

IX

Los independientes en la posición que ocupaban tenían a su frente la serranía de Huanta, detrás de la cual maniobraba el Virrey, y sobre su derecha las alturas de Condorkanqui, único punto accesible de la cordillera oriental, cuyo dominio tenían los realistas (6 de diciembre). En la tarde del 8 coronó el ejército español las alturas de Condorkanqui. Por allí venía el ataque. Sucre dio el frente a Condorkanqui. Dos horas después de ponerse el sol, se empeñaron las primeras guerrillas al pie de la cuesta. El ejército unido estaba formado en el llano, casi a tiro de cañón del enemigo.

El ejército unido se componía de 4.500 colombianos, que constituían su base y su nervio, 1.200 peruanos, cuyos cuerpos estaban mandados en parte por jefes argentinos, y 80 argentinos, últimos restos del ejército de los Andes. La derecha, mandada por Córdoba, general de 25 años, se componía de cuatro batallones colombianos. El centro a cargo de Miller, lo formaban los escuadrones peruanos de Húsares de Junín, los regimientos de Granaderos y Húsares de Colombia, y el escuadrón de Granaderos a Caballo de Buenos Aires. A la izquierda, a órdenes de La Mar, estaban la Legión peruana y los batallones números 1, 2 y 3 del Perú. La división de reserva, mandada por el general Lara, constaba de tres batallones colombianos. Una pieza de a cuatro era toda la artillería del ejército unido. El ejército realista estaba compuesto de españoles y peruanos. Valdés, con 4 batallones, 2 escuadrones y 4 piezas de artillería, ocupaba la derecha. Seguía la segunda división al mando del general Villalobos, fuerte de cinco batallones. La división Monet, con cinco batallones, cubría la izquierda. Diez escuadrones, con 7 piezas de artillería, escalonados en dos líneas a retaguardia, cerraban el flanco izquierdo.

Al amanecer el día jueves, 9 de diciembre de 1824, el sol se levantó radiante tras la gigantesca cumbre de los Andes orientales. Sucre recorrió a caballo la línea del ejército, proclamando a los soldados en alta voz: "¡De los esfuerzos de este día, depende la suerte de la América del Sur!" En esos momentos las columnas de ataque españolas descendían las cuestas de Condorkanqui, y agregó con acento inspirado: "Otro día de gloria va a coronar vuestra constancia." Los fuegos de las guerrillas y algunos cañonazos disparados de parte a parte, dieron la primera señal del combate. Eran las 9 de la mañana. A las 10, los españoles situaban cinco piezas de artillería, protegidas por un batallón, al pie de la altura, y avanzaban de frente en masa con su izquierda y centro, ocultando el movimiento de su derecha, destinada a flanquear la izquierda republicana. El Virrey marchaba a pie a la cabeza del centro.

El campo de batalla en que se iban a medir los dos ejércitos, el valle o Pampa de Ayacucho. Su configuración es la de un cuadrado, y su extensión, como 600 kilómetros de sur a norte y de 350 de este a oeste. En su fondo occidental se eleva una loma de suave pendiente, que se desarrolla en toda su longitud. En este punto estaba formado el ejército unido. Los flancos estaban cubiertos por dos ásperas quebradas, siendo la del sur (derecha independiente) absolutamente impracticable. La mayor parte del frente en la prolongación de norte a sur, lo atraviesa un barranco, que los españoles tenían que salvar, pero que puede ser despuntado por la extremidad sur. En este punto fue donde los españoles establecieron su primera batería.

La división de Valdés inició la batalla por su derecha, desalojando las compañías de cazadores de los independientes avanzadas sobre el barranco del frente. Al sonar los primeros tiros, una parte del centro realista comprometió a paso de carrera el ataque, con dos batallones seguidos por la línea de tiradores, con el propósito de flanquear la derecha opuesta. La división colombiana que defendía este punto, permaneció inmóvil a pie firme. Sucre reforzó su izquierda con un batallón y ordenó que Córdoba cargase rápidamente, protegido por la caballería de Miller. El joven general levantó en alto su sombrero, y dio la famosa voz de mando que ha dado relieve a su heroica figura. "¡Adelante! ¡Paso de vencedores! ¡Armas a discreción!" Y cargó con ímpetu irresistible, formado en dos columnas paralelas, con la caballería en el claro. La infantería enemiga, que se había avanzado, fue atacada a bayoneta, y por algunos minutos, la victoria estuvo indecisa. Los españoles pretendieron decidir el combate lanzando ocho escuadrones a fondo, pero fueron arrollados por los regimiento de caballería de Colombia al mando del general Laurencio Silva. El campo quedó por los independientes. La artillería realista desde este flanco quedó inutilizada, antes de poder romper sus fuegos. La derecha del centro de los realistas (general Monet), que se hallaba intacta, acudió a restablecer el combate; pero, antes de pasar toda ella el barranco, fue atacada de firme por la división de reserva al mando de Lara, apoyada por la caballería colombiana, y retrocedió en desorden. Tres nuevos escuadrones salieron al encuentro. Los jinetes colombianos a pie firme, con sus enormes lanzas enristradas, les infundieron pavor, y fueron exterminados. El Virrey se lanzó valerosamente en medio de sus tropas desbaratadas, con ánimo de renovar la pelea; pero, derribado de su caballo con seis heridas, fue hecho prisionero con más de 1.000 de sus soldados.

Mientras tanto, Valdés, con tres batallones y cuatro piezas de montaña, había penetrado por la izquierda republicana y abierto fuegos sobre el flanco de la división peruana al mando de La Mar, que ya empezaba a cejar, cuando acudió el batallón colombiano destinado a reforzarla, y sucesivamente los Húsares peruanos de Junín mandados por Suárez, sostenidos por los Granaderos de Buenos Aires a órdenes de Bruix, con Miller a su cabeza, que decidieron el último combate. La batalla estaba ganada en toda la línea. Era la 1 del día. Valdés, desesperado al ver su tropa en fuga, se sentó sobre una piedra para esperar la muerte; pero sus oficiales lo obligaron a replegarse a la cumbre de la montaña, donde se reunieron todos los generales vencidos con sus últimos dispersos, huérfanos de su virrey y general en jefe. Canterac asumió el mando y capituló con el vencedor, que le concedió generosamente condiciones honrosas. La guerra de la independencia de la América meridional estaba terminada, y su emancipación por siempre asegurada. Según la expresión del poeta, mil años transcurrieron en la hora de Ayacucho.

Ayacucho fue llamado en América la batalla de los generales, como la de los soberanos en Europa. Catorce generales españoles, con todos sus jefes y oficiales, rindieron en ese día sus espadas ante la soberanía de un nuevo mundo republicano. Del ejército realista quedaron en el campo 1.400 muertos y 700 heridos. La pérdida de los republicanos fue de 300 muertos y 600 heridos. ¡La cuarta parte de los combatientes fue muerta o herida!

En esta batalla final estuvo presente el genio de Bolívar, aun cuando no la mandase en persona; como estuvo presente el espíritu de San Martín, representado por los últimos soldados de su ejército. Sin la concepción del plan de campaña continental de San Martín; sin la creación del ejército de los Andes, su paso de las cordilleras meridionales, sus victorias de Chacabuco y Maipú; sin el dominio marítimo del Pacífico, según sus previsiones, su expedición al Perú y su intervención en la guerra de Quito, que terminó en Pichincha, no habría habido Ayacucho. Así también, sin la condensación de la revolución del norte de la América meridional por el genio de Bolívar y su paso de los Andes ecuatoriales; sin Boyacá y Carabobo; sin la organización militar de Colombia, no habría habido tampoco Junín y Ayacucho. Los dos Libertadores triunfaban; pero Bolívar coronaba la obra. La noble y simpática figura de Sucre, el vencedor de Pichincha y Ayacucho, se destacaba en segundo término como vínculo de unión entre los dos vencedores de Chacabuco y Maipú, de Boyacá y Carabobo.

CAPÍTULO L

APOGEO, DECADENCIA Y CAÍDA DE BOLÍVAR

1824-1830

Consecuencias de Ayacucho. — Ocupación del Alto Perú. — La América del Sur emancipada. — Apogeo de Bolívar. — Síntomas de decadencia. — Carácter dual de la revolución sudamericana. — El delirio de Bolívar. — Sus tres primeros actos en el apogeo. — Prorrogación de la dictadura de Bolívar en el Perú. — Muerte de Monteagudo. — Plan de confederación. — Congreso de Panamá. — Creación de la república de Bolivia. — Planes aventureros de Bolívar. — Legación argentina cerca del Libertador. — La política argentina y la boliviana frente a frente. — Nueva hegemonía argentina. — Constitución de Bolívar para el Alto Perú. — Las presidencias vitalicias de Bolívar. — Plan de confederación de los Andes. — La monocracia. — Anarquía de Colombia. — Disolución de la confederación boliviana. — Política reaccionaria del Libertador. — Disolución de Colombia. — Caída y ostracismo de Bolívar.

I

La capitulación de Ayacucho puso término a la guerra de la independencia de la América del Sur. Todas las fuerzas realistas del Bajo Perú se sometieron a ella; con excepción del Callao, donde Rodil continuó tenazmente la resistencia con 2.200 hombres un año más; pero que se rindió al fin (1825). Las ciudades del Cuzco, Arequipa y Puno, abrieron sus puertas al vencedor, que atravesó el Desaguadero, y fue recibido en triunfo en La Paz, Oruro, Potosí y Chuquisaca. El ejército realista del Alto Perú se disolvió por una sublevación, muriendo en ella el general Francisco Antonio Olañeta. El general Sucre ocupó militarmente el país, y convocó una asamblea que deliberase sobre su suerte política. La escuadra española se alejó por siempre de las costas del Perú, y se disolvió desastrosamente en el mar Pacífico. La isla de Chiloé, último punto donde las armas españolas harían su última resistencia, mandadas por Quintanilla, sería también rendida como el Callao. El poeta del siglo, transportado por la imaginación a la cumbre del Chimborazo, extendía la vista por los ámbitos del Nuevo Mundo, y no descubría un esclavo.

Bolívar había alcanzado el apogeo de la gloria humana. Era uno de los hombres más grandes que hubiese producido el Nuevo Mundo, después de su descubrimiento. Ambos mundos lo admiraban. La América del Sur lo aclamaba su Libertador. Los exagerados honores oficiales que se le tributaron, eran nubes de incienso impuro que no alcanzaban a oscurecer las grandes líneas de su figura heroica, y que un leve soplo de buen sentido habría disipado. Representaba el término positivo en el binomio de los dos Libertadores sudamericanos, elevado a la más alta potencia en el orden de la acción coeficiente como nuevo factor. Estaba en su mano resolver el problema político por el problema mismo, dando la más alta medida del gobierno con relación a su medio y al individuo, igualándose tal vez a Washington. No estaba, empero, en su naturaleza producir este resultado, que era la aspiración de la conciencia colectiva y que una ambición sana le habría sugerido. Le faltaba la fuerza moral para mantenerse con serenidad en las alturas, y ese resorte de la abnegación que hace la grandeza moral de los genios benéficos en la plenitud del poderío. Como sucedió al Libertador del Sur, el momento de su apogeo marcó el de la decadencia política y moral del Libertador del Norte; pero con caracteres de caducidad más pronunciados, indicativos de una inevitable catástrofe, por efecto de la ley de dinámica histórica que regula el movimiento apropiado a las necesidades generales.

Uno de los fenómenos más notables de la revolución sudamericana, que la historia señala con rasgos prominentes, es el desnivel de las inteligencias superiores y de los instintos comunes, y el desequilibrio entre la potencia gubernamental y las fuerzas populares. La emancipación, como hecho material, estaba en el orden natural de las cosas; pero lo que propiamente se llama revolución, es decir, el desarrollo del organismo elemental, brotó de la esencia de las cosas mismas, surgió de las almas como hecho armónico y se hizo conciencia ingénita; fue no solo un instinto y una gravitación mecánica, sino también una pasión y una idea colectiva, que se convirtió en fuerza eficiente e imprimió su sello típico al resultado general. La organización y dirección de esta fuerza fue la obra de los caudillos y los políticos, después que el hecho se produjo espontáneamente favorecido por las circunstancias. Solo en un punto coincidieron las impulsiones y las voluntades: la independencia. En lo demás, la dirección y las fuerzas estuvieron casi siempre en desnivel y desequilibrio, y a veces en antagonismo. Los libertadores y los directores están más arriba del nivel común en el orden de la acción, pero en los movimientos complicados en que intervienen las fuerzas ocultas de las conciencias colectivas, están más abajo de la razón pública, así en las altas como en las bajas estratas sociales. Representantes los caudillos de la fuerza organizada, y los políticos de la potencia gubernamental, removieron más hechos que ideas, y tuvieron más objetivos inmediatos que ideales. Hicieron funcionar los resortes mecánicos de la máquina militar y política, sin vivificar los órganos de la nueva sociabilidad embrionaria. No supieron manejar la masa viva, ni contar sus pulsaciones normales. De aquí ese desnivel alternativo y ese equilibrio casi constante entre las fuerzas militares y las fuerzas populares; entre los planes artificiales de los directores y las tendencias espontáneas de la colectividad.

La revolución sudamericana entraña dos revoluciones; una interna y otra externa: una que obra contra el enemigo común, y otra que reacciona dentro de sus propios elementos orgánicos. La América del Sur era genialmente democrática, tenía que ser república y no podía ser otra cosa. Era anárquica por su naturaleza, pero de su misma anarquía tenía que resurgir la nueva vida. Los primeros proyectos de monarquización con reyes extranjeros, que como remedio a ese anarquía se fraguaron en el Río de la Plata, repugnaban a los pueblos, y dieron por resultado la disgregación argentina. El plan de monarquizar al Perú despojó a San Martín de su fuerza moral. El establecimiento del imperio mexicano con un soberano indígena, fue la contraprueba del error del primer plan. La dictadura prolongada de O'Higgins, después de asegurada la independencia de Chile, dio con su héroe en tierra. Las teorías del gobierno oligárquico de Bolívar con presidencias vitalicias y senadores hereditarios, que llevaban en germen la monocracia sudamericana, fueron rechazadas por los congresos impregnados del espíritu republicano de la masa, y determinaron su caída, porque estaban en pugna con las necesidades de la época. Esto revela que, así como las fuerzas impulsivas de la revolución seguían una dirección constante en la línea de sus destinos, tenía también un alma, una conciencia ingénita, que al determinar el afocamiento de las masas batalladoras del continente, debía determinar igualmente el de las voluntades al asumir su forma definitiva. Los Libertadores con todo su poder y su gloria no podían desviar el curso natural de la revolución fuera de su esfera determinada de acción, sin embargo de ser tan eficiente, que sin San Martín en el Sur y sin Bolívar en el Norte, ni se concibe cómo pudo haberse efectuado la condensación continental de los ejércitos, que dio el triunfo final. El día que dejaron de acompañar el movimiento general, quedaron rezagados. Por esto se suprimió a sí mismo San Martín en la mitad de su carrera, cayó O'Higgins, fue fusilado Itúrbide y Bolívar fue suprimido. Eran obstáculos a la marcha expansiva de la revolución, que la necesidad del desarrollo y el instinto de la conservación aconsejaban u obligaban a remover. Por esto, el apogeo de Bolívar marca, no solo su decadencia, sino también el divorcio entre la dictadura estacionaria o reaccionaria y la democracia progresiva, y determina fatalmente una trágica caída.

II

Tres actos iniciales y característicos señalaron el apogeo y la decadencia de Bolívar: la prosecución de un sueño tras un fantasma con apariencia de realidad; la repetición de una renuncia sin seriedad, indigna de su gran expectabilidad; la transformación del Libertador, convertido en conquistador y conspirador reaccionario contra la independencia de las naciones por él redimidas.

Después de Ayacucho, asegurada la independencia sudamericana, su misión de Libertador había terminado, y su deber, su honor y hasta su interés bien entendido, le aconsejaban retirarse del Perú, dejando a los pueblos redimidos dueños de sus destinos. Monteagudo fue el único que le aconsejó bien en este sentido. Pocos días después, Monteagudo era asesinado una noche en una calle solitaria de Lima (28 de enero de 1825). Su muerte es un misterio, que unos han atribuido a venganza política y otros a venganza particular. Bolívar, que se avocó el papel de juez inquisitorial de instrucción, ha guardado el secreto.

Entre los papeles de Monteagudo se encontró un ensayo sobre la necesidad de una federación general de los Estados hispanoamericanos, calcado sobre el plan del congreso de Panamá. El antiguo demagogo, sostenedor más tarde de la idea monárquica con San Martín, se había convertido a los principios republicanos bajo los auspicios dictatoriales de Bolívar. "Este proyecto —decía—, no puede ejecutarse por la voluntad presunta y simultánea de los que deben tomar parte en él. Es preciso que el impulso salga de una sola mano." Este escrito póstumo, que acusa decadencia en la forma y en el fondo, reducido a reminiscencias diplomáticas y vagos perfiles de política internacional, se concretaba en una sola conclusión: "Un congreso que sea el depositario de toda la fuerza y voluntad de los confederados, y que las pueda emplear ambas sin demora, donde quiera que la independencia esté amenazada." Para justificar este nuevo poder, se evocaba el fantasma de la Santa Alianza de los reyes, a que se oponía la alianza de las repúblicas del Nuevo Mundo. A la vez que se apuntaban sospechas sobre las miras del nuevo imperio brasileño y sobre la mala voluntad de Chile y de la República Argentina, se propiciaba el concurso de la Gran Bretaña y de los Estados Unidos, que, por otra parte, alejaba por el carácter de liga guerrera contra la España y contra los reyes, que daba a la confederación, con un "contingente de tropas y un subsidio que debían prestar los confederados."

Sobre esta base aérea insistió Bolívar en su antiguo plan o sueño, y convocó el congreso americano de Panamá, en la esperanza de ser su regulador supremo. Los Estados Unidos lo aceptaron con la condición de observar la neutralidad; la Inglaterra, como testigo; el Brasil, por mera forma; y la República Argentina y Chile, con reservas fundamentales. Solo concurrieron los diputados del Perú, México, Colombia y Guatemala. Cuando esta sombra de congreso escapó a su influencia, el mismo Bolívar lo comparaba "al loco griego que pretendía desde una roca dirigir los buques que navegaban alrededor".

Su segundo acto fue la cuarta renuncia de la presidencia de la república, fundada en que "su permanencia en Colombia no era ya necesaria, por haber él llegado al colmo de la gloria"; y protestaba de su "horror al mando supremo bajo cualquier aspecto o nombre que se le diese". El congreso colombiano se limitó a no aceptarla por unanimidad, pero guardando un digno silencio. Tan lejos estaba de su mente la idea de desprenderse del mando en su patria, que casi al mismo tiempo de formular su renuncia, enviaba dos comisionados cerca del vicepresidente Santander, con una comunicación en que le manifestaba su propósito de "pasar al territorio argentino con el objeto de afianzar la independencia en Sud América, auxiliando a los patriotas". Santander combatió este descabellado propósito, que a nada respondía, recordándole que el permiso acordado por el congreso para dirigir la guerra fuera del territorio de Colombia, tenía por "condición únicamente la seguridad de la república peruana".

Su tercer acto de solemnidad teatral fue la abdicación aparente de la dictadura del Perú y su aceptación inmediata, por las razones contrarias en que fundaba su renuncia. Reunido el congreso constituyente peruano, declaró Bolívar por escrito que le restituía el "terrible poder depositado en sus manos, poniendo fin al despotismo con su resignación". De viva voz dijo: "Hoy es el día del Perú, porque hoy no tiene un dictador. Nada me queda que hacer en esta república. Mi permanencia en ella es un absurdo: es el oprobio del Perú. Yo soy un extranjero; he venido a auxiliar como guerrero y no a mandar como político. Si aceptase el mando del Perú, vendría a ser una nación parásita ligada hacia Colombia. Yo no puedo admitir un poder que repugna mi conciencia. Tampoco los legisladores pueden conceder una autoridad que el pueblo les ha conferido para representar su soberanía. Las generaciones futuras del Perú os cargarían de execración. Vosotros no tenéis facultad para librar un derecho de que no estáis investidos. Un forastero es un intruso en esta naciente república." Una hora después, el congreso, haciendo caso omiso de las vanas protestas del Libertador, renovaba los poderes dictatoriales con mayor amplitud de facultades discrecionales, y decretaba su próxima disolución como incompatible con su autoridad absoluta; lo autorizaba para suspender los artículos de la constitución que se opusieran a su omnímodo ejercicio, y lo constituía en árbitro de la oportunidad de la convocatoria del congreso ordinario. En seguida le votaba un millón de pesos en premio de sus servicios, que él rehusaba con desinterés; pero que aceptó al fin para obras de beneficencia, que nunca se realizaron. Aceptó, empero, lisa y llanamente la dictadura que le entregaba el manejo discrecional de todos sus tesoros. Puso tan solo una condición a la aceptación del mando absoluto, que parecía una burla, y fue que no se pronunciase la "odiosa palabra dictadura". ¡Escrúpulo de orejas! El servilismo del congreso peruano llegó al grado de repugnar al mismo Bolívar. Los historiadores colombianos más adictos al Libertador, al explicar esta abyección por la gratitud, insinúan que "solo el senado de Tiberio se mostró tan degenerado"; y los historiadores peruanos "quisieran poder borrar esta página vergonzosa de sus anales". Sería de desear que se borrase también de la vida política del Libertador sudamericano.

Después de estas renuncias de aparato, de estas contradicciones entre las palabras solemnes y los actos por él mismo condenados y ensalzados, y de estas trivialidades, hay que reconocer que el delirio de las grandezas, síntoma de la demencia del poder absoluto o de la depresión moral, estaba cercano. Por el momento se limitaba a aceptar contra su conciencia, según decía, lo que el congreso le daba sin derecho. ¡No tardaría en imponer a ese mismo congreso, con las bayonetas colombianas al pecho, su poder a perpetuidad, que declaraba absurdo y criminal y merecedor de la execración de las generaciones venideras, haciendo del Perú un parásito de Colombia! El poder, y el poder personal sin control durante la vida, era como la túnica de la fábula adherida a su ser, y de que solo se desprendería con los últimos pedazos de su carne.

III

La asamblea general de las provincias del Alto Perú convocada por Sucre, fue más allá que el congreso peruano. Lo declaró "hijo primogénito del Nuevo Mundo; el Salvador de los Pueblos"; se puso bajo la protección de su espada y de los auspicios de su sabiduría (19 de julio de 1825). Declarada su independencia con el consentimiento del Bajo Perú y sin oposición de las Provincias del Río de la Plata a que había pertenecido en la época colonial, dio a la nueva nación el nombre de "República de Bolívar", bajo la forma representativa, y decretó, que el Libertador tenía el supremo poder ejecutivo de ella en todo tiempo, por todo el tiempo que residiese en su territorio (11 y 31 de agosto). En su ausencia, el mando de hecho recaía en Sucre (3 de octubre). En seguida, disolvióse, y convocó una asamblea constituyente, pidiendo a Bolívar le diese un proyecto de constitución (6 de octubre) y una guarnición de 2.000 colombianos para su custodia (4 de octubre). ¡Para exceder al senado de Tiberio, solo le faltó nombrar segundo libertador a su caballo!

Sus atracciones lo llamaban hacia el Sur. Ya se ha visto que, al mismo tiempo que aparentaba renunciar la presidencia de Colombia, meditaba trasladarse a territorio argentino, con el objeto, según decía, de consolidar la independencia de la América, teniendo en vista la guerra entre las Provincias Unidas y el imperio del Brasil. Poco después (julio de 1825), ofrecía a Chile sus auxilios para expulsar a los españoles de la isla de Chiloé. Aceptado el ofrecimiento solo en cuanto a subsidios, contestó evasivamente, pues lo que él quería era poner el pie en aquel territorio a la cabeza de sus soldados, para dominarlo. A la vez que con las tropas de Colombia sujetaba a los pueblos que estaban bajo su dictadura y hacía presión sobre los que estaban sustraídos a su influencia militar y política, se había hecho autorizar por el Congreso para trasladar el ejército peruano de mar y tierra a Colombia, con el pretexto de una invasión francesa, lo que hizo atribuirle por sus mismos compatriotas el designio de oprimir a su patria con soldados extranjeros, como lo hacía en el Perú y Bolivia. En vez de propender a fundar gobiernos regulares sobre la base de la independencia de los pueblos y la verdad de las instituciones republicanas, para promover su prosperidad interna, todo su plan político se iba reduciendo a un imperio pretoriano y un presidente vitalicio, o sea un monarca ocioso sin corona, con ejércitos permanentes por todo sostén. La concepción no podía ser más grosera, y estaba, no solo más abajo de la razón pública, sino también de su propio nivel moral. Era un doble oprobio, para los pueblos y para él, que los dos expiarían.

Deseoso de recorrer toda la extensión del territorio libertado por sus armas y tocar las soñadas fronteras argentinas, a la vez que ansioso de vanagloria, se trasladó al Alto Perú. Delegó el mando del Perú en un consejo de gobierno, con sus facultades dictatoriales sujetas a su beneplácito. Su viaje desde Lima hasta Potosí fue un paseo triunfal. Las ciudades salían a su encuentro para ofrecerle sus llaves forjadas en oro, y presentarle cada una de ellas caballos de batalla enjaezados con estribos, bocados y guarniciones de oro puro. Al pasar por Arequipa, se encontró allí con el general Alvarado, quien le ofreció un banquete rústico de una ternera asada con cuero, a estilo de las pampas argentinas y de los llanos de Colombia, invitación que aceptó, con la condición de que el asado fuera sin sal, pues así se usaba en su país. En la mesa, al advertir que los vinos eran de Burdeos, preguntó si había "champaña". El general Alvarado le mostró una fila de botellas con el letrero embriagador formadas a su espalda. —"De ése quiero —repuso—, porque este día es muy placentero para mí." Y se lanzó a brindar, repitiendo sus libaciones contra su habitual sobriedad. La escena de los banquetes en Quito y Guayaquil se repitió, pero en caracteres más tempestuosos. En uno de los brindis, al hacer alusión a la unificación de Sud América, dijo que "en breve pisaría el territorio argentino". El coronel Dehesa, que se hallaba presente y estaba también acalorado por el vino, le dijo que "sus compatriotas no aceptaban dictadores en su territorio". Bolívar, de un salto, trepó delirante a la mesa del banquete, y rompiendo con furia vasos y platos bajo el taco de su bota, prorrumpió paseándose por ella: "¡Así pisotearé a la República Argentina!" Este estallido de iras concentradas se explica por la tenaz oposición que hacía por entonces la prensa de Buenos Aires a sus planes absorbentes y antidemocráticos.

IV

En Potosí se encontró Bolívar con dos enviados argentinos, encargados de una misión diplomática cerca de su persona como gobernante, que venían a felicitarlo a la vez en nombre del congreso de las Provincias Unidas del Río de la Plata, por sus grandes triunfos en pro de la independencia de la América. Los enviados eran: el general Carlos María de Alvear y el Dr. José Miguel Díaz Vélez. Las escenas de la entrevista de Guayaquil volvieron a repetirse en punto menor. Oficialmente les significó por intermedio de su secretario, que los recibía para agradecer sus felicitaciones, aunque no pudiese tratar con ellos, por hallarse su ministro de relaciones en Lima, que era el asiento del gobierno (8 de octubre de 1825). Pero sucedía que, al mismo tiempo que adoptaba esta actitud empacada, le llegaba la noticia de que los brasileños habían ocupado las provincias de Mojos y Chiquitos, pertenecientes a Bolivia, lo que lo constituía en aliado de hecho de la República Argentina en una guerra inminente con el Brasil. Los horizontes de Bolívar se dilataron más. Él había dicho al general Alvear en Arequipa: "Tengo 22.000 hombres que no sé en qué emplearlos, y cuando la República Argentina está amenazada por el Brasil, que es un poder irresistible para ella, se me brinda la oportunidad de ser el regulador de la América del Sur. Le ofrezco a usted un cuerpo de 6.000 hombres para que ocupe a Salta." El general argentino rehusó el ofrecimiento con paliativos propios de su carácter. Pocos días después le dijo: "El enviado que viene de Buenos Aires, es el general Alvear; él aceptará con uñas y dientes la propuesta que usted ha desechado."

La primera conferencia confidencial del Libertador con los enviados argentinos en Potosí (18 de octubre), que ha permanecido hasta hoy desconocida, es característica, y revela lo que pasaba en aquel momento en el alma de Bolívar. Los enviados le hicieron conocer el objeto diplomático de su misión, que era ponerse de acuerdo con él para hacer frente al imperio del Brasil, que, habiendo ocupado la Banda Oriental, perteneciente a las Provincias Unidas, amenazaba la existencia de las repúblicas sudamericanas, y que, por lo tanto, era de interés común estrechar las relaciones de las cuatro repúblicas existentes de Colombia, Perú, Chile y Provincias Unidas del Río de la Plata, a fin de hacer reconocer al emperador del Brasil sus deberes internacionales y reducirlo a sus límites. El Libertador, manifestándose conforme con las vistas generales de la política argentina, objetó que su posición era singular, pues, si bien era presidente de Colombia y encargado del mando supremo del Perú, se había desprendido de dirigir las relaciones exteriores. Los plenipotenciarios argentinos, con el objeto de sondar sus disposiciones, le pidieron quisiera darles un consejo respecto del modo como deberían proceder en tales circunstancias. Bolívar, dejándose arrebatar por su vanidad, que anteponía a toda su personalidad, les indicó que podían dirigirse oficialmente a los gobiernos de Chile y del Perú, y limitarse, por el momento, a felicitarlo a él como a un general vencedor. Se le demostró perentoriamente que su proposición era inadmisible, pues un gobierno independiente y soberano como el de las Provincias Unidas, no podía enviar ministros plenipotenciarios para felicitar a un simple general, cualquiera que fuera la eminencia de sus servicios, y que por lo tanto, no podían hacerlo sino previamente reconocidos como tales por el Libertador en su carácter de jefe supremo de Colombia y del Perú. El Libertador, tratando de enmendar su ligereza, declaró que su objeción no envolvía la negativa de reconocer a los enviados en su carácter, y dando un sesgo a la conferencia, se quejó amargamente de los ataques que le dirigía la prensa de Buenos Aires, especialmente *El Argos*, haciendo moralmente responsable de ellos al gobierno argentino. El Libertador no pudo mantenerse en este terreno, después de las francas y amistosas explicaciones que le dieron los plenipotenciarios.

Abordada de nuevo la cuestión del Brasil, el Libertador buscó una evasiva, que respondía a su plan de unificación continental. "En este asunto —dijo—, encuentro dificultades aun para ser tratado en Lima, y la principal es que las repúblicas del Perú y Colombia, ligadas por el pacto de confederación del congreso de Panamá, han renunciado a entrar en ningún convenio o tratado con otra nación." El general Alvear, tomando la palabra, observó que no tenía conocimiento de tal compromiso, ni podía concebirse que las naciones independientes de la América hubieran renunciado a la facultad soberana de entrar en tratados con las demás naciones, delegándola en el congreso del Istmo, y que por lo que respectaba a su gobierno, consideraban tal proyecto absolutamente impracticable, por no estar comprendida semejante condición en la autorización pedida al efecto al congreso argentino. —Aquí volvía a encontrarse en el terreno diplomático la hegemonía argentina con la colombiana—. El Libertador, reconociendo la fuerza de la objeción, declaró: que con respecto al Perú y Colombia, el compromiso estaba subsistente; agregando con tal motivo que él había sido de opinión de no invitar los Estados Unidos al congreso panameño, lo que se había verificado por iniciativa exclusiva del vicepresidente Santander, a quien manifestara que, dada tal participación, era más conveniente eludir la reunión de los plenipotenciarios americanos en el Istmo, lo que felizmente estaba salvado por cuanto dichos Estados no concurrirían.

Los plenipotenciarios argentinos, volviendo a la cuestión con el Brasil, insistieron en su proposición de una liga ofensiva de las cuatro repúblicas sudamericanas, para poner a raya al Imperio, ya fuese para prevenir la guerra, ya llevarle la guerra a su territorio, si no había otro medio de hacerle entrar en razón, y que tal empresa era digna del Libertador de Colombia y del Perú, a quien le estaba reservada su dirección. Bolívar, vivamente impresionado, se mostró dispuesto a entrar en el plan; pero descubrió sus temores de que la Inglaterra pudiese oponerse a él, por lo cual se necesitaba una razón ostensiblemente poderosa, que justificase la intervención del Perú y de Colombia en la cuestión. Los enviados, haciendo entonces uso de un artículo secreto de sus instrucciones, le sugirieron el medio de limitar el común concurso, sin necesidad de recurrir a las armas, enviando al efecto el Libertador un plenipotenciario a Río de Janeiro, el que, unido con otro de las Provincias Unidas, y de acuerdo ambos, exigiesen la restitución de la Banda Oriental en nombre de las dos repúblicas sudamericanas, y pidiesen a la vez una reparación por el insulto hecho al Perú y Colombia al ocupar los territorios de Mojos y Chiquitos, que se hallaban bajo la protección de sus armas. El Libertador, inclinado por un momento a aceptar este término medio, volvió a insistir en la participación que correspondía al congreso del Istmo, y que mientras tanto, enviaría un edecán suyo al gobierno imperial, que a la vez de significarle su desagrado, y "largar una que otra bravata militar", que lo alarmase, averiguara el modo de sentir de la Inglaterra al respecto. Los enviados le declararon que, a pesar del respeto que les merecían sus opiniones, no podían menos de manifestarle que tal concurso moral era bien poco, pues el Brasil no se alarmaría por amenazas indirectas, y mantendría mientras tanto la ocupación de la Banda Oriental, a cuyo efecto hacía grandes preparativos militares en su frontera.

En este estado de la conferencia, el Libertador, no obstante la reserva que se había impuesto, dio rienda suelta a su imaginación y descubrió sus propósitos secretos. —"Voy a proponerles una idea neutra —dijo—. He hecho reconocer el Pilcomayo y procurado adquirir todos los conocimientos posibles para proporcionarme la mejor ruta al Paraguay, con el proyecto de irme a esa provincia, echar por tierra a su tirano y libertar a mi amigo Bonpland." Alvear le preguntó qué pretexto daría para una invasión contra el Paraguay. —"Antes haré una protesta de que voy a libertar ese país para volverlo a las Provincias del Río de la Plata, y su gobieno podría incitarme para que fuese a aquel país a sacarlo de las garras de un alzado." A esto replicaron los enviados que, según los principios de liberalidad, adoptados por las Provincias Unidas, creían difícil que su gobierno se prestase a hacer tal invitación. —"Me bastaría solamente —dijo entonces— que los argentinos no gritasen mucho creyendo que quiero usurparles parte de su territorio; y yo protesto que se incorporará a las Provincias Unidas del Río de la Plata. En el Paraguay podría aumentar mi ejército, y bajo cualquier pretexto, que nunca falta, socorrer al gobierno de las Provincias Unidas, si estuviese empeñado en la guerra con los brasileños."

En la segunda conferencia (9 de octubre) volvió a insistir sobre la misma proposición, pidiendo a los enviados la transmitiesen a su gobierno y recabaran de él la competente autorización para entrar a un territorio que reconocía ser una pertenencia argentina. "El objeto que me propongo —agregó— tiene mucho de romancesco, y hará ruido en Europa. Es una empresa digna de los tiempos heroicos." Los enviados, que habían recapacitado sobre el auxilio de un aliado tan peligroso, prestado en condiciones tan equívocas, presentaron algunas objeciones fundamentales. Aun en el caso que el gobierno quisiese acceder a ella, dijeron, era necesaria una ley del congreso, y sería dudoso que pudiera autorizar una expedición semejante, por haberse adoptado una línea de conducta que se fundaba en no obligar a entrar por la fuerza ningún territorio en la asociación nacional. A la vez le observaron, con cierta malicia, que, al transmitir la proposición a su gobierno, éste se vería en perplejidad, pues por una parte el Libertador aseguraba que no tenía facultades para entender en negocios diplomáticos, y al mismo tiempo pedía autorización para invadir una provincia que ninguna ofensa había hecho ni a Colombia ni al Perú. A lo que satisfizo Bolívar, que el negocio del Brasil podía tener complicadas ulterioridades y era menester proceder con formalidad, mientras que con el Paraguay no era así, pues destruido su gobierno, todo estaba acabado.

La contestación del gobierno argentino fue en consonancia a las objeciones hechas de antemano por sus enviados: "El gobierno (argentino) no puede absolutamente alterar los principios que sirven de base a su política con respecto a los demás gobiernos existentes." Las dos políticas estaban frente a frente: la boliviana y la argentina.

Trasladado Bolívar a Chuquisaca, las negociaciones sobre alianza parcial o general, en que intervino también Sucre, no dieron ningún resultado. Los enviados argentinos volvieron a inculcar sobre la necesidad de que el Libertador, poniendo en ejercicio las disposiciones que había manifestado, diera algunos pasos en el sentido de hacer concebir temores a la corte del Brasil, a fin de contribuir a mantenerla en la actitud que parecía haber tomado. El Libertador contestó: "He hecho recostar todo mi ejército sobre las fronteras del Brasil, y ahora voy a reforzarlo con un regimiento de caballería, y yo mismo pienso presentarme allí en persona. Esto no podrá menos que causar una grande alarma en el Janeiro, e indudablemente contribuirá al logro de vuestros deseos." Agregó que estaba dispuesto a enviar un ministro a Río de Janeiro, el que pasaría por Buenos Aires, a fin de ponerse de acuerdo con el gobierno argentino. Los enviados argentinos dieron las gracias al Libertador por las buenas disposiciones que manifestaba en favor de las Provincias Unidas; pero todo esto no pasó de sueños y palabras.

La vidriosas relaciones entre el gobierno argentino y el boliviano se alteraron profundamente por este tiempo, con motivo de la ocupación de Tarija por tropas colombianas, que variaba los límites entre ambos países. Las negociaciones sobre alianza ofensiva y defensiva contra el Brasil, o de mero acuerdo diplomático, quedaron de hecho interrumpidas, y todo anunciaba más bien una ruptura entre las dos repúblicas. En tal estado, Bolívar entró en conferencias privadas con el general Alvear, y éste, como lo había previsto Bolívar. entró de lleno en sus miras. Nada menos soñaba el Libertador que subordinar a su influencia las Provincias Unidas del Río de la Plata como regulador; llevar adelante en unión de ellas la guerra contra el Brasil; derribar el único trono levantado en América, y remontar de regreso la corriente del Amazonas en su marcha triunfal a través del continente subyugado por su genio. Se hallaba allí por acaso el coronel Manuel Dorrego, cuya aparición hemos señalado, que como uno de los caudillos del partido federal, en oposición al unitario que dominaba en Buenos Aires, entró también de lleno en los planes de una intervención boliviana, a fin de variar la situación argentina, conmovida ya por la sublevación parcial de algunas de sus provincias. Los tres quedaron de perfecto acuerdo.

Por este tiempo fue nombrado Rivadavia presidente de las Provincias Unidas. Él consideró que Bolívar, lleno de gloria, de ambición y de soberbia, con su ejército triunfante acampado en la frontera norte de la República Argentina, era un peligro. Los planes de intervención en la vida interna de los vecinos, encontraban eco simpático en el partido anárquico, cuyos jefes iban a pedirle sus inspiraciones en Chuquisaca, mientras su nombre sonaba en los disturbios de Tarija y en los alborotos de las provincias, y principalmente en Córdoba. La prensa oposicionista a Rivadavia propiciaba su intervención armada, repitiendo, como Bolívar, que la República Argentina era impotente para triunfar por sí sola del emperador del Brasil, y aun para organizarse, sin la "asistencia del genio de la América", como por antonomasia le llamaba. Fue entonces cuando Rivadavia dijo: "Ha llegado el momento de oponer los principios a la espada", y levantó la bandera pacífica de la nueva hegemonía argentina. Bolívar y Rivadavia volvieron a hallarse frente a frente como en 1823. (Véase capítulo XLIX, párrafo I.) El gobierno argentino, fuerte en sus principios, reaccionó contra el plan absorbente del congreso de Panamá, compuesto de las repúblicas sometidas a la influencia de Bolívar, y el proyecto quedó desautorizado. La prensa liberal del Río de la Plata empezó a analizar simultáneamente las tendencias de aquella monocracia confusa, que era la negación del sistema representativo republicano, y estos escritos repercutieron en toda la América, encontrando eco hasta en la opinión de Bolivia, el Perú y Colombia. Chile, donde los principios argentinos habían cundido, bajo una administración modelada por la de Rivadavia, fue la primera república que se unió a la resistencia de las Provincias Unidas.

Bolívar, perseverando siempre en sus planes absorbentes ya madurados, meditó abrir una campaña en sentido opuesto al que habían traído sus armas libertadoras de norte a sur, llevando sus principios reaccionarios de sur a norte hasta conquistar a su propia patria, y restablecer en el hecho el sistema colonial contra el cual había heroicamente combatido. Para realizarlo, regresó al Perú, y delegó sus facultades dictatoriales en su teniente Sucre, como procónsul del imperio boliviano. Era ya el jefe supremo de tres repúblicas que abrazaban la tercera parte de la América del Sur, y de dos de ellas dictador absoluto con el título vago de Libertador. Esto no satisfacía aún su ambición: aspiraba a la monocracia vitalicia, sobre la base de la hegemonía militar de Colombia.

VI

Desde Lima envió Bolívar su proyecto de constitución para la república de Bolivia (25 de mayo de 1826). Es ésta la más original de sus obras, y puede considerarse, si no como el Evangelio, como el Korán del imaginario sistema político boliviano.

Todas las obras de Bolívar, así en el orden político como militar, son tan características, que ha sido necesario inventar palabras apropiadas para simbolizarlas. Su sistema de guerra, si tal puede llamarse, es una mezcla sin nombre de las nativas propensiones guerreras de los indígenas y de la disciplina europea, en que con poca táctica y menos estrategia, el instinto preside a los combates y la inspiración a los movimientos, alcanzando al fin la victoria por la audacia de las concepciones, el ímpetu de los ataques y la constancia incontrastable en los reveses. Esta escuela sin nombre puede llamarse la escuela militar de Bolívar, que tiene, por lo arriesgado, algo de la de Carlos XII. Su predominio se simboliza con un nombre nuevo que lo inviste con la dictadura permanente: se llama "Libertador". Su plan político no es ni democrático, ni aristocrático, ni autocrático, y para caracterizarlo, un historiador universal ha tenido que inventar la palabra "monocracia", que es la única que le cuadra. Para bautizar la nueva república del Alto Perú, al ofrecerle su constitución, él inventó un nombre derivado, y la llamó "Bolivia". "Solo Dios tenía potestad para llamar a esa tierra «Bolivia». ¿Qué quiere decir Bolivia? Un amor desenfrenado de libertad. No hallando vuestra embriaguez una demostración adecuada a la voluntad de sus sentimientos, arrancó vuestro nombre, y dio el mío a todas vuestras generaciones." Esta definición en que la lascivia se confunde con la pasión sublime por la libertad humana, asociada al acto de la generación sucesiva, hace pensar en su amor desenfrenado del poder, a que le cuadraría también una palabra análoga para caracterizarlo.

La constitución de Bolivia, ideada por Bolívar, es una combinación ingeniosa por su mecanismo, una concepción de ideólogo por su propio comentario, una amalgama confusa de reminiscencias antiguas, prácticas modernas, teorías aristocráticas y formas democráticas, que tiene algo de la república griega y del cesarismo romano; un poco del monarquismo inglés y de la primera constitución consular de Napoleón, que procura alejarse y acercarse a todas ellas. En su fondo es una masa informe, en que talla la estatua de su poderío monocrático. Menos abnegado que los legisladores de Atenas y de Esparta, en vez de emprender viaje lejano después de imponer sus leyes, o pedir que sus miembros fueran despedazados y sus leyes se cumplieran hasta que ellos se reunieran, el legislador americano amoldaba los miembros de los pueblos a su estatura, y los esclavizaba a su persona durante su vida, fundando un verdadero imperio inorgánico. El modelo que presenta, es la constitución de Haití, que califica como la primera república democrática del mundo; pero vese que ha tenido presente el proyecto de Sieyes, borroneado por Bonaparte, y que su ideal, es el primer cónsul de la Francia, cuya exaltación presenció en su juventud y despertó en él un gran entusiasmo.

El punto céntrico de la atracción, la base de su sistema constitucional, es la presidencia vitalicia, con facultad de elegir su sucesor hereditario, como el Bajo Imperio romano pintado por Tácito. "El presidente de la República —dice en su comentario— viene a ser como el sol, que, firme en su centro, da vida al universo. Esta suprema autoridad debe ser perpetua; porque en los sistemas de jerarquía se necesita más que en otros un punto fijo, alrededor del cual giren los magistrados y los ciudadanos: los hombres y las cosas." "Dadme un punto fijo —decía un antiguo —y moveré el mundo." Para Bolívar este punto es el presidente vitalicio: "Un presidente con derecho de elegir su sucesor, es la expresión más sublime en el orden republicano." Y justificando la herencia como principio fundamental, agrega: "Siendo la herencia la que perpetúa el régimen monárquico, y lo hace casi general en el mundo, ¿cuánto más útil no es el método para la sucesión del vicepresidente? El presidente nombra al vicepresidente para que administre el Estado y le suceda en el mando. ¿Que fueran los príncipes hereditarios elegidos por el mérito y no por la suerte, y que en lugar de quedarse en la inacción se pusieran a la cabeza de la administración? La monarquía que gobierna la tierra, ha obtenido sus títulos de aprobación de la «herencia» que la hace estable, y de la unidad que la hace fuerte. Estas grandes ventajas se reúnen en el «presidente vitalicio y vicepresidente hereditario»." A pesar de declarar en seguida imposible la fundación de nuevas monarquías en América, lo que propone es una monarquía electiva en su origen, fundada sobre el principio hereditario.

La noción más nueva de este proyecto es la división de los poderes. El cuerpo electoral en su plan ideológico es una especie de asamblea popular permanente, periódicamente renovable por el voto pasivo, y constituye la base del edificio, como depositaria del ejercicio de la soberanía delegada en épocas fijas y con representación política en nombre de ella, combinación que daba a las localidades la autonomía de los Estados federados, según su carácter. Del cuerpo electoral nacía la representación nacional, que por la primera vez elegiría el presidente vitalicio, el cual a su vez crearía por la herencia, la sucesión de los presidentes perpetuos. Aleccionado con el rechazo del senado hereditario en el congreso de Cúcuta, no insistió en la idea; dividió el poder legislativo en tres cámaras, creando una de censura como en la república romana, con las funciones del areópago de Atenas, o sea un tercero en discordia, especie de entidad moral entre los poderes coordinados del Estado.

Con arreglo a esta constitución, sancionada con ligeras modificaciones y adiciones por el congreso de Bolivia, bajo la presión moral de Sucre y la material de las bayonetas colombianas, fue elegido el vencedor de Ayacucho casi por unanimidad presidente vitalicio de Bolivia, con la supremacía de Bolívar, que ejercía el poder supremo toda vez que hiciese acto de presencia en su territorio. La ambición de Bolívar no podía encerrarse en el estrecho recinto de Bolivia. Su plan era más vasto. Bolivia no era sino la unidad de su sistema constitucional, con

383

su monocracia por coronamiento. Era necesario para realizarlo, imponer la misma constitución al Perú y hacerla aceptar de Colombia, confederando las tres repúblicas, atadas por el vínculo de su persona, con el nombre de Libertador.

No habían aún transcurrido cuarenta días después de la sanción de la constitución de Bolivia, y ya era ley fundamental del Perú. Al tiempo de reunirse el congreso ordinario, apareció un partido nacional, opuesto a la continuación de la dictadura y a la ocupación de las tropas colombianas. El gobierno delegado del dictador objetó las elecciones de los diputados, y cincuenta y dos de ellos, por servilismo o bajo la presión de amenazas y promesas, pidieron su propia disolución, a lo que concurrió en parte el descubrimiento de una conspiración contra el Libertador, que llevó al suplicio algunas víctimas y otras al destierro. Reunidos en estas circunstancias los colegios electorales, Bolívar amenazó abandonar a los peruanos a su destino. Todos los artificios oficiales y del personalismo se pusieron en juego, para hacerle desistir de su resolución, aun cuando la constitución boliviana fuese impopular a la gran mayoría y la dictadura universalmente odiada (agosto de 1826). Peticiones civiles y militares, diputaciones y manifestaciones de apariencia popular, se sucedieron, suplicando al Libertador no los desamparara. La abyección llegó a tal grado de vileza, que un dignatario del Estado se echó al suelo ante el ídolo, y le pidió que le pusiera un pie en el pescuezo, para poder decir que había sostenido al hombre más grande del siglo. No bastando todo esto para vencer la aparente resistencia del Libertador, acudió la reserva: las limeñas. Una diputación de damas lo rodeó, lo acarició, y al fin, de aquel grupo de gracias salió una voz armoniosa que fue cubierta de aplausos: "El Libertador se queda!" Él dijo: "Cuando la beldad habla, ¡qué pecho puede resistirse! Yo he sido soldado de la beldad, porque he combatido por la libertad, que es bella y hechicera, y lleva la dicha al seno de la hermosura, donde se abrigan las flores de la vida." Toda esta farsa, estas presiones y ejecuciones sangrientas y esta retórica, no eran sino una exhibición teatral, para imponer brutalmente su presidencia vitalicia y realizar su sueño monocrático. Jamás un grande hombre descendió tanto, envileciendo a un pueblo. ¡Qué contraste con la sinceridad y el desprendimiento de San Martín en el mismo teatro!

El colegio electoral de Lima, rodeado de bayonetas colombianas, se reunió en la universidad de San Marcos (6 de agosto de 1826). Por unanimidad resolvió: que se derogase la constitución republicana de 1823 y se aceptara la boliviana a libro cerrado, como "un código divino que convertiría la sociedad política en un paraíso de libertad." Los colegios electorales de las provincias se uniformaron con este voto; la nueva constitución fue jurada y Bolívar fue aclamado de este modo presidente perpetuo del Perú. Al anticiparse a aceptar el voto falsificado de los electores de Lima, les dijo: "Mi constitución es la obra de los dos siglos. Congratulo a los representantes de esta provincia que la hayan aceptado. Han conformado su opinión con la mía acerca de los intereses políticos, de la duración, ventura y tranquilidad de los pueblos." Como de costumbre, renunció de antemano a la presidencia vitalicia que se le ofrecía, para admitirla inmediatamente después sin condiciones. Pero esto no bastaba aún a su ambición insaciable.

VII

Uniformado el sistema constitucional de Bolivia y el Perú, ocupóse Bolívar en llevar adelante sobre esta doble base su plan de confederación americana, de la que él sería múltiple presidente perpetuo y regulador supremo, con el título de Libertador o Protector. Sería entonces más que un monarca, y tendría la ubicuidad de un Dios, desde el mar de las Antillas y el Orinoco hasta el Pacífico y las montañas de plata de Potosí. Para realizar este sueño, solo le faltaba hacer aceptar su constitución por Colombia. En este sentido escribió a Páez, que era el árbitro de Venezuela: "Se me ha escrito que muchos pensadores desean un príncipe, con una constitución federal; pero, ¿dónde está el príncipe, y qué división política produciría su anuncio? Todo es ideal y absurdo. Se dice que de menos utilidad es mi pobre delirio legislativo que contenga todos los males. Lo conozco; pero algo he de decir para no quedarme mudo en medio de este conflicto. Yo desearía que con algunas ligeras modificaciones se acomodara el código boliviano a Estados pequeños enclavados en una vasta confederación. Desde luego, lo que más conviene es mantener el poder público con vigor para emplear la fuerza en calmar las pasiones, reprimir los abusos, ya con la imprenta, ya con los púlpitos, y ya con las bayonetas. La teoría de los principios es buena en las épocas de calma."

La gran confederación se llamaría "De los Andes", y se formaría, manteniendo la integridad de Bolivia, dividiendo al Perú en dos Estados y a Colombia en cuatro, cada uno de ellos con su presidente vitalicio, satélites del gran presidente, que, según la imagen de su creador, "vendría a ser como el sol firme en su centro, que da vida al universo". Sucre propiciaba decididamente el plan; Santander lo aceptaba, y los principales caudillos de Colombia, que eran los régulos de su departamento, lo apoyarían con sus espadas. Simultáneamente, los partidarios personales de Bolívar hacían "pronunciamientos" populares en varios departamentos, empezando por Quito y Guayaquil, que se hallaban bajo su inmediata influencia, y declaraban en sus actas que "se rogase al

Libertador se dignara recibirlos bajo su protección, y reasumir bajo la investidura de Dictador, además de las facultades extraordinarias, toda la soberanía nacional que reside en el pueblo; para que fijara definitivamente el sistema de la República".

Puestos de acuerdo sobre el plan monocrático los dos presidentes vitalicios de Bolivia y del Perú, celebróse entre ambos países un tratado, con el objeto de formar una liga que se denominaría "Federación boliviana", cuyo jefe supremo sería a perpetuidad el mismo Bolívar. Por este pacto, quedaban las dos naciones consolidadas en una sola, y ligadas por un congreso federal de nueve diputados por cada parte. El tratado era en sí una verdadera constitución, que determinaba de antemano las facultades del congreso y del jefe supremo, reduciendo el mecanismo del gobierno general a su más simple expresión: un soberano en el hecho, con una dieta de electores por consejeros. Éste era el bosquejo de la gran confederación. Para completarla en toda su extensión territorial, se disponía por uno de sus artículos que "los gobiernos del Perú y Bolivia nombrarían plenipotenciarios cerca del de Colombia, para negociar su adhesión al pacto de federación, con alteraciones o modificaciones que no variasen la esencia del tratado".

Bolívar debía tener una idea muy exagerada de la imbecilidad de los pueblos, cuando pretendía engañarlos con apariencias que no lo alucinaban a él mismo. Él sabía y todos lo sabían, que su imperio solo duraría lo que durase su vida, cuyos días estaban ya muy contados. Tan es así, que en el pacto entre Bolivia y el Perú, se agregó un artículo: "Muerto el Libertador, los cuerpos legislativos de las respectivas repúblicas federales, quedarán en libertad de continuar la federación o disolverla." Él mismo auguraba el fin trágico y estéril de su gobierno personal, cuando exclamaba: "¡Mis funerales serán sangrientos como los de Alejandro!" Tenía la conciencia —y esto lo hace más responsable ante la historia— de que era un imperio asiático el que pretendía fundar, sin más títulos que la gloria del conquistador, ni más sostén que el pretorianismo.

Es Bolívar uno de aquellos grandes hombres de múltiples fases, llenas de luces resplandecientes y de sombras que la contrastan, a quien tiene que ser perdonado mucho malo por lo mucho bueno que hizo. Aun en medio de su ambición delirante, sus planes tienen grandiosidad, y no puede desconocerse su heroísmo y su elevación moral como representante de una causa de emancipación y libertad. No quería ser un tirano; pero fundaba el más estéril de los despotismos, sin comprender que los pueblos no pueden ser semilibres ni semiesclavos. Así, en todo lo que se relaciona con la posesión del mando, sus vistas son cortas, sus apetitos son groseros, y hasta las acciones que revisten ostensiblemente el carácter de la abnegación, llevan el sello del personalismo, por no decir del egoísmo. Benjamín Constant, refutando al abate **De Pradt**, que sostenía la necesidad de la dictadura de Bolívar en nombre del orden, ha hecho la crítica de esta faz sombría de su carácter: "Él lo dice; pero, ¿perderíase por ventura la América meridional, si el poder de Bolívar no fuese ilimitado? ¿Hay ejemplo de que el despotismo haya dado a una nación, cualquiera que haya sido su situación moral, la educación necesaria para el goce de su libertad? Los dictadores no son culpables solamente de los males que hacen durante su vida; ellos son responsables de los males que preparan, y estallan después de su muerte. Envileciendo la generación que tienen bajo su imperio, la disponen a sobrellevar toda clase de yugo. No, la dictadura no es nunca un bien, no es jamás permitida. Ninguno se sobrepone bastante a su país y a su siglo, para tener el derecho de desheredar a sus conciudadanos, encorvarlos bajo su pretendida superioridad, de que él es el único juez, y que todo ambicioso puede invocar a su turno, aun siendo el más estúpido, cuando tiene la fuerza en la mano."

La constitución boliviana era el falseamiento de la democracia con tendencias monárquicas. El plan de la monocracia era una reacción contra la revolución misma, y contra la independencia territorial de las nuevas repúblicas, que violaba hasta las leyes físicas de la geografía. La insurrección americana había tenido por principal causa el absurdo de un mundo gobernado automáticamente desde otro mundo, bajo un régimen autoritario y personal, que violentaba los particularismos y no satisfacía las necesidades políticas ni sociales del propio gobierno. La unificación de la América bajo una monocracia personal era la vuelta a otro sistema colonial, con otras formas, pero con inconvenientes más graves aún. Colombia sería la metrópoli y Bolívar el soberano de quien dependerían las partes. Para esto, no merecía la pena de haber hecho la revolución. El dominio del rey de España, fundado en la tradición y en la costumbre, era más tranquilo y paternal. Mejor se gobernaba a Bolivia y al Perú desde Madrid que desde Bogotá, y al menos la estabilidad de la monarquía daba más garantías que la vida pasajera de un hombre, que no veía más allá de ella sino anarquía y sangre.

Bolívar había anatematizado varias veces la monarquía en América, no en nombre de la república precisamente como el gobierno más perfecto, sino fundándose en la razón de hecho de no poder establecerla sólidamente, y había rechazado con ruidosa ostentación la corona que alguna vez se le ofreció. Después de Ayacucho, un francés le escribió desde Londres aconsejándole se proclamase rey constitucional; proposición que recibió con desprecio y transmitió al vicepresidente Santander, para que la denunciase al congreso de Colombia. Más tarde, Páez le propuso hacerse coronar como Napoleón (10 de diciembre de 1826). El contestó: "Yo no soy Napoleón ni quiero serlo: tampoco quiero imitar a César, y menos a Itúrbide. Tales ejemplos me parecen indignos de mi gloria. El título de Libertador es superior a todos los que ha recibido el orgullo humano. Por tanto, me es imposible degradarlo." Y le ofrecía en cambio la constitución boliviana, es decir, la cosa sin el nombre; la realidad de la monarquía sin sus vanos atributos. Cuando así hablaba, había sido ya nombrado a perpetuidad jefe supremo de Bolivia y acababa de ser proclamado presidente vitalicio del Perú, siéndolo de Colombia con facultades extraordinarias. Con este poder real y absoluto durante su vida, bien podía despreciar las cuatro tablas cubiertas de terciopelo del trono de Itúrbide, cuando tenía o creía tener en sus manos lo que valía más que el cetro de un rey: el bastón de dictador perpetuo del Nuevo Mundo. César, con una corona de laurel, que aceptó para ocultar una calvicie como la suya, no necesitó hacerse emperador para serlo. Cromwell no se atrevió o no quiso declararse rey, y al investirse con el título de Lord Protector, hizo llevar delante de sí una biblia y su espada; Bolívar, como César y como Cromwell, era más que un rey, con su corona cívica llevada delante de sí por atributos de su monocracia, su espada de Libertador y su código boliviano, que era la biblia de su ambición personificada. Por eso ha dicho un historiador universal, admirador de su genio bajo otros aspectos, juzgándolo severamente en este momento histórico, en presencia del gran modelo de los gobernantes de un pueblo libre: "Washington ha dado a la historia una medida elevada para juzgar los caracteres públicos, medida que se había casi perdido en los siglos, ocupados por el reino del sable y de la violencia. Las brillantes hazañas de un Napoleón han podido desplazar por algún tiempo esta medida, pero no alterarla permanentemente. La aparición de Bolívar en la escena del mundo no ha podido desplazarla en el más breve espacio del tiempo."

VIII

En medio de la embriaguez de estos vastos planes de engrandecimiento personal, de un mando sensual sin ideales y de los deleites enervantes de la Capua sudamericana, donde Bolívar llevaba hacía dos años la existencia voluptuosa de un monarca oriental, como Salomón, pero sin su proverbial sabiduría, le llegaron tristes noticias de la patria lejana, que parecía haber olvidado. Colombia se disolvía. Al mismo tiempo que sus partidarios de Guayaquil y Quito proclamaban su dictadura incondicional en las costas del Pacífico, Venezuela, con Páez a su cabeza, se sublevaba contra el gobierno general, proclamando la autonomía federal. El vicepresidente Santander, en pugna con ambos movimientos, los condenaba, levantando en alto la constitución de Colombia. La prensa liberal de Nueva Granada se pronunciaba enérgicamente contra su plan monocrático. Bolívar se trasladó por mar a Guayaquil (setiembre de 1826), precedido por los pronunciamientos que lo aclamaban árbitro absoluto, y reasumió inconstitucionalmente las facultades extraordinarias de presidente de la república en ejercicio, como dictador militar de hecho (setiembre), hasta el grado de casar sentencias judiciales y sentenciar procesos que no habían terminado, mandando ejecutar los reos por su orden. El pueblo y las autoridades de Bogotá salieron a su encuentro y le manifestaron "que podía contar con su obediencia bajo el imperio de la constitución y de las leyes que habían jurado respetar y sostener." Esta insinuación lo turbó, y sin oír el fin de la arenga, repuso airado "que esperaba una felicitación y no consejos sobre obediencia a las leyes, ni de violación de ellas causada por su misma iniquidad". Este acto de intemperancia, que parecía el síntoma de una política anticonstitucional, le enajenó las voluntades, de los liberales granadinos principalmente. El Libertador asumió el mando con facultades extraordinarias, y se trasladó a Venezuela con el carácter de tal, delegando en el vicepresidente Santander su representación en la capital (noviembre). Venezuela se sosegó con su presencia (1º de enero de 1827). La rebelión venezolana fue ensalzada, su caudillo declarado "salvador de la patria" y sus autores premiados con menoscabo del gobierno general. Bolívar y Páez se entendieron: quedó acordada entre ambos la reforma de la constitución de Cúcuta, que el Libertador había jurado mantener por el espacio de diez años en 1821. Desde este momento quedó sin punto de apoyo en la opinión del país. La prensa liberal de Bogotá, dirigida por Santander, empezó a atacar agriamente su política reaccionaria. Irritado por estos ataques, o para afirmar su autoridad con un golpe teatral, repitió una nueva e irrevocable renuncia que, como todas las anteriores, se disiparía en vano ruido de palabras: "Yo gimo entre las agonías de mis compatriotas y los fallos que me esperan de la posteridad. Yo mismo no me siento inocente de ambición, y por tanto, me quiero arrancar de las garras de esta furia para librar a mis conciudadanos de inquietudes, y para asegurarme después de mi muerte una memoria que merezca de la libertad. Con tales sentimientos, renuncio una y mil millones de veces a la presidencia de la república. El congreso y el pueblo deben ver esta renuncia como irrevocable. Nada sería capaz de obligarme a continuar en el servicio público. El congreso y el pueblo son justos: no querrán condenarme a la ignominia de la deserción" (6 de febrero). Santander hizo también la suya, presentándose como el sostenedor de la constitución. La votación del congreso fue un desastre para el prestigio de Bolívar. Un senador levantó su voz diciendo: "La constitución boliviana es el peor ultraje que ha podido hacerse a la razón humana en este siglo de luces y de libertad; es el conjunto de todas las tiranías, es un despotismo legal, es el oprobio y la degradación de los pueblos. Ella es el *monstrum ho-*

rrendum de que habla Virgilio. ¡No! Antes federación que esclavitud, primero destierro que ser vasallo de nadie. Concluyo diciendo que debe admitirse la renuncia del presidente Bolívar, y éste es mi voto." Veinticuatro votaron por la aceptación y cincuenta y seis en contra. La renuncia de Santander le infligió otra mortificación: su renuncia solo tuvo cuatro votos por la aceptación y setenta en contra. Empero, continuó siendo presidente, y no desertó. Desde entonces sus renuncias quedaron desmonetizadas.

Al mismo tiempo que los cimientos constitucionales de Colombia se conmovían, el imperio boliviano se desplomaba. El Perú y Bolivia recobraban su autonomía, rompían la constitución impuesta y deponían sus presidentes vitalicios, amparados por las mismas tropas colombianas dejadas por el Libertador para su custodia.

La división colombiana en el Perú fue la primera que dio el ejemplo, deponiendo a sus jefes, y declarando los oficiales que promovieron el levantamiento: "que sostendrían a todo trance la constitución jurada de su patria", y protestaban enérgicamente "contra los pronunciamientos criminales de Guayaquil, Quito, Cuenca, Cartagena y Venezuela, que pretendían hollar el código de la nación" (26 de enero de 1827). Las campanas se echaron a vuelo en la capital de Colombia al recibirse la noticia, y el estruendo de los cohetes pobló los aires. Santander aprobó la conducta de los sublevados, y públicamente los ensalzó a los gritos de ¡Viva la libertad! ¡Viva la constitución! Todos los colombianos, sin distinción de colores políticos, y hasta tropas de la capital con sus músicos a la cabeza, participaron del júbilo del vicepresidente. Estaban fatigados de la gloria y del poder personal de Bolívar, que quería imponerse, sin comprender que había hecho su tiempo o errado su camino. Desde este momento se pronunció la ruptura entre Bolívar y Santander.

Éste es el momento de acabar de perfilar la figura de Santander, para fijar sus contornos. General de la escuela mixta de Nariño y de Mariño, sin la inspiración de Bolívar, era más bien un hombre civil. Su carrera militar, señalada por la preparación de la reconquista de Nueva Granada, fue manchada por la cruel ejecución de los prisioneros rendidos en Boyacá, que ensangrentó sus laureles. Vicepresidente de la República y encargado del mando en ausencia del Libertador, presidente, su administración fue desordenada y hundió al país en la bancarrota, aunque no se manchó con peculados. En política su papel fue duplo. A la vez que hacía profesión de fe de principios liberales, se adhirió al plan de confederación de los Andes, contra el cual se pronunció después, como sostenedor de la constitución. Más neogranadino que colombiano, aspiraba a suceder a Bolívar en el mando de su tierra, previendo la disolución de Colombia, y sostenido por un partido que, como se ha visto en el acto de la aceptación de las renuncias, era más poderoso en el parlamento que el del mismo Bolívar. Producida la ruptura, se lanzó en el camino de la oposición en estos propósitos, y perseverando en él, le veremos terminar su carrera, envuelto en oscuras conjuraciones contra el Libertador. Mientras tanto, su separación dejaba a Bolívar sin fuerzas políticas ni morales que lo apoyasen, y sin hombres de consejo que moderasen su ambición. En ese momento le faltó su último punto de apoyo en el exterior.

El ejemplo del Perú cundió en Bolivia. Las tropas colombianas, desmoralizadas por la misión pretoriana que les estaba encomendada, y odiadas por el país, llegaron a ser un peligro en vez de un sostén, a punto de pedir el mismo Sucre su retiro. Un escuadrón acantonado en Cochabamba se sublevó en masa y se refugió en territorio argentino. La guarnición de Chuquisaca se amotinó, y el vencedor de Ayacucho, al procurar contenerla con su presencia, recibió de sus propios soldados un balazo que le rompió un brazo. Otra división se sublevó en La Paz. Sucre, que había participado de las prevenciones de Bolívar contra los argentinos, no veía en tal situación más remedio para mantener, al menos por un año, la armazón constitucional de Bolivia —en cuya duración no creía—, que una alianza o confederación con la República Argentina y Chile, que la preservase de las asechanzas del Perú. Sucre, con su ascendiente moral, consiguió mantener por algún tiempo un aparente orden político y militar; pero, invadido el territorio boliviano por el ejército peruano al mando de Gamarra, resignó en la asamblea constituyente el mando vitalicio que le pesaba, y evacuó el país con sus tropas, declarando que Bolivia quedaba dueña de su soberanía (1º de octubre de 1827). El Perú y Bolivia quedaron desde entonces repúblicas independientes y soberanas, según el plan absorbente de la hegemonía colombiana sostenida por ejércitos de ocupación.

IX

A la vez que el imperio boliviano se desmoronaba, Colombia entraba en el período de la descomposición. Máquina de guerra montada por el genio de Bolívar, para libertar a Venezuela con Nueva Granada, a Nueva Granada con Venezuela, a Quito con ambas, y asegurar el triunfo definitivo de la independencia sudamericana con los tres pueblos, era un absurdo como nación. Sus intereses eran opuestos, sus antagonismos invencibles, y la organización militar que le dio su fundador contribuyó más a inocularle los gérmenes de la disolución. Venezuela y Nueva Granada, por una tendencia natural y por una ley geográfica, aspiraban a ser naciones independientes, y no tenían un patriotismo colectivo que las identificase. Quito era como una colonia de Nueva Granada, que por sus antecedentes históricos aspiraba a la autonomía. Tal vez Bolívar pudiera haber consolidado su obra, si en vez de cambiar su papel de Libertador por el de conquistador y entregarse a delirios ambiciosos en países extraños mientras su patria se disolvía, se hubiera consagrado a regularizar su administración, promover su prosperidad interna, desarmar el militarismo, perfeccionar sus instituciones republicanas y satisfacer las legítimas aspiraciones del patriotismo ilustrado y conservador, con el prestigio de su poder y de su gloria, retirándose en tiempo para dejar una nación organizada, al menos bajo la forma federal que lo conciliaba todo. Habría sido en su medida moralmente tan grande como Washington, y legado a su posteridad una nación organizada y un alto ejemplo de virtud cívica que realzaría su gloria, inmortal de todos modos. Pero no estaba este esfuerzo en su naturaleza desequilibrada. Con ambiciones insaciables, fomentadas por la adulación y el orgullo, sin principios sólidos de moralidad política, con ideas convencionales cristalizadas que pretendía imponer a la razón pública en progreso, confundió su interés particular con el interés público, y como se lo decía a Benjamín Constant, llegó a creer que su dictadura ilimitada era una necesidad, que la América del Sur se perdía si no era patrimonio suyo. Así, cuando los pueblos se emanciparon de su monocracia, cuando Colombia se sublevó, cuando le faltó hasta el punto de apoyo de las bayonetas en que había fundado su imperio, llegó hasta desesperar de los destinos del Nuevo Mundo republicano que contribuyera a hacer surgir sobre la faz de la tierra, y fiar el porvenir del último fragmento de su patria despedazada a la protección de un rey extraño, ¡renegando del credo inscripto en sus banderas victoriosas de Libertador!

La gran catástrofe estaba cercana, y el Libertador la aceleró al hacer decretar la reforma de la constitución, y convocar la gran convención, que solo podría reunirse después de transcurridos diez años (en 1831). Santander se prestó a propiciar este acto con sofismas, y lo promulgó, deseoso de reconciliarse con el Libertador (7 de agosto de 1827). La convención se reunió en Ocaña, y ha pasado a la historia con este nombre, tristemente famoso en los anales del despotismo boliviano (9 de abril de 1828). El partido santanderista resultó en mayoría. Después de vanas tentativas para convenir los dos partidos en un proyecto de reforma constitucional, sin que nadie se atreviese a pronunciar la palabra de presidencia vitalicia, la convención se disolvió por la deserción de los partidarios de Bolívar en minoría, instigados indirectamente por él (10 de junio). La república se declaró acéfala de hecho. En tal situación, reunióse en Bogotá una junta popular convocada por el intendente de la ciudad (13 de junio). El general Córdoba, el de la proclama de "paso de vencedores" en Ayacucho, con un latiguillo en la mano, cruzado de piernas en una silla, dictó la siguiente resolución:

"No obedecer a la convención de Ocaña; revocar los poderes de sus diputados, y que el Libertador, presidente, se encargase del mando supremo de la república, con plenitud de facultades en todos los ramos." Bolívar respondió a este llamamiento anárquico declarando que "se apresuraba a satisfacer los votos de la capital, que había tomado a su cargo salvar a la patria de la anarquía". Desde entonces, según las palabras de un imparcial historiador europeo, "el Libertador se quitó la máscara de liberalismo con que se había cubierto por tanto tiempo el rostro, y mostró en toda su desnudez la fealdad de una ambición vulgar y repugnante".

Autorizado por los pronunciamientos que respondían al de Bogotá, asumió la dictadura, y suprimió al vicepresidente, que a última hora quiso reconciliarse otra vez con él. La jurisdicción militar prevaleció sobre la civil; los principales opositores fueron deportados como perturbadores del orden público; se prohibió en las universidades hasta la lectura de los escritos de legislación de Jeremías Bentham, que había sido su numen, y se reemplazaron con tratados de teología, suprimiendo la enseñanza del derecho público, del derecho constitucional y administrativo. Por último, quedó restringida la libertad de la prensa. Prometió, empero, reunir un nuevo congreso constituyente en el plazo de un año, y respetar mientras tanto las garantías constitucionales. No era un tirano; pero era un déspota sin rumbo.

Exaltado el espíritu de la juventud liberal, extraviada por las reminiscencias de la antigüedad, vieron en el Libertador un César, y evocaron el puñal de Bruto. Santander, que participaba de lejos de los trabajos de los conjurados, nombrado por Bolívar para desempeñar una misión diplomática, se oponía al asesinato; pero el asesinato quedó resuelto. Bolívar dormía en brazos de una querida traída de Lima, a la que el pueblo llamaba "la Libertadora", cuando los conjurados golpearon su puerta a altas horas de la noche, después de sorprender la guardia de su palacio (25 de setiembre). Pudo evadirse a tiempo, y la conjuración falló. Los principales conjurados fueron juzgados militarmente y suspendidos en la horca, entre ellos el almirante Padilla, el héroe de Maracaibo, que había tomado una participación indirecta en el movimiento. Era mulato como Piar. Santander fue condenado a muerte, y Bolívar conmutó su sentencia en destierro. Así terminó su carrera este expectable personaje, de incontestable mérito, pero de carácter equívoco. Desde este día Bolívar quedó civil y políticamente muerto y fue una sombra de sí mismo.

Las tropas colombianas sublevadas en el Perú, introdujeron la guerra civil en Guayaquil. La provincia de Pasto volvió a insurreccionarse. El Libertador declaró la guerra al Perú, para someterlo de nuevo, y fue ésta la primera guerra entre las repúblicas sudamericanas, provocada por el mismo que les dio la independencia. Los peruanos invadieron Guayaquil. Sucre, al frente de las sólidas tropas colombianas, venció al ejército peruano que le hizo frente en Guayaquil. Bolívar trató con los pastusos en condiciones humillantes, y después de abrir en persona hostilidades sobre Guayaquil, donde perdió sin pelear 3.000 hombres en sus pantanos, firmó al fin la paz con el Perú.

X

Durante la guerra con el Perú, y más aún después de terminada, Bolívar consideró perdida la América, desde que no estuviesen todas las repúblicas sometidas a su dominación reguladora. Desde su cuartel general, de Quito, dirigióse oficialmente a su consejo de ministros en Bogotá: "El espantoso cuadro que ofrecen los nuevos Estados americanos, hace prever un porvenir muy funesto, si una nación poderosa no media entre ellos. No queda otro recurso (en el concepto del Libertador), que el que se hable privadamente a los ministros de los Estados Unidos y de Inglaterra, manifestándoles las pocas esperanzas que hay de consolidar los nuevos gobiernos americanos, si un Estado poderoso no interviene en sus diferencias o toma la América bajo su protección." Los ministros le objetaron que Colombia no tenía personería de los demás Estados americanos para someterlos a la protección de una potencia extranjera y disminuir así los derechos de su soberanía. El Libertador insistió en su idea, recargando las sombras del cuadro: "Desde que las diferentes secciones americanas han ensayado infructuosamente todas las formas de gobierno simples o mixtas, comprendidas entre la democracia pura y el completo absolutismo; después que los pueblos ineptos para gobernarse a sí mismos, son frecuentemente la presa del primer ambicioso; desde que la desmoralización ha penetrado en el corazón de los ejércitos; y cuando la antigua metrópoli hace preparativos para una nueva y fuerte expedición, es inevitable deplorar anticipadamente la suerte del Nuevo Mundo. La América necesita de un regulador, y con tal que su mediación, protección o influencia, emanen de una nación poderosa del antiguo continente, y ejerza un poder bastante, que en caso de ser desatendida, emplee la fuerza y haga oír la voz del deber, lo demás es cuestión de nombre. El Libertador no se adhiere a la palabra; busca la cosa. Busquemos una tabla de que asirnos o resignémonos a naufragar en el diluvio de males que invaden a la desgraciada América."

Antes de emprender su última campaña del Sur, el Libertador había manifestado confidencialmente a varios de sus amigos "que

Colombia y toda la América española no tenía otro remedio para libertarse de la anarquía que la devoraba, que establecer monarquías constitucionales, y que, si Colombia se decidiera por este sistema de gobierno y llamase a reinar a un príncipe extranjero, él sería el primero que se sometería a su autoridad y lo apoyaría con su influjo". Fue más explícito aún con el encargado de negocios de la Gran Bretaña, coronel P. Campbell, al que se había dirigido sobre el proyecto de monarquía que se meditaba en Bogotá. Según él, "dadas las muy graves dificultades que había para organizar la república, acaso el único medio sería el establecimiento de la monarquía, llamando a un príncipe extranjero que profesase la religión católica; pero que para esto era necesario poder contar con los auxilios de una gran potencia como la Francia o la Inglaterra, que defendiese a Colombia de los ataques de las demás repúblicas americanas". El Libertador autorizó a Campbell a hacer el uso que quisiera de la carta.

Con estos antecedentes y afirmado por la declaración hecha a Campbell, el consejo de ministros empezó a trabajar en el sentido de propiciar la idea por medio de la prensa y exploró la opinión de los jefes del ejército, del clero y de los altos dignatarios del Estado, de quienes mereció general aprobación. Páez, que antes había aconsejado al Libertador que se coronase como Napoleón, exigió, antes de prestarle su aquiescencia, que Bolívar se pronunciase categóricamente sobre el particular. Mientras tanto, los ministros del Libertador, en vez de negociar sobre la base de un protectorado europeo para toda la América, idea que consideraban, y con razón, no sería discutida por ningún diplomático serio, se consideraron autorizados para abrir una negociación confidencial con el enviado de la Francia, el conde de Bresson, acreditado cerca de la república, que había manifestado en su discurso de recepción, que "los votos de su gobierno eran por el restablecimiento de instituciones libres y fuertes, que dieran a la Europa garantías de que el orden público se conservaría, haciendo un grande elogio de las virtudes cívicas y de los talentos militares y políticos del Libertador". El plan no podía ser más peregrino. Llevaba el carácter de condicional, sin compromiso formal ulterior hasta que se perfeccionase, cuidando de prevenir que el consejo no contaba con el asentimiento del Libertador, ni era posible que lo diese en los términos en que se había concebido el proyecto, ni consentiría jamás en coronarse rey; pero que podía contarse con la seguridad de que se sometería a la decisión del congreso y aun la apoyaría. En la hipótesis de transformar de este modo la república en una monarquía, Bolívar continuaría mandando la república durante su vida con el título de Libertador, y solo después de su muerte entraría a reinar el príncipe de alguna de las dinastías de Europa que se eligiese; pero, siendo probable que los Estados Unidos del Norte y las demás repúblicas de la América se alarmaran y pretendiesen turbar el derecho perfecto de Colombia para cambiar su forma de gobierno, la intervención eficaz de la Gran Bretaña y de Francia era una condición indispensable. Los representantes de Inglaterra y Francia, Campbell y Bresson, convinieron en todo con los ministros (15 de setiembre de 1829). Se expidieron en consecuencia los respectivos despachos e instrucciones a los gobiernos respectivos y a los agentes diplomáticos de Colombia en Europa.

Bolívar, que desde el mes de mayo (1829) estaba instruido por sus ministros de los trabajos que se hacían en favor del plan monárquico, y había sido directamente interpelado, dejó pasar más de tres meses sin contestar. Al fin lo hizo desechando la idea de una monarquía, no por mala en sí, sino por imposible, y reveló por la primera vez lo que llamaba un secreto (3 de setiembre). Este secreto consistía en la disolución de Colombia; separando a Nueva Granada de Venezuela, por no existir conexión entre ambos países, conservándose la primera íntegra con la anexión de Quito, regido el todo por "el mejor gobierno, que era un presidente vitalicio y un senado hereditario como el que en 1819 había propuesto en Guayana". Protestaba, como de costumbre, que él quería separarse del mando, para ser un mero mediador común entre ambos Estados.

Apenas trascendió el plan de la monarquía, sublevóse la opinión republicana de Venezuela y Nueva Granada. Atribuyeron al Libertador el intento de coronarse rey, y sus enemigos y aun los sostenedores de su dictadura, se pronunciaron públicamente contra él. Córdoba, héroe de Ayacucho, que, con látigo en mano había presidido el pronunciamiento de Bogotá contra la convención de Ocaña, se levantó en Antioquía (14 de setiembre). Fue vencido, y cobardemente asesinado a sablazos después de rendido, cubierto de heridas recibidas en el combate. Éstas fueron las novedades con que se encontró Bolívar en Popayán, de regreso de la campaña contra Guayaquil, después de ajustar la paz con el Perú. Estaba física y moralmente enfermo; padecía de insomnios, y su carácter se resentía de este estado espasmódico. Su naturaleza estaba gastada, y nadie le daba tres años de vida, que él alargaba hasta seis a lo sumo, con la conciencia de que su carrera estaba terminada, y tristemente. Había perdido la confianza en sí mismo, y sabía que no podía contar con el amor de sus conciudadanos. Fue entonces cuando, después de transcurridos seis meses de la iniciativa del proyecto de monarquía, lo condenó abiertamente y reprobó en términos ásperos la conducta de sus ministros y amigos (22 de noviembre). El historiador clásico de Colombia, Restrepo, que era uno de los ministros, admirador de Bolívar hasta después de muerto, ha descrito la escena que tuvo lugar con este motivo en el consejo de gobierno, con un rasgo a lo Tácito, raro en su estilo seco y descolorido, que ha impreso sobre su frente un tizne, cual sus más encarnizados enemigos no lo han estampado jamás. "Al terminarse la lectura de la nota del Libertador, fue uniforme el sentimiento de los miembros del consejo de ministros —la indignación—. Creyéronse sacrificados a la popularidad de Bolívar, y que sin consideración a sus largos y fieles servicios al gobierno de Colombia y a la independencia de su patria, se les había dejado deslizarse por un camino peligroso."

Los ministros renunciaron en masa; pero él no aceptó la renuncia, y les dio una satisfacción amistosa, considerándose moralmente solidario, y delegó en ellos la dictadura, delegación que no fue admitida. Así terminó el sueño monocrático de Bolívar.

XI

Al finalizar el año de 1829, Venezuela consumó su revolución con Páez a la cabeza, y se declaró república independiente, desconociendo la autoridad del Libertador, cuya política estigmatizó amargamente, y decretó su ostracismo. Colombia quedó disuelta. Éste fue el golpe de muerte. Bolívar, reducido a la Nueva Granada, donde era un extranjero y un huésped incómodo, convocó el congreso constituyente prometido, que se reunió bajo estos tristes auspicios (20 de enero de 1830).

En el mensaje que el Libertador dirigió al congreso, repitió su acostumbrada renuncia: "Libradme del baldón que me espera si continúo ocupando un destino, que nunca podrá alejar de sí el vituperio de la ambición. Un nuevo magistrado es ya indispensable para la República. El pueblo quiere saber si dejaré alguna vez de mandarlo. Los Estados americanos me consideran con cierta inquietud, que puede atraer sobre Colombia males semejantes a los de la guerra del Perú. Dispuesto de la presidencia de la república que abdico en vuestras manos. Desde hoy, no soy más que un ciudadano armado para defender la patria y obedecer al gobierno." Y terminó diciendo: "Me ruborizo al decirlo: la independencia es el único bien que hemos adquirido a costa de todos los demás." Aun a este precio, la independencia era ganancia, porque era el bien de los bienes, y el establecimiento de la república democrática, tan embrionaria como fuese, valía todos los sacrificios hechos en su honor. Y aun perdida la última esperanza, tal confesión solo podía hacerse por un hombre inmaculado en los comunes errores, para señalar el camino de la salvación.

Bolívar, fatigado y desesperanzado, depositó el ejercicio del mando en su consejo de ministros, cerró su secretaría, y se retiró a su pintoresca quinta de Fucha, presente de la munificencia pública, a inmediaciones de Bogotá. Desde ese día no volvió a reasumir el mando. Despidióse anticipadamente de sus compatriotas con palabras de profunda melancolía: "Colombianos: Hoy he dejado de mandaros. Veinte años os he servido en calidad de soldado y magistrado. He sido víctima de sospechas ignominiosas, sin que haya podido defenderme la pureza de mis principios. Nunca, os lo juro, ha manchado mi mente la ambición de un reino, que mis enemigos han forjado artificiosamente para perderme en vuestra opinión. Escuchad mi última voz al terminar mi carrera política: os ruego que permanezcáis unidos para que no seáis los asesinos de la patria y vuestros propios verdugos" (20 de enero de 1830).

En el seno del congreso se formaron dos partidos: uno por la reelección de Bolívar y otro por su separación absoluta de la vida pública. La opinión estaba decididamente contra él, y solo lo sostenían el pretorianismo y los intereses personales de sus partidarios. García del Río, consejero de San Martín en sus proyectos de monarquía, y el propagador en la prensa de Bogotá de la misma idea durante las negociaciones de protectorado con Inglaterra, era uno de los jefes del partido de la reelección, y escribía por este tiempo a San Martín: "Estoy tan comprometido, por la causa del Libertador y la del orden, que si ésta no triunfa, soy hombre perdido. Dios sabe cómo terminará la revolución de Venezuela: de su desenlace y del de la vida pública de Bolívar depende mi existencia. En todo este año puedo subir al patíbulo o al ministerio, ser desterrado o proscripto, o tener delante de mí un porvenir próspero. No hay medio para mí. En las revoluciones yo creo que es necesario tener banderas fijas: me he alistado en las de Colombia, Bolivia y el orden, y con ellas saldré avante, o encallaré. El congreso constituyente, del cual soy miembro por Cartagena, terminará sus trabajos en todo abril; será republicana, y aunque no muy buena lo mejor en las circunstancias actuales. Promulgada que sea, y si Bolívar continúa al frente de los negocios, es probable que la nueva administración sea buena y vigorosa. En este caso se tratará de someter a Venezuela; el resultado de esta tentativa, lo decidirá todo para Colombia, para Bolívar y para mí."

Bolívar se dejó llevar por la corriente que lo arrastraba en el sentido de sus moribundas ambiciones, y no obstante la solemnidad de su anterior renuncia y de su anticipado adiós a los colombianos, pensó reasumir el mando y trabajar decididamente por su reelección. Un motín estalló en la capital a favor de esta idea a los gritos de ¡Viva la religión y el Libertador como presidente-dictador!, que inmediatamente se apaciguó, sofocado por la opinión. Los diputados reeleccionistas fueron amenazados de muerte por los republicanos liberales. Sus mejores amigos se declararon abiertamente en su contra, temiendo por su suerte y aun por su seguridad personal. "Él, en un estado de inacción física y moral —según uno de sus confidentes en esta época—, fluctuaba de un extremo a otro, sin fijarse en ningún punto. La afrenta de presentarse ante el mundo como proscripto, lo entristecía." El gobierno delegado había invitado al congreso a disolverse, por considerar inútiles sus tareas constituyentes en el estado de desorganización del país (abril 15 de 1830). El congreso no se adhirió a esta invitación, que alarmó a Bolívar. Consultó entonces a sus amigos, y todos, unánimemente, fueron de opinión que debía retirarse por siempre de la vida pública. El presidente del consejo, en quien él había delegado el mando, se pronunció en este sentido en su presencia, encabezando una comisión de notables. El Libertador se inmutó y le insinuó que consideraba su opinión sospechosa, como aspirante a sucederle en la presidencia. "¿Cómo quedo yo, exclamó, siendo el ludibrio de mis enemigos, y apareciendo ante el mundo como un proscripto? ¿Por qué el congreso no me admitió mi renuncia desde los primeros días de su instalación, y así habría dejado yo el puesto con lucimiento?" Uno de los presentes le interrumpió, haciéndole sentir que era un extranjero en Nueva Granada, proscripto hasta por su propia patria: "General: en la «Nueva Granada» donde quiera que fijéis vuestra residencia, seréis el oráculo acatado por todos, seréis nuestro Washington." El doble ostracismo de Colombia quedó pronunciado. Bolívar se sometió a su destino.

Dictada la nueva constitución, calcada sobre la de Cúcuta, que fue rechazada por Venezuela, el Libertador presentó al congreso su última renuncia, esta vez, en términos nobles y sencillos, que revelaban una convicción impuesta por su triste necesidad: "La patria exige de mí el sacrificio de separarme para siempre del país que me dio vida, para que mi permanencia en Colombia no sea un impedimento a la felicidad de mis conciudadanos" (abril 27). Esta vez la renuncia quedó aceptada. Fue nombrado presidente don Joaquín Mosquera, jefe del partido liberal, que le era opuesto. Su retrato fue despedazado por los liberales. El congreso, empero, le tributó los merecidos homenajes, declarándolo "el primero y mejor ciudadano de Colombia", y le acordó durante su vida una pensión de treinta mil pesos anuales (9 de mayo de 1830). Apenas contaba con medios de subsistencia y no tenía lo suficiente para vivir fuera de su país. Su gran patrimonio se había disipado en el curso de la revolución, sin que él lucrase con los tesoros de que pudo disponer a discreción.

El Libertador del Norte, Simón Bolívar, que afirmó la emancipación de la América meridional, entró como el Libertador del Sur, José de San Martín, que había preparado su triunfo, en la región de las sombras del ostracismo, crepúsculo y aurora de la inmortalidad de los dos.

Capítulo LI

EPÍLOGO

Los dos libertadores. — Los dos ostracismos. — Resultados finales. — Juicio póstumo.

I

La posteridad ha pronunciado su juicio definitivo sobre los dos Libertadores de la América meridional, cuya vida pública, envuelta en el movimiento revolucionario de su tiempo, hemos relatado: San Martín y Bolívar.

Los dos fueron grandes en su medida, los más grandes hombres que, después de Washington, la América haya producido, dignos de figurar en el panteón universal como colaboradores del progreso humano. Los dos cumplieron su misión redentora en el orden de los hechos, dando el uno la primera señal de la guerra continental, cuyo plan concibió, y terminándola gloriosamente el otro. Sin San Martín en el sur del continente, y sin Bolívar en el norte, no se concibe cómo pudo haberse efectuado la condensación de las fuerzas revolucionarias, que dio el triunfo final, ni cómo el uno sin el otro hubiese podido llenar su tarea libertadora. Los dos erraron, empero, como políticos, y quedaron más abajo de la razón pública y aun de los instintos de las masas que removían, y no pudieron o no supieron dirigir en sus desarrollos orgánicos la revolución que acaudillaron militarmente. El tiempo, que disipa las falsas glorias y acrecienta las verdaderas, ha borrado las sombras que oscurecieron parcialmente en vida estas personalidades típicas, símbolos de una época, que señalan la aparición de un nuevo mundo republicano, que es el fenómeno político más considerable que haya presenciado el siglo XIX. Sus contornos se destacan netamente en el horizonte de la historia, y han merecido ambos la apoteosis de su posteridad, después de alcanzar su centenario, sometidos a la prueba del tiempo en presencia de su obra.

En el gran drama de la revolución hispanoamericana, que tiene por teatro un vasto territorio igual a la cuarta parte del globo, que se extiende desde el Cabo de Hornos hasta el golfo de México y sobre ambos océanos, los dos primeros actores, las dos grandes figuras continentales, son las de sus dos libertadores, que, partiendo de extremos opuestos, convergen a un punto céntrico movidos por las fuerzas que organizan y dirigen. Su vida y su obra tienen la unidad de la epopeya y de la emancipación de un mundo nuevo, con su genialidad, su acción heroica, su carácter trágico, sus desfallecimientos y sus delirios, y coinciden hasta en su melancólica catástrofe. Roto el destino del uno antes de terminar su obra, y roto el del otro en medio de su apogeo, la revolución sigue su marcha lógica, como en las carreras antiguas, caído el conductor en la arena, el carro triunfador llegaba a la meta, abandonados los corceles a su noble instinto.

Los dos libertadores representaron alternativamente la hegemonía de dos grandes grupos de pueblos que trabajaban en pro de su independencia; pero con diversas tendencias y opuestos objetivos internacionales, aunque con un mismo propósito inmediato.

Tocó a la República Argentina y a Chile, acaudillada por San Martín, sostener y hacer triunfar la bandera de la insurrección en el sur del continente, y llevar sus armas libertadoras de mar a mar y desde la región templada hasta la línea del Ecuador, juntamente con el Perú. Allí se operó la conjunción de las fuerzas batalladoras de la América del Sur, y allí se abrazaron y se repelieron los dos libertadores. La hegemonía del Sur solo pudo consolidar condicionalmente su propia independencia, dejando incompleta su obra en el Alto y Bajo Perú, aunque contribuyó eficazmente a completar la del Norte y hacer posible su dilatación.

Tocó a Colombia, acaudillada por Bolívar, la tarea de hacer triunfar a la insurrección en el norte de la América meridional, libertando a Venezuela y Nueva Granada, y a Quito en unión con las armas peruanoargentinochilenas; afirmar la independencia del Perú y Bolivia, y garantir indirectamente por siempre la de las demás repúblicas de la América del Sur, que se habían libertado por sus propios esfuerzos, y mantenido alzada la bandera de la insurrección cuando estaba abatida en todo el resto de la América, incluso Colombia.

La lógica de la historia se cumplió en los dos libertadores, como caudillos de las dos hegemonías que representaban en acción y en conflicto. San Martín cedió el puesto a Bolívar, entregándole los destinos de la revolución sudamericana, que podía hacer triunfar en las batallas mejor que él. Con su abdicación, dio un alto ejemplo de virtud cívica, pero sobre todo de prudencia y buen sentido, por cuanto era un acto impuesto por el destino a que tuvo la fortaleza de conformarse. Bolívar coronó la obra, y los dos triunfaron en definitiva. San Martín miró con envidia que Bolívar, con quien compartía la gloria de libertar la mitad de medio mundo, alcanzase y mereciese la corona del triunfo final, reconociéndose modestamente inferior a él en esfuerzos y hazañas, aunque fuera moral y militarmente más grande, y aun cuando en el orden de los principios elementales corresponda el triunfo póstumo a la hegemonía que representó. La fatalidad los iguala: los dos mueren en el ostracismo.

II

El destino de los emancipadores de acción y pensamiento de la América Meridional es trágico. Los precursores de la revolución en La Paz y Quito, murieron en los cadalsos. Miranda, el gran precursor de la emancipación sudamericana, murió solo y desnudo en un calabozo, entregado a sus enemigos por los suyos. Moreno, el numen de la revolución argentina, que propagó la doctrina de la democracia, murió expatriado en la soledad de los mares. Hidalgo, el caudillo popular de la revolución de México, murió en un patíbulo. Belgrano el precursor de la independencia argentina, que salvó su revolución en las batallas de Salta y Tucumán, murió en la oscuridad y la miseria, en medio de la guerra civil. O'Higgins, el héroe de Chile, acabó sus días en la proscripción, precedido por Carrera, su rival y su colaborador, a quien la fatalidad arrastró al cadalso en tierra extraña. Itúrbide, el verdadero libertador de México, murió fusilado víctima de su ambición. Carlos Montufar, el jefe de la revolución de Quito, como su compañero Villavicencio, promotor de la de Cartagena, fueron ahorcados. Los primeros presidentes de Nueva Granada, que imprimieron carácter a su revolución, Jorge Tadeo Lozano y Camilo Torres, murieron sacrificados por la restauración del terrorismo colonial. Piar, el que dio la base militar de operaciones a la insurrección colombiana, murió ajusticiado por Bolívar, a quien enseñara el camino de la victoria final. Rivadavia, el genio civil de la América del Sur, que dio la fórmula de sus instituciones representativas, murió en el destierro. Sucre, el vencedor de Ayacucho, fue asesinado alevosamente por los suyos en un camino desierto. Bolívar y San Martín murieron en el ostracismo. El de San Martín fue acto deliberado de su voluntad, aunque impuesto por su destino. El de Bolívar, aunque pronunciado por él mismo al agotarse sus fuerzas vitales, empezó con su apogeo y terminó con su catástrofe.

Los ostracismos de los dos libertadores participan del carácter de sus acciones en la vida contemporánea, y en la prolongación de su influencia póstuma. El del uno es estoico. El del otro es atormentado.

San Martín, después de ver cerrado por siempre el libro de su destino, que creyó entreabierto por un momento al ser llamado al Perú después de su abdicación, pasó desde Mendoza a Buenos Aires, donde fue recibido por el menosprecio y la indiferencia pública. No tenía patria, esposa, ni hogar, y el capitán ilustre de tres repúblicas no tenía dónde pasar revista en el ejército argentino. Tomó en sus brazos a su hija huérfana de madre, y se dirigió silenciosamente al destierro (fines de 1823). Allí se encontró frente a frente a la miseria. Los fondos con que contaba en Europa para subsistir, confiados a la fidelidad de un amigo, habían sido jugados por éste en la Bolsa de Londres. De este modo, sus manos quedaron puras del oro que se había aliado al bronce heroico del Libertador.

Cinco años después sintió la necesidad de respirar en el aire de la patria, y regresó a ella con la intención de acabar oscuramente sus días en la tierra natal. La guerra entre el Brasil y la República Argentina había terminado gloriosamente para ésta. Al llegar a la rada de Buenos Aires, el 12 de febrero de 1829, aniversario de sus gloriosos triunfos de San Lorenzo y Chacabuco, encontró en las puertas de la patria un letrero escrito por manos argentinas que decía: "Ambigüedades: El general San Martín ha vuelto a su país a los cinco años de ausencia; pero después de haber sabido que se han hecho las paces con el emperador del Brasil". Como se ha dicho, la respuesta de San Martín había sido dada dos mil años antes por la boca de Scipión, insultado por sus compatriotas en el aniversario de una de sus grandes batallas: "En un día como éste salvé a Roma. Vamos al templo a dar gracias a los dioses tutelares del Capitolio, para que siempre tenga generales que se me parezcan." Ni dio esta respuesta ni mandó grabar sobre su sepulcro: "Ingrata patria, no tendrás mis huesos". Volvió al eterno destierro, y dio modesta y generosamente su respuesta desde la tumba: "Deseo que mi corazón descanse en Buenos Aires."

III

Bolívar, despojado del mando supremo, se retiró a inmediaciones de Cartagena, sin conformarse con el poder perdido ni decidirse a abandonar las playas de la patria. Allí supo la muerte de Sucre, que le había escrito dos años antes, que si no se retiraban en tiempo, perderían la cabeza. Estaba moribundo, pero no perdía la esperanza de ser el hombre providencial de Colombia, ya que no había podido serlo de toda la América, según sus designios. Había augurado la anarquía, y ésta se produjo casi inmediatamente. Él la vio estallar con complacencia, y la alentó indirectamente con su actitud y sus palabras. Lo agrió más una comunicación del presidente Mosquera, su antiguo amigo, notificándole que Venezuela ponía por condición a la paz con Nueva Granada su alejamiento perpetuo. Entonces exclamó: "¡No me iré deshonrado!"

Los partidarios personales del Libertador propalaban que solo él podía encadenar las furias de la fuerza armada, y que por esta razón principalmente consideraban necesaria la perpetuación de su influencia. Los hechos parecían darles la razón. Parte de Venezuela y de la Nueva Granada levantó las armas en favor de su dictadura. Quito y Guayaquil siguieron el ejemplo de Venezuela desligándose de Colombia, y formaron un Estado independiente, bajo la denominación de República del Ecuador (mayo 1830). El gobierno de Mosquera fue derribado en Bogotá. La guerra civil se encendió. Los amigos triunfantes en la capital, encabezados por Urdaneta, lo llamaron a ponerse de nuevo al frente de la república, para restablecer la unidad colombiana. Envanecido y agriado, tuvo la debilidad de aceptar. "No debo excusarme de contribuir, contestó a los revolucionarios, en cuanto dependa de mis facultades al restablecimiento del orden, a la reconciliación de los hermanos enemigos, y a recuperar la integridad nacional. Para lograr tan vastos fines, ofrezco a la patria todos los sacrificios de que soy capaz. Desde luego me pondré en marcha para la capital a reiterar mis protestas solemnes de obedecer las leyes del país y las autoridades legalmente constituidas."

La muerte lo salvó del oprobio de dar pábulo a la guerra intestina de Nueva Granada, y a la guerra de carácter internacional con Venezuela y Ecuador. Su ambición moribunda connaturalizada con su ser, lo llevaba fatalmente, o a subir de nuevo al poder levantado por las bandas pretorianas que él había hecho prevalecer sobre las instituciones, enajenándose la confianza y la estimación públicas, o a ser vencido otra vez por las fuerzas morales de la opinión y la acción irresistible de los pueblos por él violentados. Agravada su enfermedad, se retiró a Santa Marta, buscando las brisas vivificantes del mar. Trasladado a la quinta de San Pedro de Alejandría, a 10 kilómetros de la ciudad, empezó allí su agonía. Sus últimas palabras fueron consignadas por escrito, en una alocución al pueblo de Colombia, dictada por él, que fue leída al tiempo de recibir la Eucaristía: "Mis votos son por la felicidad de mi patria. Si mi muerte contribuye para que cesen los partidos y se consolide la unión, yo bajaré tranquilo al sepulcro." El Libertador, que escuchaba la lectura, sentado en una butaca, agregó con voz ronca: "Sí, al sepulcro... Es lo que me han proporcionado mis conciudadanos... ¡pero les perdono! Ojalá yo pudiera llevar conmigo el consuelo de que permanezcan unidos." Fueron las últimas palabras acordes que de él se recuerdan. Expiró el 17 de diciembre de 1831, a la 1 de la tarde, a la edad de 47 años, cuatro meses y veintitrés días. Murió con la espada victoriosa de Colombia rota en sus manos, y Santa Marta presenció más tarde su apoteosis póstuma.

IV

Un año después de expirar Bolívar en Santa Marta, fue atacado San Martín por el cólera, que por aquel tiempo asoló la Europa (octubre de 1832). Vivía en el campo con su hija y solo contaba con los pobres recursos que le había proporcionado la venta de la casa donada por el congreso argentino por la victoria de Maipú. Su destino, según sus propias palabras, era ir a morir en un hospital. Un antiguo compañero de armas suyo en la guerra de la Península, un español, el opulento banquero Aguado, vino en su auxilio y le salvó la vida, sacándolo de la miseria. Le hizo adquirir la pequeña residencia de campo de Grand Bourg, a orillas del Sena, a inmediaciones del olmo que, según tradición, plantaron los soldados de Enrique IV que sitiaban a París. Allí, en una sencilla habitación rodeada de árboles y flores, en que abundaban las plantas americanas, que él mismo cultivaba, vivió largos años, triste y concentrado, pero sereno, llevando el peso de su ostracismo voluntario, quejoso a veces de la ingratitud de los hombres y deplorando la triste suerte de los pueblos por cuya independencia tanto había trabajado, aunque sin desesperar de sus destinos. Solo una vez se reanimó su antiguo entusiasmo, y fue cuando, por un estrecho criterio que estaba en su naturaleza y en sus antecedentes históricos, creyó ver amenazada la independencia y honor de su patria por las cuestiones de la Francia y la Inglaterra con el tirano Rosas (1845-1849), manifestando con la autoridad de su nombre y de su experiencia militar, que la América era inconquistable por la Europa. Sus instintos de criollo despertaban. Consecuente con este modo de ver, legó al tirano de su patria: "El sable que me ha acompañado en toda la guerra de la independencia de la América del Sur —son las palabras de su testamento— como prueba de la satisfacción que como argentino he tenido al ver la firmeza con que el general Rosas ha sostenido el honor de la República contra las injustas pretensiones de los extranjeros que trataban de humillarla." En presencia de la muerte, como en el curso de su carrera heroica, él no veía ni quería comprender otra cosa que la independencia, que fue la pasión de su vida, a la que lo sacrificaba todo no obstante condenar los actos crueles

405

del tirano a quien honraba más allá de sus días. No es posible salir inmaculado en la lucha de la vida, y es desgracia de los grandes hombres sobrevivir a su época, cuando no tienen una misión que llenar en la tierra, y cuando, sin la noción de la vida contemporánea, su alma no se agita al soplo de las pasiones que la rodean.

Al fin llegó el término de su trabajada existencia. La muerte empezó por los ojos. La catarata, esa mortaja de la visión, empezó a tejer una tela fúnebre. Cuando el famoso oculista Sichel le prohibió la lectura —otra de sus pasiones— su alma se sumergió en la oscuridad de una profunda tristeza. La muerte asestó el último golpe al centro del organismo. La aneurisma que llevó siempre latente en su seno, amortiguó las palpitaciones de su gran corazón. Trasladóse a Boulogne-sur-Mer, en busca, como Bolívar, de las brisas vivificantes del mar, y allí tuvo la conciencia de su próximo fin. El 13 de agosto, hallándose de pie en la playa del canal de la Mancha, con la vista apagada perdida en el nebuloso horizonte, sintió el primer síntoma mortal. Llevó la mano al corazón, y dijo con una pálida sonrisa, a su hija, que le acompañaba como una Antígona: "C'est l'orage qui mène au port!" El 17 de agosto de 1850, empezó su agonía. "Ésta es la fatiga de la muerte", exclamó, y expiró en brazos de la hija de su amor, a las 3 de la tarde, a la edad de 72 años y seis meses, para renacer a la vida de la inmortalidad. Chile y la República Argentina, le levantaron estatuas. El Perú le debe todavía la que le decretó. La nación argentina, unida y constituida, según sus votos, repatrió sus restos mortales, celebró su apoteosis, y le erigió su monumento fúnebre en la Catedral de su metrópoli, como al más grande de sus trascendentales hombres de acción consciente.

V

Hemos dicho que en el orden definitivo de las cosas, el triunfo final de los principios elementales de la revolución sudamericana corresponde a San Martín, aunque la gloria de Bolívar sea mayor; porque, si el uno es más colosal y llena mejor su misión activa de libertador, el otro es moral, militar y políticamente más grande y equilibrado, por su carácter, por su ciencia y conciencia, y por los resultados ulteriores que responden a su iniciativa.

En la vida pública de San Martín y Bolívar se combinan y se distribuyen desigualmente los dos elementos de que se compone la historia: uno activo y presente, que forma la masa de los hechos; otro pasivo y trascendental, que constituye la vida futura. De estos dos elementos surge uno nuevo, que se combina con ambos, y es la impresión en las almas contemporáneas y la influencia en la posteridad, que viven como idea abstracta o como efectos de causa anterior, cuyas vibraciones armónicas se prolongan en el tiempo. Bolívar representó una de estas fases, y San Martín la otra. La obra política de Bolívar en el orden nacional e internacional ha muerto con él, y solo queda su heroica epopeya libertadora al través del continente por él hecho independiente. La obra de San Martín le ha sobrevivido, y la América del Sur se ha organizado según las previsiones de su genio concreto, dentro de las líneas geográficas trazadas por su espada.

La revolución sudamericana, como queda indicado, está representada durante la lucha de la independencia por dos hegemonías políticomilitares: la argentina primero, que asume el carácter de chilenoargentinoperuana después, acaudillada por San Martín; y la hegemonía guerrera de Colombia, acaudillada por Bolívar.

La República Argentina, al dar la señal de la guerra ofensiva en 1817 y reconquistar a Chile, impuso a su general por regla de conducta infundir a los pueblos libertados por sus armas, que "ninguna idea de opresión o conquista, ni intento de conservar la posesión del país auxiliado, la llevaba fuera de su territorio, y que la consolidación de la independencia y de la gloria de las Provincias Unidas del Sur eran los únicos móviles a que debía atribuirse el impulso de la campaña" (véase capítulo XIII, párrafo VII). Libertado Chile por las armas argentinas, celebróse una alianza sobre la base de su recíproca independencia, a fin de garantir la de las demás secciones americanas, y llevar adelante su plan de propaganda armada con arreglo a un nuevo derecho internacional, que solo admitía por excepción las intervenciones contra el enemigo común en nombre de la solidaridad de destinos, repudiando las conquistas y las anexiones como hechos perturbadores del equilibrio futuro; y como consecuencia de estos principios fundamentales, la formación del mapa político de la América meridional, con sus fronteras definidas por la tradición histórica, sin violar los particularismos nacionales. Su fin era la emancipación con todas sus consecuencias lógicas y necesarias de hecho y de derecho, libertando pueblos para entregarles sus propios destinos, y determinar así la regla según la cual las nuevas nacionalidades debían constituirse en lo futuro en obediencia a su espontaneidad. Este programa, cumplido en todas sus partes, da la clave para explicar el movimiento alternado y progresivo de la revolución sudamericana en su desarrollo gradual y en sus resultados ulteriores y finales. Según él, se organizan las Provincias Unidas del Río de la Plata dentro de sus propios elementos coherentes; reasume Chile su soberanía y se declara la independencia del Perú bajo los auspicios de la hegemonía argentinochilena. El mapa político del sur de la América meridional queda trazado. Ésta es la obra que representa San Martín como libertador, y esta obra es el equilibrio internacional sudamericano, que la Europa no ha encontrado todavía.

La hegemonía colombiana, más guerrera que política, obedece a otros principios y a otros propósitos. Bajo la mano poderosa de Bolívar se condensa la revolución del norte de la América meridional; los particularismos violentados se confunden, las fronteras se borran, y Venezuela, Nueva Granada y Quito, forman un gigantesco cuerpo de nación, poderoso como máquina de guerra, pero débil por su falta de cohesión geográfica y social. Éste es el tipo de la política colombiano-boliviana; libertadora, conquistadora y absorbente. Bolívar liberta al Perú; pero lo convierte en nación parásita de Colombia; liberta al Alto Perú, y lo convierte en feudo de su personalidad. Pretende unificar artificiosamente los nuevos Estados autonómicos, fundando un imperio monocrático con presidencias vitalicias, en oposición a las leyes naturales y en pugna con el nuevo derecho de gentes inaugurado por la hegemonía argentina, y al reaccionar contra las mismas tendencias de la revolución, quiere hacerla retrogradar al régimen colonial en lo administativo e imponer en el orden del derecho público instituciones que repugnan a la índole democrática de los pueblos.

Las dos políticas de estas dos hegemonias constituyen el último nudo internacional de la revolución sudamericana. En el choque de estas dos políticas continentales prevalece por sí mismo el principio superior a que obedecen los acontecimientos por gravitación natural. Militarmente operan su conjunción en el Ecuador, y sus armas se combinan para dar los golpes finales al enemigo común, en Quito y el Perú. En el Perú se opera su divorcio. En Bolivia se encuentran frente a frente. La República Argentina cede de sus derechos históricos y reconoce la independencia del Alto Perú, fiel a sus principios proclamados. Declara al mismo tiempo al Libertador, que pretende llevar sus armas hasta el Paraguay para someterlo, que el principio tradicional de su política respecto de las diversas secciones americanas se fundaba en la regla de no hacer entrar ningún territorio por la fuerza en la asociación nacional, ni intervenir en su orden interno.

En este contacto y en este choque la política boliviana se gasta y es vencida. El Perú se emancipa de su tutela y Bolivia se subleva contra su dominación reasumiendo la integridad de su soberanía. Colombia se disuelve en manos de su creador. Venezuela, Nueva Granada y Quito, se convierten en repúblicas independientes, obedeciendo a la ley orgánica de su naturaleza. Toda la América queda definitivamente organizada en el orden interno y en el orden internacional según el plan geográfico y político de la hegemonía argentinochilenoperuana, representada por San Martín. La gloria de Bolívar es imperecedera, y su acción como libertador más decisiva en su tiempo; pero su obra política muere con él, y no le sobreviven ni sus designios, ni sus tendencias, ni sus ideales, porque estaban en pugna con las leyes naturales y perturbaban el dinamismo vital de las nuevas sociabilidades sudamericanas. La obra de San Martín le sobrevive en sus efectos inmediatos y en sus resultados ulteriores, y con ella, la acción eficiente a que responde como libertador del sur del continente.

VI

Los hombres de acción o de pensamiento, que como San Martín realizan grandes cosas, son almas apasionadas que elevan sus pasiones a la potencia del genio y las convierten en fuerzas para obrar sobre los acontecimientos. Dirigirlos o servirlos. Ellos marcan las pulsaciones intensas de una época, de las que se deduce una ley positiva, reveladora de las leyes morales en actividad, y de percusión de las ideas circulantes en la corriente humana. Manifestaciones de una vida múltiple y de una potencia individual, condensadores o generadores del movimiento fecundo, obran sobre su tiempo como una acción eficiente o se lanzan en las corrientes permanentes, y de este modo su influencia se prolonga en los venideros como hecho durable o como pensamiento trascendental.

Así como cada pueblo tiene un rasgo principal, del que todos los demás se derivan, y como las partes componentes del pensamiento se deducen de una cualidad original, así también en los hombres que condensan las pasiones activas de su época, todos sus rasgos y cualidades se derivan y deducen de un sentimiento fundamental, motor de todas sus acciones. En San Martín, el rasgo primordial, el sentimiento generador de que se derivan y deducen las cualidades que constituyen su ser moral, es el genio del desinterés, de que es la más alta expresión en la revolución sudamericana, ya sea que medie en su limitada esfera intelectual, luche, destruya, edifique, según sus alcances; mande, obedezca, abdique y se condene al eterno silencio y al eterno ostracismo.

Según este criterio y esta síntesis, puede formularse su juicio póstumo, sin exagerar su severa figura histórica, reducida a sus proporciones naturales, ni dar a su genio concreto, de concepciones limitadas, un carácter místico, al reconocer que pocas veces la intervención de un hombre fue más decisiva que la suya en los destinos de un pueblo, explicando a la vez la aparente contradicción y fluctuación de sus ideas y principios guiadores en medio de la lucha, por la inflexible lógica del hombre de acción en presencia del pasado y del presente, bajo la luz en que le vieron los contemporáneos y lo contemplarán los venideros. Como lo hemos dicho ya, la grandeza de los que alcanzan la inmortalidad, no se mide tanto por la magnitud de su figura ni la potencia de sus facultades, cuanto por la acción que su memoria ejerce sobre la conciencia humana, haciéndola vibrar de generación en generación en nombre de una pasión, de una idea, de un resultado o de un sentimiento trascendental. La de San Martín pertenece a este número. Es una acción y un resultado que se dilata en la vida y en la conciencia colectiva, más por virtud intrínseca que por cualidades inherentes al hombre que las simboliza; más por la fuerza de las cosas que por la potencia del genio individual.

San Martín concibió grandes planes políticos y militares, que al principio parecieron una locura, y luego se convirtieron en conciencia que él convirtió en hecho. Tuvo la primera intuición del camino de la victoria continental, no para satisfacer designios personales, sino para multiplicar la fuerza humana con el menor esfuerzo posible. Organizó ejércitos poderosos, que pesaron con sus bayonetas en las balanzas del destino, no a la sombra de la bandera pretoriana, ni del pendón personal, sino bajo las austeras leyes de la disciplina, inoculándoles una pasión que los dotó de un alma. Tuvo el instinto de la moderación y del desinterés, y antepuso siempre el bien público al interés personal. Fundó repúblicas, no como pedestales de su engrandecimiento, sino para que vivieran y se perpetuaran por sí, según su genialidad libre. Mandó, no por ambición, y solamente mientras consideró que el poder era un instrumento útil para la tarea que el destino le había impuesto. Fue conquistador y libertador, sin fatigar a los pueblos por él redimidos de la esclavitud, con su ambición o su orgullo. Abdicó conscientemente el mando supremo en medio de la plenitud de su gloria, si no de su poder, sin debilidad, sin cansancio y sin enojo, cuando comprendió que su tarea había terminado, y que otro podía continuarla con más provecho para la América. Se condenó deliberadamente al ostracismo y al silencio, no por egoísmo ni cobardía, sino en homenaje a sus principios morales y en holocausto a su causa. Solo dos veces habló de sí mismo en la vida, y fue pensando en los demás. Pasó sus últimos años en la soledad con estoica resignación, y murió sin quejas cobardes en los labios, sin odios amargos en el corazón, viendo triunfante su obra y deprimida su gloria. Salvador de la independencia de su patria en momentos en que la República Argentina vacilaba sobre sus cimientos, fundó dos repúblicas más, y cooperó directamente a la emancipación de la América del Sur. Es el primer capitán del Nuevo Mundo, y el único que haya suministrado lecciones y ejemplos a la estrategia moderna, en un teatro nuevo de guerra, con combinaciones originales inspiradas sobre el terreno, al través de un vasto continente, marcando su itinerario militar con triunfos matemáticos y con la creación de nuevas naciones que le han sobrevivido.

El carácter de San Martín es uno de aquellos que se imponen a la historia. Su acción se prolonga en el tiempo y su influencia se transmite a su posteridad como hombre de acción consciente. El germen de una idea por él incubada, que brota de las entrañas de la tierra nativa, se deposita en su alma, y es el campeón de esa idea. Como general de la hegemonía argentina primero, y de la chilenoargentina después, es el heraldo de los principios fundamentales que han dado su constitución internacional a la América, cohesión a sus partes componentes, y equilibrio a sus Estados independientes. Con todas sus deficiencias intelectuales y sus errores políticos, con su genio limitado y meramente concreto; con su escuela militar más metódica que inspirada, y a pesar de sus desfallecimientos en el curso de su trabajada vida, es el hombre de acción deliberada y trascendental más bien equilibrada que haya producido la revolución sudamericana. Fiel a la máxima que regló su vida: "Fue lo que debía ser", y antes que ser lo que no debía, prefirió: "No ser nada". Por eso vivirá en la inmortalidad.

Í N D I C E

Se terminó de imprimir
en septiembre de 1968, en
TALLERES GRÁFICOS CADEL S. C. A.
Sarandí 1157 — Buenos Aires